游走于中西之间
——张西平学术自选集

张西平　著

中原出版传媒集团
中原传媒股份公司
大象出版社
·郑州·

图书在版编目(CIP)数据

游走于中西之间：张西平学术自选集 / 张西平著.— 郑州：大象出版社，2019. 6
ISBN 978-7-5711-0044-5

Ⅰ. ①游… Ⅱ. ①张… Ⅲ. ①张西平—选集 Ⅳ. ①C53

中国版本图书馆 CIP 数据核字(2019)第 000590 号

YOUZOU YU ZHONGXI ZHIJIAN

游走于中西之间

——张西平学术自选集

张西平 著

出 版 人 王刘纯
责任编辑 石更新
责任校对 李婧慧 毛 路 裴红燕
装帧设计 王莉娟

出版发行 大象出版社(郑州市郑东新区祥盛街 27 号 邮政编码 450016)
发行科 0371-63863551 总编室 0371-65597936
网 址 www.daxiang.cn
印 刷 新乡市龙泉印务有限公司
经 销 各地新华书店经销
开 本 787mm×1092mm 1/16
印 张 27.25
字 数 481 千字
版 次 2019 年 6 月第 1 版 2019 年 6 月第 1 次印刷
定 价 120.00 元

印厂地址 河南省新乡经济开发区中央大道中段
邮政编码 453731 电话 0373-5590988

我的学术之路(代序)

一

我是"老三届"高中的毕业生,转眼之间,我们这一代人都将先后进入"随心所欲而不逾矩"之年。虽然从知青时代读书已经成为我的生活习惯,但真正的学术研究道路起步比较晚。32岁时我从湖北襄樊的总后部队考入当时的解放军政治学院,开始比较正规的学术训练,40岁时才完成了硕士研究生教育。记得1988年从社科院哲学所研究生毕业时,我要比同班年龄小的同学整整大一轮,在班上同学们都称我老大哥。读研究生时我的专业是当代西方哲学,研究方向为西方马克思主义,论文选的是研究卢卡奇,导师是徐崇温先生。在哲学所的三年使我的人生发生了重大的转变,对学问、人生的看法都和以前有很大的不同。在哲学所读书时,贺麟先生、杨一之先生、王玖兴先生、容肇祖先生、王明先生、虞愚先生都还在,叶秀山先生是我们的系主任,他还专门安排这些老先生给我们上课,使我有机会接受这些学术前辈的教诲。我1994年到德国访学时,还是贺麟先生给我写的推荐信,出国前贺先生的高足范进领我到干面胡同8号看望了贺麟先生。薛华先生更是对我多有帮助,我到德国访学就是他推荐的。

20世纪90年代初,我的命运发生了重大的转折,不仅在精神上极为困顿,在工作上也遇到极大的困难。刚刚40岁,竟然一时找不到落脚之处。此时,我的学长姜国柱先生将这件事告诉了任继愈先生,希望任先生能帮助我到当时的北京图书馆工作。与此同时,哲学所的王树仁等老师也都给任先生介绍了我的情况。不久任先生就把我叫到北京图书馆他的办公室，问清了我的情况，大约过了一个多月，在他和当时的北京图书馆唐副馆长的支持下，我顺利地调入了北京图书馆，开始了新的生活。

此时，我在学术上极为迷茫，我希望从西方哲学研究转向中国哲学研究，就向任先生请教。至今我仍清楚地记得，在任继愈先生的办公室里，他对我说："你可以做做明清之际的来华传教士与中国思想的关系研究。你做过西学，有些基础，对学术转型有帮助。这方面中国学术界做思想史研究的只有何兆武先生，研究的人不多。"感谢任继愈先生在我思想迷茫之时给我指出了一条崭新的学术之路。这以后的十余年间我曾多次登门向先生请教，三里河成为我常去的地方，我也把自己看作先生的私淑弟子。正是在他的指导下，我的学术才完成了一个180度的转变；正是在他的教导下，我才磕磕碰碰地走到了今天。

与此同时，一些学术先贤和前辈开始吸引我。陈垣先生此时成为我的偶像，方豪先生的书我几乎每天都要翻来翻去，我寻找过向达先生散失的书籍，访问过王重民先生的后人，认真地读过袁同礼先生所编的汉学书目，读着他主编的《国立北京图书馆馆刊》，我一本本地寻找藏于国家图书馆中的中西文化交流的历史文献和汉学书籍。在国家图书馆工作的六年给我提供了从未有过的良好学术环境。在夕阳的余晖之下，我在善本部的阅览室中一本本地翻阅了北堂的摇篮本；在港台室的晨曦之中，我第一次借到了《天学初函》。在这里我找到了方豪主编的《上智编译馆馆刊》，看到了藏在善本部里的利玛窦地图的残卷，还发现了一些尚未编入北堂书目中的一些传教士的手稿。同时，学术的圈子也开始扩大。在这一时期我结识了历史所的耿昇先生、宗教所的卓新平先生，认识了中华书局的谢方先生、杭州大学的黄时鉴先生，开始比较密切地与社会科学院历史所的何高济先生和张凯先生交往。

也就在这个时候，任先生找到当时国家图书馆的焦树安先生、书目文献出版社刘卓英主任和我，希望我们编辑一本反映国外研究中国学问的杂志《国际汉学》，这个时候，我才知道有这样一门学问。恰好我的德语老师弥维礼（Wilhelm R. Müller）也是一位汉学家，得知此事后他慷慨解囊，资助了《国际汉学》

第一辑的出版，为此，任先生还在国家图书馆的红厅接待了他。任先生把编辑《国际汉学》的任务交给了我。我拿着他写的信札，走进了北大冯友兰先生的三松堂，推开了住在皂君庙的庞朴先生的门，拜访了刚刚从印度回来的徐梵澄先生，开始进入中国文化研究的殿堂。同时，在编辑《国际汉学》的过程中，我结识了严绍璗先生、孟华先生、李明滨先生、许明龙先生。在学习中交往，在交往中学习，谦卑是发自内心的，因为我结识的这些先生，学问是如此渊博，待人极为谦和，他们的宁静渐渐洗去了我 20 世纪 80 年代所形成的那种浮躁。我发自内心地感到在学问上自己完全是个小学生，必须从头学起。觉得自己像一棵从石头缝中长出的小草，虽然有足够的生命力和坚韧的毅力，但在知识和学问上缺乏养分和阳光，没有丰厚的土地的支撑，明显感到先天的不足。

1994—1996 年，我在德国《华裔学志》(*Monumenta Serica*)做了近两年的访问学者，十分荣幸，我是研究所"陈垣奖学金"的第一位获得者。现在我还清楚地记得我的德语老师、当时《华裔学志》的主编弥维礼先生面带微笑地告诉我，那里一切都准备好了，你可以安心到我们研究所做研究了。其实在到《华裔学志》研究所以前，我并不知他们研究的具体内容是什么，只知道那是德国乃至欧洲最好的汉学研究所。

Sankt Augustin 是一座美丽、安静的小镇，《华裔学志》研究所坐落在一片浓密的树林旁，坐在研究所的阅览室读书时常常看到小松鼠在窗外的林间跳跃；每天在上、下午休息时，推开阅览室的玻璃大门，可以踏着林中厚厚的落叶散步；穿过浓密的树林，在研究所的后门外便是一望无际的麦地，远处就是莱茵河。每天除了听到研究所后面的树叶在微风中瑟瑟作响、修道院那悠远的钟声外，一切都笼罩在静谧之中。"忽闻江上弄哀筝，苦含情，遣谁听？烟敛云收，依约是湘灵。欲待曲终寻问取，人不见，数峰青。"苏轼的《江城子》用在这里真是神来之笔。静才能定，静方能远。正是在这里我的心境才慢慢地从国内当时那种浮躁的状态中转了过来，并逐步安静下来。

研究所汉学著作的藏书量在德国是屈指可数的，实际上当年老辅仁大学许多珍贵的版本，不少藏在了这里。有次在读一本善本时我竟然还发现在书后当年的借阅卡上写有陈垣先生的名字。这里不仅有书，还有很好的汉学家。

我在时，从主编位置上退下不久的布恩礼（Heinrich Busch S. V. D，1912—2002）先生还健在，他每天还准时地到他的办公室坐一会儿。他是中国著名学者余嘉锡的亲授弟子，学富五车，满腹经纶。当听他慢条斯理地讲《华裔学志》在北京的故事，如数家珍地回忆他与陈垣、张星烺、英千里的交往时，你才会感受到这个研究所那跳动的灵魂。《华裔学志》在西方汉学的地位之所以重要，原因之一就是对中国基督教史和传教士汉学的研究，它实际上是将这两个方面有机地融合在一起了。无论是研究明清之际天主教在中国的传播，还是研究此间传教士的西文著作在西方的传播与影响，《华裔学志》都是西方学术界最有影响和最重要的学术期刊。[1]

我访学期间马雷凯（Roman Malek）教授出任研究所所长和杂志的主编，他本人的学术方向是研究中国的道教，但他担任所长后所关注的一个重要研究方向就是中国基督教史和传教士汉学。马教授为人豪爽，正当壮年，我们年龄相近，意气相投，每逢佳节，觥筹交错，畅谈深夜。在 Sankt Augustin 的日子并不算长，但他对我的影响是深远的，使我决定从传教士汉学做起展开海外汉学的研究。

1996 年我从德国访学回国后，在国家图书馆的参考研究部社科咨询室工作。此时的国家图书馆正面临着一个重大的转变，往日那种对学术重视的氛围已经渐渐淡化，对经济指标的追求却日益具体化了。我在德国访学时所定下的展开海外汉学史研究的计划在那时根本无法实现，每日望着社科咨询室来去匆匆的咨询者，我感到心中茫然。我感到在国家图书馆已经无法展开自己喜欢的学术研究，当年在国家图书馆做学问的几位好友也都先后离去，任先生的高足方广锠调走了，做中国文学史研究的张国风调走了，我的好朋友李凭也正在调往社会科学院历史所。这样我也下了离开国家图书馆的决心。

六年的时光，紫竹园相伴，在风起日落、花开雪飘中我行走在玉泉路与国家图书馆之间，此时真要离去，我还是有一种留恋的感情。因为，正是在我人生最困难的时刻，国家图书馆接受了我。我感谢任馆长、金宏达副馆长、唐副

1 巴佩兰（Barbara Hoster）著、谢蕙英译：《〈华裔学志〉及其研究所对西方汉学的贡献》，台湾《汉学研究通讯》第 32 卷第 2 期，2004 年。

馆长等一切关心过我的领导。在国家图书馆的这段时光对我的意义在于,正是在这里,我在任继愈先生的指导和关怀下,开始了自己学术方向的重大转折,海外汉学研究和明清中西文化交流史成为以后研究的领域。我忘不了在港台室的斜阳中首次翻阅《天学初函》时的喜悦,至今还清楚地记得在善本阅览室第一次看到北堂书时的激动。在参考部的办公室里我多次静静地听着王丽娜老师讲她有关《红楼梦》在国外传播的研究,王丽娜老师要编辑一本国家图书馆的汉学书目的理想,在以后很长的时间里也成为我的梦想。最重要的是 1994 年在这里由任先生亲自倡导的《国际汉学》得以创立,它成为我以后展开学术研究的阵地。这一切都来自我在国家图书馆的那段美好时光。

也就是在这个时候,我在莱顿汉学院结识的好朋友、中国社科院文学所的王筱云把我介绍给了北京外国语大学中文学院院长程裕祯老师。其实当时我正在中国社科院哲学所和中国艺术研究院之间选择,是回到哲学所重新做西方哲学研究还是到刘梦溪先生那里主持《世界汉学》杂志,我曾经犹豫过。但最终我选择了到北外来。下定这个决心有三个原因:其一,当我向任先生表达希望离开国家图书馆到北外来工作的意愿时,任先生说:"到哪里对你合适,你要认真考虑,但我希望你将《国际汉学》的编辑工作继续做下去。"在先生眼中,《国际汉学》这份学术辑刊的分量是很重的。恰好,在供我选择的三个单位中北外是能实现这一目标的唯一地方。其二,程裕祯老师对我十分宽厚,他对我说:你来北外后主要主持海外汉学研究中心的工作,你可以放手去做,我会全力支持你。听到这些话,我感到十分温暖,感到北外或许是我完成学术转变的地方。其三,北外所拥有的外语实力将是展开海外汉学研究的基础。今天看来,我选择北外是我一生中所作出的最重要和最正确的选择之一。

1996 年 9 月的一个下午,在青年政治学院旁的茶馆中,程裕祯老师请我喝茶,作陪的还有宋柏年老师,程老师告诉了我正式调入北外的消息。听到这个消息后我十分高兴,因为那年我已经 48 岁,在这样的年龄变动工作已不太容易。雄关漫道真如铁,而今迈步从头越。这是一个新的起点。我感谢北外,感谢程老师,感谢陈乃芳校长给了我一个新的舞台。正是在北外的 21 年,不仅我自己完成了学术的转变,同时,海外汉学研究中心也在这所有着悠久历史的大学的学术文化氛围中成长了起来。

二

海外汉学研究中心成立后召开的第一个学术会议是“海外汉学研究回顾与展望战略研讨会”,任继愈先生、汤一介先生都来参加了会议,研究海外汉学的领军人物、北大的严绍璗老师和周发祥先生都在会上做了发言。这次会议算是汉学中心在学术界的一个亮相吧。其实当时海外汉学研究中心完全是个“三无”研究所:无编制,无费用,无办公地点。我当时每周要上 10 个小时的课,做研究完全是业余的事。程裕祯老师为了支持我的工作,想了一个很妙的主意,就是让每年调入中文学院的新教师在海外汉学研究中心协助工作一年。于是我开始有了“兵”。第一个来协助海外汉学研究中心工作的就是刚从瑞典回国的李明老师,她的到来使这个“三无”研究所有了生气。李明在瑞典工作多年,对欧洲汉学比较熟悉,她的先生高建平也是《国际汉学》的编委,这样我们的工作开始活跃起来。李明快人快语,对汉学研究也很有热情,不久她就请来瑞典驻华公使来中心做报告,《国际汉学》也开始有了介绍北欧汉学的文章。第二年来协助海外汉学研究中心工作的是马晓冬老师,她刚从北大毕业,工作很有热情,也就是在她主持《国际汉学》编辑部期间,我们开设了“汉学一家言”栏目,开始对汉学这个研究领域的方法、对象等问题进行反思和讨论。那时,海外汉学研究中心的办公室在北外西院“日研中心”二楼的一个过道房间里,面积不过 5 平方米,我们三人开个会,房间就坐满了。每天中午上完课后,这间 5 平方米的斗室就成为我们三人商量稿件的地方。我在《国际汉学》第 5 期的编后记中记载了当时的心境:“‘论究学术,阐求真理,昌明国粹,融化新知。以中正之眼光,行批评之职事,无偏无党,不激不随。’这是当年吴宓、陈寅恪等先生为《学衡》杂志定下的宗旨。人世沧桑,星转轮回,我们的学术偏离前辈所确定的这条坚实的道路太久了,当我们刚刚返回到大师们的桌前,铺天盖地的商品大潮已使京城难以放下一张平静的书桌。三两书生,几位好友,为了一种学术理想,为了传续下大师们的薪火,一面教学,一面编辑这份读者不过千人的小小刊物,其中的苦乐只有我们自己知道。学问本来就是‘荒山野老屋中二三素心之人商量培养之事'，编辑这份刊物毫无世俗功利之心，也不想让它成为媒体炒作的'朝市之显学'。"艰辛而平静是当时研究所的基本状态。

海外汉学研究中心在学术界做的第一个较大的学术活动是 1998 年与中外关系史学会和杭州大学历史系合作，在杭大联合召开了"1500—1800 中西文化交流史国际研讨会"。社会科学院历史所的耿昇先生、杭大历史系的黄时鉴先生当时都是研究中西文化交流史的大家，与他们的合作，进一步使我明确了由历史入汉学史研究的基本研究方法。会议是在 1998 年的初春召开的，当时，春寒料峭，西湖的杜鹃花和海棠含苞欲放，而会议室内学者们的研究兴趣似乎令人感觉已是百花盛开、春意盎然的季节了。在这次会议上，我结识了美国研究中西文化交流史的重要学者魏若望（John W.Witek）等国内外的许多学者。这次会议的成功主要是程裕祯老师的功劳，因为在三方合作的协议中，海外汉学研究中心要出 1 万元，这个数字对于我们这样的"三无"研究所是一个天文数字。此时，程老师从他的朋友那里募集来了 1 万元，才解了我们的燃眉之急。会议的另一个收获是认识了陈乃芳校长，使学校开始注意汉学研究中心的工作。陈校长当时正在杭州招生，也顺便代表北外在开幕式上讲了话并约我谈话，了解海外汉学研究中心的情况。她得知研究所的实情后，感到学校应该支持海外汉学研究，会议后她就决定每年学校给海外汉学研究中心 1 万元活动费用。从此，我们由"三无"研究所变成了"二无"研究所，总算有了点固定的学术活动费用。

1998 年对海外汉学研究中心来说是一个重要的年头。7 月，我受比利时南怀仁基金会邀请参加了南怀仁基金会在鲁汶大学召开的中西文化交流史国际研讨会，会后我到巴黎访问了巴黎利氏学社，参观了巴黎外方传教会、遣使会的档案馆。在罗马时访问了罗马梵蒂冈图书馆和罗马耶稣会档案馆。在罗马见到了我的德语老师弥维礼先生，他也是把我带进这个研究领域的引路人。在罗马又见到恩师，心情格外高兴。正是这次见面促成了我 1999 年到罗马三个月的访学，从此开启了我对欧洲藏明清中西文化交流史和西方早期汉学史历史文献长达十余年的追踪、收集和研究。

海外汉学研究中心从"三无"研究所变成一个比较正规的研究所，转折点是 2001 年。那年是北外的 60 周年校庆,从俄语学院毕业的柳若梅和从北大毕业的顾钧,先后调入了研究所,他们在这里开始了学术的转型,开始进入海外汉学研究这个领域。汉学研究中心开始呈现出新的发展势头。

2002 年我再次到德国访学时和李雪涛在波恩重逢,1995 年时在一个我们共同的德国朋友家我们曾见过面,这次见面十分亲切,雪涛晚我十余年,但自相识以来,切磋学问,谈书论道,素以"平生风义兼师友"与之相期。雪涛还在德国读书时,我们就开始商量将德国汉学家马汉茂的《德国汉学:历史、发展、人物与视角》一书译成中文出版,2003 年在他完成博士学业后我就立即将他调入北外海外汉学研究中心。

三

海外汉学研究中心开始启动脱离中文学院演化成为一个独立的研究所是在郝平校长来到北外以后。

2005 年郝平从北大调到北外任校长,郝校长的到来使海外汉学研究中心发生了质的飞跃。郝平校长是学历史出身,他第一次到海外汉学研究中心调研,看到中心出版的一批高质量的关于中西文化交流史和西方汉学史的书籍,就给予了高度的评价。他说,历史学是一切学科的基础,大学做科研要踏踏实实地从历史文献入手,海外汉学中心这些学术成果是很有价值的。郝校长曾留学美国,对美国汉学十分熟悉,还编写过《美国中国学家》这样的书。因此,他完全理解海外汉学研究中心所从事的域外中国学研究的学术价值和意义,理解我们由历史入手展开汉学史研究的路径和学术方法。一名书生遇到一位完全理解自己学术的领导,这真是万幸。

在郝平校长的关怀和指导下,海外汉学研究中心有了两个方面的根本性变化。

第一,2006 年,学校决定将海外汉学研究中心更名为"中国海外汉学研究中心",并决定正式申请教育部人文社会科学重点研究基地。为了支持中国海外汉学研究中心申请教育部人文社会科学重点研究基地,在校领导新班子到 301 医院看望季羡林先生时,郝校长特意让我也一起去,并当面邀请季先生担

任中国海外汉学研究中心的名誉主任，季先生欣然接受。郝校长接着特意从学校"211"二期项目的费用中拨出专款用于支持中国海外汉学研究中心的学术发展，就是靠着这批钱，我从荷兰 IDC 公司购买了"1500—1800 西方关于中国的书"胶片、伦敦会早期来华传教士文献胶片和哈佛燕京学社的中文文献档案胶片等具有重要学术价值的资料，从而使我们成为全国高校中极少有的拥有这三套胶片的研究所。同时，郝校长又拨出专款支持我们在外研社出版了"国际汉学研究丛书""世界汉语教育丛书""16—19 世纪中西文化交流史丛书"，从而使中国海外汉学研究中心在大象出版社之外又有了新的出版阵地。外研社出版阵地的开辟对中国海外汉学研究中心近几年的发展起到了重要的作用，新到来的几位年轻人李雪涛、柳若梅、顾钧的第一本汉学研究的中文著作都是在这几套书中出版的。这几套书使中心的研究人员可以安心从事学术研究，不必再为出版发愁。

郝校长的另一个重要决定，是将中国海外汉学研究中心的工作从一般的学术研究层面提高到学校发展战略的层面。在北外 65 周年校庆上他正式提出"北外新使命——将中国介绍给世界"这样战略性的口号。他说："北京外国语大学现在已经将海外汉学研究中心的工作作为全校科研的重点工作，以此整合全校的力量，使北外在很好地完成'将世界介绍给中国'的重大使命同时，承担起'将中国介绍给世界'新的历史使命。在中国走向世界的重大历史关头，我们必须从全球的角度规划中国学术与文化的发展，以世界的眼光审视域外对中国的评价和研究。北京外国语大学具有完成这一历史使命的学术积累和文化积淀，具有承担起这一重任的视野和能力。"我认为，郝平校长的这段话是北外新的宣言，将中国介绍给世界，这是发展的中国赋予北外的新使命，通过对海外汉学（中国学）的研究，在世界范围内书写中国学术与文化，这是中国文化自信与自觉的表达。

为了启动申请教育部人文社会科学重点研究基地的工作，2008 年中国海外汉学研究中心正式从中文学院中独立出来，成为学校的独立的研究所。2007 年我申请到了教育部重大攻关课题"20 世纪中国古代文化经典在域外的传播和影响"，这是北外有史以来所获得的最大项目，这个项目也是在郝平校长的直接努力和帮助下获得的。

正是在北外领导的支持下，中国海外汉学研究中心成为推动北外学术转型和服务国家文化战略的重要学术机构。2010 年我的第一个博士生杨慧玲毕业留校，我的第一个硕士生李真已经成为中心的骨干。此时，为使中国海外汉学研究中心的学术结构逐步完善，梁燕教授作为人才被调入中心，罗莹、管永前、何明星、孙建等先后加入中国海外汉学研究中心的队伍中来。中国海外汉学研究中心成为北外科研的中坚力量。

海外汉学或中国学的研究与发展是 20 世纪 80 年代以来中国学术界最为深刻的变化之一，经过三十多年的发展，在学术研究上已经取得了很大的成就。2014 年是西方汉学创立 200 周年，北外中国海外汉学研究中心与法兰西学院一起在巴黎举办了“雷慕沙的继承者：法国汉学 200 周年纪念”国际学术研讨会。这个会议的举办充分显示出北外中国海外汉学研究中心的学术能力和在国际学术界的地位。

四

这个时期，对海外汉学史的研究仍是我们的重要任务之一，因为域外中国学或者汉学的研究展开，首先要从历史入手，正像我们从事中国学术史的研究一样，各国对中国文化的研究也都有着自身的历史、学术脉络和传承，因此，从“历史性”入手是进入这个学科的第一步。但随着研究的深入，我们越来越感到对海外汉学的研究仅仅从学科史的角度切入是不够的，根本的原因在于，这门学问和中国近代学术的发展、与当代中国学术的重建紧密联系在一起。这就要求我们必须回归中国文化的本位立场，与海外汉学界展开学术对话与交流。从历史来看，西方专业汉学的诞生标志着中国的知识和学问开始成为世界性的学问，成为人类共同知识财富的一部分。西方汉学从诞生起就同中国学术界有着千丝万缕的关系，在一定意义上讲，中国近现代学术的产生是和西方近现代的汉学发展紧密联系在一起的，也就是说中国近现代学术之建立是中国本土学者与汉学家们互动的结果。利玛窦与徐光启，理雅各与王韬，王韬与儒莲，伯希和与罗振玉，胡适与夏德、钢和泰，高本汉与赵元任……汉学家与中国学人的交往我们还可举出许多例子,正是在这种交往中双方的学术思想都发生了变化,互为影响,相互推动。戴密微在厦门大学任教,卫礼贤执教于北大,陈寅恪受聘于牛津,在20世纪二三十年代双方的交往比今天还要频繁。正是在这种交往中,中国学术逐步地向现代化形态发展。

当年傅斯年在谈到伯希和的学问时说:"本来中国学在中国在西洋原有不同的凭借,自当有不同的趋势。中国学人,经籍之训练本精,故治纯粹中国之问题易于制胜,而谈及所谓四裔,每以无新材料而隔膜。外国学人,能使用西方的比较材料,故善谈中国之四裔。而纯粹的汉学题目,或不易捉住。今伯先生能沟通此风气,而充分利用中国学人成就,吾人又安可不仿此典型,以扩充吾人之范围乎。"[1]这说明当时海外汉学对中国学人的启示。实际上,近现代以来,中国学术界对西域的研究日益加强,对敦煌学术的展开都是受到了西方汉学家的影响。其实中国近代学术从传统的注经转变为现代社会科学的方法,一个重要因素是受启于海外汉学。陈寅恪任教清华大学之初,遵循地道的欧洲汉学及东方学方法,讲授考狄的汉学书目。赵元任和李方桂的语言学研究走出传统的小学,而采取现代语言学的方法,一个重要原因就是受到瑞典汉学家高本汉语言学研究的影响。这说明西方汉学和我们中国本土的学术传统有着内在的联系。从当下中国学术的发展来看,海外汉学的成果已经深深地参与到今天中国学术的重建之中。中国学术界将对孙康宜、宇文所安主编的《剑桥中国文学史》的讨论和对美国汉学家欧立德的《乾隆帝》的新清史研究方法展开的讨论作为2014年人文学术的十大重要事件之一。葛兆光的《宅兹中国》对日本汉学界和著名印度裔美籍中国史专家杜赞奇的著作《从民族国家拯救历史:民族主义话语与中国现代史研究》中中国历史观的批评,在国内外学术界也引起广泛的讨论。这就是说,当下海外汉学或中国学的研究已经不仅仅是一门外学,它也深深卷入了我们今天的学术建设之中。如何从跨文化角度理解其国际文化研究的变异性,如何与海外汉学或中国学界展开学术性对话,这已经成为重要的问题。正是在这个意义上,我感到回归中国文化的本

1 《法国汉学家伯希和莅平》,《北京晨报》1933年1月15日,转引自桑兵:《国学与汉学:近代中外学界交往录》,浙江人民出版社,1999年,第140页。

位立场，积极与国际汉学界展开对话是学术发展之必需。因此，必须从一般性的汉学史研究转向为以中国文化为本位立场的学术对话和研究。这样，2015年中国海外汉学研究中心更名为国际中国文化研究院。这里既有我对海外汉学这个研究领域的认识，也有我对中国海外汉学研究中心这个机构未来发展方向的一个新的定位。

坚持以学术研究为本，以中国文化的重建为其理想关怀，以学术的积累和整体建设为其着眼点，这构成了我所创立的中国海外汉学研究中心、现在的国际中国文化研究院的基本学术格局。我曾将这种学术传统概括为三点：第一，以历史为基本线索，梳理中国文化外传的历史、途径和机制，揭示中国文化的世界意义；第二，以基督教为中心，重点研究在“西学东渐”基础上的传教士汉学，奠基下研究西方汉学的根基；第三，推动汉学与中国学术的互动，并以比较文化为方法对海外汉学做系统的学术史研究，从而揭示中国近代学术形成的外部机制，以世界的眼光重审中国近代学术的发展。我们将这三点概括为“在历史中探中西会通，在神圣中究天人之际”。

经过二十余年的努力，现在的北京外国语大学国际中国文化研究院（中国海外汉学研究中心）已经成为全国高校中唯一一所有正式编制、以研究中国文化在世界的传播为己任的学术研究机构，成为全国海外汉学（中国学）的领军机构，特别是郝平校长在任期间“将中国介绍给世界”被确立为北外新的战略方向，从而将中国海外汉学研究中心置于学校发展的中枢环节。随着北外海外孔子学院的不断发展，随着 2014 年中国文化走出去协同创新中心的成立，在服务国家宏观文化战略方面，国际中国文化研究院也成为北外新型智库的典范，在这个战略方向上，北外也走在全国高校的前面。

通过二十余年的努力，汉学研究中心在宗教学研究、中西文化交流史研究、中西语言交流史研究、中国翻译史研究等几个方面硕果累累，这些研究开创了北外人文研究的新局面。

五

就我个人的学术研究来说，海外汉学研究中心的发展深刻体现了我自己

的学术理念,同时推动自己的学术研究有了完全崭新的展开。

以中西文化交流史的研究为基点,从中西两端同时展开研究,这构成了我的治学基本构架。

中西文化交流史是中国和欧洲文化交流的记录,从马可·波罗到利玛窦,正是在这个漫长的历史过程中才形成了西方汉学发展的三个基本阶段:游记汉学、传教士汉学和专业汉学。探索中国文化向欧洲传播的历史过程,涉及人物、著作和一些重要的事件,在学术上涉及文献学、历史学和翻译研究等多个方面。文化的传播和文化的接受与理解是两个相连而又有区别的阶段,做西方汉学史研究很自然涉及对西方文化史和思想史的研究,一旦从这个角度来看西方思想文化史,那种长期以来西方所形成的"自我成圣"的文化思想史就显然有了问题。我也正是从研究莱布尼茨、伏尔泰等人的思想中体会到这一点。即便到了 19 世纪,中国成为一个西方的"他者"后,被定位为"停滞的帝国",这同样是一种思想文化互动的结果。欧洲的历史不能被单独叙述,它必须和东方史联系起来,才会绘出一个真正完整的欧洲思想文化画卷。大象出版社出版的"国际汉学书系"致力于西方早期汉学经典的翻译工作,原因就在于这批文献既是西方汉学奠基性文献,也是解开 16—18 世纪欧洲思想文化之谜的关键文献。同时,要理解 19 世纪欧洲思想文化对中国的影响,也要立足于对这批文献的研究与阅读,仅仅靠赛义德《东方学》的那套理论是远远不够的。

同样,以中西文化交流史为基点向东看,四百年的"西学东渐"史构成中国近代发展的重要外部因素。传教士无疑是文化之桥上最为重要与活跃的人物,这批用双语写作的传教士完全打破了传统的学术界限。例如,明清之际来华的传教士用中文写作的书籍有上千种,这批文献自然是西方汉学史的一部分,同时又构成明清史的一部分。他们的著作不仅可以解开晚明的泰州学派为何一跃而变成清初的顾、王、黄之学,从而形成乾嘉汉学这样完全不同于宋明理学的新的学术形态之谜,也成为中国近代语言、文化变迁之原点。近十余年我致力于与朋友们一起从事梵蒂冈图书馆文献的整理与出版,根本原因即在于此。文献是基础,语言是关键,正像佛教的传入深刻影响了中国中古时期的汉语发展一样，来华传教士的中文写作和西文研究也深刻影响了中国近代的语言和新概念的形成。从学科上来说，传教士的汉语学习和研究不仅仅成为当下对外汉语教育这个学科的历史基础，同时，也是近代汉语变迁研究的关键所在。

本书所汇编的几部分论文大体反映了我的学术研究在几个领域的成果。

二十年青灯黄卷，二十年孜孜所求，我在学术上走出了一条自己的道路，在继承前贤的基础上不断推进了一些学术领域的进展。“人事有代谢，往来成古今。”如今，我已经卸去了国际中国文化研究院院长的担子，我将很快在北外的学术舞台上淡出自己的身影。同时，二十年来所开辟的这些学术研究领域仍有许多问题值得自己研究，退回书斋，在学术的天地书写自己新的篇章，这或许是编辑这本自选集的一个出发点，这既是向以往历史的告别，又是书写新的历史的开始。

我六十岁生日是在欧洲度过的，当时正赶上从巴黎飞往罗马，在飞机上我写了一首七律；2017 年按照中国传统我虚岁七十，我填了一首词。这两首诗词既反映了我二十年的学术历程，也反映了我当时即将告别工作岗位开始自己学术写作的心情，故抄录如下：

七律　六十抒怀

——2008 年 9 月 1 日写于巴黎飞往罗马途中

塞纳河边夕阳红，
翻书已到罗马城。
四海寻踪兴亡事，
五洲书写青春梦。
海涛万里常伴客，
心思百年故园情。
文章书写继绝学，
安得心静小楼风。

江城子　七十抒怀

——2017 年 9 月 1 日写于巴黎

秋风红叶清水流，
岁月悠，梦似舟。
青春放揽，随风漂流。
越峦过江烽火事，
天亦蓝，人不留。

韶华不为少年留，
中年愁，心不休。
拾级登楼，阅尽五洲。
恨不苍天化为纸，
写不尽，忧与愁。

西平写于 2017 年 11 月 13 日岳各庄东路游心书屋

目 录

西方哲学研究

明清中西文化交流史研究

跨文化视域中的汉学研究

中西语言接触研究

中西文化交流史文献研究

西方哲学研究

亚里士多德《形而上学》一书中认识论思想述评

《形而上学》是亚里士多德的主要哲学著作之一，这本书中的本体论思想在学术界已开始得到重视和研究。本文试图从认识论的角度，对《形而上学》一书中所包含的认识论思想作一简要的评述，进而揭示亚里士多德的本体论和认识论的关系，总结亚里士多德在认识论上的经验和教训，借以提高我们的思维能力。

一、在认识源泉问题上的唯物主义倾向

认识源泉的问题是认识论的最基本问题，亚里士多德在《形而上学》一书中对此作了许多有益的探索，总的来说在这个问题上他是站在唯物主义阵营一边的。

首先，他坚持了主观认识是由客观对象决定的这一唯物主义原则。在《形而上学》中他曾讨论了真和假的问题，也就是认识的正确和错误的问题。他说："真假的问题依事物对象的是否联合或分离而定，若对象相合者认为相合，相离者认为相离就得其真实；反之，以相离者为合，以相合者为离，那就弄错了。"[1] 这表明他是以是否符合客观对象来判断认识的真和假的。他还以脸白为例，更生动地说明了这一观点："并不因为我们说你脸是白，所以你脸才白，只因为你脸是白，所以我们这样说才算说对。"[2] 这说明他认为只有客观世界才是我们认识的源泉。亚里士多德这一观点和他在本体论上认为个别事物是第一本体的唯物论思想是一脉相承的。在他的《论灵魂》一书中也有过类似的

1　见《形而上学》第186页。

2　同上书，第3页。

思想。他说："感觉不能由他做主，感觉时必须有被感觉的东西存在才成。"[1] 列宁读到这段话时曾说"亚里士多德紧密地接近唯物主义"[2]，"这里的关键是'处在'——在人之外，不以人为转移。这就是唯物主义"[3]。这说明列宁肯定了亚里士多德的这一思想。

其次，他坚持了唯物主义感觉论的基本观点。柏拉图从理念论出发，在认识论上坚持唯心主义的先验论。他认为"感性世界"是不真实的，可靠的只有"理念世界"，于是提出了"回忆说"。这样他就从根本上取消了认识的客观对象，取消了感觉在认识中的地位和作用。亚里士多德反对柏拉图的这种唯心主义的认识论，强调感觉在认识中的地位和作用，认为没有感觉就没有认识，认识首先起源于感觉。他说："谁不感觉，谁就什么也不认识，什么也不理解。"[4] 这里亚里士多德坚持了"感觉是我们知识的唯一源泉"[5] 这个唯物主义认识论的第一个基本前提。他还认为人在婴儿时期，好比一块白板，上面什么也没有。由于受到外界事物的刺激，就产生了感觉和知觉，各种不同的感觉提供了事物多方面的不同属性，这些不同的感觉又汇成一个所谓"统觉"，借助于"统觉"，我们就获得了一个关于对象的全面的图景。这种认识虽然在理论形态上还比较简单，但是他这种朴素的唯物主义感觉论，已经具备了唯物主义反映论的基本内容。

亚里士多德坚持唯物主义感觉论的一个突出方面表现在他对普泰戈拉斯主观感觉论的批判上。普泰戈拉斯的著名口号是"人是万物的尺度"，从这个基本点出发，他在认识论上坚持主观感觉论，认为"知识就是感觉"[6]，一切以人的主观感觉为转移，客观对象本身是没有什么性质的。亚里士多德坚决反对这种观点，他说如果人是万物的尺度，那么以谁的意见来判断真假是非呢？他认为感觉得到的表象并不都是正确的。例如，事物在你的近处和在你的远

1 《论灵魂》第二卷第五章。
2 见《哲学笔记》第 318 页。
3 同上书，第 322 页。
4 同上书，第 416 页。
5 见《列宁选集》第二卷，第 125 页。
6 见《古希腊罗马哲学》第 133 页。

处，你的感觉是否一样呢？同一件事对于健康的人和有疾病的人感觉是否相同呢？你对一个陌生的人和一个熟悉的人是否感觉一样呢？这里，亚里士多德是从感觉的相对性和感觉主体的变化对感觉的影响的角度来批判普泰戈拉斯的，说明人的感觉由于种种原因并不完全真实，认识的客观标准应是客观对象而不应是人的感觉。经过批判，他的结论是“感觉决不只是感觉自身，而必须有某些处于感觉者先感觉而存在”[1]。这里亚里士多德得出的结论基本上符合列宁在《唯物主义和经验批判主义》中提出的“对象物、物体是在我们之外，不依赖于我们而存在着的，我们的感觉是外部世界的映象”[2]的唯物主义观点。

二、在认识过程问题上的探索与矛盾

在《形而上学》一书中，亚里士多德对认识过程的理论作了比较深入的研究，特别是关于感性认识和理性认识的关系有过不少论述。这些论述一方面“到处都显露出辩证法的活的萌芽和探索”[3]，另一方面又表现了大幅度的摇摆，把感性认识和理性认识割裂和对立起来。一些研究文章只片面地讲他认识过程的辩证法，而忽略了他形而上学的不足，这是不全面的。我们必须全面分析亚里士多德关于认识过程的理论，汲取精华，剔除糟粕。

第一，他初步认识到了感性认识和理性认识的联系和区别。亚里士多德在《形而上学》的首卷开篇中就说：“我们不以官能的感觉为智慧，当然这些给我们以个别事物的最重要认识。但官感总不能告诉我们任何事物所以然之故……”[4]亚里士多德这个认识比他在《论灵魂》一书中对感性认识和理性认识的区分进了一步。在《论灵魂》中他对感性认识和理性认识作了两点区别：一是感觉是被动的，“思维不是被动的”[5]；二是“感觉不能感到太强烈的感觉对象，不能忍受太强烈的气味、颜色。但对于思维，就没有这种区别”[6]。这里

1 见《古希腊罗马哲学》第 133 页。
2 见《列宁选集》第二卷第 101 页。
3 见《哲学笔记》第 314 页。
4 见《形而上学》第 1 页。
5 见《哲学史讲演录》第二卷，349 页。
6 同上。

他主要是从认识方式上的不同来区别感性认识和理性认识，显然这个区别还是从直观上来把握的。而上引《形而上学》中的论述就要深刻一些，基本上把握了两种认识形式的区别，同时还看到了二者的联系。他说："理智中没有什么东西不是早先已在感觉中的。"[1]这说明他已察觉到了感性认识是理性认识的基础，理性认识是从感性认识基础上发展起来的。他甚至还说到在感觉的灵魂中包含着思维的灵魂，而在思维的灵魂中又包含着感觉的灵魂，这已经是比较细微的分析了，初步接触到了感性认识和理性认识的相互渗透问题。

第二，他初步揭示了认识由感性认识向理性认识发展的辩证过程。他的《形而上学》的第一句话就是："求知是人类的本性。我们乐于使用我们的感觉就是一个说明。"[2]他认为感觉是认识的第一个阶段，经验是认识的第二个阶段。什么是经验呢？他认为"人从记忆积累经验"[3]。经验虽是个别的知识，但它和感觉还略有差别，它是反复感觉后产生的一个东西。所以，一些研究亚里士多德的专家认为亚氏的经验范畴是感性认识和理性认识之间的一个中间环节，或者叫"认识的中介"。亚里士多德认为认识的第三个阶段就是技术。经验是个别知识，技术是普遍知识："从经验所得许多要点使人产生对一类事物的普遍判断，而技术就由此兴起。"[4]这里亚里士多德已给我们勾画了一个认识发展的轮廓，说明认识是一个多层次的过程。列宁曾认为亚里士多德的这些思想揭示了认识的辩证过程，他说："不仅从物质到意识的转化是辩证的，而且从感觉到思想的转化等等也是辩证的。"[5]

亚里士多德不仅从一般认识论的角度说明了认识要经历感性认识和理性认识这两个阶段，而且还从辩证法的角度、从个别和一般辩证关系的角度揭示了认识过程的辩证法。他在《形而上学》第七卷第四章中说："大众修学的程序，宜必如此——经由个别的感觉经验所易识的小节进向在本性上难知的通理。如同我们的行事应始于个别之小善，而后进于所有个别尽为称善的绝对

1　见《哲学史讲演录》第二卷，第 350 页。

2　见《形而上学》第 2 页。

3　同上书，第 128 页。

4　同上书，第 46 页。

5　见《哲学笔记》第 314 页。

之大善，我们的研究也当始于各自所能知，而后进求自然之深密。”[1]这里他已点明了认识过程是一个由个别上升到一般的过程，他认为脱离个别，事物就没有什么可以存在。但我们“实际上总是因为事物有某些相同而普遍的性质，我们才得以认识一切事物”[2]。这说明亚里士多德在认识过程的探讨上的确“处处把客观逻辑和主观逻辑混合起来，而且混合得处处都显出客观逻辑来”[3]。

最后，他在本体论上的动摇，导致了认识过程理论上的混乱。在古希腊，从赫拉克利特开始到巴门尼德、柏拉图以至当时唯物主义的杰出代表德谟克利特，对感性认识和理性认识的关系都有一个传统的看法，即一切可感觉的事物都是流动变化的，而这种流动的对象是不可能认识的，它们只是感觉的对象而不是理性的对象。他们认为理性的对象应该是永恒的、不变的。这样感性认识和理性认识就被分割开了，成了一个互不关联、各自有着自己对象的两种认识。对于这种传统的看法，如果仅仅从认识论上说亚里士多德是反对的，上面已作了简述。但是亚里士多德在认识过程上的观点并不是始终如一的，而是一时清楚、一时糊涂，他的认识论学说直接受到他关于本体论学说的影响。

当他在本体论上是一个唯物主义者的时候，他对感性认识和理性认识关系的认识是清醒的，处处表现出质朴的辩证探索，这样他是反对当时流行的认识过程理论的。因为很显然，他在批判柏拉图的“理念论”时，在本体论上坚持了一般和个别相结合，个别事物是第一本体的唯物主义观点。如果此时他在认识论上赞同这种传统的关于认识过程的理论，认为个别事物只是感觉对象而不是理性的对象，在具体的个别事物之外还有一个独立的理性认识对象，那就会产生一系列的问题，他对柏拉图“理念论”的批判也将付之东流。这对亚里士多德来说是不可想象的事情。但是当他在本体论上动摇的时候，他对感性认识和理性认识的看法也就发生了偏差。他在本体论上唯物主义勇气的丧失，导致他在认识论上丢掉了辩证法的智慧，这样他就归附了当时流行的关于认识过程的理论，成了旧思想的附庸。例如，他在《形而上学》第七卷第十五章

1　见《形而上学》第147页。

2　同上书，第126页。

3　见《哲学笔记》第416页。

中说有两种本体，一种是带有质料的具体的本体，另一种是"公式"即一般的本体。前一种本体是变化的，所以它只能是意识(感性认识)的对象，而不能是理性认识的对象。同时因为这一类本体是流动的可生可灭的，所以无法下定义。因为任何定义都是一般，而一般的对象只能是永恒的本体。这样亚里士多德就从本体论上的两种本体中一般的本体更为重要的观点，推导出了认识的两个对象，从而把感性认识和理性认识割裂开了。反过来，这种认识论上的错误，进一步加速了亚里士多德在本体论上的下滑。因为既然理性认识有自己永恒的对象，这个永恒的对象也是本体，那么这个永恒的对象就和具体的个别事物相分离而成为另一个世界，于是认识的二重化就发生了。如他自己说的："物质有两类，一类是可感知的，另一类是可理知的。"[1] 此时，亚里士多德批判"理念论"的战鼓声已完全偃息，而又和柏拉图重新挽起了手臂。所以列宁尖锐地批评他说："这个人就是弄不清一般和个别、概念和感觉、本质和现象等等的辩证法。"[2]

三、在实践问题上的深刻思考

亚里士多德是人类思想史上第一个对实践在认识中的作用作了初步探讨和较为深入思考的哲学家。但长期以来我们对他的这一部分思想研究得不够，所以他关于实践问题的一些论述还没有得到人们的充分重视。

第一，他在《形而上学》中曾说过，实践是包括了完成目的在内的活动。这里他的目的概念虽然和我们今天所讲的目的概念有所不同，但总的来说这个论述还是正确的。例如他把建筑房屋这样的活动看作实践活动，把建房人心中的图形称作目的。但他有时又把实践作为道德活动，这是受了苏格拉底的影响，因为苏格拉底不讨论人们改造世界的实践活动而主要讨论道德实践。亚里士多德把实践归为道德，无疑蕴藏着向神学目的转化的危险。

第二，他第一次提出了实践是认识的基础的思想。亚里士多德注重自然科学的研究，所以他对实践在认识中的作用的认识比同时代的哲学家要深刻

1　见《形而上学》第 46 页。

2　见《哲学笔记》第 418 页。

一些。他曾说过："没有建筑过的人不可能成为建筑师，从未弹过琴的人不可能成为琴师，因为能弹琴的人是由于常常弹琴而练成的。其他学艺亦是如此。"[1]这个观点是很明确的，说明人的能力是在实践活动中获得的。在他的伦理学理论中，他还说过，我们由于和别人交际，而后变成公正的或不公正的人，由于身处危险之中，感受恐惧与大胆，经过这训练即成为勇敢的或怯懦的人。这是从道德的角度探讨了实践对人认识的作用。

第三，他初步认识到实践要靠理性认识来指导。他在谈到医生为人治病的问题时曾说过，医生首先要有对病情的认识，然后才能根据这种认识去治病，从而使人获得健康。这就是他讲的"造成健康的有效原理与其起点，如为技术，则应于医师灵魂中的通式"[2]。这里的"通式"就是形式，即医生对病情的认识。他还认为，每一种技术产品只有当人们掌握了这类事物的本质时，才能以这种本质性的认识去指导实践，创造出新产品。因此，他说："关于制造过程，一部分称为'思想'，一部分称为'制作'——起点与形式是由思想进行的，从思想的末一步再进行的工夫为制作。"[3]这里他清楚地提出了认识和实践两个过程相互联系的观点。首先要对事物有认识，然后根据这种认识去指导实践。严格地说来亚里士多德的这个论述是不科学的，他颠倒了认识和实践的关系，把认识过程看成第一个过程，把实践过程看成第二个过程，这和他上面讲的实践产生认识和技能的思想是矛盾的。这说明他还不能完全弄清认识和实践的关系。

第四，亚里士多德初步接触到了实践过程中主体的主观能力问题。他在关于潜能和现实的理论中讨论了能的概念，他认为能就是事物运动变化的根源。这种能有两种类型，一种是自然的能，如油能燃，一种是建筑技术、医疗技术。显然这是两种性质不同的能，一种是自然本能，一种是实践主体的主观能力。亚里士多德又把这两种能分别称为没有理性的能和有理性的能。对于建筑技术、医疗技术的理性能力，他说了三点看法：一是这种能力是从实践和学

1 见《形而上学》第 147 页。

2 同上书，第 126 页。

3 同上书，第 137 页。

习中得来的，当我们认识了事物的本质时就有了这种理性能力，“凡由实习与理知得到的潜能，必先经操练”[1]。二是这种理性能力有两种发展的可能性，可能成功，也可能失败，“人能做好事，也同样能做坏事，每一潜能就包含着这两端”[2]。三是在理性能力发挥作用时，在对这两种可能性进行选择时，人的意志就起一定作用，“意愿就成为决定因素而选取适合于受作用的对象与适合其潜能的方式”[3]。从这些论述中我们可以看到，亚里士多德在那时就已对人的主观能力问题有了比较细致的分析，从人的主观能力的产生和基础，到主观能力发挥作用的过程、主观能力发展的趋势和结果，以至意志这些非理性因素在主观能力中的作用都作了研究。这些观点虽然非常质朴、简单，但却闪烁着亚里士多德智慧的光芒，是他对人类实践问题长期思索的一个结果。

四、在对待认识的抽象成果上的动摇

如何对待人类认识的抽象成果，这是认识论的一个重要问题，这个问题在古希腊曾使许多哲学家伤透了脑筋。在古希腊，米利都学派的泰勒斯是第一个对世界进行抽象的概括的哲学家，水是万物的始基就是他的命题，从这个命题可以看到他是用朴素的经验和直观来回答这个问题的。第一个把人类认识的抽象成果和感性之物区分开来的是毕达哥拉斯，他认为万物的本质是“数”，万物都是由数派生的。黑格尔从唯心主义的角度出发对毕达哥拉斯的这一观点作了透彻的说明。他说：毕达哥拉斯把数作为一个哲学基本概念是一个很大胆的思想，“它把一般观念认为存在或真实的一切，都一下子打倒了，把感性的实体取消了，把它造成思想实体”[4]。因此，黑格尔认为毕达哥拉斯的哲学完成了从“实在论哲学到理智哲学的过渡”[5]。在我们看来，数是人们抽象思维的一个结果，并不是一个独立存在的实体。但毕达哥拉斯却把人类认识的这种抽象成果当作世界的本源，从而根本颠倒了认识论的基本问题。沿着毕

1　见《形而上学》第 176 页。
2　同上书，第 185 页。
3　同上书，第 177 页。
4　见《哲学史讲演录》第一卷，第 218 页。
5　同上书，第 217 页。

达哥拉斯这条路线发展下来的有巴门尼德、苏格拉底，直到亚里士多德的老师柏拉图。柏拉图把人们从具体之物中抽象出来的“一般”客观化、绝对化，并把它看成比具体之物更实在的东西，这就是他说的“理念”。他认为可感觉的事物都是以理念之名为名的，它们都是由于“分有”了和它们同名的“理念”才得以存在的。

这样摆在亚里士多德面前的问题就是如何评价“理念论”，从认识论上来说就是如何看待人们抽象认识的成果——“一般”，这个抽象的一般是和个别之物相分离的单个实体呢，还是存在于个别之物之中？在这个问题上亚里士多德在《形而上学》一书中作了详细的探讨，从而把人类的认识推向了前进，但在前进中又表现了动摇。

第一，他针锋相对地批判了柏拉图的“理念论”。他认为“理念论”不能说明任何问题，因为“理念”是和个别之物相分离的，所以它既不能说明个别之物为什么会发生变化和运动，“对于认识事物也不曾有何帮助”。[1] 亚里士多德紧紧抓住柏拉图把理念和个别事物相分离这个中心论点，对他展开了批判，反复说明“理念”作为人类抽象出来的普遍的、一般的东西是不可能和具体事物相分离的。列宁在《哲学笔记》中对亚里士多德这一思想作了充分的肯定，他说：“亚里士多德对柏拉图‘理念’的批判，是对唯心主义即一般唯心主义的批判。”[2] 从人类认识发展史来看，从泰勒斯的直观思维到毕达哥拉斯、柏拉图的抽象思维，应该说是人类认识史上的一个进步，但这种进步却是在一个错误的前提下进行的，即他们对抽象思维的理解是片面的，因而不能正确说明人们的抽象力，不能科学解释人类抽象认识的成果，从而把人类认识成果绝对化、神秘化，在理论上陷入了混乱。亚里士多德则在人类认识史上首次正确地阐明了这个问题。

第二，亚里士多德不仅批判了柏拉图的理念论，同时还合理地汲取了柏拉图学说中有益的内容，初步说明了人类抽象产物的特点和内容，从而发展了人类关于抽象的理论。

1　见《形而上学》第25页。
2　见《哲学笔记》第313页。

一方面，他讨论了人类认识的抽象产物以什么样的方式存在的问题。在《形而上学》第十三卷，他批判了柏拉图理念和数的理念的观点，认为理念和数既不能作为独立存在的实体而存在于可感觉事物之中，也不可能在可感觉的事物之外独立存在，而只是在某一"特殊含义上的存在"。什么含义呢？他认为只能是一种抽象的存在。他说："恰如数理的普遍命题不研究那些脱离实际延伸着的量度与数，以为独立存在的对象，而所研究的却正还是量度与数，只是这量度与数已不复是作为那具有量性与可区分性的原事物，明显地，这也可能有某些可感觉量度的命题和实证，这些并不在原事物的感觉性上着意，而是在某些其他特质上着意。"[1]这里说明了数学上的命题不是像柏拉图学派所主张的与实际分离而独立存在的东西。但是数学研究的大小量度也不是那些我们可感觉到的占有空间的具体之物的大小量度，而是作为抽象出来的数进行研究的，是我们在头脑中把它们和具体之物分离开进行研究的。这就是他说的"这些并不在原事物的感觉性上着意，而是在某些其他特质上着意"。这说明了亚里士多德已经看到了作为人类认识成果的"一般"无论是数学还是概念，只能以一种特殊方式存在，也就是说不能以具体之物的方式存在，而只能以抽象的方式在人的头脑中存在。这些道理今天看起来很简单，但如放进人类认识史来考察是很不简单的。

另一方面，他初步探索了人们获得抽象认识的逻辑方法。在古希腊哲学中苏格拉底是第一个探求事物定义的人，也就是说他想寻找事物背后的一般和本质。他讨论了什么是勇敢、什么是美等问题，但他并没有告诉人们如何去获得定义，得到这个抽象的一般。柏拉图则认为理念就是事物的定义。亚里士多德认为柏拉图的这个方法什么也没有解决，一个事物有一个理念，可是理念是什么呢？怎样得到理念呢？他并未回答。所以，亚里士多德认为柏拉图只是把问题弄得更复杂了。在这个问题上，亚里士多德把人们的认识大大向前推进了一步。什么是事物的定义，也就是说什么是事物的本质呢？他认为事物的定义就是事物的公式，公式是由种和属差构成的。人们怎样才能获得这种本质性认识呢？怎样才能找到事物的属差呢？在这一点上他汲取了柏拉

1　见《形而上学》第263页。

图的“两分法”,但比柏拉图前进了一步,认为只有从事物本质的联系中才能得出“属差”,这样定义中的两部分即种和属差才能统一起来,我们才能获得对事物本质的认识。从认识论上来看,这实际上是一个如何对事物进行抽象,获得对事物本质性认识的问题。苏格拉底提出了这个问题,柏拉图弄混了这个问题,而亚里士多德解决了这个问题。这说明亚里士多德不仅指出了认识的抽象成果以什么样的方式存在,而且还具体提出了人们获得这一抽象成果的逻辑方法。

第三,亚里士多德在对待人类抽象产物问题上的逆转和倒退。由于时代的局限和阶级的局限,亚里士多德并没有真正地解决如何对待人类抽象产物的问题,并且在这个问题上表现出了动摇。这主要体现在他的形式和质料关系的理论中。他虽然反对理念和具体事物相分离,主张理念就在事物之中,但却认为事物是由质料和形式两部分组成的,而且在这两部分中形式是第一位的,质料是第二位的,形式才是第一本体。这样就和他一开始认为只有个别的具体事物是第一本体的思想发生了矛盾,从而陷入了困窘的混乱状态。

亚里士多德为什么会在本体论上发生大幅度的摇摆呢?这种认识的逆转和倒退原因何在呢?一个直接的原因就是他不能正确地说明人类认识的抽象产物问题,例如在《形而上学》第七卷第十七章中得出形式是第一本体的结论时就是这样推论的。为什么砖瓦成了房屋呢?如果说是有建筑师将这些砖瓦造成房屋,他就问,为什么建筑师能造成房屋呢?他说,因为建筑师的心中有了房屋的形式。所以,从砖瓦来说,它们本来是杂乱无章的一堆质料,只有有了房屋的形式,砖瓦才成为房屋,这样他就认为房屋的形式是使砖瓦成为房屋的原因,因此形式决定质料。他还说过一句很典型的话:“‘怎’是指事物的本质。……我们在此也找到了创造的起点。”[1] 这一句话前一半是错的。“怎”指的是事物的本质,也就是上面讲的形式,但并不是有了对事物的本质认识才有了事物,而是事物本来就存在着,人们的认识是在后的。后半句话是对的,因为人们改造世界时的确首先要有对客观对象的认识,从这个意义上说人们的认识是“创造的起点”,有一定道理。但是亚里士多德这里弄混了一个问题,即

1 见《形而上学》第141页。

人们按照对客观世界的本质认识去改造世界和这个认识是不是本体这样的问题。人们当然是用已有的认识去指导自己的行动,创造世界,但这个认识并不是世界的本体,它只是人类认识的抽象产物,它本身仍是来源于客观世界。亚里士多德只看到抽象产物的功能和作用的一面,而忘记了它的性质和本质的一面,从而滑向了唯心主义。

通过以上的评述,我们可以看到亚里士多德在认识领域中探讨的深度和广度。虽然他处处在"怀疑"和"困惑",以至在有些方面发生了大幅度的逆转,甚至又回到了唯心主义阵营,但在他这个矛盾的哲学体系中有着非常丰富的认识论思想。他"对于认识的客观性没有怀疑。对于理性的力量,对于认识的力量、能力和客观真理抱着天真的信仰"[1]。他对认识论许多问题的研究闪烁着辩证法的智慧之光,恩格斯称他为"古代的黑格尔",这的确是当之无愧的。亚里士多德为什么会在认识论上有这么多的新建树呢?原因有三条:一是他认真汲取了前人的思想成果。他的《形而上学》第一卷开篇就是对以往哲学家思想的评价与回顾。正因为他注重从人类思想史上汲取营养,所以他才能站在当时人类认识的最高峰,解决了一些前人未解决的问题。二是他认真总结了当时自然科学的成就,他本人就是哲学家和科学家一身二任的学者,是"最博学的人物"[2],这有助于使他的认识论建立在唯物主义的基础上。列宁说他"在自然哲学中就比较经常地=唯物主义"[3]。三是他能及时地把当时科学研究的方法提到认识论的高度加以论证,从而使他的认识论学说处处显露了辩证法的探索。

那么,亚里士多德在认识论上发生摇摆和动摇的原因是什么呢?除去直接的社会的和阶级的原因以外,从认识论上来考察主要是两条:第一,本体学说的动摇引起了认识论的混乱。任何哲学的认识论部分都是直接由它的本体论部分决定的,如果在本体论上左右摇摆,在认识论上也就很难坚定和始终如一。反过来,认识论上的混乱又会进一步加速本体论上的下滑。所以,我们必

---

1 见《哲学笔记》第 416 页。

2 见《马克思恩格斯选集》第三卷, 第 59 页。

3 见《哲学笔记》第 313 页。

须坚持本体论、认识论、辩证法、逻辑学统一的原则，必须坚持哲学基本问题上的党性原则，才能使认识论得以发展。第二，抽象和具体、一般和个别是认识论的重要问题。亚里士多德一方面在这些问题上做出了贡献，推动了人类认识的发展，另一方面又因没有真正弄清这些问题，导致了认识上的失误。

（原载《天津师大学报》1985年第6期）

恩格斯关于哲学对象的论述及其意义

一

恩格斯是马克思主义哲学史上对马克思主义哲学对象问题做过最详尽论述的经典作家。他在《反杜林论》、《自然辩证法》、《路德维希·费尔巴哈和德国古典哲学的终结》（以下简称《费尔巴哈论》）等著作中多次谈到这一问题。从恩格斯的这一系列论述中我们可以清楚地看到，他把这一问题的研究是同实证科学的发展和哲学本身的发展紧密联系起来考察的。我们来具体研究一下恩格斯的这个分析过程。

首先，从实证科学的发展来看。恩格斯认为在古代哲学是"科学的科学"，那时哲学包囊一切，哲学家都是百科全书式的人物。造成这一状况的原因就是人类对自然和社会的认识才刚刚起步，一切具体部门的实证科学还在萌芽之中。但是随着人类认识的发展，各门具体科学相继从哲学中分化出来，形成了自己特有的研究对象和方法，确立了自己独立的地位。于是，哲学和实证科学的关系就发生了根本的变化。

关于历史领域中的科学也是如此。恩格斯认为："在这里也完全象在自然领域里一样，应该发现现实的联系，从而清除这种臆造的人为的联系；这一任务，归根到底，就是要发现那些作为支配规律在人类社会的历史上为自己开辟道路的一般运动规律。"[1] 随着人类社会历史的发展，社会领域中的客观联系越来越清楚了，马克思所创立的唯物史观完成了这一任务。恩格斯认为马克思的唯物史观"结束了历史领域内的哲学，正如辩证的自然观使一切自然哲学

1　《马克思恩格斯选集》第四卷，人民出版社，1972 年，第 242—243 页。

都成为不必要的和不可能的一样”[1]。

恩格斯认为，当关于自然领域的实证科学和关于历史领域的实证科学都已成熟了的时候，“在这两种情况下，现代唯物主义都是本质上辩证的，而且不再需要任何凌驾于其他科学之上的哲学了”[2]。恩格斯这一思想深刻地揭示了实证科学的发展和哲学对象之间的关系，说明了各门实证科学愈成熟、愈发展，哲学的对象就愈确切、愈清楚。这是一个相反相成的历史发展过程。“这样，对于已经从自然界和历史中被驱逐出去的哲学来说，要是还留下什么的话，那就只留下一个纯粹思想的领域：关于思维过程本身的规律的学说，即逻辑和辩证法。”[3]

其次，从哲学本身的发展来看。恩格斯认为，哲学对象的明确不仅与实证科学的发展紧密相关，而且也是哲学自身内在逻辑发展的结果。恩格斯在《自然辩证法》一书中曾描述过欧洲近代哲学的发展过程，他说：“我们的主观的思维和客观的世界服从于同样的规律，因而两者在自己的结果中不能互相矛盾，而必须彼此一致，这个事实绝对地统治着我们的整个理论思维。它是我们的理论思维的不自觉的和无条件的前提。十八世纪的唯物主义，由于它在本质上是形而上学的性质，只就这个前提的内容去研究这个前提。它只限于证明一切思维和知识的内容都应当起源于感性的经验，而且又提出了下面这个命题：凡是感觉中未曾有过的东西，即不存在于理智中。只有现代唯心主义的而同时也是辩证的哲学，特别是黑格尔，还从形式方面去研究了这个前提。尽管我们在这里遇到无数的任意虚构和凭空臆造，尽管这种哲学的结果——思维和存在的统一采取了唯心主义的头足倒置的形式，却不能否认：这个哲学在许多情况下和在极不相同的领域中，证明了思维过程同自然过程和历史过程是类似的，反之亦然，而且同样的规律对所有这些过程都是适用的。”[4]恩格斯这一论述告诉我们思维和存在的同一性问题不仅有一个内容的问题，还有一个

1 《马克思恩格斯选集》第四卷，第253页。
2 《马克思恩格斯选集》第三卷，人民出版社，1972年，第65页。
3 《马克思恩格斯选集》第四卷，第253页。
4 《马克思恩格斯选集》第三卷，第564页。

形式的问题。所谓思维的内容就是说我们对客观世界认识的内容和外界是否一致的问题,所谓思维的形式是指我们认识外界的思维过程所遵循的规律,亦即逻辑形式问题。恩格斯认为从思维形式上证明思维和存在的同一性,在欧洲近代哲学中经历了一个曲折的过程。他正是通过对这一曲折过程的总结,揭示了近代欧洲哲学发展的基本趋势,说明了旧哲学终结时为什么只留下了思维形式和辩证法。

恩格斯认为经验唯物主义只注重思维内容和存在一致的问题。他们坚持的是“凡是感觉中未曾有过的东西,即不存在于理智之中”的命题,从而完全忽视了思维形式在认识过程中的作用,把一切都归于感觉的印证。这种经验主义的思维方法给他们带来了一个巨大的困难,这就是:一方面他们要追求绝对的本体,把这种本体看成唯一真实存在的。但另一方面这种唯一真实的存在又不能为感官所直接把握,我们只能感觉到经验的现象。这样就产生了思维上的矛盾,真实的本体是无法感觉的,而感觉到的经验又是不真实的。于是,人们的怀疑就产生了,不可知论在经验论的怀抱中滋长了起来。

从经验论走向不可知论的第一个人物就是休谟。休谟看到了人们在认识过程中必须运用概念,借助思维形式,可是他感到任何范畴都像因果范畴一样无法从感觉经验上加以证明。在这个矛盾面前,他采取了否认范畴客观性的做法,认为人们关于因果律的知识和其他一切范畴都是主观的,这只是人们习惯性的联想,这样就根本否认了人们认识的任何客观必然性。到此,唯物主义的经验论从感觉论出发,由于忽视思维形式的作用,导致了完全否认客观的不可知论的产生,从而走到了自己的反面,这是认识发展的一个自我否定。

但是这个戏剧般的结局却极大地启发了康德,它像黑夜的明灯一样把康德从独断的睡梦中唤醒,给他指出一个完全不同的方向[1],这就是从对本体的探求转向了对认识的探求,对知识与主体、主体运用思维形式的能力表示了极大的兴趣。于是,一个“哥白尼式的革命”开始了,康德开创了德国古典哲学的先河。

康德虽然肯定了思维形式的作用,研究了人的认识能力,但却囿于形而上

1　参见康德《未来形而上学导论》,第9页。

学的思维方式，无法理解人类认识中的矛盾，无法掌握思维形式的辩证法。这样他在"二律背反"这个辩证法的大门口戛然止步了，并又转回到了不可知的结论当中。这是认识的一个圆圈。不过康德的失败却为黑格尔登上思维形式辩证法的宝座搭起了梯子。黑格尔认为必须在认识的过程中，将思维形式的活动和对思维形式的批判结合起来，必须对思维形式的本质及其整个发展加以研究。他把这种研究的方式称为"辩证法"。于是，康德的苦恼，却成了黑格尔的得意之作。他认为康德的四个二律背反太少了，世间一切事物都包含相反的规定于自身，从而，黑格尔推演出了一套最庞大的概念辩证法的体系。

恩格斯对黑格尔在思维形式上的研究给予了很高的评价，认为"对思维形式、逻辑范畴的研究，是有益的和必要的，而且从亚里士多德以来，只有黑格尔才系统地做到了这一点"，并说黑格尔"最大的功绩，就是恢复了辩证法这一最高的思维形式"。[1] 到此，恩格斯并没有止步，他又进一步揭示了黑格尔哲学的内在矛盾，指出了它流产的必然性，并批判继承了他的合理思想。恩格斯说："就哲学是凌驾于其他一切科学之上的特殊科学来说，黑格尔体系是哲学的最后的最完善的形式。全部哲学都随着这个体系没落了。但是留下了辩证的思维方式以及关于自然的、历史的和精神的世界在产生和消失的不断过程中无止境地运动着和转变着的观念。"[2] 这就是说作为那种包罗万象的哲学，黑格尔是最后一个了，他留给我们的遗产就是辩证的思维方式和辩证法。

这里我们看到，恩格斯通过对近代欧洲哲学本身发展过程的考察，得出了和他考察实证科学发展过程同样的结论，这就是："在以往的全部哲学中还仍旧独立存在的，就只有关于思维及其规律的学说——形式逻辑和辩证法。其他一切都归到关于自然和历史的实证科学中去了。"[3]

恩格斯的这一结论既是对旧哲学终结的说明，也是对新哲学对象的揭示，它说明了马克思主义哲学在人类思想史上实行的根本性变革，它再不需要把对自然和历史的具体描述作为自己的内容了，它除了逻辑和辩证法以外其余

1 《马克思恩格斯选集》第三卷，第 560、59 页。
2 同上书，第 63 页注。
3 同上书，第 65 页。

部分都归到各个具体科学中了。“这已经根本不再是哲学,而只是世界观。”[1] 只是认识论,只是方法论,哲学以世界观、方法论、认识论统一的崭新姿态出现了。

二

为什么说这一结论体现了世界观、方法论、认识论的统一呢？我们认为必须抓住新哲学和旧哲学的本质区别这个关键去理解恩格斯的思想。恩格斯关于世界观、方法论、认识论统一的思想主要是针对旧哲学中三者分裂状态而提出来的。在旧哲学中通常将理论划为本体论、认识论、逻辑学这三个互不统一、彼此独立的部分。恩格斯认为在马克思主义哲学中必须结束这种状况,在他看来马克思主义哲学作为世界观,当然是关于客观世界规律和本质的理论。但在对这个世界的理解上,马克思主义哲学和“以往的哲学”有着根本的区别。

首先,恩格斯认为应该通过人类认识史去认识客观世界的规律和本质。恩格斯在总结黑格尔哲学时说道:“总之,哲学在黑格尔那里终结了:一方面,因为他在自己的体系中以最宏伟的形式概括了哲学的全部发展;另一方面,因为他(虽然是不自觉地)给我们指出了一条走出这个体系的迷宫而达到真正地切实地认识世界的道路。”[2] 这个“认识世界的道路”是什么呢？恩格斯说就是“沿着实证科学和利用辩证思维对这些科学成果进行概括的途径去追求可以达到的相对真理”[3]。恩格斯在这里对新的世界观作了科学的说明。

第一,对客观世界规律和本质的认识只有通过对实证科学思维成果的总结才能完成,这说明哲学是以人类认识史为直接对象,而以客观世界为间接对象的。这样哲学和整个人类认识史是完全一致的,不总结各门具体科学的思维成果,就不可能揭示客观世界的规律和本质,也就起不到世界观的职能。第二,哲学所要获得的这种客观世界的规律与本质绝不是在具体科学所发现的规律以外的一个什么“本体”,哲学所要研究的客观世界的规律和本质“不应

1　《马克思恩格斯选集》第三卷，第 178 页。

2　《马克思恩格斯选集》第四卷，第 216 页。

3　同上书，第 215—216 页。

当在某种特殊的科学的科学中，而应当在现实的科学中得到证实和表现出来”。第三，哲学作为世界观对人类认识史的总结主要是给人们提供一个认识世界的方法。因为“辩证的思维”对于经验领域是非常重要的，“只有它才能为自然界中所发生的发展过程，为自然界中的普遍联系，为从一个研究领域到另一个研究领域的过渡提供类比，并从而提供说明方法”[1]。恩格斯所说的变革以后的哲学只留下形式逻辑和辩证法也只能从这个角度理解。于是，在恩格斯这里，世界观就是认识论，就是方法论，世界观、方法论、认识论有机地统一起来了。

其次，恩格斯认为应该通过思维和存在的关系来认识客观世界的规律和本质。恩格斯在《费尔巴哈论》中第一次明确地提出了“全部哲学，特别是近代哲学的重大的基本问题，是思维和存在的关系问题”[2]。这一结论是对哲学发展史的深刻总结。恩格斯提出的哲学基本问题给我们指出了一条认识客观世界的新的道路，这就是从“对物质和精神关系的特定理解上的一般世界观”[3]出发，彻底摈弃那种脱离人的认识去追求世界本原的做法，在思维和存在的矛盾运动中把握客观世界的规律和本质。这样我们所研究的客观世界就不是什么“绝对的本体”，而是作为认识对象的客观世界。

但是长期以来都认为，哲学基本问题的第一个方面讲的是本体论，第二个方面讲的是认识论。这个理解不符合恩格斯的原意。因为恩格斯在谈到哲学基本问题的第一方面时虽然讲的仍是“什么是本原”的问题，但已和旧唯物主义所讲的那种“本原”根本不同了。恩格斯说的不是万物之本的那个“本原”(其实这样的本原是没有的)，而仅仅是精神和自然界二者谁是本原的问题。进一步说，恩格斯在这里讲的也是认识的源泉问题。这说明思维和存在关系的第一方面不仅是个“本体论”的问题，也是一个认识论的问题，本体论和认识论已融为一体，世界的本原和认识的源泉这两个问题有机地统一了起来。恩格斯的这一思想表明，思维和存在的关系既是认识论的基本矛盾，又是世界观

1　《马克思恩格斯选集》第三卷，第 178、466 页。

2　《马克思恩格斯选集》第四卷，第 219 页。

3　同上书，第 223—224 页。

的基本矛盾，人们对客观世界的把握永远不能离开这一基本矛盾。

最后，恩格斯认为应该通过逻辑的体系再现客观世界的规律和本质。恩格斯在《自然辩证法》一文中也曾说过："所谓主观辩证法即辩证的思维，不过是自然界中到处盛行的对立中的运动的反映而已……"[1]恩格斯这些论述表明他在唯物主义的基础上把逻辑学和世界观统一起来了，说明马克思主义哲学用它全部的逻辑范畴反映着客观世界存在的规律和本质，而客观世界的规律与本质在它那里以逻辑学的形态、以方法论的形态表现了出来。到这里我们便可进一步理解恩格斯说的全部哲学"只留下一个纯粹思想的领域：关于思维过程本身的规律的学说，即逻辑和辩证法"的含义。这里的思维规律不能仅仅从纯粹的思维形式上考虑，虽然哲学从表现形态上看是概念的体系，是在纯粹思维的领域中的，但它还有思维内容的一面。因为在恩格斯看来，概念的辩证法本身只是现实世界的辩证运动的自觉的反映。

通过以上三个方面对恩格斯思想的研究，我们就可以看出：恩格斯认为马克思主义哲学对象变革的实质就是彻底结束了旧哲学本体论、认识论、逻辑学相分裂的状况，实现了它们的统一。从此，哲学变成了世界观，变成了方法论，变成了认识论，马克思主义哲学成了具有这三种性质和功能的统一的整体。

同时，在恩格斯看来，马克思主义哲学和旧哲学分手的契机就是思维和存在的关系问题，对思维和存在关系问题的辩证唯物主义回答是理解世界观、方法论、认识论统一的基础。客观世界作为人的思维的对象和源泉而存在，在这个意义上马克思主义哲学是世界观；人的思维反映客观世界，在这个意义上马克思主义哲学是认识论；作为人的思维成果的概念辩证法是客观世界辩证运动的反映，在这个意义上马克思主义哲学是逻辑学或方法论。因此，可以明确地说，思维和存在的关系问题是马克思主义哲学的对象，换言之，马克思主义哲学就是关于思维和存在关系的科学。这就是我们考察恩格斯关于哲学对象思想所得出的必然的结论。

从恩格斯的这一结论出发，我们可以看到目前在理解恩格斯关于哲学对象论述时有两种倾向。一种是所谓本体论倾向，他们认为"马克思主义哲学不

1　《马克思恩格斯选集》第三卷，第 534 页。

能离开本体论”[1]。从这种理解出发，在他们看来恩格斯的结论未免有些“认识论主义”的味道。另一种是所谓认识论倾向，他们认为哲学仅仅是认识论。从这种理解出发，他们只看到了恩格斯结论的字面含义，而忽略了这一结论的深刻内容。

我们认为这两种理解都是片面的，它们都没有把握住恩格斯思想的实质，没有认识到马克思主义哲学和旧哲学的本质区别就在于以思维和存在为轴心的世界观、方法论和认识论的统一。

马克思主义哲学以物质第一性、意识第二性的原理为自己整个哲学的基础和前提，从这个意义上（也仅仅如此）讲辩证唯物主义也有着自己的“本体论”。但是这种“本体论”和旧唯物主义的本体论已有了本质性的区别，即它是和认识论统一的“本体论”。在它看来，物质世界不仅是世界的本体，而且在它的发展过程中产生了认识的主体，人的思维本身就是客观世界发展的一个阶段的产物。这样的“本体论”已不再和认识论相背离，而是科学地说明了人的认识能力的物质基础，揭示了认识的根源和前提，显然，本体论的概念在马克思主义哲学中已发生了实质性的变化。所以，在马克思主义哲学中应该抛弃这个旧哲学的概念。

马克思主义哲学把思维和存在的关系问题看成认识论的基本问题，从这个意义上讲马克思主义哲学是广义的认识论。但这绝不是把马克思主义哲学仅仅归于研究认识过程和思维形式的狭义认识论。因为这种广义上讲的认识论是和“本体论”统一的认识论，在它看来，认识的主体是物质世界的产物，认识的内容是反映物质世界的，整个思维和存在的矛盾运动不过是物质世界自身矛盾运动的产物。

（原载《哲学研究》1985 年第 5 期）

1　《哲学研究》1984 年第 7 期何中华文。

历史概念的二重奏

——卢卡奇《历史和阶级意识》研究

"卢卡奇——作为20世纪最重要的马克思主义的批评家和哲学家"[1]，已引起越来越多的人关注和研究，尤其是对他1923年的著作《历史和阶级意识》的研究，更是众说纷纭，莫衷一是。有人认为这本书最基本的范畴是异化概念[2]，有人认为是阶级意识[3]，有人认为是辩证法范畴[4]，还有人认为是总体性范畴[5]。在我看来该书最基本的范畴是历史概念，或者说卢卡奇把历史概念作为他重构马克思主义哲学的基础。正如他在这本书的原序言中说的："在这里，我们的基本前提是我们确信，在马克思的理论和方法中，理解社会和历史的真正方法被发现了。这种方法是完完全全符合历史观点的，因而这种方法必须不断地运用到马克思主义本身。"[6]所以，只有弄清了历史概念的含义和功能，才能理解以上人们所提出的各种范畴，才能真正把握住卢卡奇的基本思路和全部体系，才能弄清半个世纪来"卢卡奇问题"争论的症结所在，从而对其做出客观的评价。

一、历史概念的提出

卢卡奇从历史概念入手来解释马克思主义，首先是针对第二国际的机会主义理论的。因为在第二国际理论家那里历史观和科学是对立的，他们认为唯物史观只不过是"一种世界观，一种倾向，一种思想和要求的体系，而不完全

1　G.H.R.帕金森：《乔治·卢卡奇》（英文版），第1页。

2　《青年卢卡奇和西方马克思主义的起源》（英文版），第104页。

3　《西方马克思主义：古典和现代的各派介绍》（英文版），第120页。

4　《卢卡奇的辩证法概念》（英文版），第12页。

5　《马克思主义和总体性》（英文版），第14页。

6　《历史和阶级意识》（英文版），原序XIII。（着重号是作者加的，以下凡引该书，只注页码）

是科学”。按照伯恩斯坦的观点，唯物史观“不再是科学，而是以主观灵感、以单纯的愿望和想象为根据了”[1]。显然，他是以经验的、实证的科学为尺度来衡量科学社会主义和唯物史观的，这样自然科学成了一切事物的标准，唯物史观反而成了附庸。从这样的立场出发，自然和历史之间就出现了裂痕，唯物史观就不再具有科学世界观的功能，历史对自然就没有什么决定性的影响。他们甚至把社会关系自然化，把历史归于自然，用自然主义的观点来解释马克思主义，例如考茨基就把社会看作“带有特殊规律的自然界的特殊部分，而这些规律，如果愿意的话，可以称为自然规律……”[2]他还荒唐地认为各民族和各阶级的繁荣、成长和兴亡都依赖于当时社会形态是“促进还是削弱了社会欲”，“人类的社会欲”成了历史发展的根本。

卢卡奇对第二国际理论家们的科学主义和自然主义倾向展开了针锋相对的论战。他说，第二国际的修正主义者都很崇拜自然科学，认为自然科学在实验室中得到的事实是最纯正的。但卢卡奇认为自然科学的方法是一种纯粹抽象的研究方法，这种表面上看来非常科学的方法实际上是很不科学的，原因就在于“它没有看到，并去说明作为其依据的事实的历史性”[3]。卢卡奇说这种科学事实的“纯粹性”“准确性”本身就是历史的产物，“按它们的客观结构，它们还是确定的历史时代的产物，即资本主义的产物”[4]。

显然，历史是卢卡奇同第二国际理论家抗衡的根本武器。当他们崇尚自然时，卢卡奇崇尚历史；当他们把自然科学作为衡量一切的标准时，卢卡奇则把历史科学（历史唯物主义）作为衡量一切的标准；当他们把历史归为自然时，卢卡奇则把自然归为历史。与第二国际的理论家反其道而行之，这就是卢卡奇从自然走向历史，把历史作为其理论起点的动因之一。

费希特说：“一个人选择哪一种哲学，就看他是哪一种人。”作为哲学家的卢卡奇把历史作为理论起点还有其内在的理论动因，这就是从理论上清算旧有的哲学信仰。作为席美尔（Simmel）和狄尔泰（Dilthey）的学生，卢卡奇青年

1　伯恩斯坦：《社会主义的前提和社会民主党的任务》，第45页。

2　考茨基：《自然界和社会的增殖和发展》，第15—16页。

3　《历史和阶级意识》（英文版），第6页。

4　同上书，第7页。

时期已蜚声文坛。他崇拜过康德，信仰过费希特和黑格尔。以后，在他走向马克思主义的动荡年月里，他从哲学上揭示了资产阶级思想的矛盾和困境，指明了走出这种理论上二律背反峡谷的唯一道路就是历史。

卢卡奇认为近代哲学的根本特征"产生于意识的物化结构之中"[1]。意识的物化结构指的就是近代哲学从对客体的研究转向对主体的研究，从而发生了认识论的转向，从意识出发构造对象成为这一时期哲学的根本特征。"近代哲学向自己提出如下的问题，它拒绝承认世界是某种已经出现的、独立于认识主体的东西（或例如由上帝所制造的），而情愿把它想象为它自己的产物"[2]。对理性的崇拜、对人的主观能力的颂扬构成了近代哲学的主旋律，似乎一切都是人的理性呼唤出来的，自然成了科学的奴隶，客体成了主体的产物。所以，卢卡奇认为近代哲学的根本问题就是这种普遍的理性体系和存在根据之间的关系问题。这就是说，理性的体系究竟有多大，它能否真的把全部客观存在包裹在自己的体系中，一旦近代哲学赋予自己的理论这种功能时，它的问题就暴露了出来。在这种情况下，客观存在就"侵蚀融解了全部体系"[3]。

卢卡奇证明了在以康德为代表的近代资产阶级哲学中，主体和客体、自由和必然、人和自然、理性主义的体系和客观现象之间处于一种剑拔弩张的对立之中。要解决这种理论上的二律背反，就必须寻求一种像斯宾诺莎那样的"在观念领域中被发现的秩序同在事物中所获得的秩序似乎十分接近"的哲学立场[4]。在卢卡奇看来，笛卡儿以来的这种二元论只有在斯宾诺莎的实体说中才能得以解决，今天我们再一次发现了斯宾诺莎那样的实体，但它不是斯宾诺莎所推崇的自然，而是历史。所有对康德二律背反的解决都必然"把我们引向了历史"[5]。

二、历史的本质和特征

历史为何具有如此神奇的功能呢？卢卡奇认为关键在于历史有以下两个

---

1 《历史和阶级意识》（英文版），第110—111页。
2 同上书，第111页。
3 同上书，第114页。
4 同上书，第116页。
5 同上书，第144页。

根本特征：

第一，历史是人类创造的产物。在卢卡奇看来，当历史作为客体时，它的本质在于是主体的产物，这样作为客体的历史就不再和主体相对立，而是和主体完全相容的。他认为"如果我们可以把全部现实看作为历史（即看作我们的历史，因为别的历史是没有的），事实上，我们将把我们自己提高到这样的地位，即能把现实理解为我们的'行为'，唯物主义的困境就将丧失它的意义……"[1]实际上卢卡奇认为一旦把历史确定为客体，揭示了历史的本质，这就从根本上解决了旧唯物主义和唯心主义两大思潮的难题。因为在以往的唯物主义哲学中，把作为认识客体的自然看作是独立于人之外的、独立于思维和逻辑之外的，这虽然坚持了唯物主义，但却同时陷入困境。人的认识形式怎样才能符合这一客体呢？人的自由的追求怎样才能和这个客体一致呢？在这些问题面前，他们是苍白无力的。自笛卡儿以来，唯心主义走了另一条相反的路，这就是康德在认识论中所实行的"哥白尼式的革命"，他们想用思维创造客体的办法来解决唯物主义留下的难题，但同样失败了。自然客体像一座不可逾越的冰峰，无论是旧唯物主义还是唯心主义都无可奈何。而只有马克思的唯物史观走出了思想的峡谷，这是因为他发现了新的客体——历史。

第二，历史是主体-客体的统一。历史不仅作为客体，而且也作为主体。卢卡奇在这里接受了黑格尔的实体即主体的观点。黑格尔在《精神现象学》中说："照我看来，一切问题的关键在于：不仅把真实的东西或真理理解和表述为实体，而且同样理解和表述为主体。""实体在本质上即是主体，这乃是绝对即精神这句话所要表述的观念。"[2]

如果说黑格尔把"绝对观念"作为实体和主体，那么，卢卡奇则把历史看成实体，同时又看成主体。这就是他在《物化和无产阶级意识》一文中所说的"主体和客体之间的统一，思维和存在之间的统一，发现它们的完成和它们的基础在于思想的规定和现实发展的历史产生的统一。但是，要理解这种统一，必须找到解决所有这些问题的场所，而且也必然具体地展现作为历史主体的

1 《历史和阶级意识》（英文版），第145页。

2 《精神现象学》上册，第10、15页。

‘我们’和我们的行为事实上是历史”[1]。当然,卢卡奇自认为他同黑格尔是有原则区别的。黑格尔并未找到真正的主体,他实际上把“世界精神”,或者说把“国民精神”作为主体,但在黑格尔错误的地方,有人却迈出了决定性的一步,卢卡奇认为这就是马克思。马克思第一次真正揭示了历史的本质,这就是唯物史观;马克思第一次真正地发现了“创世的我们,也就是无产阶级”[2]。至此,卢卡奇的思路已经十分清楚,这就是:历史是主客体的统一。一方面,它以主体的产品的形态,作为客体而出现,从而克服了以往自然客体和主体相分裂的不足;另一方面,它作为客体又可被把握为主体,从而抛弃了以往思辨的主体的那种与客体相疏远的特性。这样,历史成为新世界观的起点和基石。马克思的哲学成了近代资产阶级哲学发展的最后和最高成果,只有在唯物史观中,笛卡儿、康德、黑格尔所留下的“辩证法的问题,以及主体和客体、思维和存在、自由和必然的矛盾扬弃的问题,才能得到解决”[3]。

如果以上是在内涵上确定了历史的本质,那么在下面关于自然的议论中就画出了历史的外延。他认为人和自然的关系中包括两种:一种是人和他周围自然的关系,一种是人和自身自然的关系。但无论是哪种同自然的关系,他都认为“自然是一个社会的范畴。在任何特定的社会发展阶段上,无论什么被认为是自然的,那么这种自然是与人相关的,人所涉及的自然无论采取什么形式,也就是说,自然的形式、自然的内容、自然的范围和客观性总是被社会所决定的”[4]。

卢卡奇坚信这一结论是马克思主义的,而且认为在任何一个特定的社会中,一个直接所面对的自然是否完全可能的问题,本质上是一个只能从历史唯物主义的角度才能回答的问题。因为这种对自然的规定是从“社会的经济结构”理论出发的。有了这种历史唯物主义的立场,我们就会看到,社会(历史)和自然关系的演化史就是一个“社会的经济结构”不断地扩张,自然范围不断

1 《历史和阶级意识》(英文版),第145页。
2 同上书,第147页。
3 同上书,第142页。
4 同上书,第234页。

地退缩的历史，就是一个社会经济关系不断向自然渗透，自然不断被人化（历史化）的历史。各个社会阶段的"社会结构性质的不同是和人们掌握这种超出一种特定社会的自然联系同步增长的"[1]。卢卡奇的这个分析揭示出一个真理：人们对自然控制到哪一步，社会历史就发展到哪一步，今天自然的疆界也就是历史的版图，历史决定着自然。

通过对历史概念的内部和外部关系的分析，卢卡奇对马克思主义哲学（辩证法）的性质、特点和范围做了明确的规定：

第一，只有历史辩证法，没有自然辩证法。在《什么是正统的马克思主义？》一文的注解中卢卡奇首次明确提出了这个论点，他说："认识到这种方法（即辩证法——作者注）被限定在历史和社会的范围内，这是特别重要的。从恩格斯对辩证法的说明所产生的误解主要基于这样一个事实，即恩格斯错误地追随黑格尔，把这种方法扩大到自然界。然而，辩证法的决定性因素——主体和客体的相互作用，理论和实践的统一，在现实中历史的变化作为范畴的基础，作为思想上变化的根源等等——都不存在于我们对自然的认识中……"[2] 卢卡奇认为黑格尔的哲学本质上是一种历史哲学，就连黑格尔本人也认为自然辩证法从来不可能比人们所看到的历史辩证法有更高级的东西。理由是什么呢？他说，关键在于对自然辩证法来说，"主体不能结合到这个辩证的过程中去"[3]，因为这样自笛卡儿、康德所留下的心物对立的问题、对自在之物的把握问题都无法解决。而只有在社会中、在历史中，主体才是可以结合到辩证法的过程中，作为客体的历史才是被主体所创造的，纯自然的客体已不复存在，它已被融化在历史的进程中。自然已成为社会的范畴，"不断认识自然界是一种社会现象"[4]，只有这样马克思主义哲学才真正解决了资产阶级哲学所留下的二律背反，把人类认识推向新的阶段。而如果把辩证法又重新推回到自然的客体上去，使其成为与人无关的东西，那么，卢卡奇以上对德国古典哲学的全部分析就要付之东流，他所精心构造起来的马克思主义哲学的大厦就要随

1 《历史和阶级意识》（英文版），第236页。
2 同上书，第5页。
3 同上书，第208页。
4 同上书，第207页。

之倒塌。这样,结论只能是把“客观的自然辩证法从社会辩证法中分离出来”[1],把马克思主义的辩证法归结为历史辩证法。

第二,只有革命的辩证法,没有“科学的辩证法”。既然现实的社会是异化的,作为社会范畴的自然又是一种泯灭人性的自然,这样,作为历史辩证法的马克思主义哲学,首要的问题是消除这种异化,改造这种毁灭人、奴役人的社会,批判旧世界。所以,卢卡奇认为马克思的唯物辩证法是革命的辩证法的定义就显得格外重要和深刻,它“对于理解唯物辩证法的实质是如此的关键”[2]。卢卡奇这个结论点明了马克思主义哲学的价值特征,在这个结论中已蕴含了马克思主义是人道主义的全部内容。

但卢卡奇认为人们并没有看到马克思主义哲学的这种价值特征,而把辩证法作为纯科学去对待,以一种实证主义的态度去研究它的“发展和变化”,卢卡奇认为这种倾向首先要追溯到恩格斯,他说:“恩格斯在《反杜林论》中的论述,对后来的理论活动有着决定性的影响。然而,我认为这些论述无论是我们姑且承认它们的经典地位,还是批评它们,认为这段论述是不全面的,甚至是有错误的。但是我们必须承认在任何地方,在恩格斯的论述中都没有探讨过这个至关重要的方面。也就是说,恩格斯采取了与‘形而上学’相反的对比的方法论述了辩证法的构成。……但是恩格斯甚至根本没有提到历史过程中的主体和客体之间的辩证关系,这种最重要的相互作用……而对于辩证法来说,中心问题是要改变现实。”[3]

这样,我们看到历史概念对于卢卡奇体系的中心地位,这是他全部理论的基石。随着历史概念的展开,他的哲学构思也丰富起来。在这里我们并未详细阐述他的其他重要范畴,如异化、人道主义、总体性、主客体辩证法、阶级意识等,但以上的论述足以证明,所有这些范畴和理论都是以历史概念为基础的,是从他的历史概念中引申出来的。解释也就是重构。当卢卡奇确立了历史概念以后,马克思主义哲学在他的书中就以一种完全不同于以往的新的形

1 《历史和阶级意识》(英文版),第2页。

2 同上。

3 同上书,第3页。

态表现出来。他重新确定了马克思主义哲学的本体论基础——历史,他把马克思主义哲学归为一种历史哲学,以同那种以自然为基础的物质本体论哲学相对抗;他突出了马克思主义哲学的人道主义性质,以区别于那种科学主义的马克思主义;他把马克思主义哲学的本质规定为革命的和批判的,以反对那种实证主义对马克思主义的侵蚀;他明确地指出了实践是马克思主义哲学的核心,并把它置于历史的基础,以同那种经济决定论相抗衡。

从此,一场旷日持久的"卢卡奇问题"争论就开始了。

三、马克思:历史是自然的复活

《历史和阶级意识》自1923年发表以来引起的争论从未停止过。可以毫不夸张地说,它也许是本世纪哲学领域中最有争议的一本书。半个多世纪以来,围绕卢卡奇所提出的问题有多次较大规模的争论。尽管每次争论的问题的侧重有所不同,尽管在争论中涉及异化、人道主义、科学与价值的关系等许多方面的问题,但争论的焦点在于如何理解卢卡奇的历史概念,或者说关于历史和自然的关系问题,它的实质在于:马克思主义哲学的本质是什么?是自然辩证法,还是历史辩证法?马克思主义哲学的基础是什么?是关于自然的唯物主义,还是关于历史的唯物主义?法兰克福的第二代著名人物施米特认为要回答卢卡奇的问题,就要研究马克思的自然概念,而这必然涉及"唯物主义的历史概念和一般哲学唯物主义的关系问题"[1]。在他看来,尽管《历史和阶级意识》一再受到批评,"但这本书仍说明了马克思主义理论的历史特征的本质重要性,这种本质特征被一种本体论的方式把它固定在人类之外的观点倾向逐渐地削弱了"[2]。萨特则讲得更明白:"最初是黑格尔,尔后是其他诸人,如像马克思之后的恩格斯(我说马克思之后是因为马克思本人对此问题还多少有些含糊不清),都曾企图把历史的辩证法扩展到自然界,这就是所谓'辩证唯物主义',干脆说,辩证唯物主义就是所谓的自然辩证法。"[3]

1　施米特:《马克思的自然概念》(英文版),第20页。
2　同上书,第166页
3　《外国哲学资料》,第157页。

究竟应该怎样看待卢卡奇所提出的问题？这不仅需要客观地、实事求是地对待卢卡奇本人，还需要研究评论者本身的哲学态度是否符合马克思的本意。如果躺在现有的“辩证唯物主义和历史唯物主义”哲学框架中，无论是肯定还是否定都是大成问题的。说到底，我们必须同时调整自己的理论视角，重新理解马克思，才能获取一个科学的价值尺度，从而给卢卡奇一个公正的地位。

笔者认为，卢卡奇的历史概念是一个具有双重品格、充满多种矛盾的理论。一方面，他以其特有的敏锐性触及了马克思主义哲学的根本问题，文章中充满了对庸俗马克思主义的批判战斗精神；另一方面，极端的认识又常常使他陷入泥潭，他对马克思思想的解释往往是尖锐的，但却是片面的。如果说他用历史概念把我们从“自然主义”“实证主义”的马克思主义中解放出来，那么，他同时又用这个理论把我们引入黑格尔哲学的神秘大厦。他的历史概念是一个具有两重性的理论，像浮士德一样，卢卡奇胸中翻滚着两个灵魂，有着两种倾向。这在他初学马克思主义的动荡岁月中完全是可以理解的，但正是历史概念的这种两重性使他的《历史和阶级意识》奏出了一部不协调的乐章。

我认为卢卡奇的历史概念至少有以下三个方面是应加以肯定的。

第一，卢卡奇指出了历史的实践性。卢卡奇认为历史的本质在于它是人类活动的产物，是人类自己创造的。由于历史具有这一本质特征，它才成为资产阶级哲学二律背反的解毒剂。卢卡奇的这一思想非常接近马克思的“社会生活本质上是实践的”结论。从他的论述中我们看到，他是把实践与历史结合在一起考察的，这个方法也符合马克思创立唯物史观时的思想。在马克思看来，实践首先是个历史问题、社会问题，而不是一个纯认识论问题，只有沿着实践和历史统一的方向，才能进入马克思唯物史观的大门，掌握实践唯物主义的本质。直到今天，卢卡奇所努力的方向仍是有意义的。一方面，实践的研究决不能囿于纯认识论中（在马克思主义哲学中从没有今天所讲的那种脱离历史观的认识论），只有在人与自然和人与人的双重关系中才能把握实践丰富的内涵，只有从唯物史观的立场才能给实践以科学的说明。另一方面，历史观的研究必须从实践入手，那种把劳动和实践相区别，使历史观和实践相脱离的做法是极其危险的。这种观点势必动摇唯物史观的本体论意义。必须指出：历史观的研究决不能作为马克思主义哲学的一个领域，唯物史观就是马克思的世界观。因此，卢卡奇把历史置于马克思主义哲学的基础的观点今天仍有重大的意义。

第二，卢卡奇突出了人的能动性。如果上面的结论可以成立，那必然会得出，人在历史中绝不是软弱无力的，历史是人的事业。历史的能动性，也就是人的能动性，因为"我们的行为事实上就是历史"[1]。因此他在历史概念中提出的"拯救主体"[2]、消灭异化、把人作为一切事物的标准的思想都是对人的颂扬。卢卡奇的这一认识大大超过了过去和今天的大多数马克思主义者已经根深蒂固的机械论和本体论的倾向。

第三，卢卡奇揭示了自然的历史性。"自然是一个社会的范畴"，这是他反复强调的一个重要命题。不少人认为卢卡奇这个命题是唯心主义的[3]，笔者认为这种论断缺少分析。马克思的实践唯物主义告诉我们，"历史的自然"是他新世界的自然观的一个根本观点，它揭示了自然的历史性，说明了只有在社会中才会有自然界的真正复活。马克思的这个概念有两层含义：一是指现实的自然是社会实践的产物、历史的产物；二是指现实的自然都是处在一定的社会关系之下。这就是马克思在《德意志意识形态》中所说的"周围的感性世界决不是某种开天辟地以来就已存在的、始终如一的东西，而是工业和社会状况的产物，是历史的产物，是世世代代活动的结果"[4]。显然，卢卡奇的命题是和马克思的命题接近的，他的这一命题表现出了他对自然主义和实证主义侵入马克思主义的憎恨，认为它们的要害在于忘记了历史"马克思主义这一真正的核心"[5]。平心而论，卢卡奇坚持历史观就是世界观，努力从历史来解释和说明自然，这个方向不仅是无可非议的，而且还显示了他理论上的敏锐性。他或多

1 《历史和阶级意识》（英文版），第 145 页。

2 同上书，第 140 页。

3 见别索诺夫：《在"新马克思主义"旗帜下的反马克思主义》，第 188 页。

4 《马克思恩格斯全集》第 3 卷，第 48 页。

5 卢卡奇：《马克思主义和人类解放》（英文版），第 51 页。

或少猜到了马克思“历史的自然”的思想。[1]

卢卡奇的历史概念既是路标，又是鬼火，在研究中我们必须注意其另一面的东西。尽管对今天的中国读者来说，《历史和阶级意识》的确可以作为一枚炸开斯大林哲学体系的重型炮弹，它确实可以起到一种使我们从自然主义、实证主义的马克思主义教条中解放出来的作用，但我们不能凭感情，不能从一种极端走上另一种极端。唯一的尺度是马克思，研读马克思的著作，至少使我感到卢卡奇以下两点是值得我们注意的。

第一，历史是自然界的真正复活。马克思的实践唯物主义告诉我们，只有从唯物史观出发，才能真正理解我们周围的自然界，确立正确的自然观。马克思的实践唯物主义是一把双刃剑，一方面它彻底划破了费尔巴哈“自然崇拜”的帷幕，把历史的阳光照到了自然的每一个角落；另一方面它又从根本上切断了黑格尔的《自然哲学》和《逻辑学》联系的脐带，自然的生成不再需要借助于绝对观念，现实的自然界是人化的自然界，是世世代代工业和活动的产物。这样，自然界第一次从主体和客体两个方面得到了科学的说明。

当卢卡奇提出“自然是一个社会的范畴”时，他想努力从历史去统辖自然，用唯物史观去说明自然，在一定程度上他猜到了马克思的“历史的自然”的思想，具有一定的积极意义和合理性。他的失误在于当他从历史去统辖自然时，把自然完全归为历史；当他用唯物史观去说明自然时，结果用历史观吞没了自然观。他的立足点不是重新肯定自然，而是要取消自然、否认自然。在1967年版序言中他说：“我论证自然是一个社会范畴时，中心在于说明哲学只和社会及生活在其中的人有关系，这样就动摇了马克思主义本体论的基础。……认为马克思主义只是作为一种关于社会的理论，关于社会的哲学，从而忽略或者否定了它同时也是一种关于自然的理论。”[2] 所以，马克思的“历史的自然”和卢卡奇“自然是一个社会的范畴”的原则区别在于：前者是肯定自然，后者是否定自然。卢卡奇没有认识到唯物史观同时也就是马克思主义的自然观。卢

1 马克思在世时《德意志意识形态》仅发表了第三卷第四章，其中最重要的“费尔巴哈”一章未发表，卢卡奇也未看到。

2 《历史和阶级意识》（英文版）1967年版序言。

卡奇在批判“自然主义”的历史观时走向了另一个极端，用历史淹没了自然，而没有看到马克思在自然观上的深刻变革是同历史观上的革命紧密相连的。马克思从实践唯物主义的立场出发，对自然界的现状和历史，对自然的生成和发展做了全新的解释，在新的历史高度上对自然做了全面的肯定和确认，从而真正解开了旧唯物主义套在自然界上的“枷锁”，消除了唯心主义泼在自然界身上的污水。“因此，社会是人同自然界的完成了的本质的统一，是自然界的真正复活……”[1]

第二，恩格斯的两重性。对于恩格斯的批评，卢卡奇在原版序言中做过明确的说明，他说这本书的任务是理解马克思方法的本质，并且正确地运用它，在这个过程中“如果在很多地方针对恩格斯的个别观点的论战，那也是——正如每一个敏锐的读者将会看到的——把体系作为一个整体来看待。关于这些个别观点，作者认为不管正确还是错误的，作者没有因为恩格斯而放弃捍卫正统的马克思主义”[2]。卢卡奇这种态度并没有什么错误，只要坚持真理，对革命导师的某些观点提出异议，这是完全允许的。（因此，那种把卢卡奇和诋毁攻击恩格斯的莱文之流混同起来是不对的）

问题的关键在于，这种批评是否符合恩格斯思想的事实。卢卡奇当时并未读到恩格斯的《自然辩证法》[3]，但这本书中的一篇重要文章《劳动在从猿向人转化过程中的作用》却早在1896年就发表在《新时代》杂志上。卢卡奇显然没有注意到恩格斯在这篇文章中的这段话：“自然科学和哲学一样，直到今天还完全忽视了人的活动对他的思维的影响……人的思维的最本质和最切近的基础，正是人所引起的自然界的变化，而不单独是自然界本身……因此，自然主义的历史观（例如，德莱柏和其他一些自然科学家都或多或少有这种见解）是片面的，它认为只是自然界作用于人，只是自然条件到处在决定人的历史发展，它忘记了人也反作用于自然界，改变自然界，为自己创造新的生存条件。”[4]

1 《马克思恩格斯全集》第42卷，第122页。

2 《历史和阶级意识》（英文版），序言XIII。

3 1925年第一次在苏联发表。

4 《马克思恩格斯全集》第20卷，第573—574页。

恩格斯这段论述十分精彩，稍微仔细的读者就会发现，这段话和《德意志意识形态》一文中的许多论述基本上是一致的。应该看到，卢卡奇对恩格斯的这一方面重视得不够，研究和发挥得也不够，从而造成了上述对恩格斯的批评有一定的片面性。

但是另一方面也应看到，由于马克思和恩格斯分工的不同、研究领域的不同，他们对哲学论述的侧重也是不同的。这就造成了马克思始终沿着历史这个主线前进，而恩格斯尽管也把握了这个主方向，但在他对自然的一些研究中，有时对这个主方向有些游离，即使在这个时候他关于自然的一些论述也并没有什么错，不过这些论述作为自然科学研究的方法论倒比作为哲学世界观的阐述更为恰当、合适。如果一味地指责卢卡奇，看不到恩格斯在这一方面存在的问题，那同样是不客观的。如果从实践唯物主义的立场来看，正像马尔科维奇所说的，恩格斯“对自然规律确有某种客观主义态度”[1]。弗兰尼茨基下面的评论也应注意，他说：“如果我们想本着马克思的精神彻底对待问题，则问题要深刻得多、复杂得多，而且非常艰苦。实践的观点不仅克服了沉思的观点，而且带来了根本的历史尺度，而这一点恩格斯在这些著作中没有充分强调。但他也从来没有完全忽视。”[2] 笔者认为这种态度是严肃的、科学的。如果这样，再来看卢卡奇，尽管他对恩格斯的批评是片面的，而且更严重的是他对历史的理解并未全部把握住马克思的原本思想，但他毕竟最敏锐地感受到了当时“自然主义历史观”的抬头，历史唯物主义作为世界观的职能被削弱，他想努力捍卫“正统的马克思主义”，这些都无可非议，他提出的问题无论在过去还是在今天都有着极大的价值，值得每一个马克思主义者沉思。特别是在中国，卢卡奇的思考的确能对我们起到某种解放的作用。卢卡奇历史概念中的这两个维度我们必须同时把握。弗兰尼茨基说得好：“卢卡奇比他所有的批评家更正确，他发现了我们时代的问题和把马克思的辩证法深刻地、综合地运用于历史领域的必要，因为这个历史领域过去在很多方面开始从马克思主义者的正确认识下漏过去了。卢卡奇在这个意义上有理由批评恩格斯本人。因为

1 《实践：南斯拉夫哲学和社会科学方法论文集》（英文版），第18页。

2 《马克思主义史》上册，第224页。

他发现了，停留在一般的、本体论的辩证法观念上，就会轻视历史过程的辩证法……在这些说明中，人实际消失不见了，按照我的看法，卢卡奇虽然努力避免这一点，但无论如何是走得太远了。”[1]

（原载《哲学研究》1988 年第 12 期）

1 《马克思主义史》下册，第 358 页。

卢卡奇的《历史和阶级意识》与黑格尔哲学

英国学者佩里·安德森认为卢卡奇的《历史和阶级意识》"第一次把黑格尔提高到在马克思思想以前的历史上占绝对主导地位的高度"[1]。安德森的这个结论无疑是正确的。的确,《历史和阶级意识》在当代黑格尔哲学研究中有着不可忽视的地位,卢卡奇那本在黑格尔研究领域中负有盛名的《青年黑格尔》一书,不过是《历史和阶级意识》的一个补充,要想弄懂《青年黑格尔》,绕过《历史和阶级意识》是不行的。所以,弄清《历史和阶级意识》与黑格尔哲学的关系,客观评价卢卡奇早年的这种"独一无二的尝试"显得十分有益和重要。

一、卢卡奇的历史概念与黑格尔的"历史理论"

卢卡奇《历史和阶级意识》的最基础概念是历史。[2] 他认为,马克思哲学的本质是历史唯物主义,马克思哲学的本体论是一种历史本体论。历史就是一切,一切都包容在历史的网络之中,历史构成了哲学的真正基础和出发点。于是,恩格斯对辩证法的解释就被列入批评之列,辩证法再不是一种无所不在、无所不包的理性规律,相反"无论讨论的主题是什么,辩证法所涉及的总是同样的问题:对历史过程的认识"[3]。历史基础上的价值问题成了题中应有之义,人便很自然地成为历史的主人,人的实践活动构成了历史的基础,人道主义成了历史的主旋律。由此,一套完全不同于恩格斯解释的马克思主义体系便在"历史"的概念下衍生出来。

---

1 《西方马克思的探讨》(中文版),第 80 页。

2 见《哲学研究》1988 年第 12 期发表的拙文《历史概念的二重奏》。

3 《历史和阶级意识》(英文版),第 84 页。

在卢卡奇看来，他的这种解释绝不是杜撰，因为马克思的哲学有着深刻的渊源，就是黑格尔哲学。他认为马克思作为世界观的历史唯物主义直接来源于黑格尔。马克思批评了黑格尔，但并未抛弃黑格尔，马克思“把黑格尔哲学中的历史倾向推到了它的逻辑的顶端；他在根本上把社会和社会化的人这两方面所有现象转变成了历史问题。他具体揭示了历史进化的真正基础，并在这个过程中发展了一种崭新的方法”[1]。这表明，在卢卡奇看来，马克思的历史唯物主义和黑格尔的历史理论有着紧密的联系，马克思的历史哲学不过是黑格尔历史理论的扩展和继续。

那么，马克思在什么地方超过了黑格尔呢？卢卡奇认为关键在于黑格尔没有找到真正的历史动力，而马克思却发现了现实生活的生产和再生产这个真正的基础，无产阶级是历史的真正动力和代表。马克思是伟大的，黑格尔是天才的。尽管黑格尔哲学被超越了，虽然今天的马克思哲学是以破坏黑格尔哲学的体系为代价的，但它“却完成了黑格尔历史哲学的纲领”[2]。对此，他在《罗莎·卢森堡的马克思主义》一文中讲得更明白，他说马克思批评的主要目标更多地是指向黑格尔的弟子和追随者们，而不是指向黑格尔本人，“因为黑格尔要比马克思本人所认识到的更接近马克思主义的观点”，或者干脆说黑格尔的哲学“本质上也是历史唯物主义的历史哲学”。[3]

历史为什么具有如此神奇的作用呢？卢卡奇认为历史这个新大陆是由黑格尔发现的，它的价值就在于自笛卡儿、康德以来的哲学困境只有在历史中才能解脱，现象与本质、思维与存在、自由与必然的二律背反“只有在历史中，在历史的过程中，才能克服它们的相互背离与由此而产生的僵硬性。因为历史作为一个流动的过程扬弃了在这一过程中的各个因素的独立性，一切都要从总的历史过程来加以把握才有可能”[4]。

这种作为过程的历史不是脱离人的，在卢卡奇看来黑格尔完全接受了维科的思想，即把历史看作人类活动的产物。由此，通过卢卡奇的解释，黑格尔

1　《历史和阶级意识》（英文版），第 17 页。

2　同上书，第 18 页。

3　同上书，第 34 页。

4　同上书，第 146—147 页。

的历史理论完全是人类学的,“即看作我们的历史,因为别的历史是没有的”[1]。马克思的历史也承袭了黑格尔所确定的人类性。从这样的角度,他又批评了黑格尔,认为他的《逻辑学》和《自然哲学》把辩证法扩大化了,从人类社会“扩大到了自然界”[2]。

那么,卢卡奇的这种解释符合黑格尔和马克思的真实思想吗?鉴于本文所确定的主题,我们主要考察卢卡奇的这种理解和黑格尔哲学的本意之间的关系。

康德开创了德国古典哲学的先河。康德哲学的基本特点是二元论,他在思维和存在、观念和现实、现象和本质之间划了一条不可逾越的鸿沟,把统一的客观世界分成了两个截然不同的领域。黑格尔哲学就是从批判康德哲学出发的,他以思维和存在的同一性为基本原则,力图把现象和本质、历史和自然置于一个统一的本体之上,这个本体就是“绝对精神”,通过它的发展、演化,整个世界构成了一个统一庞大的体系。所以,黑格尔的哲学“用一句最简单的话来说,就是关于‘绝对精神’的辩证法的哲学”[3]。

黑格尔的这种“绝对精神”的形而上学有两方面的含义。一方面,“绝对精神”作为一个发展的历史过程,表现出了巨大的历史感,从而表现了一种宇宙本体论的特点。正如恩格斯所说的:“黑格尔的思维方式不同于所有其他哲学家的地方,就是他的思维方式有巨大的历史感作基础。……他是第一个想证明历史中有一种发展、有一种内在联系的人,尽管他的历史哲学中的许多东西现在在我们看来十分古怪……他的基本观点的宏伟,就是在今天也还值得钦佩。”[4]从这个角度我们也可以把黑格尔的哲学称为一种历史哲学(不是指“绝对观念”一个环节的历史哲学),即作为一个发展过程的,带有宇宙论特点的,精神发展的历史哲学。

但黑格尔的“精神本体论”还有另一个维度,这就是经过康德哲学的中介,

1 《历史和阶级意识》(英文版),第147页。

2 同上书,第5页。

3 张世英:《论黑格尔的逻辑学》,第24页。

4 《马克思恩格斯全集》第13卷,第531页。

他的这种宇宙本体论已不完全类同于古代的宇宙本体论、近代认识论，对主体的高扬已不能不对他产生重大的影响。这样，这种宇宙本体论和那种只寻求万物之源，而忽视人的地位的旧本体论有了重大的区别，正如魏建平同志所指出的："他要寻求统一自然与人的绝对真实的本体……使自然和人皆统一于精神、思维，并使他的本体论明确地打上了近代认识论的烙印。"[1] 这一点在《精神现象学》中表现得很突出。他说："对一个他物、一个对象的意识无疑地本身必然是自我意识，是意识返回到自身，是在它的对方中意识到自身。"[2] 这就是说作为自然界、社会的整个现象界，其实质就在于它们是自我意识的表现，对它们的认识也就是自我意识的自身认识。这样就从根本上克服了康德的现象与本质的矛盾。但这种现象界观念和它的内在世界的观念的统一并不是一蹴而就的，它"本身是经历过长远曲折的途程所达到的结果"[3]。这样主体的自我意识便凸现了出来，人类史的进展突出了，这种"纯粹的内在世界"和"直观这纯粹内在世界的内在世界"两个极端合拢的过程，就是以"绝对精神"为其形式的人类发展史。

斯宾诺莎那种"思维只有普遍者的含义，没有自我意识的含义"[4] 的实体已被黑格尔抛弃，唯有自我意识这种运动的精神才是真实的，实体即主体，这种人类认识自己精神发展的过程就是历史。正如人们所讲的，斯宾诺莎重自然，黑格尔重历史。通过把历史主体化、精神化，黑格尔成功地把斯宾诺莎的实体和费希特的自我意识统一了起来。这样，他的这种宇宙论特点的精神本体论便和人类历史、人的主体、人的自由联系了起来。薛华先生认为"黑格尔在实体主体统一下，把自由观和认识论以及本体论统一在一起，使之成为对同一精神本质或绝对物的不同表述，于是自由就被他归于绝对或精神，自由、自由的发展和实现，以及对自由的认识，都被理解为精神这一绝对本质的本性、过程和目的"[5]。此话切中要害。因此，黑格尔哲学的历史过程是一把双刃

1 参看魏建平：《〈精神现象学〉中关于自我意识的论述》。
2 黑格尔：《精神现象学》，第 113 页。
3 同上。
4 黑格尔：《哲学史讲演录》第四卷，第 10 页。
5 薛华：《自由意识的发展》，第 97 页。

剑,一方面,“绝对精神”构成万物之本,宇宙之体呈现为一种“独特的”精神——形而上学[1];另一方面,在实体即主体的原则下,以这种“绝对精神”发展的形态表示对人的主体性的肯定、对人的自由的本体论证明。

由此我们看到,卢卡奇把黑格尔哲学的这两个维度作了过滤与转换,他突出了黑格尔哲学的后一方面而否认了他的前一方面。哲学成了人类学,作为宇宙论特点的那种精神发展史不见了,只剩下了人类活动的历史。

从卢卡奇对黑格尔的这种解释中,我们看到《历史和阶级意识》还未彻底摆脱新康德主义和狄尔泰哲学的影响。卢卡奇早年在海德堡读书时就和新康德主义的哲学家有较深的交往,李凯尔特的书曾对他产生过重要的影响,狄尔泰的生命哲学则一度成为他思想的主旋律。在以后的岁月里他虽然逐渐从新康德主义转向黑格尔哲学,但旧有思想的影响始终残存。他对黑格尔的这种解释就是一个突出的表现。“没有自然界的黑格尔,仅仅局限于社会概念的黑格尔是什么呢?”正如联邦德国 R.施太格瓦尔德所说的:“如果借口这种不信任而转向生命哲学解释黑格尔方面,那么就不是克服黑格尔的神秘主义,而是加强这种神秘主义。因为如果社会的因素和实践是和自然相脱离,那么,在它们的基础上可能建立什么样的辩证法呢?归根到底,这甚至不是黑格尔的客观唯心主义辩证法,而是主观唯心主义的辩证法。……所以,卢卡奇恰恰不喜欢黑格尔辩证法中与自然有关的方面,绝不是偶然的。”[2]

二、卢卡奇的主—客体统一论与黑格尔的实体即主体说

主—客体统一论是《历史和阶级意识》的理论中轴,卢卡奇的整个体系就是在主—客体统一过程中得以完成和实现的。他的思路是这样展开的:康德哲学以主体和客体的分裂为特征,黑格尔打破了这种分裂,实现了自由与必然、主—客体现象与本质的统一。黑格尔赖以成功的关键在于找到了历史这个基点。历史既是主体,又是客体,因为主—客体在历史的基石上融为一体。但当历史作为主体时,它的承担者又是谁呢?黑格尔找到了绝对观念,同时却

1 薛华:《自由意识的发展》,第 104 页。

2 《关于卢卡奇哲学、美学思想论文选译》,第 56 页。

走向了神话，从而未能真正在历史的结构中发现主—客体的统一。真正的历史主体是由马克思发现的，这就是无产阶级。因而，只有在无产阶级中，在无产阶级的阶级意识所决定的实践活动中，康德、黑格尔所留下的“辩证法的问题，以及主体和客体、思维和存在、自由和必然的矛盾扬弃的问题，才能得到解决”[1]。

一个神话破灭了，另一个神话又产生了。卢卡奇的这种神话是从哪里来的呢？我认为这基本上是黑格尔实体即主体说的重演。马克思说：“在黑格尔的体系中有三个因素：斯宾诺莎的实体，费希特的自我意识以及前两个因素在黑格尔那里的必然的矛盾的统一，即绝对精神。”[2]以下，我们就从马克思所说的这三个因素入手来分析黑格尔的实体即主体的观点，以弄清卢卡奇神话的逻辑来源。

在近代欧洲哲学史上，斯宾诺莎从唯物主义的立场出发，建立了一种实体学说。他认为实体的存在是自因的，事物的原因就在事物本身，它既不需要从事物外去寻找，也不需要从人的观念去寻找。这个实体不是别的，就是自然本身，从而斯宾诺莎“坚持从世界本身来说明世界”。黑格尔汲取了斯宾诺莎实体说中的自因论思想，但又改造了他的唯物主义和机械性的成分，黑格尔认为必须把实体“了解成自身活动的，活生生的，并从而把它规定为精神”[3]。这种作为主体或精神的实体，有一个否定之否定的辩证发展过程，“实体作为主体，本身就具有最初的内在必然性，必然把自己表现为它自在地所是的那个东西，即把自己表现为精神。只有完成了的对象性表现才同时是实体回复到自身的过程，或者是实体变成自我（或主体）的过程”[4]。

同时，黑格尔承认费希特自我设定非我的哲学所体现出来的能动性，但他又从客观唯心主义的方面进行改造，认为这种主观的自我是抽象的、受外在的非我所限制的。在他看来“自我”或主体应否定自己的主观性，而把自己客观化，并在对自己的否定物的否定之中，使自己返回自身，成为有内容的实在。

1 《关于卢卡奇哲学、美学思想论文选译》，第 142 页。

2 《马克思恩格斯全集》第 2 卷，第 177 页。

3 《哲学史讲演录》第四卷，第 102 页。

4 黑格尔：《精神现象学》下册，第 269 页。

这样一来,“自我”或主体“就成了真正的实体,成了存在”[1]。

通过对斯宾诺莎和费希特两个方面的改造,黑格尔提出:“一切问题的关键在于:不仅把真实的东西或真理理解和表述为实体,而且同样理解和表述为主体。”[2]这样,他就提出了自己的“实体即主体”的理论。他说:“实体在本质上即是主体,这乃是绝对即精神这句话所要表述的观念。”[3]这就是说,实体作为一种独立自存的、能动的精神,它能产生自己、对象化自己,并又能否认自己返回自身。这样的实体就是具有能动性和创造性的主体,黑格尔的全部哲学就是这个作为实体又作为主体的“绝对精神”的自我发展过程,绝对精神既是实体又是主体,它是主体和客体的统一。

不可否认,卢卡奇并不是全盘接受黑格尔的理论,他在《历史和阶级意识》中多次批评了黑格尔的哲学。在谈到黑格尔的实体即主体时,他从四个方面进行了批评:其一,黑格尔未发现真正的历史主体;其二,黑格尔用绝对观念作为历史的主体,必然堕入神秘的非理性之中,使理性重新陷入康德的二律背反;其三,“绝对精神”返回自身,使历史有了终点,黑格尔哲学成了历史发展的顶点,普鲁士王朝成了天堂;其四,历史的发展由于“绝对精神”而中断了、断裂了,黑格尔的《逻辑学》向《自然哲学》的过渡就说明了这一点。他的结论是,在黑格尔哲学中“思维重新陷入了主体和客体思辨的两重性之中”[4]。

平心而论,卢卡奇的这些批判并非没有道理,这至少说明卢卡奇主观上还是想站在马克思的立场上来改造黑格尔哲学的。但问题的关键在于这种改造是否成功。通过以上我们对黑格尔“实体即主体”理论的介绍,我们发现卢卡奇的主—客体理论未从根本上跳出黑格尔哲学的窠臼。如果说黑格尔是把“绝对精神”既作为实体又作为主体,从而达到了主—客体的统一,那么,卢卡奇则把历史既作为实体又作为主体,通过历史达到主—客体的统一。

在卢卡奇看来,当历史作为客体被看作是主体的产物时,这个主体决不能

1 黑格尔:《精神现象学》上册,第 21 页。
2 同上书,第 10 页。
3 同上书,第 15 页。
4 《历史和阶级意识》(英文版),第 148 页。

和以往认识论中那种与自然客体格格不入的主体一样，如果主体仍保持一种抽象的、思辨的性质，那么它就永远无法和作为实体的历史相统一，历史的客体对它来说就永远是外在的、陌生的。反之亦然，客体再不能被设立为远离主体的“自在之物”，如果客体始终和主体遥遥相对，那么主体便只能隔岸观火，从而无法达到二者的统一。这就是他在“资产阶级思想的二律背反”一节中所说的“主体和客体之间的统一、思维和存在之间的统一，发现它们的完成和它们的基础在于思想的规定和现实发展的历史产生的统一。但是，要理解这种统一，必须找到解决所有这些问题的场所，而且也必然具体地展现作为历史主体的‘我们’和我们的行为事实上是历史”[1]。

卢卡奇不满意黑格尔把“世界精神”“国民精神”作为主体，认为这只是一种表面的主体，那么真正的主体是什么呢？它“就是无产阶级”[2]。这里发生了第一次跳跃，即无产阶级既是实体又是主体，因为历史是我们所创造的，作为创造者，无产阶级是主体；作为历史的承担者，无产阶级又是客体。这样无产阶级本身成为主-客体的统一。

逻辑仍在推演。他认为一个阶级若能成为统治阶级就意味着这个阶级是从它的阶级利益出发、从它的阶级意识出发把这个阶级组织起来的。阶级意识是一个阶级的根本所在。这就发生了第二次跳跃，即无产阶级作为主-客体的统一，本质上是由无产阶级的阶级意识所完成的。无产阶级的阶级意识成为创造主体的灵魂，又成了历史客体的真正本质体现。

至此，我们看到“历史”和“阶级意识”在卢卡奇那里是一个东西，如G.施默特所说的，在《历史和阶级意识》中“历史和（无产阶级的）阶级意识是同一个东西，它们不仅彼此相互影响，而且在它们之间存在着思辨的同一性：历史是实体，阶级意识是主体”[3]。卢卡奇在晚年也坦诚地指出了这点，认为这种逻辑方式“是以纯粹的黑格尔的方式进行的”[4]，是一种试图超过黑格尔的黑格尔主义。在我看来，当卢卡奇在理论上把历史和阶级意识等同时，他实际上

1　《历史和阶级意识》（英文版），第145页。
2　同上书，148页。
3　G.施默特：《精神现象学在卢卡奇历史哲学中的再现》，载于1985年第4期《哲学译丛》。
4　同上书，XXⅡ。

是从费希特的角度对黑格尔进行了改造。如果说费希特的自我是主观的,那么卢卡奇的无产阶级则是客观的;如果说费希特的自我是由意识的“想象力”所推动的,那么卢卡奇的无产阶级“大我”则是由阶级意识所决定的。按照黑格尔实体即主体的原则去建构体系,以费希特的自我原则把黑格尔的“绝对观念”转换为一种大我(无产阶级)的主观精神(阶级意识),这就是卢卡奇主-客体统一理论的秘密。

三、卢卡奇的总体性与黑格尔的整体观[1]

卢卡奇认为总体性范畴是“革命原则的支撑者”[2],是无产阶级与资产阶级思想分歧的根本所在。总体性范畴有着多层的含义,它覆盖着卢卡奇思想的各个方面。作为本体论原则,只有总体性范畴才使历史成为可能;作为认识论原则,只有总体性范畴才能解决理论和实践的统一;作为人道主义原则,总体性范畴代表了一种理想和渴望。

卢卡奇认为他的总体性思想直接来源于黑格尔。那么总体性范畴和黑格尔的思想联系与区别在哪里呢?为此,我们先看一下黑格尔的整体观。

黑格尔哲学是一个整体性的哲学体系,它所表现出来的系统性、完整性都是前所未有的,就是现代系统论的创始人贝塔朗菲也感到并承认黑格尔体系的宏伟与系统。很明显,整体性或者说总体性(二者没有本质的区别)是黑格尔哲学的最根本原则之一。“绝对观念”是普遍、统一、完整的整体,它既表现为纷繁万物的本质,又是自身本质的表现。它是大全,它是臻善完善的整体,世界除它之外,别无其他,它就是宇宙本身。

“绝对观念”作为一个有机的整体,存在于纯粹观念、自然、精神三个发展环节之中,由此就构成了逻辑学、自然哲学、精神哲学三个有机的部分。作为整体的绝对观念缺乏这三个环节中的任何一个都构不成有机的整体:缺少纯粹观念,自然和精神就没有内在的根据;而没有自然的环节,观念就不能外化

1 阿尔都塞认为总体性和整体性有着原则上的区别,卢卡奇、黑格尔主张的是总体性(totality),而马克思主张的是整体性(whole)。我认为这两个词是一致的,没有实质性区别。

2 G.施默特:《精神现象学在卢卡奇历史哲学中的再现》,第27页。

于自己，精神就失去了从观念到自身的过渡环节；反之，若没有精神，观念和自然就无法达到统一，观念也无法返回自然，自然不能把内在的理念揭示出来。不仅“绝对观念”是一个完善的整体，它的每一个环节在发展中也是一个有机的整体。“理念的一切环节是存在于一个合理的有机组织中的。”[1]逻辑学推演的缜密、自然哲学的完善、精神哲学的内在统一都是令人叹为观止的。本体论和认识论的统一又表现为“真理就是全体”[2]，正是在观念运转的过程中，在一个又一个肯定—否定—否定之否定的圆圈式发展过程中，真理显示了它的具体性、丰富性和整体性。

从黑格尔的这种“圆形的整体性”（阿尔都塞语）中我们至少可以得出如下几点：第一，整体性是其本体论的原则。世界的完美来源于绝对观念自身的完美，正是这种总体性构成了“绝对观念”本身及其发展的全部根据。第二，整体是一个有机的结合。整体高于部分之和。任何部分都必然置于总体的联系之中。第三，整体的进化是一种有机的进化过程，在这个过程中整体的发展不是由单一的因素决定的，而是由“绝对观念”内在的各个环节上的具体矛盾所决定的。

现在，我们看一下卢卡奇和黑格尔在这一问题上的联系与区别。从二者的联系来说，卢卡奇显然受到了黑格尔总体观的影响，并基本接受了黑格尔整体观的原则。他明确提出辩证法的中心问题就是“正确理解总体性概念的统治地位以及黑格尔哲学”[3]。他和黑格尔一样，把总体性作为本体论的原则。在他看来，离开了总体性，历史的本体就无法理解，“总体性的辩证观的至关重要性就表现在这里”[4]。同样，卢卡奇完全赞成黑格尔的整体高于部分的思想，认为“各个部分对历史和思想总体的从属性”[5]是十分重要的。马克思从黑格尔那儿汲取的方法论精华就是总体性思想——总体性具有至高无上的地位的思想。另外，对于黑格尔关于整体是有机的进化，进

1 《哲学史讲演录》第一卷，第 346 页。
2 黑格尔：《小逻辑》，第 56 页。
3 同上书，第 36 页。
4 同上书，第 12 页。
5 同上书，第 28 页。

化、发展是由具体矛盾推动而不是由单一因素决定的思想，卢卡奇也是赞成的。他以此为根据展开了对经济宿命论的那种线式的、只有经济决定历史发展的思想的批判。

当然，卢卡奇并未照搬黑格尔的思想，他对黑格尔的整体观作了转向和改造。这种改造表现在基础和体系两个方面。所谓基础上的改造在于卢卡奇的总体观只是在历史的地平线上展开的，而黑格尔的整体观是一种弥漫于宇宙的精神本体论的总体观。在卢卡奇那儿，所谓的总体性指的是社会历史的总体性，“无论讨论的主题是什么，辩证法所涉及的总是同样的问题：对整个历史过程的认识”[1]；在黑格尔那里作为精神本体论中总体所不可缺少的纯粹观念、自然哲学，在卢卡奇那里统统不见了。“辩证法的历史化”才是卢卡奇的总体性所唯一遵循的原则。

这里涉及《历史和阶级意识》一书中“历史”和“总体性”两个基本范畴的关系问题，我认为国外一些研究者没有把这个问题讲清[2]，要么把总体性置于历史之上，要么把二者对峙、平行起来。我认为尽管总体性范畴在全书中被置于中心的地位，但这只是问题的一面。更根本的在于总体性这个中心概念是根植于历史这个本体之中的，是以历史为基础的，卢卡奇认为甚至这种“理解现实所必需的先决条件的总体性观念，是历史的产物”[3]。正是在这个意义上，我认为历史较之于总体性范畴更根本、更重要，不理解“历史”概念，就读不懂卢卡奇的《历史和阶级意识》，就分不清卢卡奇和黑格尔在总体观上的根本区别。

体系的不同是很明显的。在黑格尔那里总体观首先表现为一个体系，表现为“绝对观念”自己的推演、渐变和发展，“哲学若没有体系，就不能成为科学”[4]。正是在概念变化的这种正、反、合，肯定—否定—否定之否定的有韵律的节拍之中，构造的严密、联系的全面才显示出来。在黑格尔看来，这个体系、

1 黑格尔：《小逻辑》，第34页。

2 参看《马克思主义和总体性》英文版第81—128页、《卢卡奇的辩证法概念》英文版第61—93页。

3 同上书，第22页。

4 黑格尔：《小逻辑》，第56页。

这种结构本身就是整体性的体现。

在卢卡奇那里则没有这一套东西。当然，他自身的结构还是严密的，逻辑的环节是环环相扣的，但卢卡奇理论的体系不再表现为黑格尔那样一种庞大的体系和正、反、合的推演方法。从外在条件来说，《历史和阶级意识》本身也不是一本像《逻辑学》那样的著作，它是由不同时间的八篇论文所组成的，外在结构是松散的。从内在原因来说，卢卡奇不像黑格尔那样把整体性原则表现在范畴的体系和发展之中，而是紧紧抓住了一个总体性的实体——历史。正像他所讲的"通过集中把总体性建立在历史过程的现实之上，并把其限制在这个基础上"[1]，马克思才真正完成了理论和实践的统一。

通过以上分析，我们可以看出卢卡奇的《历史和阶级意识》与黑格尔哲学之间的内在关系。对此，G.施默特说："卢卡奇把黑格尔的精神现象学视作真理和体系，试图把它铸造成一门新哲学，他所作的这种尝试，是所知道的独一无二的尝试。"[2]

如何评价卢卡奇的这种尝试呢？这是一件非常困难的工作，这不仅因为在这篇有限的论文中根本不允许我们作详细的评论，更重要的原因在于我们手中赖以评价的尺度都要作重新考察。但不管怎样我们至少在这里可以指出以下两点：

第一，卢卡奇的这种努力无论是在过去还是在今天都有着一定的积极意义。从历史上来看，在第二国际的机会主义领袖们高喊着"回到康德去"的时候，虽然卢卡奇把马克思黑格尔化，但"这种错误的方法却起到了重要的而且在许多方面是很进步的作用，因为黑格尔的辩证法的复兴严重打击了修正主义的传统。……对于任何期望返回到马克思主义的革命传统的人来说，恢复黑格尔的传统都是势在必行的"[3]。从现实来看，今天传统的对马克思和黑格尔关系的解释更多的是依据恩格斯和列宁的说明，而忽略或不够重视马克思本人的解释。更重要的在于在这种传统解释中，它们把黑格尔塑造成了纯粹

1　黑格尔：《小逻辑》，第 39 页。

2　《哲学译丛》1985 年第 2 期。

3　《历史和阶级意识》（英文版），1967 年序言 XXI。

的唯心主义的宇宙本体论的哲学家，黑格尔哲学的那种人类学方向被忽视了或者没有从总体上对黑格尔哲学的这一倾向加以说明。[1] 在这种情况下，尽管卢卡奇的解释走向了另一个极端，但毕竟使我们重新思考了这一问题。若要把马克思的哲学理解为"实践唯物主义"，那就必须以新的视角说明马克思与黑格尔的关系。卢卡奇的价值正在于此。

以后在《青年黑格尔》中，在《社会存在的本体论》中，卢卡奇逐步纠正了自己观点的片面性，沿着历史与劳动这个主方向对马克思和黑格尔的关系作了全新的说明。[2]

第二，卢卡奇的解释是有启发性的，但他的努力并未给我们指出一条平坦的大道，因为他无论是对黑格尔的阐发还是对马克思与黑格尔关系的说明都存在着片面性。从前者来说，把黑格尔哲学说成一种无人的宇宙本体论是无知，但像卢卡奇那样把黑格尔哲学完全说成一种历史人类学也是一种偏见。尤其是当他批评黑格尔的自然哲学时，更暴露出他并未真正理解黑格尔的本体论和人类学二者之间的关系。

从后者来说，他没有看到马克思哲学与黑格尔哲学的本质区别。特别是当他把历史说成是由无产阶级的阶级意识决定的时候，他就又不自觉地回到了黑格尔的怀抱，从而把马克思完全黑格尔化了。这正如他晚年所说的"把无产阶级看作人类历史的唯一的主体—客体并不是克服唯心主义结构的那种完满的唯物主义，而是一种试图超过黑格尔的黑格尔主义……"[3]

（原载《学术月刊》1990 年第 1 期）

1　那种认为卢卡奇的黑格尔研究和列宁的黑格尔研究具有相同性的观点，正是没有看到这一点。无论是从肯定还是从否定的角度，他们两人的黑格尔研究都有着重大的区别。

2　参看卢卡奇：《社会存在的本体论——黑格尔》（英文版），第 6—10 页。

3　同上书，1967 年版序言 XXⅢ。

工业文明中人的困境

——卢卡奇浪漫主义哲学述评

浪漫主义作为一种思潮肇始于让-雅克·卢梭(Jean-Jacques Rousseau),其核心是对工业文明和科学理性提出质疑,从而流露出对大自然和田园生活的慕恋与向往。浪漫主义最初作为一种文学运动出现。荷尔德林(Friedrich Holderlin)对希腊的眷恋不舍、弗·施莱格尔(Friedrich von Schlegel)在《卢琴德》中对人生与诗合一的执着追求、诺瓦利斯(Novalis)对原始森林的向往和对梦境中的"蓝花"的无限憧憬与偏爱,都表现了浪漫主义的文学家们对功利、理性、文明的厌倦,对雾霭、晨风、群山的怀想,对科学理性笼罩下千篇一律生活的批判,对生命之诗的颂扬。"哲学上,浪漫主义运动起源于康德的理论。"[1]正是在卢梭的启示下,康德才给认识划出了界限,为道德确立了地位。《判断力批判》则给人的主观情感、信仰、想象打开了广阔的天地。审美成了绿洲,科学理性再也不能侵入。自康德以后,经费希特、谢林、席勒,浪漫主义作为一种哲学形态才真正确立下来,并"在思辨化和诗化这两个方面把它提升到了一个全新的高度"[2]。

第一个把浪漫主义哲学引入马克思主义,并在当代西方思想中产生重大影响的是匈牙利著名哲学家G.卢卡奇(Georg Lukács)。本文是对青年卢卡奇浪漫主义哲学的一个初步研究,旨在探讨其在西方马克思主义中的影响,并试图说明这种浪漫主义的理论得失。

1　Antony Flew, *A Dictionary of Philosophy*, London, 1985, p.307.

2　同上书，第9页。

一

卢卡奇少年得志，很年轻时就因其《现代戏剧史》一书蜚声欧洲文坛，他早年的浪漫主义思想对其以后的理论发展产生了重要的影响。在《现代戏剧史》中他就已经开始对工业文明和技术理性进行批判[1]，《心灵与形式》则把这种情绪进一步发展，他认为工作成了生活的敌人，勤奋成了异化的根源。工作与生活是对峙的，人们为文明的进步而努力工作，但在这种文明进步之中，人们却忘记了本真的生活，文明是生活悲剧之根。

那么生活的希望和绿洲在哪里呢？在审美和艺术当中。他说："科学只给予了我们事物和事物的性质，而艺术则赋予了我们心灵和命运，事物只有通过心灵和命运的三棱镜才能看清。"[2] 只有艺术和审美才能揭示出生活的意义，只有艺术和审美才能使人从工作的异化中解脱出来，这样诗和诗人的问题才凸现了出来。

他认为最深切体味着人生的是诗人和批评家，他们具有一种常人所不具有的灵性，能更深切地体悟到我们这个时代的悲剧，他们是这个悲剧时代的悲剧家。在《心灵与形式》中，他特意分析了诗人诺瓦利斯的思想，认为早在18世纪理性高歌猛进的时代，诺瓦利斯就对这种理性提出了怀疑，卢卡奇认为尽管诺瓦利斯的声音是弱小的，但他指出了"理性主义的结果具有极大的危险性和足够的破坏力；理性主义至少在理论上废黜了所有的存在价值……"[3] 卢卡奇说在浪漫派那里诗成了他们的道德，伦理就是他们的诗。"浪漫主义的世界观是真正的诗神（pan-poetism）的世界观，一切是诗，诗就是一切。"[4] 他对这种世界观做了充分的肯定，认为它扩展了生活的总体性，它的"目标就是人能够

1 参阅 Lowy, Michael, *Georg Lukács: From Romanticism to Bolshevism*, London, 1979。在这本书中，作者详细分析了卢卡奇前马克思主义阶段思想发展的几个过程，他认为卢卡奇这种浪漫主义的反对资本主义的情绪不仅和卢卡奇个人有关，也和当时欧洲思想界的总气氛有关，卢卡奇的情绪不过是这种气氛的一个反映。

2 Lee Congdon, *The Young Lukács*, Chapel Hill and London, 1983.p.51.

3 G.Lukács. *The Soul and the Forms*, London, 1974.p.43.

4 同上书，第48页。

真正地有生活世界”[1]。

正像有些研究者所指出的，早年的卢卡奇已经深深地感触到了西方文化的危机[2]，他所提出的“两种文化”的概念充分反映了他的浪漫主义哲学。卢卡奇认为西方存在着两种文化：一种是“理智文化”，它追求的是“理性的合理性”；另一种是“审美文化”，它追求的是生命的价值性。他以强烈的笔调指责了“理智文化”，认为它把人完整的生活割裂开了，人成了碎片，人的一切都被合理化和科学化吞没了，而只有“审美文化”才能给人生以意义[3]。

卢卡奇正是带着这样的情绪走进马克思的理论的，所以马丁·杰认为卢卡奇的《历史和阶级意识》第一次把浪漫主义引入了马克思主义的理论，使马克思主义与浪漫主义相结合[4]，这个结论是正确的。当然这一时期所表现出的浪漫主义和他早年的浪漫主义有了显著的区别。如果说他早年的浪漫主义主要受诺瓦利斯、基尔凯郭尔、陀思妥耶夫斯基的影响，那么此时的浪漫主义则是在马克思的旗帜下进行的，他把浪漫主义与马克思的社会理论相结合，使浪漫主义呈现出一个新形态。

卢卡奇的这种浪漫主义倾向是在批判第二国际的“科学主义”倾向中展开的。第二国际理论家在哲学上主要受新康德主义中的马堡学派的影响，他们想用马堡学派的那种实证主义方法来改造马克思主义。这种倾向受到了卢卡奇尖锐的批评。卢卡奇认为第二国际领袖们的这种“科学主义”表现在两个方面：一是在其研究的对象上，追求一种纯粹、客观的研究对象，讲究事实的客观性、纯粹性；二是在其研究方法上，强调那种科学的从个别、局部入手的细致入微的研究方法。他们只迷信科学，而看不到科学方法的不足之处。

卢卡奇分别从科学的基础、科学的方法、科学的社会功能这三个方面展开了他的思想。我们先看第一点。自然科学追求的是一种纯粹的“事实”，“当

1 G.Lukács. *The Soul and the Forms*, London, 1974.p.43.

2 参阅 Lowy, Michael.*Georg Lukács：From Romanticism to Bolshevism*, London, 1979, 第四章。

3 参阅 Beyer, Wilhelm Raimund, *Vier Kritiken：Heidegger, Sartre, Adorno, Lukács*, Koln：Pahl-Rugenstein, 1970。

4 Martin Jay, *Marxism and Totality：The Adventures of a Concept from Lukács to Habermas*, University of California, 1984.p.33.

现实世界的现象被置于(在思想上或在现实中)不受外界干扰的情况下,它的规律可被观察的环境中时,自然科学的'纯粹'事实就产生了"。但实际上有没有科学所追求的这种事实呢?卢卡奇认为从来就没有这样"纯粹"的事实,自然科学的根本不足在于"它没有看到,并去说明作为其依据的事实的历史性"[1]。因为任何事实都是处于历史的框架之中,处于社会之中的。当然,自然科学在研究中把过程的现象和本质加以区别,这本身无可非议,卢卡奇也认为这种区别是"真正的科学研究的首要前提",但他强调的是当自然科学这样做时,必须看到这些事实的"内在结构本质上是历史的"[2]。

卢卡奇说马克思在写作《资本论》时也对劳动的"抽象过程"进行了透彻的研究,但当马克思在进行这种抽象时,他并没有忘记这种抽象是对资本主义社会的历史特征的抽象,所以,他的这种抽象并不是一种脱离历史过程的抽象,而是在最丰富和最具体的历史过程中展开的一种抽象。但自然科学在进行抽象时,在追求那种科学事实的"纯粹性"和"精确性"时,恰恰忘记了科学的这种"纯粹性"只不过是历史进化的产物,"按它们的客观结构,它们还是确定的历史时代的产物,即资本主义的产物"[3]。

再看第二点。卢卡奇认为现代科学不仅在其基础上背离了自己的本体论,而且在方法上也走进了死胡同。资本主义条件下的分工使生产不断向专业化方向发展,这不仅改变了人们的生活方式,也改变了人们的认识方式。这样就"出现了'孤立的'事实,'孤立的'综合事实和分离的专门的科学(经济学、法学等)。它们的出现似乎为这样的科学方法的发展大大开辟了道路"[4]。什么样的方法呢?即分析的方法,一种适用于专门学科的具体、个别的研究方法。

卢卡奇并不否认这种抽象的方法,这种孤立的研究是"科学的真正本质"。他所担心的是当采用这种孤立、抽象的研究方法时,科学忽视了事物的总体性,从而使现代科学在方法论上陷入了迷途。他以经济学和法学为例说明了

1 卢卡奇:《历史和阶级意识》,重庆出版社,1990 年,第 8 页。

2 《历史和阶级意识》,第 9 页。

3 同上书,第 9 页。

4 同上书,第 31 页。

在对待具体事实上存在着两种不同的方法：一种是孤立地对待的方法，另一种是从总体上研究的方法。前者是自然科学所采取的方法，后者是马克思所采取的方法。正是在这个意义上，他认为"马克思主义并没有承认法律、经济或历史学是独立存在的，作为一个整体，这里只有一种唯一的、统一的——辩证的和历史的——社会发展的科学"[1]。科学的独立性受到了动摇，在总体性原则的支配下，克服科学方法上的缺陷的出路，只有走向一个统一的总体性学科——社会发展的科学。

最后，看一下卢卡奇对科学社会功能的批判。卢卡奇在本世纪是以最早揭露和批判商品所造成的异化现象而著名的，那么，造成这种异化的原因是什么呢？他认为是技术的运用、理性的发展。他说："如果我们遵循着劳动在它的发展过程中所采取的从手工业经过合作生产和工场手工业到机器生产的道路加以考察，我们就会发现存在着一种不断地向着高度理性发展，逐步地清除工人在特征、人性和个人性格上的倾向。"[2]这就是说，劳动发展的过程就是科学技术不断应用到生产中的过程，就是理性征服自然对象的过程，同时也是人的沦丧与异化的过程。

他认为这种技术和理性的发展所造成的恶果可以从生产过程和社会生活两个方面加以证明。从前者来说，技术的应用必然造成进一步的劳动分工，理性的发展必然使"建立在被计算和能被计算的基础上的合理化原则"进一步确立，其必然的结果就是劳动过程的日益合理化和机械化，从而导致工人最终丧失了与产品的接触，工人被"分裂为孤立的、抽象的原子，他们的工作不再把他们直接地结合在一起；由于禁锢他们的机械抽象规律的作用，在日益扩大的范围内，他们成了中介"[3]。在形式上工人成了可有可无、无足轻重的一个原子，而在心理上则造成了更为悲惨的局面。"由于劳动被逐渐地理性化和机械化，随着人在这个过程中活动力的减少，他丧失的热情也越来越多。他的意志的沦丧日益加重"[4]。理性、技术成为压迫人的魔鬼，科学、工业成为工人异化之

1 《历史和阶级意识》，第31—32页。
2 同上书，第97—98页。
3 同上书，第100页。
4 同上书，第98页。

源，劳动的对象化过程已成为异化的过程，科学、技术发展的过程已成为人性丧失的过程。

商品生产的发展、工具理性的扩张，不仅影响了生产过程，也改变了整个社会生活的面貌，甚至渗透到了“人们的身体和心灵的各个深处”。一切都是按照马克斯·韦伯说的“合理化计算的原则”来衡量，在“现代生产发展的每一个阶段，它的不断革命的技术用一系列僵硬呆板的面孔对付着个体生产者”。[1] 总之，科学、技术、理性使这个世界发生了巨变，“技术的专门化破坏了每一个整体形象”。科学本身也卷入了这种单一的直接性之中，从而“把现实世界撕成了碎片，使世界整体的美好梦幻烟消云散”。因而，科学和技术必然“受到了指责”[2]。

为什么科学、理性、技术成了人全面发展的敌人呢？卢卡奇把问题推向了深入，从而使他的批判达到了高潮。他认为：“当科学的认识观念被应用于自然时，它只是推动了科学进步；当它被应用于社会的时候，就反转过来，成了资产阶级的思想武器。”[3] 在这里，科学的问题与阶级的问题联系了起来，对理性的批判上升到对社会的批判，一般的人生苦难的根源由理性的扩展上升为资产阶级的扩张。卢卡奇的这个思路后来极大地启发了法兰克福学派的批判家。同时，卢卡奇的浪漫主义也形成了自己独有的特色。他说，这两个方面“对我们来说仅仅是同一辩证统一的两个方面”[4]。人们正是在对科学异化的批判中“再一次清楚地看到了在阶级和由于企图把那个阶级的社会特征连同它的规律和需求加以概念化把握而产生的科学方法之间紧密的相互作用”[5]。

那么，人面对这充满异化与罪恶的世界，在哪里能找到灵魂的栖息地呢？卢卡奇说：“假如人们想到卢梭，这有一种意义截然不同的自然概念的回声，它越来越集中地感到这样的社会制度（物化）剥夺了人作为人的本质，他所拥有的文化和文明（即资本主义和物化）越多，他就越不可能是一个人。”[6] 我们面

1 《历史和阶级意识》，第 115 页。

2 同上书，第 115 页。

3 同上书，第 9 页。

4 同上书，第 117 页。

5 同上书，第 117 页。

6 同上书，第 152 页。

对的是一个异化的自然,我们渴望的是卢梭所描绘的那种自然,也是像席勒说过的"它们过去是我们昔日的东西,它们是我们再次成为的东西"。原始的自然,淳朴的自然,没有被科学理性所破坏的自然,这就是卢卡奇的理想。他认为只有"在这里,'自然'表示了真正的人性,表现出从社会的虚假的、机械的社会形式中解放出来的人的真正本质——人作为尽善尽美的总体"。[1] 这真是一个令人神往的地方!

从浪漫主义思潮发展史来看,卢卡奇的确把这一思想提高到了一个新的形态:它已不仅仅是对人生的哀叹,而是转变为对科学、技术的全面的历史性批判;对工具理性的指责已不仅仅是局限于个人道德和情感生活的狭小天地,而是同批判整个资本主义社会连在了一起,浪漫主义被马克思主义化了。

二

卢卡奇的浪漫主义思想对西方左翼思想产生了重要的影响,这在法兰克福学派那里表现得尤为明显[2]。Martin Jay 认为"由霍克海默(Max Horkheime)所确定的,早在 1930 年法兰克福学派对自然科学所采取的批判基本上是在卢卡奇《历史和阶级意识》的框架之中进行的"[3]。这个结论是基本符合事实的,卢卡奇浪漫主义的两个主要方面,即对科学的批判和对科学的资本主义化的批判都被法兰克福学派的理论家继承了下来。我们仅以阿多尔诺和马尔库塞为例来说明这一点。

阿多尔诺遵循了卢卡奇的思路,也认为有两种理性,一种是把人从奴役和压迫中解放出来的人文理性,一种是对人类造成压迫和强制的技术理性和工具理性,对技术理性和工具理性的批判构成了阿多尔诺浪漫主义的重要特征。他和霍克海默所著的《启蒙辩证法》就是对工具理性的追根溯源的考察,要彻底纠正启蒙所造成的恶果。启蒙的目的是使人们从自然下摆脱恐惧,成为主

1 《历史和阶级意识》,第 153 页。

2 参阅 Arato, Andrew, and Breines, Paul. *The Young Lukács and the Origins of Western Marxism*, New York, 1979, 第三章。

3 参阅 Martin Jay, *The Dialectical Imagination—A History of the Frankfurt School and the Institute of Social Research 1923-1950*, University of California, 1973。

人。于是人们相信知识，相信科学，相信人类自身的无限的能力。结果怎样呢？启蒙使人们走出了巫术和神话，但它自己却变成了神话。特别是在资本主义社会中“科学变成了包含着压制着群众和社会再生产的方法的概念”[1]。启蒙精神并没有使人获得自由，它本身就是始终赞同社会强迫手段的。启蒙变成了极权主义，理性变成了非理性的概念，“技术的压迫成了一种压迫的象征”[2]。

如果说技术与专制的联姻造成了法西斯主义对犹太人的残酷迫害，那么工具理性与交换原则的结合则形成了所谓的“文化工业”，它从另一方面反映了技术理性对人的压抑。文化成为工业，成为技术那样的标准化、模式化的东西，一旦如此，它的精神的个性还怎能保存呢？正如阿多尔诺在谈到音乐时所说：“节拍与和声成为各部分都必须遵守的一种标准的模式，在这种模式下不准有任何的背离，结果必然是没有任何真正的东西被允许闯入，结果造成的效果是向千篇一律的作品加一些风味而又不会对千篇一律有所威胁。”[3]

技术为什么会走到这步田地呢？理性为什么会变成压制人、操纵人的工具呢？阿多尔诺认为原因在于工具理性对自然的征服。人类从自然中学习的目的不是与之和谐，而是“为了控制自然和控制其他人”[4]。结果在征服自然的凯歌声中，技术、理性成了“破坏自然的力量”。人的内在自然与外在自然都被破坏了，科学这样“最无情地反对自然”[5]与其说造福于人类，不如说把人类推向危险的边缘，成为“新的人类异化的种子”。

就这些思想来看，阿多尔诺与卢卡奇的取向是完全一致的，当然两人的区别和分歧也是很大的，这里暂不展开。

马尔库塞对技术、工具理性的批判是与对整个资本主义的批判联系在一起的。他认为，当代资本主义条件下新的控制形式就是技术、工具理性统治的形式，技术已成为政治统治的手段，“技术理性已变成了政治理性”。技术的提

1 Max Horkheime-Theodor W. Adorno, *Dialektik der Aufklarug*.Franfurt am Main, 1969.

2 同上书，第 8 页。

3 Adorno, *Philosophie der neuen Musik*, Frankfurt am Main, 1949.

4 *Dialektik der Aufklarug*.

5 同上书，第 90 页。

高，工具理性的发展，使阶级冲突大大缓和了，从而巩固了资产阶级的统治。所以他说："科学技术成就日益提高的生产力都证明了现实的合理性，因而它使得一切超越成为泡影。"[1]

在资产阶级发展的历史中，技术理性曾起过重要作用。韦伯曾把它作为资本主义发展的动力，但在马尔库塞看来技术今天已经走到了它的反面。他认为"技术不是中性的"[2]，他给自己的批判哲学确定的任务就是揭露科学技术虚假的中立性，"要求科学从这种现在的秩序中摆脱出来。因此，批判理论在原则上避免了对科学的致命的拜物教"[3]。

生活是异化的，科学是奴役人的，技术是统治者的工具，人是单面的。在这熙熙攘攘的工业世界之中，生命的源泉在哪里？生命的欢畅在哪里？马尔库塞指出了一条路：审美。"审美经验将阻止使人成为劳动工具的暴力的开发性的生产。"如果说现实操作原则的代表是普罗米修斯，那么，俄耳甫斯和那喀索斯则代表了审美原则。他们是快乐的象征，他们的声音是歌唱而不是命令，他们的姿态是供给和接受，他们的行为是创造和平和废除劳动。这是一个多么美好的世界！人与自然、主体与客体之间的冲突完全消失了，"在人们谈论爱慕和交心的同时，鲜花、清泉、动物都体现了其自身的样子——美"。[4]

从对阿多尔诺和马尔库塞的分析中可以看出，对科学技术的批判，对工具理性造成的物化的揭露，对工业文明的质疑，对审美的渴望，卢卡奇浪漫哲学的这些主要点都被法兰克福学派继承了下来。

三

卢卡奇、阿多尔诺、马尔库塞等人的西方马克思主义的浪漫哲学，其理论焦点集中于科学和人道的矛盾问题上。如何分析这一矛盾，马克思的哲学理论实已做了很深刻的回答。

马克思从人的实践活动出发揭示了人的本质和科学的本质，说明了二者

1　马尔库塞：《单面人》，湖南人民出版社，1988 年，第 14 页。

2　马尔库塞：《现代文明与人的困境》，三联书店上海分店，1989 年，第 108 页。

3　同上书，第 201—202 页。

4　马尔库塞：《现代美学析疑》，文化文艺出版社，1987 年，第 51 页。

的历史性关系。马克思说："自然科学却通过工业日益在实践上进入人的生活，改造人的生活，并为人的解放作准备，尽管它不得不直接地完成非人化。工业是自然界同人之间，因而也是自然科学同人之间的现实的历史关系。"[1]马克思的这一论述从两个方面揭示了人与科学的关系。

第一，自然科学是真正人的生活基础。人的本质力量在哪里？历来的理论都局限于道德、精神领域。马克思和以往所有的哲学家都不同，他把眼光投向了人的实践活动，在汲取黑格尔的劳动理论基础上，创造性地提出了实践唯物主义的"对象化理论"，从而揭示了"工业的历史和工业的已经产生的对象性的存在，是一本打开了的关于人的本质力量的书"[2]。而自然科学正是通过工业而进入人的生活，证实人的本质和力量的。

科学是人类的事业，工业是人的力量的象征，只有科学和工业"人的激情的本体论本质才能在总体上、合乎人性地实现"[3]。正是由于"现代自然科学和现代工业一起变革了整个自然界，结束了人们对于自然界的幼稚态度和其它幼稚行为"，人的能力才发展到了一个新的阶段。这样，马克思的人道主义再不是一种道义上的感伤、一种伦理善恶的说教，它是人道主义的最高形态——"实践的人道主义"[4]，它是建立在工业与科学基础上的人道主义，即"人的科学"。这种人道主义的前提就是把工业、科学作为人的生活的基础，作为人自由发展的基石。

第二，人道主义是自然科学发展的真正方向。马克思的实践唯物主义证明我们周围现实的自然界是人化的自然界，若看不到"自然界的人的本质"，看不到现实的自然界是"人类学的自然界"，那么自然科学就会迷失方向，这种纯粹的"自然科学也只是由于商业和工业，由于人的感性活动才达到自己的目的和获得自己的材料"。科学是人的活动，离开了人这个根本，就无法揭示出它的本质与特征。一旦这样认识科学，那么"自然科学将失去它的抽象物质的或

1 《马克思恩格斯全集》第42卷，第128页。
2 同上书，第127页。
3 同上书，第150页。
4 同上书，第174页。

者不如说是唯心主义的方向,并且将成为人的科学的基础……”[1]

正是在这一思想的基础上,马克思才提出了自然科学与人的科学相统一的著名结论。马克思说:“自然科学往后将包括关于人的科学,正象关于人的科学包括自然科学一样:这将是一门科学。”[2]科学理性与人道主义的统一成为实践唯物主义世界观的最重要原则。在这个统一中,人的自由与解放是通过自然科学,并借助于工业在实践上进入人的生活来完成的,科学的发展为人的解放和自由奠定了基础,为人道主义的真正实现做了准备。只有把握了马克思的这个根本观点才能洞察出科学主义思潮的抽象性和道德人道主义的空想性,才能真正回答在资本主义异化条件下科学与人的发展的关系,揭示出浪漫主义思潮的实质。

工业文明的确立是以罪恶、异化为前提的,在此基础上科学技术的发展是以人的自由、人的幸福沦丧为其结果的。从卢卡奇到马尔库塞的浪漫主义的苦恼与忧伤都凝聚在这个二律背反之中,而马克思圆满地回答了这一难题。马克思认为,在资本主义体系内部,科学与工人的自由和解放是对立的,资本家“在机器上实现了的科学,作为资本同工人相对立。而事实上,以社会劳动为基础的所有这些对科学、自然力和大量劳动产品的应用本身,只表现为剥削劳动的手段,表现为占有剩余劳动的手段,因而,表现为属于资本而同劳动对立的力量”[3]。社会的异化造成了科学的异化,但对这个异化的社会也要给予历史的定位。

资本并不都是罪恶,它同时具有伟大的文明作用,因为“只有资本才创造出资产阶级社会,并创造出社会成员对自然界和社会联系本身的普遍占有。由此产生了资本的伟大的文明作用”[4]。历史是在罪恶中前进的,人在异化中发展,物的联系当然是异化的形式,但马克思认为“这种物的联系比单个人之间没有联系要好,或者比只是以自然血缘关系和统治服从关系为基础的地方

1　《马克思恩格斯全集》第42卷，第128页。

2　同上。

3　《马克思恩格斯全集》第26卷(Ⅰ)，第421页。

4　《马克思恩格斯全集》第46卷(上)，第393页。

性联系要好”[1]。

正是在这个意义上，浪漫主义的人道理想是苍白的，“留恋那种原始的丰富，是可笑的”[2]。浪漫主义不能从宏观的历史上把握资本和工业文明的二重性，不能从历史的角度具体分析在资本主义条件下科学技术发展带来的人的异化。

作为其对立面的唯科学主义的历史观也是错误的。因为它把科学看成了不食人间烟火的“圣物”，使科学脱离了社会历史条件。应该看到，资本与科学的结合既造成了人的全面发展的可能，又在资本主义条件下造成了人的全面异化的现实。必须看到“自然科学本身（自然科学是一切知识的基础）的发展，也象与生产过程有关的一切知识的发展一样，它本身仍然是在资本主义生产的基础上进行的”[3]。在这种情况下，科学对工人来说“表现为异己的、敌对的和统治的权力”[4]。

由此可见，浪漫主义和唯科学主义作为对立的思潮，其实是相通的。正如马克思所说：“资产阶级的观点从来没有超出同这种浪漫主义观点的对立，因此这种浪漫主义观点将作为合理的对立面伴随资产阶级观点一同升入天堂。”[5]马克思认为，“只有在劳动共和国里面，科学才能起它的真正的作用”[6]，人的全面发展与科学的发展才会成为一个相辅相成的统一历史过程。

基于这样的认识，我们可以说卢卡奇对科学的批评、对理性膨胀的忧虑，恰恰是在资本主义条件下，技术理性所造成的危机的一种反映。不仅卢卡奇，包括胡塞尔（Edmund Husserl）、海德格尔（Martin Heidegger）和伽达默尔（Hans-Georg Gadamer）等在内的哲学家对科学理性的批评、对科学的划界都有着积极的意义。在这个意义上，卢卡奇所揭示出的问题不仅仅是一个马克思主义哲学的问题，而是一个更为一般的、普遍的哲学问题[7]。再不能忍受科学技术对

1 《马克思恩格斯全集》第46卷（上），第108页。
2 同上书，第109页。
3 《马克思恩格斯全集》第47卷，第572页。
4 同上书，第571页。
5 《马克思恩格斯全集》第46卷（上），第109页。
6 《马克思恩格斯全集》第17卷，第600页。
7 参阅 Lucien Goldmann，*Lukács and Heidegger*，London，1977。

人与价值的淡漠,再不能忍受科学主义对世界的机械式的说明,要维护那诗意般的心境,由此产生了当代西方浪漫主义哲学思潮。今天,当我们颂扬科学、发展科学时也应充分考虑到科学的人道主义方面的意义,考虑到科学的局限性,科学并不能解决一切问题。“形而上学,当心物理学!”这是卢卡奇和法兰克福学派给我们的启示。资本是带着血来到这个世界的,工业文明是以多数人的牺牲为代价而显示出巨大的历史进步性的。在这个意义上,卢卡奇和法兰克福学派的批判家们对工业文明的批判至今仍有着其深刻的一面。

当然,浪漫主义的不足也是明显的。首先,科学与科学的应用是既紧密相连又不可混同的两件事。马克思说得好:“机器不是经济范畴,正象拖犁的犍牛不是经济范畴一样。现代运用机器一事是我们的现代经济制度的关系之一,但是利用机器的方式和机器本身完全是两回事。火药无论是用来伤害一个人,或者是用来给这个人医治创伤,它终究还是火药。”[1]科学的“人道化”首先必须依赖社会的人道化,如果把批判的矛头仅仅指向科学,那么就会忘记造成这种异化的社会根源。

其次,历史是跨不过去的。历史的发展总是在血与火中进行的,善与恶的绝对标准是没有的,只有在历史发展的天平上才能看清。资本主义的工业文明就是一个巨大的矛盾,资本一方面带来了繁荣和富足,另一方面也造成了异化、罪恶和血腥。正如马克思所说:“在我们这个时代,每一种事物好像都包含有自己的反面。我们看到,机器具有减少人类劳动和使劳动更有成效的神奇力量,然而却引起了饥饿和过度的疲劳。……技术的胜利,似乎是以道德的败坏为代价换来的。随着人类愈益控制自然,个人却似乎愈益成为别人的奴隶或自身的卑劣行为的奴隶。甚至科学的纯洁光辉仿佛也只能在愚昧无知的黑暗背景上闪耀。……现代工业、科学与现代贫困、衰颓之间的这种对抗,我们时代的生产力与社会关系之间的这种对抗,是显而易见的、不可避免的和毋庸争辩的事实。有些党派可能为此痛哭流涕;另一些党派可能为了要摆脱现代冲突而希望抛开现代技术;还有一些党派可能以为工业上如此巨大的进步要

1 《马克思恩格斯全集》第27卷,第481页。

以政治上同样巨大的倒退来补充。”[1]

只有马克思的理论真正解决了这个问题,真正透彻地把握了资本这个矛盾体,给了我们一个理解工业文明这个复杂矛盾体的思想武器。很显然,现代资本主义社会与古代世界相比,“稚气的古代世界显得较为崇高”[2]。马克思在谈到希腊艺术时说:“一个成人不能再变成儿童,否则就变得稚气了。但是,儿童的天真不使成人感到愉快吗?他自己不该努力在一个更高的阶梯上把儿童的真实再现出来吗?”[3]马克思与卢卡奇浪漫哲学的区别在于:马克思是向前看的,卢卡奇是向后看的;马克思是把现实的苦难看成通向自由的必要阶段,而卢卡奇等人则因这个苦难和丑恶就否认了现实的必然性。如果像阿多尔诺那样沉醉于启蒙前的和谐,那实际上是“以停滞状态的田园生活来同历史的颓废相对抗”。[4] 如果像马尔库塞那样把未来的世界看成只有歌唱没有劳动,那是纯粹的乌托邦。

工业文明的降临带来的并不仅仅是繁荣,它还伴随着异化与罪恶;科学并不是万能剂,它还有其负效应;现实总是矛盾的、苦难的,从来不是只有清泉和歌声;科学的突进是历史地同资本连在一起的,并成为其发展的动力。但是我们不能拒绝历史,我们不能放弃科学。“恶是历史发展的动力”,黑格尔这个冷峻的论断正是浪漫主义的解毒剂。但只要资本主义的工业文明存在,作为其理论的批判者的浪漫主义哲学总是有它的合理性,尽管它是幼稚的、非历史的。这就是浪漫主义哲学的两重性。

(原载《中国社会科学》1998 年第 1 期,人大复印资料《外国哲学》1998 年第 3 期转载)

1 《马克思恩格斯全集》第 12 卷,第 4 页。

2 《马克思恩格斯全集》第 46 卷(上),第 486 页。

3 同上书,第 49 页。

4 《马克思恩格斯全集》第 4 卷,第 329 页。

明清中西文化交流史研究

回到平等对话的原点上

——对四百年来中西文化交流的检讨

在漫漫的历史长夜中，那一望无垠的大漠上的阵阵驼铃声连起了东方和西方，但直到世界近代化的曙光从碧蓝的大海上升起，双方的交往才开始向思想和哲学的层次迈进。意大利人哥伦布身怀西班牙国王所写的《致大汗书》，肩负着寻找契丹的使命，带着他那到达香料堆积如山、白帆遮天蔽日的刺桐港的梦想，开始远航，从而拉开了世界近代化的序幕。但阴差阳错，不知道大西洋上的哪股风把他的船吹到了古海地巴。哥伦布虽然没有到达中国，但东西双方宗教与哲学的交流乃至近代以来整个中西文化交流的奠基性人物还是由一个意大利人来完成的，他就是明万历年间(1573—1620年)入华的耶稣会传教士利玛窦。利玛窦及他以后的来华耶稣会士做了两件惊天动地的大事。

第一件就是“西学东渐”，为中国近代思想的演进掀开了新的一页。利玛窦第一次向中国介绍了西方天文学，《乾坤体义》被《四库全书》的编纂者称为“西法入中国之始”，继而又和明末大儒李之藻合著《浑盖通宪图说》。从此，对西方天文学的介绍一直是来华耶稣会士的重头戏，乃至明清间历局大部分为传教士所主持。历学和算学二者历来不可分，利玛窦和徐光启所翻译的《几何原本》在中国产生了重大的影响，阮元认为传教士所介绍的各种西学书中“当以《几何原本》为最”，梁启超也称这本书是“字字精金美玉，为千古不朽之作”。利玛窦所绘制的《万国舆图》更是受到许多人的喜爱，明清间先后被翻刻了12次之多，乃至万历皇帝也把这幅世界地图做成屏风，每日坐卧都要细细端看。表面上利玛窦所介绍的这些似乎都是纯科学的知识，其实这些科学知识蕴含着西方的宇宙观、哲学观。历学虽仍是中世纪的，但其理论对中国来说却完全是异质的，算学则把西方科学逻辑思维方法介绍到中国，而地学则是大航海以来西方新的世界观念的体现,它从根本上动摇了中国传统的天圆地方观念。

直到今天许多人还认为亚里士多德、毕达哥拉斯、斯多葛、西塞罗等这些古希腊、罗马的大哲学家是在“五四”时被介绍到中国的,其实不然。别的不说,仅亚里士多德的书明清时就有多部被译成中文。被称为“西来孔子”的艾儒略认为西方哲学中的“落日加”即逻辑学位于首位,是“立诸学之根基”,傅泛际和李之藻将亚里士多德的逻辑学的一部分译为中文,取名《名理探》,比利时传教士南怀仁则继而把他们未完成的后半部分整理出版,取中文名《穷理学》。这种逻辑思想的传入对中国传统思想产生了重大的影响,为处于阳明心学衰落中的中国思想界注入了一股清风。

明清间,从利玛窦入华到乾嘉厉行禁教时为止,“中西文化交流蔚为巨观。西洋近代天文学、历学、数学、物理、医学、哲学、地理、水利诸学,音乐、绘画等艺术,无不在此时传入”。这次西方文化的传播规模之大、影响之广,是中国历史上前所未有的。

特别引人注意的是此时士大夫阶层对西学的接受的态度。当时,尽管保守派并不少,并时时挑起争端,但大多数知识分子对西学采取接受态度。利玛窦在明末时交游的士大夫有一百四十多名,几乎朝中的主要官员、各地主要公卿大夫都与其有来往。当时不少士大夫对于利玛窦等人介绍来的西学既不趋之若鹜、盲目随和,也不拒之门外、孤芳自赏,而是心态平稳,该做自我批评时就反躬自问、虚心学习,该承认自己传统时,也不夜郎自大、旁若无人。如徐光启在《同文算指》序中对中国算学失传做深刻反省,认为原因之一在于“名理之儒士苴天下实事”,而利先生的西学之根本优点在于“其言道、言理,皆返本跖实,绝去一切虚玄幻妄之说”。而只有学习西学才能把我们已丢失的黄帝、周公之算学继承下来。那时的读书人中既没有晚清知识分子因山河破碎所造成的中西文化关系上的焦虑之感,也没有后来“五四”精英们的那种紧张感,如晚明名士冯应京所说:“东海西海,此心此理同也。”从容自如,大度气象一言尽之。

利玛窦和来华耶稣会士所做的第二件事就是将中国文化传向西方,简称

“中学西传”。由于利玛窦所确定的“合儒补儒”路线取得成功，明清间在华耶稣会士虽和中国文化时有冲突，但大体耶儒相通。这条路线的确定使传教士来华的第一件事就是学习方块字、说中国话、用毛笔写中文书，这对后来的传教士产生了重要影响。别的不说，仅利玛窦就有中文著作二十几部，就这一点而言就是当今最有名的汉学家也望尘莫及。

会说中国话，能读中文书，对中国文化就有了了解。于是一二百年间来华的耶稣会士要么写信，要么译书，要么著书，以各种西方文字把中国的书译成西文。来华耶稣会士在中学西传上笔耕之勤、兴趣之广、成就之大，令世人惊叹。《论语》《道德经》《诗经》《书经》《礼经》《孟子》《中庸》《大学》这些统统都有西文译本，而且不止一种语言的译本，甚至连《洗冤录》这样很专的中国最早的法医学著作都被他们翻译成西方语言。

从利玛窦的《耶稣会与天主教进入中国史》开始，来华耶稣会士的汉学著作一部接一部地在西方出版，如曾德昭的《中国通史》、卫匡国的《中国上古史》、安文思的《中国新事》、卜弥格的《中国植物》《中医脉诀》等。如果说在他们前期的汉学著作中转述性、介绍性内容较多，那么到后期他们的学术水平已达到很高的成就。像宋君荣的《中国天文史略》和《中国天文学纲要》两本书，通过考证《书经》中之日食、《诗经》中之日食、《春秋》中首见之日食来考察中国的纪年，其方法和今天中国进行的“夏商周断代工程”相差不多。

正是在利玛窦的“适应”政策之下，经过一二百年的努力，在西方的东方学中产生了一门新的学问——汉学。汉学实为中西文化会通之产物，来华耶稣会士对中国文化的介绍，难免有不实之处，他们中许多人就是“索隐派”的重要成员，但这丝毫不能降低他们在中西文化交流与对话中所做的重大贡献。

颇有趣味的是来华耶稣会士为了证明其“耶儒相合”路线的正确，争取欧洲对其在中国传教的支持，在他们的著作中护教成分较多，但这些文章和著作却在欧洲思想界引起轩然大波，他们的著作不仅没有起到“护教”的作用，反而被进步的思想家所利用。培尔高度赞扬中国的宽容精神，以抨击教会对异己思想的排斥；伏尔泰则高举起孔子的仁爱精神，批评西欧中世纪文化的落后性；中国哲学的自然理性成为莱布尼茨走出神学的主要依据。这真是有意栽花花不开，无心插柳柳成荫。文化接受中的“误读”实在是一个极有趣味的问题，但不论怎样误读，东方文化、中国精神，成为瓦解西欧中世纪城堡的一个重要因素，这是一个被普遍接受的结论。

那时的东西双方好像处在“初恋”之中，情人眼中出西施，各自都从自己的需要出发，学习对方。徐光启把“泰西”作为人类社会的理想，伏尔泰则时时以孔子弟子自居，对儒学顶礼膜拜。

相互学习，相互尊重，相互倾慕，成为那个时代东西方文化交流的主要特征。从皇帝开始，康熙学西洋数学，听西洋音乐，让八旗子弟们演几何、学外语；明末清初的学术领袖如徐光启、顾炎武等人，也个个读西洋之书，谈历学、算学。心学衰，实学兴，与西学有着直接的联系。而大西洋岸边的路易十四则专门将被传教士带到法国的中国人黄嘉略留在身边，喝中国茶，建中国亭，用中国漆器，看中国的皮影戏。一时间“中国热”遍及欧洲。那是一个会通的时代，尽管有着虚幻，有着矫情，但双方是平等的，心态是平稳的。

那个时代的东西关系，尤其是中国和西方的关系与西方和南北美洲的关系有很大的不同。西方面对一个国力比其还要强盛的大国，出于无奈，只能采取较为缓和、平等的政策。而来华的传教士虽以传教为宗旨，但面对比基督教文化悠久得多的中国文化，大多数传教士是震惊的，甚至是敬佩的。正是在向对方的学习中，西方走出了中世纪，借东方之火煮熟了自己的肉；而遗憾的是，中国向西方学习的运动终未酿成社会大潮。乾嘉禁教之后，其间虽有乾嘉汉学之一搏，但终因晚清政府的闭关锁国政策已成定局，这星星之火未成燎原之势，中国知识分子的思想始终还是在自己的屋子里打圈圈，会通之路没有打通。拒绝了海洋，拒绝了交往，中世纪的城堡最终关闭了一切进步的因素，一个庞大的帝国终于衰败了。

1840 年以后，中西关系彻底颠倒了，西洋人的战舰配备着中国人发明的罗盘驶入了我们的海岸，用我们祖先发明的火药制造出了威力十足的大炮，轰塌了虎门的海关，晚清的大员们在南京在自己祖先发明的纸上签下了第一个不平等条约。从此，中国江河日下。平等的对话不再存在，中国不再是西方慕恋的对象。

19世纪是西方人的世纪，是强者的世纪，是西方人凌欺、强暴东方人的世纪。晚清的败局刺激了每一个中国人，从此，“救亡图存”“变法维新”成为中国的两面旗帜。而要达到这两条，只有学习西方。如梁启超所说：“参西法以救中国”，当“尽取西人之所学而学之”。毛泽东后来也描述过当时的情景，认为“要救国，只有维新，只有学外国”。在严酷的事实面前，东西关系完全失衡了。在国家面临生死存亡之关头，人们似乎无别的路可走，这种局面实际上一直持续到五四运动时期。从此，在东西方关系上，东方与西方，现代与传统，成为一个打不破的定式。

百年烟云，沧海一粟。当今天东西方又重新回到一个平等的起点上时，当哥伦布引发的全球经济一体化进程已成铺天大潮时，回顾近四百年的中西文化交流历程，我们应从整体上对中西关系作一新的说明，或者说我们应将中国放入世界近代化的进程中，把世界作为一个整体来重新考虑中国的文化和思想重建的问题。

如果把20世纪的中国革命看作晚清以来中国追求现代化的一个延续，那么，在中国已被卷入经济全球化的今天，在中国作为一个民族国家已自立于世界民族之林的今天，在现代化已成为我们大部分现实生活的今天，19世纪以来的中国人的“苦难情结”将渐渐淡去，西方的“霸权话语”也应该结束。晚清以降的东西双方各自形成的“西方观”和“中国观”应该重新检讨。

在一定的意义上，今日东西方的思想对话又重新回到了公元1500—1800年这个起点上，这或许是黑格尔所说的否定之否定。从客观的历史进程来看，这一时期也可以看作今日世界的起点，是今日世界的胚胎。它包含着说明今日世界的一切因素。从这一丰富的历史进程中，我们至少可以对东西文化关系得出以下两点启示：

第一，在经济全球化的进程中，任何民族都无法脱离这一进程，无论这种进程是以“恶”的形式还是以“善”的形式表现出来，都无法拒绝。“大风泱泱兮大潮滂滂”，历史不可拒绝。在世界经济一体化中，任何一个民族的思想都不能再“独语”，任何一种文化都不能在自己原有的封闭系统中发展。我们应当以当年康熙帝、徐光启、李之藻那种容纳百川的宏大心态对待西方文化，以一种平静的心态看待自己、看待别人。徐光启说得好:“会通以求超胜。”一百多年来,我们总算有了可以喘息的机会,现在我们总算可以从更大更远的角度来考虑问题,以更深刻、更全面的方法来看这种经济全球化中的文化问题。晚清以来的一百多年是特殊的年代,是中国历史上最悲惨、最壮烈的时代,但那毕竟是一个东西方关系不正常的年代,在宏大的历史叙事中,百年只不过是弹指一挥间。更重要的在于,无论东方还是西方,那时心态都是不正常的,在枪炮下的交往是扭曲的交往,在刀光剑影中的评判带有极端性。只有到了今天,当我们在因特网上读美国图书馆的文献时,当中国近二十年来经济迅猛发展并使中国真正成为世界家庭的重要一员时,一切历史的本质东西才开始清晰起来。以往焦虑的呐喊、病态的呻吟、无知的狂躁都成为过去。“化中西为古今”,此时才能对一百多年来形成的东方西方的定式给以重新考虑。我们仿佛又回到康熙时代,不！这是一个更为崭新伟大的时代。

第二,西方应该抛弃“霸权话语”。具有普世性的不仅是基督教文化,中国文化同样具有普世性。在经济全球化进程中的世界当然有它共同的话语、共同的价值。而这些标准的确有些来自西方,但这并不能证明,西方文化可以取代一切。每一滴水都能折射出七色的阳光,每一个生命都有自身的尊严,每个民族的文化都有着存在的依据,中国文化同样是人类普遍价值的源泉。近百年来西方的中国观是一个扭曲的中国观,他们忘记了“初恋”时对中国的钟情,昔日的“神”已变成了“鬼”。他们按照强权的西方话语编造了一个东方的故事。其实中国人既非“神”也非“鬼”。天同此道,人同此心,中国人和西方人一样有着自己的尊严、自己的价值、自己的梦想。大西洋,太平洋,潮水相连;阿尔卑斯山,唐古拉山,山山相连。世界万象,但殊途同归。自大航海时代开始的四百年间,不仅是东方学习西方的过程,也是西方学习东方的过程。因此,西方应抛弃19世纪所确立的东方观、中国观,回到利玛窦所确立的路线上来。

(原载《光明日报》,2001年9月18日)

《天主教要》考

1996年梵蒂冈出版的余冬女士所编的《梵蒂冈图书馆藏早期传教士中文文献目录(16至18世纪)》[1]是一本研究1500—1800年中西关系史和研究中国天主教史的重要目录,该目录是对伯希和1922年所编的《梵蒂冈图书馆所藏汉文写本和印本书籍简明目录》的重要补充。[2]

该目录在最后一部分有"无名氏"(XC.Anonimo)一栏,收入了藏在该馆中的尚无法确定作者的中文和外文图书117种。其中编号378为《天主教要》(*Tian Zhu Jiao Yao LEPEGHIERE PRINCIPALI EI SACRAMENTI*)。同样伯希和目录中所载的《天主教要》数种刊本也都未注出作者姓名。

考狄(M.Henri Cordier)在他的"Bibliographie des Ouvrages Chinois Publie par Les Europeens"中也将《天主教要》列入佚名著作之列。

作者去年夏天在梵蒂冈图书馆访问期间查阅了此书,并对《天主教要》的作者,出版的地点、时间和该书的内容做了初步的研究与考证,现将有关情况向与会学者做一交流,以求校正。

一、关于《天主教要》的作者、出版时间、出版地点

明清间来华的耶稣会士中提到此书的有三人:罗明坚(Michel Ruggieri,1543—1607)、利玛窦(Matteo Ricci,1552—1610)、傅泛际(Francois Furtado,1587—1653)。

1 Yu Dong: *Catalogo Delle Opere Cinesi Missionarie Della Biblioteca Apostolica Vaticana*, 1996.

2 关于梵蒂冈图书馆所藏汉籍,还可参看日本学者高田时雄1997年所编的《梵蒂冈图书馆所藏汉籍目录补编》(*Supplement A L' Inventaire Des Livres Chinois De La Bibliotheque Vaticane*)一书。

我们先看罗明坚。徐宗泽在谈到罗明坚的中文著作时只列出一本，即《天主圣教实录》。[1]

方豪先生在讲到罗明坚时也只提到《天主圣教实录》这本书，并认为"他是首先以汉字撰写天主教教义的书。这部书名为《天主圣教实录》"。[2]

费赖之（LEP.Louis Pfister，S.J.）在《在华耶稣会士列传及书目》中说："索默尔沃热尔《书目》，卷七，307 栏以下，著录有书二部，一名《教要》，一名《天主圣教》，殆为《圣教实录》之别名，非别有二书也。"[3]

这里费赖之认为《教要》和《天主圣教》是一本书，只不过书名不同而已。

罗明坚在澳门写给麦尔古里亚神父的信中说："我希望不久对中国话能够运用自如，而后用中文撰写要理等书，这是为归化他们必须有的步骤。"[4] 以后在肇庆写给总长阿桂委瓦神父的信中说："目前我已撰写了几本要理书籍，其中有《天主真教实录》（Doctrina）、《圣贤花絮》（Flos Sanctorum）、《告解指南》或《信条》（Confessionario）与《要理问答》（Catechismo）等。"[5] 显然，这里《要理问答》和《天主真教实录》是两本书，而不是一本书的两个名字。目前罗明坚这几本书除《天主圣教实录》流传下来以外，其余的书都可能已经遗失。但他撰写了《要理问答》这是确定无疑的，《要理问答》和《天主教要》是什么关系尚不得而知，估计《要理问答》作为《天主教要》的早期著本的可能性很大，这点在罗明坚的《天主圣教实录》一书中可得到佐证。

罗明坚在其第一本中文著作《天主圣教实录》中附有单页的"祖传天主十诫""拜告"，这说明早在 1584 年 8 月时，《天主教要》的部分内容已被罗明坚译出。实际上，罗明坚一面在写《天主圣教实录》，一面已译出了《天主十诫》。"1582 年，在广州，罗神父曾把《天主十诫》译成华文，向我国人士乘机宣传，这取名《祖传天主十诫》的经文万历十一年（1583 年），在肇庆出版。"[6]

---

1 徐宗泽：《明清间来华耶稣会士译著提要》，中华书局，1989 年，第 349 页。

2 方豪：《中国天主教史人物传》，第一册，香港公教真理学会，1970 年，第 66 页。

3 费赖之：《在华耶稣会士列传及书目》（*Notices Biographiques et Bibliographiques sur Les Jesuites de L' ancienne Mission de Chine*），中华书局，1995 年，第 29—30 页。

4 《利玛窦书信集》，光启社，1985 年，第 427 页。

5 同上书，第 447 页。

6 张奉箴：《福音流传中国史略》上编，卷二，辅仁大学出版社，1971 年，第 609 页。

《祖传天主十诫》全文如下：

要诚心奉敬一位天主，不可祭拜别等神像。

勿呼请天主名字，而虚发誓愿。

当礼拜之日，禁止工夫；谒寺诵经，礼拜天主。

当孝亲敬长。

莫乱法杀人。

莫行奸淫邪秽等事。

戒偷盗诸事。

戒谗谤是非。

戒恋慕他人之妻。

莫贪非义财产。

因此，罗明坚作为《天主教要》最早的作者之一，应是毫无疑问的。《天主教要》被称为“是第一篇在华天主教中文经文”是完全有根据的。[1]

再看利玛窦。他在《中国传教史》的第五章“开始讲道”中曾首次讲道：“天主十诫以中文印刷，免费分赠给问道的人。”[2]

这一点在利玛窦到肇庆后的第一封信中可以得到证实，在这封信中他说：“我们已印刷了中文的《天主经》《圣母经》和《天主十诫》……”[3]

这封信写于1584年9月13日，是利玛窦到中国的第二年。利氏这时的中文能力还不强，直到1594年，他在给别人的通信中还说：“我仍致力于研究中国文字，因为不易学习，所以迄今很多书不能读。”[4]从这个时间上判断，这三本著作出自罗明坚手的可能性更大些，利氏最多是以合作者的身份出现。因他学习中文毕竟才两年，而罗明坚到中国已经5年，早在1581年他已经认识了1.2万个中国字，在澳门时就开始了与高玫兹神父合作将他们自己写的一本要理问答译为中文。[5]

1 参阅张奉箴：《福音流传中国史略》上编，卷二，第610页。

2 利玛窦：《中国传教史》，光启社，1985年，第136页。

3 《利玛窦书信集》，光启社，1985年，第57页。

4 同上书，第108页。

5 《利玛窦书信集》，光启社，1985年，第43页。

在罗明坚返回欧洲以后，利玛窦独撑局面。在这几十年中他用中文写了一系列的著作，其中一本便是《天主教要》。1605 年，他在给罗马马塞利神父的信中说："今年我们做了一件非常重要的事，即把日常的经文、信经、天主十诫以及其它有关天主教信仰的种种问答，依视察员的指示，在北京印刷，而后分发全中国各教会使用，这册较以前使用的与原文更符合。假使可能，有意编写《要理问答详解》，这对教友与望教者非常重要。"[1]

三个月以后，利玛窦在给德·法比神父的信中已十分肯定地说："我将把目前正在印刷的第一本《要理问答》寄给你一本，由此可以看出我们的确为把它翻译为中文曾辛苦了一番。"[2]

从这两封信可以看出，早在 1605 年利玛窦初步把《天主经》《天主十诫》《信经》等基本文献汇编成一册出版，1605 年 6 月，又重新整理和翻译了这本书，以《天主教要》为名出版。

利玛窦晚年所写的《中国传教史》的第 19 章"南京教务"中，记载了徐光启入教的具体过程。他说，徐光启 1603 年路经南京时见到了罗如望(Jean de Rocha，1566—1623)神父，两人谈得十分投机，徐光启决定正式入教，而后他把《天主教要》及《天主实义》带回住所，这两书尚未付印，他整夜研读这两本书，《天主教要》里的祈祷经文也会背了。第二天他来到教堂，请神父开始给他讲解。[3]

李之藻在万历十三年(1585 年)在北京加入天主教时，在自己的祷词中也讲到这一点："利玛窦与庞迪我二位大师，学问道德出众，教我以《天主教要》，使我信仰基督教圣像顶礼膜拜。"[4]

这说明，在利玛窦 1605 年版的《天主教要》以前，各教区已有了利玛窦和罗明坚译的《天主教要》的手抄本或刻印本。

最后看一下傅泛际。他是中国天主教史上的重要人物之一，尤其是他与李之藻合译的《名理探》一书，在中国近代思想史上有重要地位。费赖之在列

1 《利玛窦书信集》，光启社，1985 年，第 269 页。

2 同上书，第 278 页。

3 利玛窦：《中国传教史》，光启社，1985 年，第 409 页。

4 同上书，第 917 页。

举傅泛际的著述时说:“(六)《天主教要》一卷,阙撰人名。”[1]

这说明,傅泛际也曾参与了《天主教要》的审核出版工作,不过是在利玛窦逝世以后多年做的。由此我们可以看出:《天主教要》最初部分内容是由罗明坚完成,利玛窦协助,至少在1585年《天主教要》就有了它的最早刻本,这应是由罗明坚和利玛窦共同完成的。以后《天主教要》不断再版。统一的修订稿出版时间应是1605年,地点是北京,这项工作是由利玛窦主持完成的。《天主教要》从内容上有别于罗明坚的《天主实录》和利玛窦的《天主实义》,它在写作形式上不是对话体,而是叙述体,内容上简洁明了、易懂易背,从其成书过程和书的性质来看,它虽不能算来华传教士的第一本中文著作(罗明坚的《天主实录》堪当此称),但可以说它是来华传教士的第一本中文经书,在耶稣会早期的传教活动中产生过重要作用。

二、《天主教要》版本考

目前保存下来的《天主教要》至少有三种版本,三种版本在作者、内容上都有所不同,需要仔细甄别。

第一个版本是梵蒂冈图书馆藏本,编号为“Barb Oriente 132.①”。全书共11页。双面,版式为每面6格,每格单双行字不等。上下左右单栏,上黑口,无刻工名。书宽14cm,长25.5cm。出版者标为“曰旦堂梓”。

书的内容有:“天主经,圣号经,天神朝拜圣母经,尔胎子,信经,天主十诫,圣教定规其要有四,悔罪规文。”

梵蒂冈图书馆除这一刻本外,还有另外14个刻本,编号分别是“R.G. Oriente.Ⅲ.221(5)”“Barb Oriente 133(1-9)(Qdupl)”。这些版本大都内容相同,其中221号有5本,133号有9本,在版本价值上都不如132号,故不列入讨论之列。

第二个版本为耶稣会档案馆藏本,编号为“Jap Sin Ⅰ,109”。全书10页,20面,每面6行,每行字数不等,上下左右双栏,上黑口,无刻工名。首页有耶

1 费赖之:《在华耶稣会士列传及书目》,中华书局,1995年,第158页。

稣会徽图案，在图案中有“耶稣”两字，首页内封有“耶稣会士共译，直今傅泛际准”。

书的内容有：“圣号经、天主经、天神朝拜圣母经、信经、天主十诫、圣教定规其要有四、万日略之劝谕有三、圣教撒格辣孟多有七、赎罪三功、哀之行十有四、向天主之德有三、枢德有四、罪宗有七、克罪七端、有七德、悖反圣神之罪有六、于主天降罚之罪有四、圣神之恩有七、真神有八、身有五司、神有之司，人佳雠有三、人未有四、圣母玫瑰经十五端、朝拜经。”

第三个版本也是耶稣会档案馆藏本，编号为“Jap Sin Ⅰ,57”。全书有32页，64面，每面6行，每行字数不等。书宽14.2cm，长23.3cm，版式为上下左右单栏，上黑口，无出版时间和地点，无作者，出版者标为“曰旦堂梓”。

书的内容有：“圣号经、天主经、尔胎子、信经、天主十诫、要理六端、悔罪现文、圣教定远见有四、申尔福经、罪宗有七、真罪七德、圣教撒格辣孟多有七、悖反圣神之罪有六、呈天主降罚之罪有四、赎罪三功、哀之行有十四、形行七端、神行七端、真福有人、人佳雠有三、人未有四、解罪经、将领圣水问答、向天主之德有三、向天主行五拜礼、谢天主行五拜礼。”

从三个版本的情况来看，第二个版本，即由傅泛际准印的时间最晚，因傅泛际1621年入华，这个本子最早可能是1624年以后，因而这个本子显然只是利玛窦本子的修订本。

第一个版本和第三个版本都无出版时间、出版地点和著作人，但出版者都注有“曰旦堂梓”，这说明这两个版本同出一家。这两个版本是由利玛窦编译的可能性很大。

我们可从三个方面证明。

第一，版式相同。

利玛窦在1605年5月9日的信中讲得十分清楚，他说：“我把此书仔细翻译，又增加了不少材料才付梓，并下令为统一起见，今后四座会院只能用此译本，其他本作废。必须使用许多教会术语，并应创造新词方能在中国使用；又首次采用较小字体排印序言与说明。”[1]

1 《利玛窦书信集》，光启社，1985年，第278—279页。

这两个本子是每面6行。但每行中单双字不等，凡有需解释之处都用双行，凡不需解释时都用单行。这种版式正是利玛窦所说的"首次采用较小字体排印序言与说明"。

另外，利玛窦说为了表示其重要性，在这些词后"往往空一格或两格"。在"天主、耶稣、圣父、圣子、圣神之名下空两格，对圣母玛利亚之名则空一格"[1]。而这两个版本恰恰都是这种排印方式。

第二，内容大体相同。

利玛窦在谈到他的新版《天主教要》内容时说，这本书"首先为天主经，其次依序为圣母经、天主十诫、信经、十字号、神形善功、真福八端、七罪字、七个补救办法或七德、人体五官、灵魂三能、三神学之德或天主之德，最后为七件圣事"[2]。

如果将利玛窦所说的这个内容同上面讲的第一个版本，即梵蒂冈藏本和第三个版本，即耶稣档案馆藏本相对照，就会发现内容大体相同。梵蒂冈的版本内容略少于利玛窦所说的1605年本，而耶稣会档案馆藏本内容则略多于1605年本。

第三，书的页码大体接近。

《天主教要》是一本小册子，在书的页码上无法同《天主实录》和《天主实义》相比。利玛窦自己也说："因为《天主教要》是个小册子，他们就说，泰西之宗教的经典只有几页……"[3]目前，梵蒂冈的版本只有7页，耶稣会档案馆的版本也只有32页。

从这三点可以判定这两个版本都应是利玛窦在世时所刻印的。

由于利玛窦所讲的1605年刻本并未流传下来，我们必须对目前这两个版本做进一步的分析，以确定哪一个本子更早，哪一个本子更接近利玛窦所讲的1605年本。根据我在两个档案馆的研究、考证，我认为耶稣会档案馆的版本（Jap Sin Ⅰ,57页）在时间上可能略早于1605年的版本，而梵蒂冈图书馆的版

1 《利玛窦书信集》，光启社，1985年，第279页。
2 同上书，第279页。
3 利玛窦：《中国传教史》，光启社，1985年，第396页。

本(Barb Oriente 132.①)在内容上更接近于1605年的版本。

利玛窦1605年本的重要特征是统一"教会术语",因此,我们根据这些术语的译名大体可以判断出哪一个版本更早些,哪一个版本在内容上更符合1605年本。

耶稣会档案馆的《天主教要》藏本中很多重要的译名仍是直译,采用的是老的译法。如Sacrament圣事,译为"撒格辣孟多";Baptism圣洗,译为"拔弟斯摩";Confirmation坚振,译为"共斐儿玛藏";Communion领圣体,译为"共蒙仰拔弟斯摩";Confession告解,译为"日尼登济亚";Extreme Unction终傅,译为"厄斯得肋麻翁藏"。

而梵蒂冈图书馆的《天主教要》藏本虽然仍有旧译名,但已注了新的译名,如天主圣父(God The Father),它译为"德肋",但在括号中注为"译言父也,乃天主三位第一位之称"。天主圣子(God The Son),译为"费略",括号中注为"译言子也,乃天主第二位之称"。天主圣神(God The Holy Ghost),译为"斯彼利多三多",括号中注为"译言圣神也,乃天主第三位之称。天主虽有三位,实共一性一体,故第称一天主而已"。

由此,我们得出结论,梵蒂冈图书馆的《天主教要》藏本(Barb Oriente 132.①)是目前保存下来的由利玛窦编译的版本,并且在内容和译文上较之耶稣会档案馆的藏本更为接近和符合利玛窦1605年最后的统一本,虽然耶稣会档案馆藏本更早一些,因而梵蒂冈的这本藏本也是目前保存下来的最可信的内容、译文最好的《天主教要》版本。

长期以来,对《天主教要》究竟是否属于利玛窦的著作一直没有深入研究,费赖之在其著作中就未将《天主教要》列入利玛窦的著作。前辈学者对此已有疑问,德礼贤就认为此书可能属于利玛窦。近来也有一些研究者对此做了探讨。柯毅霖博士(Gianni Criveller)在最近出版的《晚明时期天主教的布道》(*Preaching Christ in Late Ming China*)一书中介绍了近期西方学者对《天主教要》的研究,Jennes在其*Four Centuries*一书中、Josepe Ship在他的*The Religious Writings of Father Ferdinand Verbiest*一文中,[1]都初步探讨了《天主教要》。柯

1 *Preaching Christ in Late Ming China*, Taipei, 1997, p.115.

毅霖博士也认为“1604 年利玛窦发表了《天主实义》和《天主教要》二本书”。但《天主教要》究竟是否属于利玛窦的著作,仍需深入地论证,因以上作者较少从版本上加以考证,证据也略显不足,也没有比较现存两个版本。本文旨在加深这一研究,根据我的考证与研究,我认为《天主教要》应属于利玛窦的著作,尽管有部分内容是他和罗明坚共译的,或者是由罗明坚先译的,但到 1605 年时,利玛窦为统一译本做了大量的工作,形成了最后的定稿,因而将《天主教要》归属于利玛窦名下是符合历史事实的。

三、《天主教要》原文

鉴于目前这两个藏本中,梵蒂冈图书馆的《天主教要》藏本(Barb Oriente 132.①)更接近于利玛窦 1605 年的最后定稿本,这个版本长期藏于梵蒂冈图书馆中,鲜为人知,现正式抄录如下,供学术界研究、鉴定。

天主教要

天主者,乃天地万物之一大主也。是乃主神无形之体,无始无终,永活永王。无所不知,无所不在,无所不能,储有万善万福,而无他善他福可以尚之。未有天地之先,独有一天主,以其全能全德,化成天地大物,而常为之宰制保护开引,令万物各得其所。且又至义至公。赏善罚恶毫发不爽,或于人生前或于人死后,总无一人或遗者。所以,宇内万民皆堂认生我御我之大原大主,而虔奉之。万不容缓也。

圣号经

以十字架号,(十)天主我等主,救我等于我雠,十因罢德肋(译言父也,乃天主三位第一位之称),及费略(译言子也,乃天主第二位之称),及斯彼利多三多(译言圣神也,乃天主第三位之称。天主虽有三位,实共一性一体,故第称一天主而已)。名者,亚孟真是之语词也。

天主经

在天我等父者,我等愿尔名见圣。尔国临格。尔旨承行于地如于天焉，我等望尔今日与我。我日用粮而免我债，如我亦免负我债者，又不许我陷于诱惑，乃救我于凶恶。亚孟。

天神朝拜圣母经

亚物（祝颂之愿语，乃拜见时所称者）。

玛利亚（译言海星，圣母名号也）。

满被额辣济亚者（额辣济亚，译言天主圣宠）主与尔谐焉，女中尔为赞美。（此段乃天神奉主命，朝见圣母之词）

尔胎子

耶稣（译言救世乾，天主降生后之名号）并为赞美。（此段乃圣妇依撒伯尔，称圣母之词）

天主圣母玛利亚，为我等罪人今祈天主，及我等死候。（此段乃主教祝圣母之词）

信经

（原文曰性薄罗，译言共具也，盖耶稣在世择十二宗徒，使之走四方布教，宗教未散时，公同具录天主事情十二要端，俾凡从圣教者，知而诚信之）

我信唯一天主。全能者罢德肋，化成天地。（天主造天地乃万物，不借他物之资，唯用其全能化成之）

我信其一费，耶稣契利斯督（契利斯督译言受油付也。在礼晰立国土，乃圣教宗主但以圣油付于其项，乃吾主既为万物之主，又为古今圣教之一大主，身兼二贵。故以是为号）。

我等主。

我信其因斯彼利多三多降孕，生于玛利亚之童身。我信其受难于爵比辣多（时官姓名）居官时被钉十字架，死而乃瘗。

我信其降地狱（地心有四大穴，穴第一重最深之处，乃天主投置于恶人，乃魔鬼之狱也。其次深乾，古今善人炼罪者居这，善善人死时，或其罪未及赎竟，则置之此狱受苦。迨其罪尽销除，即获升天堂矣。又次，则未进教之孩童居之，孩童未曾为善，不宜上天堂受福，亦未尝为恶，不宜下深狱受苦。第以元祖亚遗有原罪，故处之此狱，虽无福乐，亦无酷刑。又次则古时圣人居之，无论圣人功德，死后即可升天。但因亚当之罪，天门闭而不开。以故凡古圣死，其灵魂始居此狱，以待耶稣受苦之后，降狱取出，引导之使升天堂也。经所谓降地狱乾，即降此第四重之地狱也)。

第三日自死者中复活。

我信其升天，坐于全能者天主罢德肋这右。

我信其日后从彼而来审判生死者。

我信有圣而公厄格勒西亚(厄格勒西亚，译言天主教会也)诸圣相通功。

我信罪之赦。

我信肉身之复活。

我信常生。

亚孟。

天主十诫

钦崇一天主万有之；

毋呼天主圣名以发虚誓；

守瞻礼之日；

孝敬父母；

毋杀人；

毋行邪淫；

毋偷盗；

毋妄语；

毋恋他人妻；

毋贪他人之财物。

十诫总归二者，受天主万有之上，乃爱人如己。(此诫在昔天主降谕，令普世遵守，守顺乾，升天堂受福，逆者，随地狱加刑)

圣教定规其要有四

凡主日，暨诸瞻礼之日，宜与弥撒；

遵守圣教,所定斋期;

解罪至少每年一次;

领圣体至少每年一次,即于复活瞻礼“神权”而定义以益人神功也。

凡教中人无故而弗遵此四诫者其罪非轻然,欲知其故,必举求神师指庶几无误耳。

悔罪规文

天主耶稣契利斯督,我重罪人,得罪于天主,我如今为天主,又为受天主万物之上,一心痛悔我的罪过,定心再不敢犯天主的命,望天主赦我的罪。

曰旦堂梓

(原载《世界宗教研究》1999 年第 4 期)

明清间西方灵魂论的输入及其意义

人的归宿是基督教的重要内容，讲到人的归宿就自然引出灵魂问题，中世纪经院哲学认为人兽之别就在灵魂。由于在中世纪没有独立于神学之外的单独哲学，"哲学是神学的婢女"。这样在经院哲学的灵魂学说中就既有神学内容亦有哲学内容，而不像今天哲学里不讨论灵魂问题，它被严格地限制在宗教学之中那样。正因为这样，入华传教士们在介绍灵魂论时在其神学的内容中也包含了不少西方哲学的认识论思想。但长期以来对这个问题没有深入研究，本文以毕方济的《灵言蠡勺》为中心，分析了传教士所介绍的灵魂论的基本内容，并揭示了这种宗教灵魂论在中国思想史上的地位。

一、讲灵魂之学以合晚明心学

灵魂论一直是入华传教士向中国介绍的重点内容，从利玛窦的《天主实义》、龙华民（Nicolas Longobardi，1559—1654）的《灵魂道体说》、利类思的《性灵说》、艾儒略的《性学粗述》，孙璋（Alexandre de la Charme，1695—1767）专门论述灵魂的著作有几部之多，特别是毕方济（Francois Sambiasi，1582—1649）口述、徐光启笔译的《灵言蠡勺》洋洋大观有十几万字之多。

为什么传教士如此钟情灵魂论呢？这有着深刻的社会思想原因。明代是理学的天下，早在南宋时，陆九渊（1139—1193）就开启了理学中的另一种思潮，朱熹赞同程颐所说的"性即理"，陆九渊却认为"心即理"，"两句话只有一字之差，可是其中存在着两个学派的根本分歧"[1]。这就是心学的兴起，心学虽然仍在理学的框架之中，但解释的方法已大不同了，到王阳明时，心学已完

1　冯友兰：《中国哲学简史》，北京大学出版社，1996 年，第 263 页。

成了自己的体系建构，心成为本体，成为他全部哲学的基础，成为解释世界万物的出发点和归宿点，如他说的“诚是心之本体”，“至善是心之本体”，“心之本体，即天理也”。[1] 以此出发解释善恶、说明天地，“无善无恶心之本体”，“心无体，以天地万物感应之是非为体”。[2]

心学兴，尤其到晚明时崇尚心学的儒生遍及江南，来华传教士在同儒生们的接触中深深体会到这一点。作为利玛窦“合儒”路线的一种表现，讲灵魂之学以合心学成为一个很好的契合点。这点孙璋在《性理真诠》中讲得很清楚：

> 夫宇内究谈性理者虽多，然得其要旨者鲜矣。……若夫一定之性理，乃吾人生死大道，形神切图。倘不知焉，则贸贸以生，昧昧以死，所关岂浅鲜哉。……凡欲究谈性理者，第一吃紧要道，莫人性若也。盖万物非蠢则顽，唯人独灵，灵则非特能辨物理，别是非，彰往察来已耳，更能返观自己，识其灵体为何如。[3]

孙璋认为儒学中虽有关于心的论述，但不够精细，况且许多先贤的书被秦始皇烧去，这更需用灵魂论来加以补充。“真道实义载于中国五经，五经者皆系古先明哲，穷理尽性，躬行实践，有得之妙道精理，垂之千古以教万世者也。但五经之言至理渊邃，浅尝者不能深究其义；且秦火而后，又皆残缺失序……予忧灵之义，愈久而愈失其真也。”[4] 这样灵魂论的推出就既合儒家之传统，附心学之势，又能补儒家论述之不足。因而，灵魂论的道理一时颇受士大夫的欢迎，有人甚至提出“格物穷理之君子，推而至于齐家治国平天下，尊此学为正，不尊此为邪”[5]。

来华传教士介绍灵魂论的著作很多，但最全面、详细的是毕方济的《灵言蠡勺》，陈垣先生在《重刊灵言蠡勺序》中认为，《天学初函》中“灵言蠡勺说理最精”[6]，解剖分析了《灵言蠡勺》就能把握灵魂论的基本内容。

1　王阳明：《阳明全书》卷一《传习录》，《四库备要》，中华书局，1979 年，第 475 页。

2　同上。

3　徐宗泽：《明清间耶稣会士译著提要》，中华书局，1985 年，第 220—221 页 。

4　孙璋：《性理真诠序》，见上书，第 201—202 页。

5　《徐家汇藏书楼明清天主教文献》，辅仁大学出版社，1996 年，第 870—871 页。

6　徐宗泽：《明清间耶稣会士译著提要》，中华书局，1985 年，第 202 页。

二、《灵言蠡勺》的基本内容

《灵言蠡勺》从四个方面展开了灵魂论：一论亚尼玛（拉丁文 Anima 的译音）之体；二论亚尼玛之能；三论亚尼玛之尊；四论亚尼玛所向美好之情。我们在这里主要介绍亚尼玛之体和亚尼玛之能。

第一，论亚尼玛之体。毕方济首先确定亚尼玛的概念、本质、特性。毕方济说："亚尼玛是自立之体，是本自在者，是神之类，是不能死，是由天主造成，是从无物而有……"[1]

这里自立是指灵魂的总称，所谓自在是灵魂有别于生魂、觉魂之所在，它不像生魂和觉魂那样依赖于质体，灵魂"虽人死而不灭，故本自也"。亚尼玛是上帝所创造的，属于神类。灵魂与肉体的关系，并非上帝先造好了灵魂，然后需要时赋予肉体，也非在肉体之外有一个灵魂，然后将二者合并，而是只有当灵魂赋予时才有了肉体。

第二，论亚尼玛之能。这一部分是《灵言蠡勺》最为精细的部分，它向中国人展开了一个完全陌生的知识领域。毕方济分别从认识的感觉和思维两个大部分论述了亚尼玛之能。用他的语言，前者是生魂、觉魂，后者是灵魂。

他认为生魂"为人身万行万动、至近至切之所以然"，生魂之能有三：一为养育之能，二为长大之能，三为传生之能。生魂和觉魂用西方认识论的术语实际是感性认识，觉魂中的"外五司"实际指的是观、听、嗅、尝、触五种感觉，"内二司"实际上是内感觉，仅对外感觉所接受的有关事物的印象进行初步的整理。

关于亚尼玛之灵能。人与兽共有感觉，但人兽之别在于灵魂，这是人"超轶万类，卓然首出"的原因。灵魂亦有"内三司"，即记含者、明悟者、爱欲者。

"记含者"的功能主要是通过"记能""记功""习像"来确定认识对象的名实、确定指谓。关于记含的作用，毕方济说："记含者，百学之藏，诸业之母，智者之子。今人无记含，必不得称智者。"

"明悟者"为亚尼玛灵魂的第二种功能。毕方济认为明悟是由两个环节相

1　《灵言蠡勺》卷上，"天学初函"本。

联结而完成，一个是“作明悟”，另一个是“受明悟”。前者“作万象以助受明悟”，后者则“遂加之光明，悟不象而得其理”。[1] 这里的“作万象”已是初步抽象，后者的“加之光明”就是抽象，达到概念。

毕方济认为“明悟”可通过三种办法获得事物的“所以然”，即概念“其一直通，其一合通，其一推通”。“直通”是从一个事物中抽象出概念；“合通”类似于“综合”，从对两个以上的事物的分析中得到；“推通”则是通过推论，由此及彼而获得概念。

“爱欲”为亚尼玛灵魂的第三种功能。毕方济认为明悟讲的是知，即认识论，而爱欲讲的是义，即伦理学。“爱欲所得属诸义，明悟所得属知也”，明悟在于内，而爱欲在于外。它们的联系在于“爱欲不能自行，必先明悟者照之识之，然后得其爱也”[2]。

毕方济关于爱欲的论证更多的是在与明悟的比较中展开的，在这种比较中他介绍了西方伦理学的一些基本内容。他认为爱欲有三个基本特点：

其一，爱欲以明悟为基础。明悟是人认识事物从感性到理性，在这个过程中使人形成对事物的一个基本判断，爱欲是在此基础上对事物表示自己的态度。“且爱欲者凡物可爱可恶，皆从明悟所明之灵像，呈于爱欲，爱欲遂受而爱之、恶之”，伦理行为不必去代替认识行为，而是要依赖于认识行为。“爱欲者虽不能自明，亦不必自明，为其随明悟者之明，一切所呈可爱可恶，已先为明之故也……”[3]这实际上是对托马斯·阿奎那关于实践德性和理论德性关系思想的介绍。托马斯认为人的实践德性是受制于理性认识水平的，虽然他并不同意苏格拉底有了知识就可消除罪恶的观点，但对欲望与理智的关系、理智的决定作用态度是很明确的。

其二，爱欲的特点是意志自由。认识无所谓善恶，认识受制于其对象，在这个意义上“记含明悟皆可受强”。但唯实践的德行是人自主的行为，人的道德意志决定人的行为取舍，它不受强于其他。“唯爱欲者，操柄独持，显诸可爱

1 《灵言蠡勺》序。
2 《灵言蠡勺》卷上。
3 同上。

莫能令我必爱，显诸可恶莫能令我必恶。……凡所向者，及诸邪魔及诸万苦万刑皆不能强我所行。……凡若此者，是名体行，不名意行。彼能按抑我体不能按抑我意。”[1]外界的强迫只能使肉体屈服，不能使灵魂的意志屈服。这个思想实际上是对奥古斯丁关于人类意志观点的转述，奥古斯丁说：“人类意志的品性是重要的。因为意志如果错了，灵魂的活动，将跟着错了；意志如果对了，这些灵魂的活动，不只是没有过错，且是值得称许的。因为意志寓于一切灵魂的活动，如无意志，根本就没有活动。”这里对意志的强调和毕方济是一致的。

其三，爱欲高于明悟。在灵魂的三类活动中爱欲地位最高。

毕方济认为灵魂有“三端”，即三种功能：一种是“所习之德”，一种是“所行之行”，一种是“所向之向”。在这三个方面，爱欲都高于明悟。认识服从于德性，爱欲高于明悟，爱欲所追求的至善正是灵魂与天主相通之处，因为，只有天主才是无穷的善、无穷的美、无穷的妙。这样灵魂最终归于主，一切在造物主那里达到了最高的和谐。

三、灵魂论对中国思想的价值

入华传教士着力向中国介绍经院哲学的灵魂论是为附和儒家，那么从中国文化来看，灵魂论所带来的异质思想是什么呢？应该怎样看待他们所介绍来的这些希腊哲学思想呢？它对中国传统哲学思想的启迪与意义何在？对此我们再做深入的研究。

笔者认为传教士所介绍的西方基督教灵魂论对中国思想的意义主要在两个方面：一是在本体论上引入了西方的世界二重化理论；一是较为系统地介绍了西方的认识论思想。因篇幅所限，这里我们只讲第一点。

灵魂是西方哲学的一个根本性概念，最早将灵魂引向不死并使其脱离物质性因素的是毕达哥拉斯，到苏格拉底时灵魂问题已经成为他关注的最重要内容之一。追求事物的普遍性本质，将灵魂与思想赋予同样的意义，感性与理性的分离这些观念在苏格拉底那里已全部具有了。到柏拉图时灵魂论已成为他整个理论的中枢性概念之一，在《斐多篇》中他对灵魂不朽的证明已表明了

1 《灵言蠡勺》卷上。

精神与肉体的彻底分离,说明灵魂理论是同他的理念论紧密相连的,像黑格尔所说的"柏拉图完全把灵魂的本质认作是共相"。

到柏拉图时希腊哲学已完全摆脱了早期希腊哲学中将物质性元素定为世界始基或者在物质性因素和精神性因素之间摇摆不定的倾向,而将追求精神与理念作为整个哲学发展的方向。正如黑格尔所说的:"在柏拉图这里,灵魂不死这一规定有着很大的重要性,却由于思维不是灵魂的特质,而是它的实质,所以灵魂也就是思维本身……柏拉图所谓灵魂不死是和思维的本性、思维的内在自由密切联系着的,是和构成柏拉图哲学出色之点的根据性质和柏拉图所奠定的超感官的基础、意识密切联系着的。因此灵魂不死乃是首要之事。"[1]

柏拉图创立了欧洲哲学史上第一个客观唯心主义的哲学体系。经过这种解释,世界开始二重化;感性和理性、实在与现象、灵魂与肉体形成了一系列的对立,哲学家们的任务就是寻求现象背后的理念、感性背后的理性、存在于肉体之中并与之可以分离的灵魂。

柏拉图的影响是深远的,怀特海(A. N. Whitehead,1861—1947)甚至认为整个欧洲哲学"最稳定的一般特征,是由柏拉图的一系列注释组成的"。因而来自希伯来的基督教思想与希腊思想的最好契合点就是柏拉图思想,经斐洛(Philo Judaeus,约前 30—45)、查士丁(Justinu Martyr,约 2 世纪),到奥古斯丁时,柏拉图的理念论已成为基督教哲学的基础,奥古斯丁甚至认为柏拉图和柏拉图学派只要稍稍改变一些词就可以成为基督徒。托马斯·阿奎那的神学中起主导作用的虽是亚里士多德哲学,但"灵魂不朽"这一柏拉图思想的核心观念他还是接受了。

来华传教士在介绍经院哲学的灵魂学说时已先通过经院哲学将希腊哲学中的最重要成果——柏拉图的理念论和灵魂论介绍到了中国。

毕方济在"论亚尼玛之尊与天主相似"时说:"天主所已造之物与所未造而能造之物,尽有其物之意得亚(意得亚者,译言'物像',制作规模也)具存于已人之亚尼玛。"这里的"意得亚"即拉丁文 Idea 的译名,指明了理念是独

1 黑格尔:《哲学史讲演录》第二卷,商务印书馆,1983 年,第 187 页。

立存在于物体之外的。上面我们在介绍毕方济对“明悟”的论述时，也看到了他对概念独立性、共相先于个别事物而存在的论述，表明了他的温和实在论的观点。

利玛窦在《天主实义》第六篇“释解意不可灭。并论死后必有天堂地狱之赏罚，以报世人所为善恶”中强调“意”的重要性，说明“意非有体之类，乃心之用耳”，也是在讲柏拉图的这种“理念论”。当他在第三篇“论人魂不灭大异禽兽”中强调人有“有形之体”和“无形之体”之分，说明灵魂的功用在于能认识事物背后的“隐体”，能“反观诸己”时，表述了柏拉图的理念与存在、现象与本质这种精神与物质相分的世界二重性思想。

当然，利玛窦、毕方济等人所介绍的“灵魂论”并不仅仅是柏拉图的观点，由于他们基本上采用的是托马斯·阿奎那的哲学体系，因而在其所介绍的内容中也包含着大量的亚里士多德的灵魂论思想，如他们把灵魂分为“生觉”“魂觉”“明悟”，这显然是亚里士多德的思想；又如对认识过程中感觉和思维两个阶段的划分也体现了亚里士多德的思想。

亚里士多德的灵魂论不像柏拉图那样统一，像他的全部思想一样，他总是在抽象与具象、唯物主义与唯心主义之间摇摆。如他一方面说“灵魂和躯体是不能分离的”，另一方面又说“灵魂用以认识和思维的部分，它或是可分离的……认为它和躯体混合在一起不是合理的”。托马斯·阿奎那有机地将柏拉图和亚里士多德两种学说糅合在了一起。利玛窦等人也将这种思想介绍到中国。

从文化交流史的角度来看，弄清传教士所介绍的经院哲学的灵魂论的基本内容是十分重要的，因为只有弄清了他们所介绍的基本内容，我们才能评估这种介绍对中国哲学的意义，才能弄清利玛窦为适应中国文化在介绍灵魂论时所做的策略上的变化，并进而看到这种变化的文化意义及其困境。

就中国思想本身来说，上古时期灵魂的观念还是存在的。《礼记·祭法》言：“大凡生于天地之间者，皆曰命。其万物死，皆曰折。人死曰鬼，此五代之所不变也。”《说文》认为“鬼”字可解释为“人所归为鬼”，也可解释为“鬼者魄也”。《礼记·祭义》云：“宰我曰：‘吾闻鬼神之名，不知其所谓。’子曰：‘气也者，神之盛也；魄也者，鬼之盛也。合鬼与神，教之至也。众生必死，死必归土，此之谓鬼。骨肉毙于下，阴为野土。其气发扬于上，为昭明，焄蒿凄怆，此百物之精也，神之著也。’”《左传》孔颖达对子产关于鬼的说明注疏为“附形之灵为魄，附气之神为魂”。《易系辞》曰：“原始反终，故知死生之说。精气为物，游魂为变，是故知鬼神之情状。”这里灵魂被称为“精气”或“游魂”。《礼记・礼运》言：“体魄则降，知气在上。”这里肉体被称为“体魄”，灵魂被称为“知气”。《礼记・郊特牲》曰：“魂气归于天，形魄归于地。”这里称灵魂为“魂气”。

无论是“气”“鬼”“魂气”“精气”还是“游魂”，都说明上古时先人对灵魂有一个模模糊糊的认识，中国古代的祭祖已暗含着这样一种模糊认识。

利玛窦的高明之处在于他十分清楚地知道这一点。一方面，他利用这一点来说明灵魂的存在：“彼孝子慈孙，中国之古礼四季修其祖庙，设其裳衣，荐其时食，以说考妣，使其形神尽亡，不能听吾告哀，视吾稽颡。知吾‘事死如事生，事亡如事存’之心，则固非自国君至于庶人大礼，乃童子空戏耳。”[1]另一方面，他又从此出发，用天主教的灵魂论取代中国文化中这种模糊的认识。在《天主实义》第四篇“辩释鬼神及人魂异论，而解天下万物不可谓之一体”中，利玛窦说：“夫谓人死者，非魂死之谓，唯谓人魄耳、人形耳。灵魂者，生时如拘缧线中；既死，则如出暗狱而脱手足之拳，益达事物之理焉，其知能当益滋精，逾于俗人，不宜为怪。”

利玛窦、毕方济等来华传教士的困境在于：仅用自然性的方法附和儒家文化就无法将这种基于希腊哲学的灵魂论讲清，而一旦用中世纪哲学的理论说明世界二重性，揭示出有形和无形之分，就会使儒生们感到十分困难，许多批评天主教的人也正是抓住了这一点。

问题的实质在于：传教士所宣传的灵魂论及在此基础上的天堂地狱说的哲学基础——“世界二重化理论”“与中国人的全部哲学都是相矛盾的”[2]。也就是说利玛窦等入华传教士并未从根本上把握中国精神的实质。

中国文化自殷周以后已发生变化，到孔子时已形成了自己基本的理念和

1　《天主实义》第三篇，“天学初函”本。

2　谢和耐：《中国和基督教》，上海古籍出版社，1991 年，第 474、485 页。

形态，其基本的特点是“一个世界”，孔子完全没有柏拉图那种理念论的思考方式，他倾注于现实的生活世界，在这种世俗生活中追求神圣、意义，在亲情伦常的仁爱、敬重之中提拔人心，达到人道与天道之合。这也就是常说的“天人合一”。

在这种情况下孔子所关注的是生活世界而不是与人分离的鬼神世界（“敬鬼神而远之”，敬则在，不敬则不在），他思考的重点是“生”而不是“死”（“未知生焉知死”）。这样儒家文化传统同重“死”的基督教传统就有着根本的区别。“天人合一”的儒家哲学与天人相分的希腊哲学是两种完全不同的哲学世界观、两种完全不同的哲学思路。

到宋明理学时，为回答释道在本体论上对儒家的挑战，儒学开始构建自己的宇宙论。从周敦颐的“圣人定之以中正仁义而主静，立人极焉”，到张载的“性者，万物之一源，非有我之得私也”，最后由朱熹集理学之大成：“宇宙之间，一理而已，天得之而为天，地得之而为地，而凡生于天地之间者，又各得之以为性，其张之为三纲，其纪之为五常，盖皆此理之流行，无所适而不在。”平心而论，此时中国哲学已达到了很高的抽象程度，但应看到这和西方哲学的本体论传统的抽象有着重大差别。西方的本体论是二重化的传统：现象与本质的区分，自然与人伦的对立。在中世纪这表现为天堂与世俗的分离，灵魂以摆脱世俗、归服天堂为主旨，在近代康德哲学则把这种二重化表现得淋漓尽致。

宋明理学表面上似乎与强调自我道德意志自律的康德学说十分相似，实际上有着原则的不同，因为宋明理学这种伦理本体论不是以二重化世界为基础的，它是从人性本身推出外在的宇宙论的：“天命之谓性，率性之谓道，修道之谓教。”这样伦理学即是本体论，“它素来不割断本体与现象，而是从现象中求本体，即世间而超世间，它一向强调‘天人合一，万物同体’，‘体用一源’‘体用无间’”。[1] 余敦康先生认为，宋明理学的“体系都以宗法伦理思想为主轴，虽然也广泛地涉及到宇宙构成、事物变化以及认识规律等等哲学问题，提出许许多多的哲学范畴，但所有这些都是为了更好地为论证宗法伦理思想服务

1　李泽厚：《中国古代思想史论》，人民出版社，1985年，第237页。

的”[1]。这个理解是很重要的，因为决不能因朱熹讲过人心、道心之别，张载讲过气质之性和天命之性之分，就认为这和利玛窦等人所讲的灵魂与肉体之分相同，利氏等人讲灵魂当然含有道德涵养的内容，但灵魂之源、之归、之本都是完全不同于新儒家所讲的“道心”的。

以儒家文化为代表的中国文化在运思的角度、思维的方法、关注的重点上，都同基于希腊文化的基督教文化有着根本性的差别。在这个意义上，法国汉学家谢和耐下述结论是有其合理性的：“中国人对于基督教中那种存在着一种有理智的并能自由决定从事善恶行为的灵魂之基本概念是陌生的。完全相反，他们把思想和感情、性和理都结进唯一的一种观念——心的观念中了。”[2]但我们不能由此说中西文化截然对立，无法会通。对这个问题牟宗三的解释有说服力，他认为“中国哲学从来就无上帝存在、灵魂不灭等问题”。[3] 康德哲学的价值在于通过“实践理性”来打通“两个世界”，而牟宗三认为中西哲学之会通也正是在“实践理性”。[4]

入华传教士所介绍的灵魂论的难处和困境在于此，但这并不是说他们所介绍的这套中世纪哲学、这种在灵魂论背后所隐藏的希腊的哲学观念对中国文化是无意义的，并不是说中国人不需要了解和运用这种思维方式。实际上传教士所带来的这一整套西方哲学方法不仅对当时的算学、历学产生了直接影响，在哲学上、在思维方法上对中国传统知识分子的冲击和影响亦不可低估。梁启超说：“清朝一代学者，对于历算学都有兴味，而且最喜欢谈经世致用之学，大概受利徐诸人影响不小。”[5]心学衰而实学兴，从明清思想史来看，这中间的一个重要环节就是传教士所带来的西方哲学。

从另一个角度来说，晚清以后在向西方学习的历程中，在经历了洋务运动、百日维新失败之后，最终回到了学习西方哲学这个根本点。只有哲学精神的变革才会有“新道德、新政治、新技艺、新器物；有是数者，然后有新国、新世

1 余敦康：《中国哲学论集》，辽宁大学出版社，1998 年，第 30 页。

2 谢和耐：《中国和基督教》，上海古籍出版社，1991 年，第 217 页。

3 牟宗三：《中西哲学之会通 14 讲》，上海古籍出版社，1997 年，第 80 页。

4 同上书，第 82—84 页。

5 《梁启超论清学史两种》，复旦大学出版社，1986 年，第 99—100 页。

界”。

入华传教士在介绍中世纪哲学的灵魂论时所带来的柏拉图的理念论，所带来的探求事物本质的哲学方法对于中国完全是异质的新思维、新哲学、新思想，利玛窦等人在传播这种哲学时所遇到的困难，以及中国哲学思想的独特性并不能证明中国文化不需要这种哲学，而只是说明在传播和接受西方哲学时应时时注意中国文化的特质，需要进行创造性转化。那种认为晚明时中国哲学已无本体论、用利氏等人的理论代之的观点是肤浅的，这种看法在对中西哲学和晚明思想的理解上，还达不到利氏思想的高度。同样，因中西哲学思想的重大区别而否认利氏等人的努力，也是武断的。利玛窦等人所遇到的难题实际也是今天中国哲学所面临的问题，这需要一种理论的创新。利玛窦等人努力的价值与思想史的意义正在于他们在中西哲学交流史上第一次揭示出了这个难题。

（原载《哲学研究》2003年第12期）

中西文化的一次对话:清初传教士与《易经》的研究

晚明耶稣会入华是中西文化交流史上的一件大事。特别是在清初期,中西文化交流达到很高的程度。在康熙的直接安排下,法国入华传教士白晋等人对中国的经典《易经》进行了长达五年多的研究,这是清前期中西文化交流史上的重要事件。近年来国内外学者对这个问题已经做了部分研究,并取得了一些进展。[1] 但由于白晋研究《易经》的中文原始文献尚未公布,绝大多数学者在研究中还不能使用这批中文文献,相关的研究仍然处在若明若暗之中,许多问题还未解决。本文依据梵蒂冈图书馆所藏的白晋读易的原始文献,并吸取近年来国内外在这一问题上的研究成果,对通过《易经》研究在康熙和白晋之间所展开的文化对话做一系统的分析和研究。

一、康熙安排白晋等人研究《易经》的基本历史情况

白晋(Joachim Bouvet,1656—1730)是首批来华的法国传教士,到北京后和

---

1 Claudia von Collani., *P.Joachim Bouvet S.J.sei Lieben und Sein Werk*, Steyler Verlag, 1985; John W. Witek., *Controversial Ideas in China and in Europe: A Biography of Jean-Francois,Foucquet, S.J.(1665 -1741)*,Roma, 1982.国内学者最早研究这个问题的是已故的阎宗临先生,1941 年他在《扫荡报》副刊《文史地》上发表了他从梵蒂冈图书馆带回的一系列重要文献, 这些文献以后绝大多数被方豪先生采用。 参见阎守诚编:《阎宗临史学文集》, 山西古籍出版社, 1998 年; 阎宗临著, 阎守诚编:《传教士与法国早期汉学》, 大象出版社, 2003 年; 计翔翔:《博综史料 兼通中西——〈阎宗临史学文集〉读后》, 载黄时鉴主编:《东西交流论谭》第 2 期, 上海文艺出版社, 2001 年, 第 347—368 页; 罗丽达:《白晋研究〈易经〉史事稽考》,《汉学研究》(台湾)1997 年第 15 卷第 1 期; 韩琦:《白晋的〈易经〉研究和康熙时代的“西学中源”说》,《汉学研究》(台湾)1998 年第 16 卷第 1 期; 吴伯娅:《康雍乾三帝与西学东渐》, 宗教出版社, 2002 年; 张西平:《梵蒂冈图书馆藏白晋读〈易经〉文献初探》, 韩琦:《再论白晋的〈易经〉研究——从梵蒂冈教廷图书馆所藏手稿分析其研究背景、目的及反响》, 以上两文载荣新江、李孝聪主编:《中外关系史: 新史料与新问题》, 科学出版社, 2004 年, 第 305—314、315—323 页。

张诚(Francois Gerbillon,1654—1707)一起在宫中为康熙服务,深得康熙宠爱。白晋很早就开始了对中国文化的研究,1697年他返回法国,在巴黎做讲演时就说:“中国哲学是合理的,至少同柏拉图或亚里士多德的哲学同样完美。《易经》这本书蕴含了中国君主政体的第一个创造者和中国第一位哲学家伏羲的(哲学)原理。”[1]这说明,此时白晋已经研读了《易经》,并了解了《易经》在中国文化中的地位。六年后,康熙四十二年(1703年)白晋就已经写出了自己研究中国典籍的著作《天学本义》。[2] 在自序中白晋说:“秦始皇焚书,大《易》失传,天学尽失。”他的书目的在于恢复天学,这本书的上卷是《择其解益明经书系天学之本》,其下卷是《择集士民论上天公俗之语》[3],如韩琰在给白晋《天学本义》所写的序中说的“此书荟萃经传,下及方言俗语,其旨一本于敬天”[4]。此时,白晋研究的内容已经涉及《易经》,但尚未把注意力完全集中在《易经》的研究上。

目前发现康熙安排白晋读《易经》最早的文献是这样记载的:

> 四月初九日,李玉传旨与张常住:据白晋奏说,“江西有一个西洋人,曾读过中国的书,可以帮得我”。尔传于众西洋人,着带信去将此人叫。再白晋画图用汉字的地方,着王道化帮着他略理。遂得几张,连图着和素报上,带去。如白晋或要钦天监的人,或要那(应为“哪”——作者注)里的人,着王道化传给。钦此。[5]

1 转引自林金水《〈易经〉传入西方考略》,载《文史》第29期,第367页。

2 白晋的《天学本义》分别藏在巴黎国家图书馆和罗马梵蒂冈教廷图书馆,Maurice Courant所编的*Bibliothèque nationale Département des Manuscrits Catalogue des livres chinois careens, japonais, etc*的第7160号、7163号为《天学本义》;《天学本义》的另一个版本为《古今敬天鉴》(两卷),编号为7161号;罗马梵蒂冈教廷图书馆分别有两个目录,一个是余东所编的*Catalogo Delle Opere Cinesi Missionarie Della Biblioteca Apostolica vaticana XVI-XVII*《天学本义》的编号为25—1;由伯希和(Paul Pelliot)所编,日本学者高田时雄所整理的*Inventaire sommmaire des manuscripts et impremés chinois de La Bibliothéque Vaticane*《天学本义》的编号为Borg.Cinese.3。

3 梵蒂冈图书馆Borg.Cinese.316(14)《天学本义》白晋自序。

4 梵蒂冈图书馆Borg.Cinese.316(14)《天学本义》韩琰序。

5 此原始文献有两份抄件,个别字略有不同,如其中一份将句中“料理”写成“略理”,将“或用那里的人”写成“或要那里的人”。阎宗临选了其中没有涂改字的文献。梵蒂冈图书馆Borg.Cinese.439(b),参见阎宗临著,阎守诚编:《传教士与法国早期汉学》,第169页;方豪:《中国天主教史人物传》中册,中华书局,1988年,第281页。

据学者考证，这份文献的时间应是在康熙五十年（1711 年）。[1] 傅圣泽（Jean-Francois Foucquet，1663—1741）进京后和白晋一起研究《易经》，康熙对他的研究情况也十分关心。傅圣泽奏称：

> 臣傅圣泽在江西聆听圣旨，命臣进京相助臣白晋同草《易经》稿。臣自愧浅陋，感激无尽。因前病甚弱，不能陆路起程，抚院钦旨即备船只，诸凡供应，如陆路速行于六月二十三日抵京。臣心即欲趋赴行宫，恭请皇上万安，奈受暑气，不能如愿，惟仰赖皇上洪福，望不日臣躯复旧，同臣白晋竭尽微力草《易经》稿数篇，候圣驾回京恭呈御览。[2]

在白晋研究《易经》的过程中，康熙一直十分关心他的研究情况，多次问到此事：

> 七月初五日，上问："白晋所释《易经》如何了？钦此。"王道化回奏："今现在解《算法统宗》之攒九图，聚六图等因具奏。"上谕："朕这几个月不曾讲《易经》，无有闲着；因查律吕根原，今将黄钟等阴阳十二律之尺寸积数，整音、半音，三分损益之理，俱已了然全明。即如箫笛、琵琶、弦子等类，虽是玩戏之小乐器，即损益之理也，查其根原，亦无不本于黄钟所出。白晋释《易经》，必将诸书俱看，方可以考验。若以为不同道则不看，自出己意敷衍，恐正书不能完，即如邵康节，乃深明易理者，其所有占验，乃门人所记，非康节本旨，若不即其数之精微以考查，则无所倚，何以为凭据？尔可对白晋说：必将古书细心校阅，不可因其不同道则不看，所释之书，何时能完？必当完了才是。钦此。"[3]

从这段话可以看出，康熙不仅自己认真研究中国传统的数学、律吕和《易经》的象数之学，而且对白晋提出批评，"不可因其不同道则不看"，也不要敷衍了事。这说明康熙十分清楚白晋的想法，知道他作为一个传教士在理解《易

---

1 江西巡抚朗廷极在康熙五十年五月十五的奏折中，提到将送江西的传教士傅圣泽进京。罗丽达对方豪所讲到的有关白晋读《易经》的十份文献做了很好的研究，见《白晋研究〈易经〉史事稽考》，《汉学研究》（台湾）1997 年第 15 卷第 1 期。

2 梵蒂冈图书馆 Borg.Cinese.439（a），参阅方豪：《中国天主教史人物传》中册，第 281 页。

3 梵蒂冈图书馆 Borg.Cinese.439（a），原文献有两个抄本，文献中有"亦无不本于黄钟所出"句，阎本和方本均改为"亦无不本于黄钟而出"。参见阎宗临著，阎守诚编：《传教士与法国早期汉学》，第 170 页；方豪：《中国天主教史人物传》中册，第 282 页。

经》上会遇到许多问题。

《易经》为六经之首，作为一个外国传教士，要想读懂并非易事。白晋在回给康熙的奏疏中也道出其苦衷："初六日，奉旨问白晋'尔所学《易经》如何了？钦此。'臣蒙旨问及，但臣系外国愚儒，不通中国文义。凡中国文章，理微深奥，难以洞澈，况《易经》又系中国书内更为深奥者，臣等来中国，因不通中国言语，学习汉字文义，欲知中国言语之意，今蒙皇上问及所学《易经》如何了，臣等愚昧无知，倘圣恩不弃鄙陋，假年月（原文如此——作者注），容臣白晋同傅圣泽细加考究，倘有所得，再呈御览，求圣恩教导，谨此奏闻。"[1] 由此可见，康熙对白晋等人研究《易经》的活动抓的是很紧的，传教士们几乎达不到康熙的要求和期望。

傅圣泽进京后和白晋一起研究《易经》，二人随时将学习的情况向康熙汇报[2]，梵蒂冈图书馆藏的一份文献说明了这一点：

> 有旨问，臣白晋你的《易经》如何？臣叩首谨奏。臣先所备《易稿》粗疏浅陋，冒渎皇上御览，蒙圣心宏仁宽容，臣感激无极。臣固日久专于《易经》之数管见，若得其头绪尽列之于数图，若止臣一人愚见，如此未敢轻信。傅圣泽虽与臣所见同，然非我皇上天纵聪明，唯一实握大易正学之权，亲加考证，臣所得易数之头绪不敢当，以为皇上若不弃鄙陋，教训引导，宽假日期，则臣二人同专心预备，敬呈御览。[3]

白晋向康熙奏报二人在《易经》研究上遇到的困难，希望康熙"教训引导，宽假日期"，亦说明康熙对白晋等人研究《易经》的细节非常在意。

傅圣泽于康熙五十年进京协助白晋研究《易经》，和白晋产生分歧后[4]，康熙就安排他研究数学和天文。康熙五十二年（1713 年）四月，他在给康熙的奏

1　梵蒂冈图书馆 Borg.Cinese.439（a），原文献中有"假年月"句，阎本和方本均改为"假半月"。参见阎宗临著，阎守诚编：《传教士与法国早期汉学》，第 170 页；方豪：《中国天主教史人物传》中册，第 281—282 页。

2　参阅 John W.Witek，*Controversial Ideas in China and in Europe：A Biography of Jean-Francois，Foucquet，S.J.（1665-1741）*，p.202。

3　梵蒂冈图书馆 Borg.Cinese.439（a），此文献阎宗临未抄录。

4　参阅 John W.Witek，*Controversial Ideas in China and in Europe：A Biography of Jean-Francois，Foucquet，S.J.（1665-1741）*，p.202。

疏中说：

> 臣傅圣泽系愚儒，不通中国文义，蒙我皇上洪恩，命臣纂修历法之根，去岁带至热河，躬亲教导，实开茅塞。《日躔》已完，今岁若再随驾，必大获益，奈自去口外之后，病体愈弱，前病复发。其头晕头痛，迷若不知，即无精力。去岁犹有止时，今春更甚，几无宁息，不可以见风日。若再至口外，恐病体难堪，抑且误事。惟仰赖我皇上洪恩，留臣在京，静养病躯。臣尝试过，在京病发之时少，而且轻，离京则病发之时多，而且重，今求在京，望渐得愈，再尽微力，即速作历法之书，可以速完。草成《月离》，候驾回京，恭呈御览，再求皇上教导。谨此奏闻。[1]

这说明傅圣泽全力协助白晋研究《易经》的时间不过两年，以后就主要做数学和天文学研究了。当然，傅圣泽自己对《易经》的研究并未停止，他自己在这一段时间仍然写了不少研究《易经》和中国文化的论文。[2]

白晋作为"索隐派"的主要成员，在"礼仪之争"中处在很尴尬的境地：一方面，他反对阎当所代表的巴黎外方传教会等派别对中国文化的看法；另一方面，由于想推进和加深利玛窦的思想和路线，从而和耶稣会的原有思想和路线也产生矛盾。因此白晋向康熙奏报：

> 臣白晋前进呈御览《易学总旨》，即《易经》之内意与天教大有相同，故臣前奉旨，初作《易经稿》，内有与天教相关之语。后臣傅圣泽一至即与臣同修前稿，又增几端。臣等会长得[3]知，五月内有旨意，令在京众西洋人同敬谨商议《易稿》所引之经书。因[4]寄字与臣二人云，尔等所备御览书内，凡有关天教处，未进呈之前，当请旨求皇上谕允其先查详悉。臣二人日久专究《易》等书奥意，与西土秘学古传相考，故将己所见，以作《易

1　梵蒂冈图书馆 Borg.Cinese.439（a），在这份文献的"恐病体难堪，抑且误事"一句中，阎宗临和方豪少抄了"抑"，但在"恐病体难堪"后加了一个"折"字，方豪在使用这个文献时也有疑虑，认为"折字下疑有磨字"，这是误判。"臣尝试过，在京病发之时少，而且轻"一句，阎本和方本漏"且"字。见阎宗临著，阎守诚编：《传教士与法国早期汉学》，第 170 页；方豪：《中国天主教史人物传》中册，第 285 页。

2　John W.Witek，*Controversial Ideas in China and in Europe*：*A Biography of Jean-Francois*，*Foucquet*，*S.J.*（*1665-1741*），pp.164-207。

3　阎宗临和方豪写为"通"，参见方豪《中国天主教史人物传》中册，第 282—283 页。

4　原稿有"会长"二字，后删去。

稿》,无不合与天教,然不得不遵会长命,俯伏祈请圣旨。[1]

这件事实际上涉及耶稣会内部在“礼仪之争”中的矛盾,但耶稣会的这种做法无疑会使康熙很反感,这种做法实际上是教权对皇权的一种挑战。有的学者认为,耶稣会的这种做法可能是导致康熙逐渐对白晋研究《易经》失去兴趣的原因之一。[2]

随着“礼仪之争”的深入,梵蒂冈和康熙的矛盾日益加深,入华传教士内部的矛盾也日趋尖锐,康熙逐渐失去了对白晋研究《易经》的兴趣:

> 五十五年闰三月初二日,为纪理安、苏霖、巴多明、杜德美、杨秉义、孔禄食、麦大成、穆敬远、汤尚贤面奏折,上将原奏折亲交与纪理安等。谕赵昌、王大化、张常住、李国屏、佟毓秀、伊都立尔公同传于白晋,纪理安等所奏甚是。白晋他做的《易经》,作亦可,不作亦可。他若要作,着他自己作,不必用一个别人,亦不必忙,俟他作全完时,再奏闻。钦此。[3]

尽管如此,康熙仍很宽容,让白晋继续进行《易经》的研究。

这样我们看到,从康熙五十年(1711 年)到康熙五十五年(1716 年),在长达五年的时间里,康熙亲自组织了白晋等人的《易经》研究,并随时解决在研究中的各种问题。这在当时应是件大事。康熙为什么要让白晋等人读《易经》呢？这是一个很值得深入研究的问题。

二、康熙让白晋研究《易经》的目的及其影响

康熙让一个外国传教士研究《易经》是有其内在原因的。

1 梵蒂冈图书馆 Borg.Cinese.439(a-h),参阅方豪:《中国天主教史人物传》中册,第 282—283 页。

2 白晋在这里讲的会长是谁？罗丽达认为是意大利耶稣会士骆保禄(Jean-Paul Gozani,1647—1732),韩琦指出不是骆保禄,而是殷弘绪(Francois-Xavier d' Entrecolles,1662—1741),但仍不正确,因为此时殷弘绪是来华耶稣会的法国总会长,让白晋和傅圣泽将所有送给康熙看的研究《易经》的稿子要送给会长看的指令是他下的,但具体去落实这一指令的是法国在华耶稣会北京教区的会长龚当信(Cyr Contuncin,1670—1733),也就是说,当时给白晋写信,并具体审查他给康熙的书稿的人是龚当信,而不是殷弘绪。而且,殷弘绪 1711 年在江西,他 1722 年才到北京。参见 John W.Witek, *Controversial Ideas in China and in Europe: A Biography of Jean-Francois, Foucquet, S.J.(1665-1741)*, pp.176-179;费赖之:《在华耶稣会士列传及书目》(上卷),中华书局,1995 年,第 550 页;罗丽达:《白晋研究〈易经〉史事稽考》。

3 梵蒂冈图书馆 Borg.Cinese.439(a),参阅方豪:《中国天主教史人物传》中册,第 285 页。

首先，对科学的兴趣是康熙安排白晋研究《易经》的原因之一。

康熙从刚即位时的汤若望和杨光先的历法之争开始，就对西方科学有了兴趣，正如他事后所说的："朕幼时，钦天监汉官和西洋人不睦，相互参劾，几至大辟。杨光先、汤若望于午门外九卿前，当面赌测日影，奈九卿中无一人知法者。朕思，己不知，焉能断人之是非？因自愤而学焉。"[1]在中国历史上像康熙这样热爱西方科学、用心学习西方科学的皇帝仅此一人[2]。康熙即位不久就请南怀仁（Ferdinand Verbiest，1623—1688）为其讲授天文、数学，张诚、白晋等法国传教士来华后，他又把张诚、白晋留在身边给他讲授几何学。康熙这种对数学的热情一直保持着，康熙五十二年（1713年）下令开蒙养斋：

> 谕和硕诚亲王允祉等，修辑律吕算法诸书，著于蒙养斋立馆，并考定坛庙宫廷乐器。举人赵海等四十五人，系学算法之人。尔等再加考试，其学习优者，令其修书处行走。[3]

同年六月十七日，和素给康熙的奏报称：

> 西洋人吉利安、富生哲、杨秉义、杜德海将对数表翻译后，起名数表问答，缮于前面，送来一本。据吉利安等曰：我等将此书尽力计算后，翻译完竣，亦不知对错。圣上指教夺定后，我等再陆续计算，翻译具奏，大约能编六七本。[4]

这说明康熙当时在研究数学问题，对数学有着极大的兴趣。康熙五十一年（1712年），康熙去热河避暑山庄，将陈厚耀、梅瑴成等人都带到承德就是和他们讨论《律历渊源》的编写[5]，康熙五十二年五月，"修律吕、算法诸书"[6]。

很清楚，在康熙安排白晋等人研究《易经》之时，也正是他热衷于西方数学之时。而对《易经》的研究在中国的经学解释史上历来就有"义理派"和"象数

1 《圣祖仁皇帝庭训格言》，第86页。

2 参见白晋：《清康乾两帝与天主教传教史》，冯作民译，光启社，1966年；杜文凯：《清代西人见闻录》，中国人民大学出版社，1985年。

3 《清圣祖实录》卷256，康熙五十二年五月甲子。

4 《康熙朝满文朱批奏折全译》，中国社会科学出版社，1996年，第878页。

5 李迪：《中国数学史简编》，辽宁人民出版社，1984年，第266页。

6 《清史稿》卷45《时宪志》第7册，中华书局，1997年，第169页。

派”两种路向，因为《易经》本身就是符号系统和概念系统的结合体，所以这两种解释方法都有其内在的根据，且皆有著作传世。在象数派的著作中就包含了许多数学的内容，如郑玄所做的“九宫数就是世界上最早的矩阵图”[1]。康熙对邵雍等象数派的《易经》研究也十分清楚。康熙五十年（1711 年）二月在和直隶巡抚赵宏燮论数时，康熙说：“算法之理，皆出于《易经》。即西洋算法亦善，原系中国算法，被称为阿尔朱巴尔。阿尔朱巴尔者，传自东方之谓也。”[2]这段话说明康熙把对数学的兴趣和中国的典籍《易经》结合了起来，两个月后就传旨给江西巡抚郎廷极，让傅圣泽进京协助白晋研究《易经》。

梵蒂冈图书馆也有康熙研读阿尔热巴拉法的文献，说明康熙当时对数学的兴趣。“谕王道化。朕自起身以来每日同阿哥等察阿尔热巴拉新法。最难明白他说比旧法易。看来比旧法愈难，错处亦甚多，鹘突处也不少。前者朕偶尔传与在京西洋人开数表之根，写得极明白。尔将此上谕抄出并此书发到京里，去着西洋人共同细察，将不通的文章一概删去，还有言者甲乘甲、乙，乘乙总无数目，即乘出来亦不知多少，看起来此人算法平平尔，太少二字即可笑也。特谕。”[3]

从中可以看到，康熙对数学简直到了着迷的程度。这份文献也说明，在康熙学习数学的过程中，白晋等传教士起着重要的作用。白晋之所以能参与此事，是因为他入宫后曾和张诚一起用满文给康熙讲授几何学，做过康熙的数学老师，康熙对他教授数学的能力是充分信任的。另外，在当时的传教士中，白晋的中国文化基础最好，康熙曾说：“在中国之众西洋人并无一人通中国文理，惟白晋一人稍知中国书义，亦尚未通。”[4]康熙认为能完成此事的非白晋

1　董光璧：《易图的数学结构》，上海人民出版社，1987 年，第 14 页。

2　王先谦：《东华录》卷 21；参见江晓源：《试论清代“西学中源说”》，《自然科学史研究》第 7 卷第 2 期，1988 年。

3　梵蒂冈图书馆 Borg.Cinese.439（a）。

4　陈垣编：《康熙与罗马使节关系文书影印本》，参见马国贤：《清廷十三年》附录《康熙与罗马使节关系书》，李天纲译，上海古籍出版社，2004 年。

莫属。[1]

白晋对康熙的这个想法应该是清楚的，所以在他的《易经》研究中，从象数的角度研究《易经》是他研究的最重要内容之一。在《易数象图总说》中他说："内易之秘，奥蕴至神，难测而难达，幸有外易数象图之妙，究其内易之精微，则无不可知矣。"[2]在《易学外篇》首节中他又说："易之理数象图，相关不离，诚哉！斯言也。盖言理莫如数，明数莫如象，象数所不及者，莫如图以示之。"[3]

在梵蒂冈图书馆所藏的文献中，就有一个白晋研究《易经》的日程表及康熙读了白晋的研究论文后的御批，其主要内容就是在交流《易经》所包含的数学问题。

二十四日。进新改了的释先天未变之原义一节，又释河洛合一，天尊地卑图为先天未变易数象图之原一本，并《历法问答》《定岁实法》一本，交李三湖呈奏。奉旨：朕俱细细看过了，明日伺候。钦此。

二十五日呈览。上谕：尔等所译之书甚好，朕览的书合于一处，朕所改已上，所谓地形者之处，可另抄过送上。

七月初四日。呈御笔改过的《易经》，并新得第四节，释天尊地卑图为诸地形立方诸方象，类于洛书方图之原及大衍图一张，进讲未完。上谕：将四节合定一处，明日伺候。钦此。

初六日。呈前书并新作的释天尊地卑图，得先天未变始终之全数法图二张，进讲。上谕：王道化，白晋作的数甚是明白，难为他，将新作的释天尊地卑图，得先天未变始终之全数法并图留下，《易经》明日伺候。钦此。

初七日。进大衍图。上谕：将大衍图留下，朕览，尔等另画一张，安于书内。钦此。谕尔等俱领去收看，钦此。

1　参见 Claudia von Collani.，*P. Joachim Bouvet S. J. sei Lieben und Sein Werk*，Steyler Verlag，1985，pp. 124-133。韩琦在《再论白晋的〈易经〉研究——从梵蒂冈教廷图书馆所藏手稿分析其研究背景、目的及反响》中提出这个论点："由此可看出白晋进讲《易经》的经过及康熙的意见，从另一侧面也可反映出康熙对《易经》所含数学的浓厚兴趣。"载荣新江、李孝聪主编：《中外关系史：新史料与新问题》，第 317 页。

2　梵蒂冈图书馆 Borg.Cinese.317（8），p.3。

3　梵蒂冈图书馆 Borg.Cinese.317（10），p.1。

十二日，进讲类洛书偶数方图之法一节，图一张，呈览。上谕：将偶数方图之法与前日奇数之法合定一处，尔等用心收着。钦此。本日御前太监叶文忠奉旨取去原有御笔写类书方图奇数格一张，并偶数方图一张。传旨，照此样多画几张。钦此。本日画得奇数方图格二张，交太监李三湖呈上，留下。

王道化谨奏：初九日，恭接得上发下大学士李光地奏折一件，并原图一幅，说册一节，即与白晋看。据白晋捧读之下，称深服大学士李光地精通易理，洞晓历法。[1]

这里所讲的《天尊地卑图》《释先天未变之原义》《洛书方图》《大衍图》等，均为白晋从象数角度研究《易经》的图和著作。康熙出于对数学研究的兴趣，希望白晋研究《易经》，发现其中的数学奥秘。白晋在研究过程中又进一步强化了康熙这方面的兴趣。正如研究者所指出的：正是白晋《易经》研究中的数学和象数的内容"使得康熙领会了其中的数学的奥秘，并使康熙对《易经》的兴趣持续了相当长的一段时间，康熙让一个外国人研究《易经》的原因或在于此"[2]。目前，这个问题仍待进一步研究，上述白晋所绘制的各种《易经》象数的图式仍有待发现和系统整理。

其次，通过白晋的《易经》研究来证实"西学中源说"。"西学中源说"是清初中西文化交流中的一个重要观点，对清初的思想和学术都产生了较大影响。谁最早提出这一思想，学术界尚有争论。[3] 但有一点可以肯定，康熙四十三年(1704年)康熙在其《三角形推算法论》中已经明确提出了这个想法："论者以古法今法之不同，深不知历。历原出自中国，传及于极西，西人守之不失，测量不已，岁岁增修，所以得其差分之疏密，非有他术也。"[4]

康熙五十年(1711年)，康熙在和直隶巡抚赵宏燮论数时说："算法之理，皆出于《易经》。即西洋算法亦善，原系中国算法，被称为阿尔朱巴尔。阿尔朱

1　梵蒂冈图书馆 Borg. Cinese.317（4），第22—24页。这份文献并未注明日期。

2　韩琦：《白晋的〈易经〉研究和康熙时代的"西学中源"说》。

3　徐海松在《清初士人与西学》（东方出版社，2000年）中认为最早提出这一思想的是梅文鼎，王杨宗则认为最早提出的应是康熙，见王杨宗：《明末清初"西学中源"说新考》，载《科史薪传——庆祝杜石然先生从事科学史研究四十年学术论文集》，辽宁教育出版社，1995年。

4　《圣祖仁皇帝御制文集》第三集卷十九"三角形推算法论"。

巴尔者，传自东方之谓也。”这段话是康熙首次把“西学中源说”和《易经》联系起来，其依据就是“阿尔朱巴尔”。根据这个谈话的内容和时间，可以做出两个判断：其一，康熙在此前已经了解并学习了西洋算法阿尔朱巴尔法；其二，一开始给康熙讲授这一算法的肯定不是傅圣泽，因为傅圣泽接旨进京协助白晋研究《易经》应是康熙五十年四月以后，即在康熙和赵宏燮谈话之后，魏若望先生认为傅圣泽是康熙五十一年（1712 年）八月在热河时向康熙献《阿尔热巴拉新法》事，显然值得商榷。[1]

康熙四十二年（1703 年），张诚、白晋、安多（Antoine Thomas，1644—1709）、巴多明（Dominique Parrenin，1665—1741）和杜德美（Pierre Jartoux，1668—1720）在给康熙讲授西方数学时已经包括阿尔热巴拉法。这期间翻译的西洋数学书就有《借根方算法节要》，《借根方算法》有多种译法[2]，《东华录》译为“阿尔朱巴尔法”，梅文鼎在《赤水遗珍》中作“阿尔热八拉”。阿尔热巴拉法在数学上指的是代数，出自 825 年阿拉伯数学家阿尔-花拉子模（Muhammad ibn Msa al-khwarizmi）所做的 *Al-jabr wa' l-muqabalah*”一书，它是代数学之祖。“这本书在 12 世纪译成拉丁文时，书名为‘Ludus algebrae et al-mucgrabalaeque’，后来简称‘algebra’，今译为‘代数学’。”[3]

代数学源于东方，后传到西方，康熙说这是“东来之法”[4]时并不错，但正像一些学者所说，这个“东”的概念是有很大的差异的，实际上应是源于阿拉伯，而康熙很可能把它理解为源于中国，是不是“传教士为讨好康熙皇帝而故意编造的谎话呢”[5]？史无凭证。但有一点可以肯定，即在康熙安排白晋研究

1 梵蒂冈图书馆 Borg.Cinese.319（4），其法文稿题为《代数纲要》（*Abregé d'algèbre*）。

2 “九《借根方算法节要》上下二卷，共一册，有上述印记（即‘孔继涵印’，‘荭谷’及‘安乐堂藏书记’诸印）。按孔继涵藏本，尚有；十一《借根方算法》原书为三卷矣。其中十二《借根方算法》，八卷一种，又《节要》二卷，不著撰稿人姓氏，藏前故宫博物院图书馆中。”（《李俨钱宝琮科学史全集》第七卷《中算史论丛》第 69 页，辽宁教育出版社，1998 年）“《数理精蕴》编修前曾有《借根算法节要》一书问世，此书可能是西洋人译后给康熙讲课用的。”（吴文俊主编：《中国数学史大系》第七卷，北京师范大学出版社，2000 年，第 326 页）

3 M.克莱因：《古今数学思想》第 1 册，第 218—219 页，转引自樊洪业：《耶稣会士与中国科学》，中国人民大学出版社，1992 年，第 226 页。

4 1712 年康熙在教梅文鼎之孙梅珏成“借根算法”时曾说：“西人名此书为阿尔热八达，译言东来之法。”载梅珏成：《赤水遗珍》。

5 参见樊洪业：《耶稣会士与中国科学》。

《易经》以前，他就有了“西学中源”的想法，有了《易经》为西洋算法之源的想法。也就是说康熙的这些想法在前，安排白晋研究《易经》在后，说明康熙安排白晋研究《易经》时有着很强烈的政治意图。因为“西学中源说”实际上是康熙对待西学的一种基本策略，是他在当时的中西文化冲突中所采取的一个重要文化政策。[1]

当傅圣泽再次向康熙传授西方的《阿尔热巴拉新法》时，“用天干开首的甲、乙、丙、丁等字表示已知数，用地支末后的申、酉、戌、亥等字表示未知数（和笛卡儿用a、b、c、d等字母表示已知数，用x、y、z等字母表示未知数相仿），又用八卦的阳爻—作加号，用阴爻--作减号，以+为等号”[2]。康熙在安排傅圣泽进京协助白晋研究《易经》以后，再次对“阿尔热巴拉法”表示出兴趣。

梵蒂冈图书馆的文献也证实了这一点：

启杜、巴、傅先生知：二月二十五日三王爷传旨，去年哨鹿报上发回来的阿尔热巴拉书，在西洋人们处，所有的西洋字的阿尔热巴拉书查明，一并速送三阿哥处，勿误。钦此。帖到可将报上，发回来的阿尔热巴拉书并三堂众位先生们，所有的西洋字的阿尔热巴拉书查明，即送到武英殿来，莫误。二月二十三日 李国屏 和素。[3]

字与杨、杜、纪、傅四位先生知：明日是发报的日子，有数表问答，无数表问答书，四位先生一早进来，有商议事，为此特字。六月二十五日 李国屏 和素。

字启傅先生知：尔等所作的阿尔热巴拉，闻得已经完了，乞立刻送来以便平定明日封报，莫误。二月初四 李国屏 和素。

十月十八日奉上谕新阿尔热巴拉，朕在热河发来上谕，原着众西洋人公同改正，为何只着傅圣泽一人自作，可传众西洋人，着他们众人公同算

---

1 参见吴伯娅：《康雍乾三帝与西学东渐》，第431—435页；徐海松：《清初士人与西学》，第352—365页。

2 梅荣照：《明清数学概论》，见《明清数学史论文集》，江苏教育出版社，1990年，第8—9页。

3 梵蒂冈图书馆 Borg.Cinese.439（a），杜、巴、傅分别指杜德美、巴多明和傅圣泽。

了，不过傅圣泽一人自作，不过傅圣泽说中国话罢了。务要速完。钦此。王道化。[1]

康熙前后两次对阿尔热巴拉法感兴趣，这一方面和他的数学兴趣有关，另一方面也和他的“西学中源”思想有着直接的联系。在指导白晋研究的过程中，他也提醒白晋在中国的古籍中包含着丰富的数学思想，告诫白晋“必将古书细心校阅，不可因其不同道则不看”。这实际在引导白晋向他的思想方向发展。也就是在此期间康熙说：“尔曾以《易》数与众讲论乎？算法与《易》数吻合。”[2]

三、康熙让白晋研究《易经》是他在“礼仪之争”中所采取的重要步骤

“礼仪之争”是康熙年间中国和西方关系中最重大的事件，这场争论对康熙的天主教政策产生了重大的影响。

康熙三十九年(1700年)，在清宫中的耶稣会士精心策划了一封给康熙的奏疏：[3]

> 治理历法远臣闵明我、徐日昇、安多、张诚等谨奏，为恭请鉴，以求训诲事。窃远臣看得西洋学者，闻中国有拜孔子，及祭天地祖先之礼，必有其故，愿闻其详等语。臣等管见，以为拜孔子，敬其为人师范，并非祈福佑、聪明、爵禄也而拜也。祭祀祖先，出于爱亲之义，依儒礼亦无求佑之说，惟尽孝思之念而已。虽设立祖先之牌位，非谓祖先之魂在木牌位之上，不过抒于子孙报本追远如在之意耳。至于郊天之礼奠，非祭苍苍有形之天，乃祭天地万物根原主宰，即孔子所云，社郊之礼所以事上帝也。有时不称上帝而称天者，犹如主上不曰主上，而曰“陛下”、曰“朝廷”之类，虽名称不同，其实一也。前蒙皇上所赐匾额亲书“敬天”之字，正是此意。

1 梵蒂冈图书馆 Borg.Cinese.439（a），杨、杜、纪、傅分别指杨秉义、杜德美、纪理安、傅圣泽。

2 《清圣祖实录》卷251，康熙五十一年九月丙辰。

3 这份奏疏是耶稣会士李明在欧洲策划的。参见李天纲：《中国礼仪之争：历史・文献和意义》，上海古籍出版社，1998年，第49页；顾卫民：《中国天主教编年史》，上海书店，2003年，第217页。

远臣等鄙见，以此答之，但缘关系中国风俗，不敢私寄，恭请睿鉴训诲。远臣等不胜惶悚待命之至。康熙三十九年十月二十日奏。[1]

康熙当天就批下这份奏书："这所写甚好。有合大道，敬天及事君亲、敬师长者，系天下通义，这就是无可改处。"[2]

康熙四十三年（1704年），教宗克莱门十一世公布谕旨，正式判定"中国礼仪"为异端，应予禁止。[3] 康熙四十四年（1705年），多罗特使来华。康熙四十五年（1706年），康熙在畅春园接待多罗特使。康熙下谕："西洋人自今后若不遵利玛窦的规矩，断不准在中国住，必逐回去。"同时让在华的传教士"领票"，告诫传教士"领过票的，就如中国人一样"[4]。康熙四十六年（1707年），多罗特使在南京正式公布教宗禁止中国教徒祭祖敬孔的禁令，康熙在最后一次南巡中接见传教士，并有"永在中国各省传教，不必再回西洋"等语。[5] 派传教士龙安国（Antoine de Barros，1664—1708）、薄贤士（Antoine de Beanvollier，1656—1708）、艾若瑟（Giuseppe Antonio Provana）、陆若瑟（Raymond-Jesēph Arxo）先后返回罗马，向教廷解释其政策。康熙四十九年（1710年），马国贤（Matteo Ripa）、德理格（Teodorico Perlrin）来华，康熙谕命傅圣泽进京协助白晋研究《易经》。康熙五十一年（1712年），教宗克莱门十一世发布备忘录，确认多罗在中国所发的教令。康熙五十四年（1715年），教宗克莱门十一世颁布《从登极之日》。[6] 康熙五十五年（1716年），康熙当着众传教士的面痛斥德理格有意错译康熙致教宗的信。[7] 康熙五十六年（1717年），嘉乐特使来华。

从以上列出的这个时间表可以看出，康熙安排白晋研究《易经》的时间，正是"礼仪之争"激烈之时，是在多罗特使和嘉乐特使来华之间，此时也是康熙和罗马教廷关系紧张之时。这时康熙开始考虑对在华传教士应有一个统一的政

---

1 黄伯禄：《正教奉褒》，参见李天纲：《中国礼仪之争：历史·文献和意义》，第49—50页。

2 黄伯禄：《正教奉褒》，参阅罗丽达：《一篇有关康熙朝耶稣会士礼仪之争的满文文献》，载《历史档案》1994年第一期。

3 苏尔、诺尔编，沈保义、顾卫民、朱静译：《中国礼仪之争：西文文献一百篇（1645—1941）》，上海古籍出版社，2001年。

4 《康熙与罗马使节关系文书影印本》第四件。

5 黄伯禄：《正教奉褒》，参见李天纲：《中国礼仪之争：历史·文献和意义》，第49—50页。

6 苏尔、诺尔编：《中国礼仪之争：西文文献一百篇（1645—1941）》。

7 《康熙与罗马使节关系文书影印本》第七件。

策和要求。康熙四十五年传谕:“近日自西洋所来者甚杂,亦有行道者,亦有白人借名为行道者,难以分辨是非。如今尔来之际,若不定一规矩,惟恐后来惹出是非,也觉教化王处有关系,只得将定例先明白晓谕,命后来之人谨守法度,不能少违方好。”[1]康熙对传教士反复讲的就是要遵守利玛窦的规矩。康熙第二次接见多罗时,向他说明了对待传教士的基本政策:“中国两千年来,奉行孔学之道。西洋人来中国者,自利玛窦以来,常受皇帝保护,彼等也奉公守法。将来若是有人主张反对敬孔敬祖,西洋人就很难再留在中国。”[2]接着他传谕给全体在京的传教士:

> 自今以后,若不遵利玛窦的规矩,断不准在中国住,必逐回去。若教化王因此不准尔等传教,尔等既是出家人,就在中国住着修道。教化王若再怪你们遵利玛窦规矩,不依教化王的话,叫你们回西洋去,朕不叫你们回去。倘教化王听了多罗的话,说你们不遵教化王的话,得罪天主必定教你们回去,那时朕自然有话要说,说你们在中国年久,服朕水土,就如中国人一样,必不肯打发回去。教化王若说你们有罪,必定叫你们回去……朕断不肯将他们活打发回去……朕就将中国所有西洋人都查出来,尽行将头带于西洋去。设是如此,你们的教化王也就成了教化王了。[3]

“礼仪之争”中一些传教士的表现也令康熙恼火。先是阎当,不懂中国文理,却信口雌黄,康熙说他“愚不识字,擅敢妄论中国之道”,“既不识字,又不善中国语言,对话须用翻译。这等人敢谈论中国经书之道,像站在门外从未进屋的人讨论屋中之事,说话没一点根据”。[4] 后是德理格擅自改动康熙给教宗的信,使康熙大怒,认为“德理格之罪,朕亦必声明,以彰国典”。康熙将他称为“奸人”,“无知光棍之类小人”。[5]

白晋是康熙最信任的传教士之一,多罗来华后,康熙让他直接参与一些重要的活动,这都说明了康熙对他的信赖。[6] 在这种背景下,康熙让白晋研究

1 《康熙与罗马使节关系文书影印本》第二件。
2 罗光:《教廷与中国使节史》,光启社,1961 年,第 124 页。
3 《康熙与罗马使节关系文书影印本》第四件。
4 《康熙与罗马使节关系文书影印本》第十一件。
5 《康熙与罗马使节关系文书影印本》第十二件。
6 罗光:《教廷与中国使节史》,第 119—132 页。

《易经》并在各方面给予支持，这个决定显然不是一个简单的个人兴趣问题，这是康熙想通过白晋的《易经》研究给传教士树立个榜样，让他们遵守利玛窦的规矩，使他们知道“欲议论中国道理，必须深通中国文理，读尽中国诗书，方可辩论”。[1] 这是康熙在“礼仪之争”中同教廷的政策展开斗争，争取入华传教士按其规定的路线在中国生活、传教的重要政治举措。这点康熙在几次谕批中说得也很清楚。康熙五十年五月二十二日他在读了白晋的手稿后说：“览博津（白晋——引者注）引文，甚为繁冗。其中日后如严党（阎当——引者注）、刘英（刘应——引者注）等人出必致逐件无言以对。从此若不谨慎，则朕亦将无法解脱，西洋人应共商议，不可轻视。”和素在向传教士传达后给康熙的奏报中说：“即召苏琳、吉利安、闵明鄂、保忠义、鲁伯佳、林吉格等至，传宣谕旨。苏琳、吉利安、闵明鄂等共议后报称：凡事皇上教诲我西洋人，笔不能尽。以博津文内引言，甚为繁冗，故谕日后严当、刘英等人出，恐伤我，不可轻视，著尔共议。钦此。洪恩浩荡，实难仰承。是以我等同心。嗣后博津注释《易经》时，务令裁其繁芜，惟写真事情。奏报皇上。所写得法，随写随奏；所写复失真，不便奏皇上阅览，即令停修。”康熙高兴地批复：“这好。”[2]

由此可以看出，康熙让白晋研究《易经》是和“礼仪之争”密切相关的。康熙想通过白晋的研究在这场争论中找到一些应对手段，因为需要说服的不仅有阎当、刘应这样的传教士，甚至还有罗马教廷。这个工作由传教士来做当然要比中国文人做更好。白晋既得康熙信任，又通中国文理，自然是合适人选。

四、康熙对白晋的影响

白晋的《易经》研究是在康熙直接指导下展开的，因此康熙的思想对白晋的研究产生了很大影响。通过《易经》研究，白晋对中国文化的认知有所变化。

白晋在《古今敬天鉴天学本义自序》中写道：“天学者何乃有皇上帝至尊无对、全能至神至灵，赏罚善恶至公无私？万有真主所开之道，人心所共由之

1 《康熙与罗马使节关系文书影印本》第十三件。

2 《康熙朝满文朱批奏折全译》，第725—726页。

理也。盖上主初陶人心，赋以善良，自然明乎斯理。天理在人心，人易尽其性而合于天。磋乎！未几人心流于私欲，获罪于天，离于天理而天理昧。至仁上主不忍人之终迷也……乃以天道之精微明录于经，以启世之愚象。”[1]这是白晋在康熙四十六年的文字和思想，从中可以看到，文字是中国的，但思路和逻辑完全是西方的，是《圣经》的伊甸园原善、先祖原罪、天主救赎思路的中国式表述。在对中国典籍的了解上，《天学本义》基本上是对中国典籍的择录和对民间俗语的收集，全书的逻辑结构完全是西方的，是天主教神学的构架，和中国本土思想没有太大关系。因此，在康熙安排白晋研究《易经》的初期，白晋仍停留在原有的思想上，其研究结果使康熙很不满意。康熙在和素、王道化的奏疏上批注说：“览博津书，渐渐杂乱，彼只是自以为是，零星援引群书而已，竟无鸿儒早定之大义。”[2]这里的“自以为是”，是说白晋完全按西方那一套来写，逻辑是西方的，只是引些中国古书，但对儒家本义并不理解。康熙把这个想法也告诉了在京的其他传教士，因为此事事关重大，传教士决定把远在江西的傅圣泽调到北京，协助白晋研究《易经》。康熙五十年六月十日和素奏报：“远臣苏琳、吉利安等跪读皇上谕旨：至博津所著《易经》内引言，恐日后必为本教人议论。钦此。将书退回。臣等同样议：皇上洞察细微，深爱臣等，为我等深谋，臣等感激无地。惟臣等均不谙《易经》，故先颁旨。俟江西富生哲，再与博津详定，俟皇上入京城，进呈御览。为此谨奏。请皇上指教。”[3]这说明傅圣泽进京不仅仅是白晋的意见，更是在京传教士的集体决定。不久，和素也向康熙谈了对白晋研究成果的看法：“奴才等留存博津所著《易经》数段，原以为其写得尚可以。奴才等读之，意不明白，甚为惊讶。皇上颁是旨，始知皇上度量宏大。奴才等虽无学习《易经》，虽遇一二难句，则对卦查注，仍可译其大概。再看博津所著《易经》及其图，竟不明白，且视其图，有仿鬼神者，亦有似花者。虽我不知其奥秘，视之甚可笑。再者，先后来文援引皆中国书，反称系西洋教。皇上洞鉴其可笑胡编，而奴才等尚不知。是以将博津所著《易经》暂停隔报具奏，俟

1　白晋：《天学本义》，梵蒂冈图书馆 Borg.Cinese.316（14）。

2　《康熙朝满文朱批奏折全译》，第 722 页。

3　《康熙朝满文朱批奏折全译》，第 732 页

皇上入京，由博津亲奏。”康熙同意和素的这个看法，批示：“是。”[1]和素的看法反映了康熙的思想，也说明白晋此时的《易经》研究还未进入角色，尚不能从内在的精神实质上把握《易经》。前引梵蒂冈所藏文献“七月初五日”条也说明了这一点。因此康熙告诫白晋要“细心校阅”中国书，不能“因其不同道则不看”。

以上材料说明，白晋在康熙指定他研究《易经》初期仍未找到中西思想的结合点，对中国文化的理解也十分有限。康熙的批评对白晋产生影响，此后白晋的《易经》研究出现新的变化，对中国文化和思想的认识有所加深，索隐派的思想也更为成熟和圆润。他在《易纶 · 自序》中讲到《易经》在中国文化的地位时说：

> 大哉！易乎，其诸经之本，万学之原乎。《传》云：易之为书也，广大悉备。前儒赞之云，其道至广而无不包其用，至神而无不存诚哉！易理至矣，尽矣，无以加矣。十三经《书经》序云：伏羲、神农、黄帝之书谓之三坟，言大道也，少昊、颛项、高辛、唐虞之书谓之五典，言常道也，至于夏商周三代之书，虽设教不伦，雅诰奥义，其归一揆，是故，历代实之为大训。《正义》曰夏商周三代之书，有深奥之文，其所归趣与坟典一揆。《图书编》五经序云：六经皆心学也，说天莫辩乎易，六十四卦，三百八十四爻孰非心乎，孰非圣人之心学乎？是知诸经典籍之道，既全具于易，皆实惟言天学心学而已。[2]

从这段话可以看出，此时白晋对中国传统文献，如孔颖达《五经正义》等较为熟悉，这同他写《天学本义》时已有所不同。他在1715年的一封信中说道：“我的研究就是要向中国人证明，孔子的学说和他们的古代典籍中实际包含着几乎所有的、基本的基督教的教义。我有幸得以向中国的皇帝说明这一点，那就是中国古代的学说和基督教的教义是完全相同的。”[3]从中可以看到，白晋终于在中国文化和基督教文化之间找到了一条通道，将二者完全合一。显然，

1　《康熙朝满文朱批奏折全译》，第735页。

2　Claudia von Collani., *P.Joachim Bouvet S.J.sei Lieben und Sein Werk*, Steyler Verlag, 1985, p.209.

3　罗马耶稣会档案馆，JS 176，f.340；白晋写于1715年8月18日的信（Collani所作副本）。

此时他对中国文化的理解比过去加深了，却走向了另一个方向，这恐怕是康熙始料未及的。

（原载《历史研究》2006 年第 3 期，人大复印资料《中国哲学》2006 年第 9 期转载）

明清间入华传教士对亚里士多德哲学的介绍

来华耶稣会士在对西方哲学的介绍中最值得称道的就是对亚里士多德哲学的介绍。耶稣会士在宣扬经院哲学中,自然也夹杂了一些希腊思想成分在内[1]。这种希腊成分的重要一点就是亚里士多德哲学。

如果从中西哲学的交流来看,尽管经过经院哲学改造后的亚里士多德哲学与亚里士多德原本的思想有较大的差别,但它毕竟是以亚里士多德的哲学为基础的。尤其是对于中国哲学来说,它完全是异质的思想。正是这种异质性对中国哲学的传统思维造成了冲击,表现出了中西哲学交流所产生的意想不到的进步的作用。文化交流史的研究远胜于纯粹抽象的文化比较研究的意义,正在于此。

一、入华传教士对亚里士多德逻辑的介绍

利玛窦来华以后,就逐步认识到中西文化在思维特点上的重大区别是逻辑问题。他说:"在学理方面,他们对伦理学了解最深;但因他们没有任何辩证法则,所以无论是讲或写的时候,都不按科学方法,而是想直觉能力所及,毫无条理可言……"[2]这段话在金尼阁的译本中是:"他们没有逻辑规则的概念,因而处理伦理的某些教诫时毫不考虑这一课题各个分支相互的内在联系。"[3]

他在同佛学大师"三淮"(法号雪浪)论辩时也说过:"中国人没有逻辑。"他在同佛教的论战中很多方面靠的就是这种逻辑方法。

1 侯外庐:《中国思想通史》第四卷(下),人民出版社,1980年,第1199页。

2 利玛窦:《天主教传入中国史》,光启社,1986年,第23页。

3 利玛窦:《利玛窦中国札记》,中华书局,第31页。

在这个意义上,利玛窦对中国文化的批评是正确的。正因为他了解中国文化的这一弱点,所以在对西方文化的介绍中不自觉地将逻辑问题也列入了其中。利玛窦与徐光启合译的《几何原本》虽说是一部数学著作,但其理论基础就是形式逻辑。利氏之所以选择这本书,用心是很深的。他显然是看到《几何原本》所包含的逻辑理论的。他说:"在《几何原本》这本书里,他们看到的是不同于传统的看法,换句话说,每一个命题都依照次序出现,并且完全证明其合理,就连最顽固的人也不能否认。"[1]

因此,最早向中国介绍西方逻辑思想的应是利玛窦。这点在《四库全书》对《几何原本》的评价里讲得十分明了:"其书每卷有界说,有公论,有设题。界说者,先取所用名解说之;公论者,举其不可疑之理;设题则据所欲言之理,次第设之,先其易者,其次难者,由浅而深,由简而繁,推之至于无以复加而后已。"[2]

这就说明从中国人的角度来看《几何原本》,其逻辑内容是它很重要的方面。正因此,《几何原本》才被称为"以是牟冕西术,不为过矣"。

艾儒略在《西学凡》中把哲学(斐禄所费亚 Philosophia)称为"理学",以此来比附宋儒之学。他说:"理学者义理之大学也,人以义理超于万物而为万物之灵。格物穷理,则于人全,而于天近。"他以此来说明西方哲学探究的是万物之根。这种理是看不见的,它隐于具体事物之中,"如物之理,藏在物中,如金在砂,如玉在璞",追根究底,"淘之,刻之,斐禄所费亚之学"。这是来华耶稣会士对西方哲学的一个最简明的介绍。

艾儒略说,西方哲学源于"西士古贤,观天地间变化多奇,虽各著为论,开此斐禄之学。然多未免似是而非,终未了"。这样,他就引出了亚里士多德,把他作为西方哲学奠基人。他说:"亚理斯多德,其识超卓,其学渊源,其才广逸。"正因此,他认为,哲学的五门科目中,逻辑学(落日加)位于首位。逻辑学也就是"辩明之道",它"以立诸学之根基,辩其是与非,虚与实,表与里"。这里,他指出了逻辑学的功能。

1 利玛窦:《天主教传入中国史》,光启社,1986 年,第 458 页。

2 《四库全书总目》上册,中华书局,1995 年,第 907 页。

接着，他对亚里士多德的逻辑学做了简要的介绍。他说，逻辑学分为六大门：第一门是“落日加诸豫论，即几理学所用诸名目之解”。说明这是逻辑学的序论和范畴解释。第二门是“五公称之论”，这里艾儒略借用了李之藻译《名理探》时的名称“五公称”，实际上是对事物种类，按其本质属性分类。正像艾儒略所说的，这是“万物之宗类，如生觉灵等物之本类，如牛马人等物之分类，如牛马人所以相分之理，物类之所独有”。第三门是“理有之论，即不显形于外而独在人明悟中义理之有者”。第四门是“十字论”，这也是借用李之藻《名理探》的概念，实际上讲述的是十个范畴，如自立者、几何等。第五门是“辩学之论”，第六门是“知学之论”。前者指“辩是非得失之诸确法”，后者指“论实知与忆度，与差谬之分”。

艾儒略在这里并未展开这六门的具体内容，但他已经初步介绍了亚里士多德逻辑学的主要内容，虽然只是一种篇名、目录上的介绍。

对亚里士多德逻辑学介绍最为全面的，当属李之藻与傅泛际（Francois Furtado，1587—1653）合译的《名理探》一书。傅泛际是葡萄牙传教士，1618 年在金尼阁神甫重返中国之际，与之偕行，傅泛际除传教外，曾与李之藻编撰哲学书籍。这里所说的“哲学书籍”，其中重要的一本就是《名理探》。

《名理探》的前五卷称“五公”，何谓“公”呢？李之藻说：“公即宗、类、殊、独、依。”这五个概念是什么含义呢？李之藻说：“生觉为宗，人性为类，推理为殊，能笑为独，黑白为依。”后来严复在《穆勒名学》中把“五公”译为“五旌”，其名称是类、别、差、撰、寓。

按照李之藻的翻译，“在宗下者是之谓类，生觉色形，皆名谓宗”。因而这里的“宗”相当于逻辑学里所说的“属”，所谓“类”则是今天所说的“种”。“殊”讲的是差别，无论“泛殊”“切殊”“甚切殊”，都是指的万物间的差别，只是程度不同而已。因而李之藻所说的“类殊”实际是“种差”。“独”则指事物的非本属性，如李之藻所说：“凡为人者即为能笑；凡能笑者，凡能买者，固即为人。彼此转应，故正为独。”“依”是讲事物的偶有性。

如果我们考察一下亚里士多德的逻辑学，就会发现李之藻所译的“五公”，实际上大部分来自亚里士多德的“四谓词理论”。亚里士多德出于论辩的需要，在《论辩常识篇》“谓词与主词在命题中的四种不同的关系”中，提出四谓词：属、定义、固有性、偶性。

“四种谓词”中的“偶性”，亚里士多德定义为“偶性既不是定义，也不是其固有属性，也不是属——即属于此事物”。这就是李之藻所译的“依”。亚里士多德将“固有属性”定义为“固有必不表示一事物的本质，却是此事物独有的，是可以与它换位述谓词”。这就是李之藻所译的“独”。

亚里士多德的“四谓词”被注释者波菲利（Porphyrios，约233—约305）补充了一个种，后称“五种宾词”，即属、种、种类、固有属性、偶性。李之藻和傅泛际所用的理论显然是波菲利的“五种宾词”理论，若列个表则为：

波菲利的“五种宾词”	属	种	种类	固有属性	偶性
李之藻之“五公论”	宗	类	殊	独	依性
今日逻辑	类	种	种差	固有非质属性	偶有性

有的学者认为，波菲利的这种扩大，“离开了亚里士多德的原意，但是在中世纪，这些是非常有名的，人们对波菲利的赞誉超过了他应得的评价”[1]。这说明李之藻所译《名理探》的原本也是接受了波菲利的理论的。尽管如此，“五公论”仍是大部分地反映了亚里士多德的“谓词理论”。

“十论”是《名理探》中的重要内容，李之藻将其定为“自立体、几何、互视、何似、施作、承受、体势、何居、暂久、得有”。这里的“自立体”就是“实体”；“几何”就是“数量”；“互视”就是“向他而谓”，指事物间的关系；“何似”指的是“性质范畴”；“施作”指的是“主动”；“承受”指的是“被动”；“体势”是讲“形体之分布”；“何居”指的是“位置”；“暂久”讲的是时间；“得有”指的是“情况”。

亚里士多德是最早对范畴进行分类的人。通常所说的亚里士多德的“十范畴”就是“实体、数量、性质、关系、地点、时间、姿态、状况、动作、遭受”。

如果把亚里士多德的“十范畴”和李之藻所译的“十论”对比一下，可列表如下：

1　肖兹：《简明逻辑史》，商务印书馆，1977年，第30页。

亚里士多德“十范畴”	实体	数量	性质	关系	地点	时间	姿态	状况	动作	遭受
李之藻译的“十论”	自立体	几何	何似	互视	何居	暂久	体势	得有	施作	承受

从这个表中我们可以看出,除了排列顺序略有差别之外,在范畴内容上是完全一致的。

《穷理学》是南怀仁所辑的重要著作,他在给康熙的奏疏中说:“臣自钦取来京,至今二十四载,昼夜竭力,以全备推理之学。”[1]但《穷理学》长期以来未发现原版,我于1996年在北京大学图书馆善本部发现了《穷理学》的残本,这个残本中包括了《名理探》尚未出版的部分。

我们必须看到来华耶稣会士所介绍的古希腊逻辑学,尤其是李之藻和傅泛际合译的《名理探》,对亚里士多德逻辑学的介绍,有着十分重大的理论意义。

首先,它第一次系统地向中国介绍了西方逻辑学。我国虽然早在春秋时期就已有自己的逻辑学“墨辩”,但墨子的“辩学”并未发育成长起来,特别是汉朝实行“罢黜百家,独尊儒术”以后,中国自己的逻辑学最终未得到发展。到明末清初时,耶稣会士来华,中西文化交流打通,以《名理探》为标志的著作出版后,西方逻辑学才进入,为中国知识分子所知。如徐宗泽在重刻《名理探》的序中所说:“而我国始有亚氏之论理学,而亚氏之论理学始有形上形下之等级,而不陵乱矣。”

其次,为我国近代逻辑学的发展奠定了基础。明末清初耶稣会士所引进的西方逻辑,开阔了中国学者的视野,从而使不少中国学者认识到中西思维之别,首在逻辑;逻辑为“百学之宗门”,“当务之急,莫先名理”,从而刺激了中国近代逻辑学的发展。严复在后来翻译《穆勒名学》时就直接受启于李之藻的《名理探》,如他直接沿用了李之藻的“十论”,而把“五公”改为“五旌”。有的研究者认为李之藻在翻译上也为中国近代逻辑学的发展提供了一些术语,这些词的使用,“事实上不仅是《名理探》不失本来面目地得以介绍的重要的桥梁和保证,而且对扩大我国逻辑专门名词术语的领域作了贡献,对后来我国逻

1　徐宗泽:《明清间耶稣会士译著提要》,中华书局,1989年,第190页。

辑专业名词术语的发展有一定的影响”[1]。

第三,为传统思想的变革提供了契机。李之藻对亚里士多德逻辑学的介绍并不是仅仅把它作为一个西方学科、一种工具来介绍的,他明显地是在用西方逻辑学来纠正晚明士大夫空谈心性之弊端。李天经在《名理探》序中开宗明义指出了这一点,他说:“世乃侈谈虚无,诧为神奇,是致知不必格物,而法象都捐,识解尽扫,希顿悟为宗旨,而流于荒唐幽谬,其去真实之大道,不亦远乎!”这是对晚明思想界流于谈禅、沉迷于空疏无用的心性之学的尖锐批评,而纠正之良药就是采用西儒介绍来的“名理学”,因它能“大抵欲人明此真实之理,而于明悟为用,推论为梯,读之其旨似奥,而味之其理皆真也,诚也,格物穷理之大原本哉”[2]。

李天经的这个思想直接受启于《名理探》,它的价值在于把宋明理学中的“格物致知”从伦理学转向自然科学,将一种伦理的认识论导向科学的认识论。这一基础就是逻辑学。这个思想后来直接启发了严复。严复在译《穆勒名学》和《名学浅说》时即用“归纳论”来反对宋明理学的“良知论”。他在《救亡决论》中认为“良知论”的始作俑者是孟子的“良知不学,万物皆备于我”,而陆象山和王阳明的“谓格致无益事功,抑事功不俟格致”,“正以为不出户可以知天下”,导致了以后学者的“惰窳傲慢之情”,造成了传统思想的僵化,其纠正方法就是从科学入手,从逻辑学入手,因为“是学为一切法之法,一切学之学”。梁启超在谈到明末思想之演变时说:

> 明末有一场大公案,为中国学术史上应该大笔特书者,曰:欧洲历算学之输入。……利玛窦、庞迪我、熊三拔、龙华民、邓玉函、阳玛诺、罗雅谷、艾儒略、汤若望等,自万历末年至天启崇祯间,先后入中国。中国学者徐文定、李凉庵等都和他们来往。对于各种学问有精深的研究。……以徐文定、李凉庵领其事,而请利、庞、熊诸客卿共同参预,卒完成历法改革之业。此外中外学者合译或分撰的书籍,不下百数十种,最著名者如利、徐合译之《几何原本》,字字精金美玉,为千古不朽之作。……我们只要肯

1 《中国逻辑史研究》,中国社会科学出版社,1982年,第299页。

2 徐宗泽:《明清间耶稣会士译著提要》,中华书局,1989年,第194页。

把当时那班人的著译书目一翻,便可以想见他们对于新知识之传播如何的努力。只要肯把那个时代的代表作品——如《几何原本》之类择一两部细读一过,便可以知道他们对于学问如何的忠实。要而言之,中国知识线和外国知识线相接触,晋唐间的佛学为第一次,明末的历算学便是第二次(中国元代时和阿拉伯文化有接触,但影响不大)。在这种新环境之下,学界空气当然变换。后此清朝一代学者对于历算学都有兴味,而且最喜欢谈经世致用之学,大概受利、徐诸人影响不小。[1]

二、对亚里士多德"四元素说"的介绍

"四元素说"是亚里士多德自然哲学的重要内容。"四元素说"一方面是他天体宇宙论的基础,一方面又是他哲学的基本理论。作为前者,他在《论天》中提出在月亮以下的东西都是生生不息的,而月亮以上的东西都是僵死不变的。而在月亮之下的领域里,万物皆是由土、水、气、火四种元素构成的,当然这四种元素也是相互作用的。

作为后者,亚里士多德代表着古希腊哲学的传统,要追寻世界的基本构成。亚里士多德第一个将恩培多克勒的"四根说"说成是四种物质性元素。他在《形而上学》中说:"阿那克西米尼与第欧根尼认为气先于水,气实万物原始的基体;而梅大邦丁的希巴索和爱非斯的赫拉克利特则以火为先。恩培多克勒主于四元素并为物始(以土加于上述三者),他说四元素或聚或散,或增或减,以成万物之形形色色,而它们本身则出于一,入于一,古今一如,常存不变。"[2]

虽然恩培多克勒的"四根说"已是综合了希腊时期各派思想,开始探讨物质内部结构,但这些认识毕竟是简单的和粗糙的认识,是直观的。亚里士多德将"四根说"向本体论的方向推进。他认为"本性"这概念就是指任何自然物所赖以组成的原始材料,人们对组成万物的自然元素也称为"本性"。同时,他又认为"本性"是指"自然事物的本质","有些人说本性是万物的原始组合,有

1 梁启超:《中国近三百年学术史》,台湾中华书局,1958 年,第 8—9 页。

2 亚里士多德:《形而上学》,商务印书馆,1959 年,第 8 页。

如恩培多克勒所说：现存的万物的本性，只是（四元素）一会儿聚一会儿散，本性就是人们所赐与这些混合物的名称”[1]。

因而，可以说“四元素说”仍是亚里士多德哲学的内容之一，或者说至少他的学说包含了这个内容。

来华耶稣会士在他们的著作中介绍了亚里士多德的这一思想。利玛窦在《乾坤体义》中专门介绍了亚里士多德的“四元素说”，他称为“四行”。“天下凡有行者，俱从四行，火、气、水、土是也，其数不可阙增也。”这点明了四元素是构成世界的最基本元素，接着他又从神学的角度加以引申：“当初造物者欲创作万物于寰宇，先混沌造四行，然后因其情势布之于本处。火情至轻，由跻于九重天之下而止；土情至重，则下凝而安于地之当中；水情比土而轻，则浮土之上而息；气情不轻不重，则乘水土而负大焉。‘四元行’按其各情，定是所居，指其所属，截然不混关。”

在《天主实义》第四篇“辩释鬼神及人魂异议，而解天下万物不可一体”中，他列出了一张“物宗类图”，基本介绍了中世纪经院哲学的宇宙观，其中把火、气、水、土称为“四行”，并说这四行“为万物之形者也”。

对“四元素说”介绍最为详细的是高一志（Alphonse Vagnoni，1566—1640）的《空际格致》这本书。全书分上、下两卷，有总论和分论，上卷《六行性论》，从哲学和宇宙论上讲述了“四元素”；下卷《元行生物论》，从自然科学的角度讲述了由“四行”产生的现象。

在上篇的“引”中，他一开始就把“四行”的问题定为一个自然哲学的问题，其宗旨在于控其万物的“所以然”，而“所以然”的一切变化之根“唯”四元行，所谓火、气、水、土是也。为什么要称之为“行”呢？他说：“行也者，纯体也，乃所分不成他品之物，唯能生成杂物之诸名品也。”这样，他就从世界物质形态的基本结构上确定了“四元素”的地位。虽然这是对亚氏“四元素说”的转述，但却进一步明确了“四元素”的地位。

为什么“行”只有四种物质形态呢？高一志说：“古有于四行中，止立于一行，为万物母者。其说各异，而不相通。后各哲皆并之，定四为行之确数。”

1　亚里士多德：《形而上学》，第 88 页。

在谈到“四行”的序列不杂不乱的原因时，他讲了三条理由：

第一，重轻的原因。因为“重爱低，轻爱高，以分上下”。这样，由于水轻于土，气重于火，从而水在土之上，气在火之下。

第二，合情的原因。“尽情相和则近，相背则远”。这样如冷成土，湿成水，土水显以冷情相和，所以水和土是相近的。而湿热成气，湿冷又成水，水和气以湿情相和，所以气和水是相近的。而干热成火，湿热成气，气和火以热情相和，所以火和气又是相近的。高一志在这里实际上是将冷热、干湿作为四行构成一个有机序列的原因。这显然是希腊的思想。恩培多克勒在他的“四根说”中也多次从选择的角度来论证四根的关系。

第三，见试的原因。他说：“火发为焰，常有从下至上尖杀之形，西曰火形尽不能安下而奋力以上，必向极高是也。气偶入土水之中，不能得安而欲上行。在土为地震，为山崩，在水为沤，为泡。”至于为什么水多在下而土在上，高一志无力回答，他运用了神学加以补充，“造物主初造天地，天地无谷，地面为水所敬”[1]。为了解决这个问题，以适万物，造物主才劈山有谷，使水流之。

三、入华传教士对亚里士多德“四因说”的介绍

“四因说”是亚里士多德哲学的最重要内容之一，它是对希腊古代哲学的一个总结和概括。哲学就是对世界本原的探求，那么这个本原是什么呢？亚里士多德把它概括为质料、形式、动力、目的。例如一尊雕像，它的本原是：(1)质料，如铜；(2)形式，如某动物的形状；(3)动力，雕刻工；(4)目的，雕刻的技术过程是为了完成这一座雕像。

亚里士多德又进一步把“四因说”中的后三种归于“形式因”，在他看来，“后三种原因常常合而为一，因为那个‘是什么’(即形式因——引者注)和‘所要求的东西’是同一个东西，而运动的来源与这些东西也是同类的”。这一概括有着重要的意义，由此，质料和形式成为他哲学的中心问题。

作为西方人早期的哲学探索，亚里士多德的“四因说”自然有其不足。在研究目的因时，他把自然的过程和人的过程相混淆；在研究动力因时，他又引

1 《西方哲学原著选》上卷，商务印书馆，1982 年，第 137 页。

出“神”这个“第一推动者”；当他认为整个自然有一个最高意义上的、不动的第一推动者时，动力因就和目的因、形式因成为了一个东西。中世纪经院哲学正是利用了亚里士多德的这一点，把其定为一尊。但来华的耶稣会士在介绍中世纪经院哲学时，对亚里士多德“四因说”的介绍却给东方带来了希腊先祖的哲学智慧，提供给中国士大夫们一种截然不同的世界理论。

利玛窦的《天主实义》中，首篇“论天主始制天地万物而主宰安养之”时，从多方面论证了天主的存在，“四因说”是他的一个重要论据。他说：“试论物之所以然，有四焉。四者为何？有作者，有模者，有质者，有为者。夫作者，造其物而施之为物也；模者，状其物置之于本伦，别之于他类也；质者，物之本来体质所以受模者也；为者，定物之所向所用也。”然后他举例加以论证，如车，人是作者，创造了车；轨辙为模者，而木料则为质者，让人乘坐是为者。

利玛窦还在“四因”基础上，把亚里士多德的质料和形式思想，作了进一步的抽象。他说：

> 天下无有一物不见此四者者；四之中，其模者、质者，此二者在物之内，为物之本分，或谓阴阳是也；作者、为者，此二者在物之外，超于物之先者也，不能为物之本分。

这里，对于亚里士多德的哲学思想已表述得十分清楚。

从人类认识史的角度来看，亚里士多德的“四因说”有着重要意义，尤其是当他把四因概括为“质料和形式”之后，哲学的问题更加鲜明了。通过自然物，抽象出形式，抽象出质料，万物中概括出两个基本因素，这本身在人类认识史上就是一件很了不起的事情，形式和质料的关系以后便成了萦绕在西方哲学家头脑中的重要问题。

固然，亚里士多德并未真正弄清质料和形式的关系，但正像一些学者所说，“亚里士多德固然有重大错误，但却是必然会发生这样错误的，这点毫不足怪”。因为人类早年的哲学思考必然有其幼稚的一面，这是很自然的。

传教士把亚里士多德的“四因说”介绍到中国，也同样具有意义。

首先，亚氏的“四因说”是纯希腊哲学，这种对质料与形式的分类和抽象完全是西方哲学的思维方式。在西方哲学中把本原问题提出，要追索“万物之根”,这实际上就是把人排除在自然之外,对自然进行客观的研究。“四因说”就是这个思想发展的一个初期阶段。中世纪以后,即便是在基督教哲学中,这种理性精神发生了变化,但并未消失,因为灵魂问题的产生本身就是对人和人自身自然的区别,尤其在托马斯·阿奎那哲学中,理性在宗教的外壳下存在着,信仰是以知识论形态出现的。

中国哲学发展的方向和西方哲学很不相同,重人伦是其思想的根本特征。孔子的哲学核心是“仁”,孟子则把这个思想提升到哲学的高度,他说:

> 人之所以异于禽兽者几希?庶民去之,君子存之。舜明于庶物,察于人伦,由仁义行,非行仁义也。[1]
>
> 人之有道也,饱食、暖衣,逸居而无教,则近于禽兽。圣人有忧之,使契为司徒,教以人伦,父子有亲,君臣有义,夫妇有别,长幼有序,朋友有信。[2]

显然,人与人的关系是中国哲人思考的重点,社会是他们学说的全部疆域,而自然只是其学说的一个背景依托。而西方哲学则始终把人与自然的关系作为其学说的中轴,对人之外的自然的追问、玄思,对万物本质的探求,是其哲学的灵魂。来华传教士在介绍“四因说”时就已经把西方哲学的这种根本特点介绍了进来,这对几千年以宗法人伦思想为基础的中国思想界来说是一个很大的冲击。“四因说”讨论的完全是自然本身,没有人的因素,人是放在自然之外的,这种讨论内容在中国传统的儒家文化中是从来没有的。

其次,“四因说”的理性特点,其追求万物之本原的倾向也是完全异于中国文化主要在人伦方向抽象的特点,“四因说”是西方最早的本体论哲学,这种问题在儒家文化中不存在,这种讨论问题的方式在中国文化中也是没有的。

再次,由于耶稣会士精通中国文化,他们引进西方哲学时采取会通的方式,因而使中国学者易于接受。如南怀仁在向康熙帝进献《穷理学》时说,《穷理学》可“明历理,以开百学之门,永垂万世之事”。但他并不否认孔孟之学,反而说:“孔孟之学万世不磨,理推之学,亦然,尽理为人性之本,永刻在人类心

1 《孟子·离娄下》。
2 《孟子·滕文公上》。

中……”这里，南怀仁已把“理”的概念做了转换。耶稣会士由于在传播方式上努力会通两种文化，从而使当时不少知识分子对西方哲学采取一种了解、学习的态度。

（原载《江海学刊》2001年第6期）

清代来华传教士马若瑟研究

马若瑟(Joseph de Premare,1666—1736),法国来华的著名耶稣会士。1714年,白晋为了推进他的《易经》研究,通过康熙皇帝将傅圣泽和马若瑟召到北京。[1] 雍正登基后对天主教的政策开始变化,雍正曾下谕说:"西洋人乃外国之人,各省居住年久,今总督奏请搬移,恐地方之人妄行扰累,着行文各省督抚,伊等搬移时,或给与半年数月之限,令其搬移。其来京与安插澳门者,委官沿途照看送到,毋使劳苦。"[2] 正是因为雍正的这个谕令,在华的传教士除留在北京的,都被集中到了广州,这样马若瑟不得不离开他在江西省的传教点,南行广州,1733年迁居澳门,1736年9月7日或17日马若瑟在澳门去世。[3]

马若瑟一生著述丰厚,是来华的耶稣会士中汉语最好的几个人之一,法国汉学家雷慕沙说,在来华的传教士中是"于中国文学造诣最深者"[4]。本文仅就他在语言学、西方汉学方面的成就以及其思想特点等几个角度,对马若瑟做一个初步的探索。

一、马若瑟的汉语研究

根据现在我们掌握的已经出版的资料,目前可以看到的西人入华以后第

1 参阅张西平:《中西文化的一次对话:清初传教士与〈易经〉的研究》,《历史研究》2006年第3期。

2 中国第一历史档案馆编:《清中前期西洋天主教在华活动档案史料》第一册,中华书局,2003年,第57页。

3 Knud Lundbaek, *Joseph de Prémare (1666–1736), S.J.: Chinese Philology and Figurism*, p.63, Aarhus University Press, 1991.另一种说法是他逝于广州,日期不详。费赖之说:"1733年赴澳门。似在1735年殁于澳门,月日未详,而殁地亦不能必为澳门也。"见费赖之:《在华耶稣会士列传及书目》上册,中华书局,1995年,第526页。

4 费赖之著:《在华耶稣会士列传及书目》(上),冯承钧译,中华书局,1995年,第528页。

一部关于中国语法的研究著作是多米尼加传教士万济国(瓦罗)(Francisco Varo)用西班牙文所编的《华语官话语法》(*Arte de la lengua mandarina*)。这本书1703年在广州木刻出版,[1]实际上作者想把汉语纳入印欧语法系统之中,他编写此书时所依据的就是1481年由艾里约·安多尼奥·内不列加(Elio Antonio Nebrija,1441—1522)所编写的《文法入门》(*Introductiones latince*)一书。

真正开拓了中国语法研究的是法国入华传教士马若瑟的《汉语札记》(*Notitia Linguae Sinicae*)。这本书1728年写于广州,但直到1831年才在马六甲出版,1847年才被布里奇曼(Bridgman)由拉丁文译为英文出版。

《汉语札记》共分四个部分:绪论介绍了中国的典籍、汉字书写及汉字发音的特点,并按照中文发音元音的序列列出了1445个常用字简表。[2] 第一部分以口语语法为主,介绍了中文口语的基本特点和语法特征。[3] 第二部分介绍了中文的书面语言,说明了古汉语的语法和句法,古汉语之虚词及书面语的修辞方法和例句。[4] 第三部分研究已经丢失。

马若瑟的《汉语札记》在西方汉语学习史、研究史上有着不可取代的地位,这表现在以下几个方面:

第一,它是西方第一部系统的汉语语法著作。瓦罗虽首开汉语语法研究之先河,但他基本上是以拉丁文语法来套中文语法,而且仅有30页的内容,只能称得上是一个大纲。而马若瑟的《汉语札记》仅从中国各类文献中引用的例句就有13000余条,虽然仍未脱印欧语法体系,但他"力求越出欧洲传统语法的范畴",[5]努力从中文文献本身概括出其自身的语法规律。无论从规模、体系还是文献的丰富性来看,把其称为"西方人研究我国文字之鼻祖"是当之无愧的。法国汉学家戴密微(Paul Demiéville,1894—1979)把这本书称为"19世

1 考狄认为:"1703年在广州出版《官话艺术》已不是瓦罗的最初的编写本,他最初的版本只能在傅圣泽的书中看到。"见许光华:《16至18世纪传教士与汉语研究》,任继愈主编:《国际汉学》第六辑,大象出版社,2000年,第476页。

2 马若瑟:《中国语言志略》1847年英文版,序言第1—35页。

3 同上书,第1—167页。

4 同上书,第168—323页。

5 戴密微:《法国汉学史》,戴仁主编:《法国当代中国学》,耿昇译,中国社会科学出版社,1998年,第15、16页。

纪前欧洲最完美的汉语语法书”[1]是十分恰当的。

第二，它是首次把汉语分成白话和文言两部分来研究的著作。汉语的书面语言和口头语言历来有很大区别，许多入华传教士在学习汉语时都体会到了这一点。马若瑟敏锐地意识到这个问题的重要性，在《汉语札记》中把白话与文言语法的区分作为全书的基本构架，白话部分的材料大多取自元杂剧及《水浒传》《好逑传》《玉娇梨》等小说；而文言部分的语言材料则主要取自先秦典籍、理学名著等。

把马若瑟的这一尝试放到中国语言学史中，就可显示出其学术价值。近代汉语的发展过程就是一个解决书面语与口语严重脱节，而不断用现代书面汉语取代文言的历史过程。明清时的白话文运动，由黄遵宪、裘廷梁、陈荣衮开启了对文言文的批评，而“五四”时的白话文运动则将反对文言文，提倡白话文与反封建联为一体，在陈独秀、胡适、钱玄同、鲁迅、刘半农等人的努力下，终于使白话成为现代汉语的主体[2]。1920年“学校语文课程也发生了突变，首先把小学儿童三千年来一贯诵读的文言文改为白话文，因而把课目名称‘国文’改为‘国语’……这就意味着：一、是现代的汉语，不是古文（文言文）；二、是大众的普通话，不是某一阶层的‘行话’和某一地区的‘方言’”[3]。这说明白话进入学校到1920年才成为现实，而被称为“第一次系统地研究了白话文语法，形成了一个完整的语法体系，使语法知识得以普及……”[4]的黎锦熙的《新著国语文法》出版于1924年。因而应该说，马若瑟这本书实际上开启了中文白话语法研究之先河。

第三，它是近代以来汉语语法研究的奠基之作。

近代以来的汉语研究在三个地域展开，一是在欧洲本土，二是在港澳、南洋一带，三是在中国本土。马若瑟的《汉语札记》对这三个地域的中文语法研究都产生了影响。

1　方豪：《中西交通史》，岳麓书社，1997年，第963页。

2　何九盈：《中国现代语言学史》，广东教育出版社，2000年，第130—173页。

3　黎锦熙：《新著国语文法》，商务印书馆，1998年，今序（1951）第19页。

4　张拱贵、廖序东：《重印〈新著国语文法〉序》，《新著国语文法》，商务印书馆，1998年，第5页。

雷慕沙是"第一位在欧洲仅从书本了解中国而成功地掌握了有关中国深广知识的学者"。[1] 在欧洲本土最早出版的汉语语法书是从德国到彼得堡的汉学家巴耶(Theophili Siegfried Bayer)的《中华博物馆:详论汉语和中国文学的道理》(*Museum Sinicum in quo Sinicae Linguae et litteraturae ratio explicatur*)。这本书不仅介绍了中国的文字,也是欧洲最早介绍中文语法的书籍[2]。当时法国学者傅尔蒙(Etienne Fourmont,1683—1745)在1742年也出版了一本中文语法书《中华官话和文字的双重语法》(*Linguae Sinarum Mandarinicae Hieroglyphicae Grammatica duplex*),但当代学者认为该书抄袭了马若瑟《汉语札记》一书的很多内容,其水平远赶不上马若瑟[3]。在欧洲汉学界影响最大的汉语语法书是由法国第一位汉学教授雷慕沙写成的,而雷慕沙在法兰西学院开设汉语课程所参考的主要就是马若瑟的书,一百多年来这部手稿藏在图书馆无人问津,经雷慕沙的学习、介绍,它才渐为人知。雷慕沙1822年出版的第一部语法书《汉语语法基础知识》(*Elémens de la grammaire chinoise*)就"受到了此书的启发"。[4] 这部书被认为是欧洲"第一部科学的从普通语言学的角度论述汉语语法的学术性著作"[5]。从此以后,"雷慕沙在法国公学开创了公开研究汉语,包括民间汉语和古典汉语的先河。从此,有关汉语语法的著述便不断增多了"[6]。

在亚洲的新教传教士马礼逊于1811年写了《通用汉言之法》,但这部书实际到1815年才正式出版。他按照英语语法特点对汉语进行了研究,"他将英文的基本语言规律也当作中文的语言规律,而将中文纳入他非常熟悉的母语的语法结构中……作为第一部系统论述中国语法的著作,该书在汉语语法研

1 马伯乐:《汉学》,见阎纯德主编:《汉学研究》第三集,中国和平出版社,1999年,第48页。

2 Knud Lundbaek, *T.S.Bayer (1694—1738): Pioneer Sinologist*, Curzon Press, 1986.

3 何莫邪:《〈马氏文通〉以前的西方汉语语法书概况》,见《文化的馈赠:汉学研究国际会议论文集·语言学卷》,北京大学出版社,2000年。

4 同上书。

5 戴密微:《法国汉学史》,见戴仁主编:《法国当代中国学》,耿昇译,中国社会科学出版社,1998年,第27页。

6 艾乐桐:《欧洲忘记了汉语却"发现"了汉字》,见龙巴尔、李学勤主编:《法国汉学》第一辑,清华大学出版社,1996年,第184页。

究史上具有开拓性意义”[1]。马礼逊在写这部书时未看到马若瑟的《汉语札记》,但他对这本书十分关心。一个叫金斯博鲁的人出资1500英镑,在马礼逊的具体安排下,马六甲英华学院于1831年出版了此书的拉丁文第一版,1847年,裨治文的堂弟裨雅各将其翻译为英文,在《中国丛报》上出版。[2] 这说明在南洋一带活动的新教传教士对马若瑟这本书一直十分重视。

二、马若瑟对中国典籍的翻译及其影响

对中国文化典籍的翻译和介绍是马若瑟在中西文化交流史上的一个重要贡献。按照费赖之的介绍,他翻译了《书经》的部分内容和《诗经》的第八章。[3] 但他所翻译的中国文化典籍中最有影响的是他对元杂剧《赵氏孤儿》的翻译。《赵氏孤儿》取材于《史记·赵世家》《左传·宣公二年》等历史书,讲的是晋灵公时奸臣屠岸贾杀害了赵盾一家300余人,只剩下赵朔的夫人,即灵公的女儿,身怀有孕藏在宫中。赵朔的夫人在宫中生了个儿子,她托赵朔的门客程婴将孤儿带到宫外抚养,然后自缢而死。屠岸贾此时把晋宫围得水泄不通,程婴将孩子藏在草药堆中想混出宫门,守门的韩厥明知草药堆中放有孩子,但出于正义之心,他放走了程婴,然后自己引刀自刎。屠岸贾得知这个消息后下令将晋国半岁以下、一个月以上的小孩统统杀死。程婴找到当年赵盾的同僚公孙杵臼商量如何处理,在此危机时刻这两个当年赵盾的门人都大义凛然,挺身而出。程婴决定献出自己刚出生的儿子,顶替赵氏孤儿,而公孙杵臼则主动扮演收养赵盾后代的角色。在剧的第三折中,程婴告发公孙杵臼收养赵氏孤儿,并亲自将假孤儿,实际上是自己的亲生儿子交给了屠岸贾。因“揭发”公孙杵臼收养赵氏孤儿有功,程婴被屠岸贾留下当了门客,其子被屠岸贾收为义子,而这恰恰就是真正的赵氏孤儿。二十年后程婴将真情告诉了赵氏孤儿,而此时

1 吴义雄:《在宗教和世俗之间:基督教新教传教士在华南沿海的早期活动研究》,广东教育出版社,2000年,第480页。

2 同上书,第488页。詹姆斯·裨雅各也就是布里奇曼。

3 费赖之著:《在华耶稣会士列传及书目》(上),冯承钧译,中华书局,1995年,第532—533页。参阅 P.Du Halde, *The General History of China* , Volume the Second, Printed for J.Watts, London.

他已经改名为程勃，又因过继给了屠岸贾，又名屠成。赵氏孤儿在上卿魏绛的帮助下杀了屠岸贾，为父为祖报了大仇，程婴、公孙杵臼、韩厥均被朝廷嘉奖。

纪君祥创作《赵氏孤儿》杂剧时，“一方面把《左传》和《史记》记载的晋灵公欲杀赵盾和晋景公诛杀赵族这两个相隔多年的事件捏合在一起，一方面继承了《史记》中这个故事的主要人物和线索，增添和变动了若干情节，并赋予它强烈的复仇思想，塑造出一批为挽救无辜而前仆后继、舍生取义的人物形象，使之成为一个壮烈的、正气浩然的悲剧”[1]。

马若瑟在翻译这个剧本时并不是将剧本全部翻译成了法文，而是一种改写。

王国维在谈到元杂剧时说：“杂剧之为物，合动作、言语、歌唱三者而成。故元剧对此三者，各有其相当之物。其纪动作者，曰科；纪言语者，曰宾、曰白；纪所歌唱者，曰曲。”[2]从元杂剧的结构来说，马若瑟在翻译《赵氏孤儿》时剧中的曲子全部未译，里面的诗云也大多未译，只是将剧中的对话翻译了出来。这样的翻译显然减弱了元杂剧的艺术魅力。“元剧之词，大抵曲白相生”[3]，这说明宾白和曲是元杂剧的两种表现手法，二者缺一不可。这是说在表演时必须“合动作、言语、歌唱三者而成”。但在印剧本时常有变化，王国维说在《元刊杂剧三十种》中有曲无白的剧本很多，这恐怕是坊间在刻印时认为宾白人人皆知，而唱曲则听者不能尽解，需要看看文字方能体会其意。

马若瑟的翻译和中国坊间的刻本正好相反，法文是有宾白而无唱曲。如果对照中国坊间那种有唱曲而无宾白的本子，马若瑟这样的翻译也是可以容忍的，因为他在翻译中基本上把整个剧情翻译了出来。但也要看到，虽然整个剧的故事梗概大体可以看出，但元杂剧的艺术性就失去了许多，因为元曲以唱为主，如果唱的曲子没有了，剧的味道就失去了许多。“再者，有些地方，宾白脱离了曲子，好像也可以前后贯串；但也有不少地方，宾白脱离了曲子，就上下不很衔接——在这些‘曲白相生’之处，经过了割裂，前后脉络就不明白、不自

1　邓绍基主编：《元代文学史》，人民文学出版社，1991 年，第 162—163 页。

2　王国维：《宋元戏剧考》，见《王国维文集》第一卷，中国文史出版社，1997 年，第 385 页。

3　同上书，第 386 页。

然了。”[1]

元杂剧中的曲虽然较之唐诗和宋词已经更为自然，也多用俗字，王国维将元杂剧称为“中国最自然之文学”，但对于西方人来说理解也是相当的困难，对马若瑟的翻译来说也是相当的棘手。这样的唱曲用典如此之多，若无中国文化历史知识根本无法理解，将此翻译成法文实在困难。因此，马若瑟在翻译中删去唱曲的做法虽然不完美，但可以理解。

陈受颐在评论马若瑟《赵氏孤儿》的翻译时说：“马若瑟的译文，我们今日看来，原是非常简略；阙而不译的地方很多，例如开场下白诗，差不多完全不译。但是原文的大体结构，尚能保存；而难明的地方，亦加注解，于当时读者，颇有帮助。”[2]所以，马若瑟翻译的《赵氏孤儿》尽管不完全令人满意，但毕竟开创了中国戏剧向欧洲传播的历史。

马若瑟的《赵氏孤儿》的法文版1735年发表在杜赫德（Jean-Baptiste Du Halde）所编辑的《中华帝国全志》上[3]，第二年在英国就有了英文译本[4]，1736年底就有另一个节选的译本，这就是瓦茨（Watts）的译本[5]，1748年有了德文译本[6]，1774年有了俄文译本。中国学者最早注意到《赵氏孤儿》的欧洲译本的是王国维。他在《宋元戏剧考》中说：“至我国戏曲之译为外国文字也，为时颇早。如《赵氏孤儿》，则法人特赫尔特 Du Halde 实译于一千七百六十二年，至一千八百三十四年，而裘利安 Julian 又重译之。”[7]王先生这里关于翻译者和出版时间都有误，他显然不知这是马若瑟所译，这点范存忠和陈受颐在文章中都已经指出。关于两个英文译本的关系范存忠先生有详细的介绍，[8]关于《赵

1 范存忠：《中国文化在启蒙时期的英国》，上海外语教育出版社，1991年，第109页。

2 陈受颐：《十八世纪欧洲文学里的赵氏孤儿》，载陈受颐著：《中欧文化交流史事论丛》，台湾商务印书馆，1970年，第151页。

3 *Description gegraphique, historique, chronologique, politique de l' Empire de la Chine et de la Taretarie chinoise.*

4 *A Description of the Empire of China and Chinese Tratary*, Cave.

5 *General History of China*, Watts.

6 *Ausfuehrliche Beschreibhung des Chinesischen Reicus des grossen Tratares.*

7 王国维：《宋元戏剧考》，见《王国维文集》第一卷，中国文史出版社，1997年，第417页。

8 范存忠：《中国文化在启蒙时期的英国》，上海外语教育出版社，1991年，第57—61页。

氏孤儿》在整个欧洲的传播陈受颐先生也有详细的论述。[1]

马若瑟译本的影响，首先在于它介绍了一个完全和西方不同的戏剧形式，这对西方人来说是完全崭新的东西，如杜赫德在介绍马若瑟这个剧本时所说："读者们不能在这里（《赵氏孤儿》）找出三一律的遵守，时之统一，地之统一，情节之统一，在这里是找不到的；至于我们在戏剧里所受的其他惯例，令我们的作品精雅而整齐的惯例，在这里也是找不到的。我们的戏剧之达到今日的完美者，只是近百年内的事情；在此之前，也不过是十分笨拙而粗率。因此，如其是我们见的中国人不守我们的凡例，也不该觉得诧异，他们原是向来处一隅，与世界的他部断绝往来的。"[2]正是这种在戏剧形式上与西方的不同，引来诸多的批评和讨论，这实际是文化间的一种相互影响。[3]

文化的传播和接受之间的距离相当之大，马若瑟在向法国介绍《赵氏孤儿》时只不过在翻译时将曲子未译，故事的梗概并未改变，但《赵氏孤儿》进入欧洲文化的视野后，欧洲人对它的接受就完全不一样了，他们完全是根据自己的文化和想象重新改写了《赵氏孤儿》，使其变成了一部地地道道的欧洲戏剧。这方面最典型的就是英国的哈察忒（William Hatchett）的《中国孤儿》和伏尔泰（Voltaire）的《中国孤儿》。

哈察忒在他的《中国孤儿》剧本中明确地说，他是从马若瑟翻译的《赵氏孤儿》那里改编的，他将原来剧中的时间缩短，尽量用西方的三一律来改造剧本，这样"剧情的演进痛快了许多，而情节的主体，也减少了许多枝蔓"。在剧中加了许多歌曲。为了表示与《赵氏孤儿》的区别，他把故事发生的时间从春秋改为明末清初，把剧中所有人物的名字全部改了。因为哈察忒根本不懂中文，也不知每个中文名字的含义，在中国人看来就十分可笑。他把屠岸贾改为高皇帝，把韩厥改为吴三桂，把公孙杵臼改为老子，把赵氏孤儿改为康熙。

这样的改写在文学上几乎没有什么价值，但当时这个改写的剧本确是哈

1　陈受颐：《十八世纪欧洲文学里的赵氏孤儿》，载陈受颐著：《中欧文化交流史事论丛》，台湾商务印书馆，1970 年。

2　转引陈受颐：《十八世纪欧洲文学里的赵氏孤儿》，载陈受颐著：《中欧文化交流史事论丛》，台湾商务印书馆，1970 年，第 155 页。

3　参阅范存忠：《中国文化在启蒙时期的英国》，上海外语教育出版社，1991 年，第 111—118 页。

察忒反对当时的英国首相华尔波(Robert Walpole)的一个隐蔽的武器,因为剧本是献给当时英国首相的政敌阿尔直尔公爵(Duke of Argyle)的,所以,陈受颐说:“严格看来,是一篇反对华尔波的政论。”[1]

如果说哈察忒的《中国孤儿》是着眼于英国的政治,那么伏尔泰的《中国孤儿》则是从法国的思想出发改编的。伏尔泰的《中国孤儿》的大体情节是成吉思汗占领北京后追杀宋朝皇帝留下的孤儿,宋朝大臣张惕在危难中受命托孤,为保护宋朝皇帝的后代,他决定将自己的儿子献出。但他的妻子伊达美不同意,为保护丈夫、宋朝皇帝的孤儿,伊达美向她年轻时的恋人成吉思汗说了实情。成吉思汗旧情复发,并以伊达美的丈夫、儿子和宋朝皇帝的孤儿三人的性命相逼。在国家利益和个人利益冲突面前她为救宋朝孤儿宁死不屈,要和丈夫双双自刎。张惕夫妇的大义凛然感动了成吉思汗,他赦免了张惕夫妇,让他们收养了宋朝皇帝的孤儿,并令张惕留在宫中,以中国历史文化和文明教化百官,治理国家。[2]

伏尔泰对马若瑟所翻译的《赵氏孤儿》给予了高度的评价,他认为:“《赵氏孤儿》是一篇宝贵的大作,它使人了解中国精神,有甚于人们对这个大帝国所曾做和将做的一切陈述。”[3]而他之所以改编《中国孤儿》,除了他对中国文化的崇敬心情,认为“东方是一切艺术的摇篮,东方给了西方以一切”[4]之外,更多是从法国文化本身的需要来改编的。从直接原因来说,他是在回答卢梭对文明进步的怀疑,说明文明是可以战胜野蛮的,《中国孤儿》中以张惕为代表的被占领者最终成为占领者成吉思汗的精神导师,就充分说明进步总要战胜落后,文明总要战胜野蛮。从远处讲,作为18世纪法国的思想领袖,伏尔泰希望通过《中国孤儿》宣扬孔子代表的儒家思想,以批评在西方占主导地位的基督教思想,通过《中国孤儿》说明开明的君主制是法国最好的政治选择。这是一种文化间的“借用”和“移植”,通过这种文化的解释来解决本身的文化问题

---

1 陈受颐:《十八世纪欧洲文学里的赵氏孤儿》,载陈受颐著:《中欧文化交流史事论丛》,台湾商务印书馆,1970年,第162页。

2 参阅孟华:《伏尔泰与孔子》,新华出版社,1995年,第115页。

3 同上书,第119页。

4 伏尔泰:《风俗论》上册,商务印书馆,1996年,第201页。

和思想问题。这样的文化“误读”几乎是文化传播不可避免的事情,正如梁任公所说:“伏尔泰以其诚恳之气,清高之思,美妙之文,能运他国文明新思想,移植于本国,以造福于同胞。”[1]而文化间的“误读”“移植”的基础是文化间的翻译,就此而论,马若瑟所翻译的《赵氏孤儿》实际上已经成为我们揭开法国18世纪思想史的一个重要方面。[2]

三、马若瑟的索隐派思想[3]

以白晋为代表的法国耶稣会来华传教士的索隐派是在“礼仪之争”中最为独特的一派,他们完全不同意以阎当为代表的那种反对耶稣会的传教路线,但他们在坚持“利玛窦路线”时又必须从理论上来回应巴黎外方、道明会的批评。为了在中国传教,他们必须在中国待下去,同时又必须为他们在中国待下去找到理论的根据,因为毕竟罗马教宗已经表态,批评了耶稣会的路线。正是在这样的背景下,以白晋为代表的索隐派产生了。对索隐派的代表人物白晋和傅圣泽的研究已经取得了较大的进展,[4]对马若瑟的索隐派思想很少做专题的研究。这里我们以马若瑟的中文文献为中心,对他的一篇代表性的索隐派中文文献做一初步的研究。

---

1 梁启超:《论学术之势力左右世界》,见《饮冰室文集》第6卷,中华书局,1989年,第115页。

2 关于这方面的研究参阅利奇温著:《十八世纪中国与欧洲文化的接触》,朱杰勤译,商务印书馆,1991年;孟华:《伏尔泰与孔子》,新华出版社,1995年;许明龙:《十八世纪中国热》,外语教学与研究出版社,2007年;谈敏:《法国重农学派学说的中国渊源》,上海人民出版社,1992年;毕诺著:《中国对法国哲学思想形成的影响》,耿昇译,商务印书馆,2000年;张西平:《中国和欧洲早期宗教与哲学交流史》,东方出版社,2001年;亨利·柯蒂埃著:《十八世纪法国视野里的中国》,唐玉清译,上海书店,2006年;张国刚、吴莉苇:《启蒙时代的中国观:一个历史的巡礼与反思》,上海古籍出版社,2006年。

3 “索隐”这个概念在中国古籍里最早出现在《周易》中:“探赜索隐,钩深致远,以定天下之吉凶,成天下之亹亹者,莫大乎蓍龟。”见(清)李道平:《周易集解纂疏》,中华书局,1994年,第604页。蔡元培先生在《石头记索隐》中将“索隐”赋予三重含义:“品行相类”“轶事有征”“姓名相关”,并认为他的《红楼梦》研究是以“触类旁通,以意逆志”为其基本的方法。参阅《石头记索隐》,浙江教育出版社,1993年,第1011、1055页。采用“索隐”两字来翻译“Figurists”,大体还保留着中文的原意。

4 参阅Claudian von Coliani,*P.Joachim Bouvet S.J.sein leben und sei werk*,Steyler verlag,1985;此书即将在大象出版社出版;魏若望著:《耶稣会士傅圣泽神甫传:索隐派思想在中国及欧洲》,吴莉苇译,大象出版社,2006年。

《六书实义》现藏于梵蒂冈图书馆，[1]这本书里马若瑟通过一个书生和老夫的对话从索隐派的立场对许慎的《说文解字》的六书理论做了新的解释。

许慎(约58—约147)字叔重，他所写的《说文解字》是中国语言学史上的第一部字典，“独体为文，合体为字。‘说文解字’就是说解文字的意思。《说文解字》全书十五卷，今本每卷分上下卷，则共为三十卷。共收字九千三百五十三字，古籀异体重文为一千一百六十三个”[2]。许慎的一大贡献就是第一次用六书对汉字做了系统的研究，六书说在许慎前就有[3]，但“第一个用六书说对古文字进行大规模分析的人则是许慎”[4]。

马若瑟从索隐派的立场出发对《说文解字》做了基督教角度的阐发，因文章字数有限，我们仅举两例加以说明。

许慎在《说文解字》的序中说：“盖文字者，经艺之本，王政之始，前人所以垂后，后人所以识古，故曰本立而道生，知天下之至赜而不可乱也。”这里许慎强调了文字的重要性，因为当时许慎写《说文解字》时正是古文学派和今文学派争论最激烈的时候，《说文解字》是古文学派最重要的成果。古文学派认为强调古文绝不是仅仅因为古文是识字的“小学”，而是因为古文是关乎如何理解经书之大事，过去经书之所以理解不好，大都缘于对文字理解得不好，而只有将古文字搞清楚才能做到“信而有证，稽撰其说，将以理群类，解谬误，晓学者，达神旨，分别部居，不相杂厕也”。

在《六书实义》中，马若瑟以书生的口吻问“书契之原”，这是问文字的产生、语言著作出现的原因，马若瑟一开始顺着中国的说法“上古结绳而治，后世圣人易之以书契”。接着话题一转说：“乾为天，兑为泽，书契其代天之言乎”，

---

1 文献编号：Borg. Cinese 357。此文献为抄本，封页有“马先生六书实义”字样，书的首页写有：“书生问，老夫答，温古子述。”书内字体为小楷，每页11—12行，每行23字不等。文献前有序，是折中翁所写，落款为“康熙庚子仲冬折中翁书”，“庚子”即康熙五十九年（1720）。文后有跋，落款为“康熙辛丑孟春知新翁谨题”，“辛丑”即康熙六十年（1721），这里的“折中翁”和“知新翁”为何人，笔者尚无考证。

2 濮之珍：《中国语言学史》，上海古籍出版社，2002年，第128页。

3 参阅《周礼·地保·保氏》。班固《汉书·艺文志》：“古者八岁入小学，故周官保氏掌养国子，教之六书，谓象形、象事、象意、象声、转注、假借。造字之本也。”

4 何九盈：《中国古代语言学史》，广东教育出版社，2000年，第62页。

将文字的产生推向神秘化。他认为:“书契之原,其出于河洛。”他引用罗泌的话“河图洛书,皆天神设言以告王,先王受之于天,传之于世,百官以治,万民以察,谓之书契”,这样,结论是“故云,代天之言也”[1]。

河图洛书是关于中国文字的来源之说,《易经·系辞》中说:“河出图,洛出书,圣人则之。”《论语》中说:“凤鸟不至,河不出图。”这里的河图指八卦,洛书指文字。关于这种说法在清代时有较大的争议,纪昀在《阅微草堂笔记》中说:“世传河图洛书,出文字,唐以前所未见也。”远古的文化总有一定的神秘性,这是很自然的。但许慎在《说文解字》的序言中实际上已经把这点讲得很清楚,他的看法和马若瑟有很大的距离。许慎说:“古者庖牺氏之王天下也,仰则观象于天,俯则观法于地,视鸟兽之文与地之宜,近取诸身,远取诸物,于是始作《易》八卦,以垂宪象。及神农氏,结绳为治,而统其事,庶业其繁,饰伪萌生。黄帝之史仓颉,见鸟兽蹄迒之迹,知分理之可相别异也,初造书契,百工以乂,万品以察。……仓颉之初作书,盖依类象形,故谓之文,其后形声相益,即谓之字。”

马若瑟利用中国文化在远古时代具有部分神秘性的特点,尽量从神学的观点来解释中国文字的产生,将书契的产生归结为天,文字成为“代天之言”,这显然和许慎所强调的方向是不同的,在许慎这里已经开始对文字的产生做了历史的说明,而马若瑟在文字的产生上的解释恰恰相反,是利用远古文化的神秘特点,从和许慎不同的方向加以解释,将文字产生的原因重新拉回到神秘的远古时代。

为了突出六书的作用,他写道:“百家出,六书昧。六书昧而六经乱。六经乱而先王之道熄。故余常云,六书明而后六经通,六经通而后大道行。”[2]这样,六经的基础是六书,六书是代天之言,整个中国文化的归向在马若瑟这里就发生了转向。

文化之间的理解和解释历来是一种创造,我们在这里一方面可以说,马若瑟在曲解《说文解字》,因为他加入了许慎完全没有的思想。同时,我们也可以

1　《马先生六书实义》,文献编号:Borg. Cinese 357。

2　同上。

说马若瑟在创造，在创造一种新文化，在会通中西这两种在文化趋向上完全相反的文化，实际上直到今天，马若瑟的这条思路仍是中国教会的理论家们在解释基督教神学思想时常常采用的手法。[1]

马若瑟在对待中国礼仪问题上也很灵活，利玛窦采取的是将祭孔、祀祖等礼仪非宗教化的办法，将这些定为中国人的风俗。但这样做很容易被巴黎外方传教会抓住把柄，在当时的礼仪之争中也的确是这样。而马若瑟将中国的礼仪作为儒教的一个合理的部分，将所有这些礼仪都奠基在对上帝的信仰之下、对天的敬仰之下。从理论上说马若瑟的理论安排显然比利玛窦的更为周全。这表现在以下两点上：

第一，马若瑟比利玛窦更好地处理了远古信仰和当下信仰的关系。利玛窦用回到原儒的办法来处理和儒家的关系，以此来说明基督教和儒家的一致性，但在当下如何处理和儒家的关系，利玛窦那种批宋儒的办法显然会造成耶儒的紧张关系。而马若瑟从根本上将儒家从"家"变为"教"，这样不仅是对远古原儒的肯定，也是对宋儒的肯定，历史和现实不再分离。在《儒教实义》中马若瑟虽然也对宋儒有所批评，但总体上是持肯定的态度。

第二，马若瑟比利玛窦更好地处理了宗教本体和宗教伦理的关系。利玛窦为对付其他教派对自己传教路线的批评，他将中国的风俗礼仪排除在宗教伦理之外，但这种做法使信徒在宗教本体的信仰上和伦理生活的安排上是分离的，这样的结果很容易被对手抓到把柄，耶稣会的传教士们也很难给信徒说清在对待上帝的信仰上和祭孔祀祖的礼仪上的关系。而马若瑟的做法更为彻

1 "在中国的文化思想里，有一个极为生动传神的图像——阴阳太极图。……也许可以这样类比说：太极的整体就是无始无终、永远存在的唯一天主。'阳'象征父爱的给予者，代表阳刚之爱，但在阳刚中也抱阴柔，即在爱的给予中接受。'阴'象征子爱的接受与答复者，代表阴柔之爱，然在阴柔中也含阳刚，即在爱的接受中有给予。因为爱与被爱、给予与接受原是一个爱之奥秘的两面，是一个互动的生命过程，没有阳也就没有阴，没有阴也就没有阳。阴阳是相生相成的，父子的关系也是相生的。阴阳相交合一的动力就是天主第三位的圣神的象征，是爱的奥迹合一的面目。在阴阳互动的过程中，万物化生，'万物负阴抱阳，冲气以为和'（《道德经》第42章）表示阴阳为一切生命的本源，是万有生命的两个原理。为此，可以说，在万物内部都存留着天主圣三的痕迹，天主寓居在整个宇宙中。本文把如此富于生命力的太极图，应用在天主圣三奥秘的解释上，一方面要帮助信徒更深入地进入圣三的堂奥，而且是以一颗中国仁的灵思与圣三相遇，实在备感亲切！同时，若以此充满灵气的东方图回馈普世教会，相信必定有它独特的贡献和价值。"摘引自辅仁神学著作编译会：《神学辞典》，光启社，1996年，第45页。

底，把信仰和伦理生活统一起来说明，并指出二者之间的关系。这样一个理论说明肯定会使教徒更为满意，使反对者难以发现理论的空隙。

这样，我们看到以马若瑟、白晋、傅圣泽等人为代表的索隐派实际上是利玛窦适应路线的进一步发展，是一种更为圆融的适应理论，而不能将其视为一种怪诞的理论，一种在文化间的奇怪的说明。在这个问题上，笔者不同意目前绝大多数研究者的观点，以往的研究都没有看到索隐派实际上是耶稣会内部对中国文化和典籍最为熟悉的一批人，他们在理论上的创造也是最为大胆的。从理论体系上来说，他们显然比利玛窦所代表的第一批耶稣会士们的理论更为自洽。

（原载《清史研究》2009 年第 2 期，人大复印资料《明清史》2009 年第 9 期）

百年利玛窦研究

明清之际西学传入中国，其影响最大的人物莫过于利玛窦。明清史籍对利玛窦多有记载。[1] 艾儒略(Giulio Aleni,1582—1649)最早写下关于利玛窦的传记《大西西泰利先生行迹》[2]，近百年以来在中文学术研究的范围内，利玛窦研究取得了很大的进展，本文试图对百年来的利玛窦研究做一个简要的回顾与总结，求教于各位方家。

一、20世纪前半叶的利玛窦研究

民国初年推动中国天主教史研究的最重要人物是马相伯，1912年他和英敛之就上书罗马教宗，希望开办教会大学，认为："在我华提倡学问，而开大学堂者，英德美之耶稣教人都有，独我罗马圣教尚付阙如，岂不痛哉！"[3] 他们认为，应继承利玛窦的学问之道，推动中国大学的发展。马相伯认为："教育者，国民之基础也。书籍者，教育之所以借以转移者也。是以数年之国髓，传于经史；五洲各国进化之程度，佥视新书出版多寡为衡。……然而，书籍之不注意，何也？"[4] 由此，他重视收集明清间天主教中文书籍。马相伯先后为《辩学遗牍》《主制群征》《真主灵性理证》《灵魂道体说》《灵言蠡勺》《王觉斯赠汤若望诗翰》等明清间中国天主教的重要中文文献的出版作序，他在《书〈利先生行迹〉后》一文中对利玛窦在中国天主教史的地位给予了高度评价。他说，利玛窦"生三十许，而学行大成。矢志继圣人之志，愈迍邅坎坷，而志愈坚，卒为我

1 参阅方豪：《中国天主教史人物传》上册，中华书局，1988年，第72—82页。
2 参阅钟鸣旦、杜鼎克编：《耶稣会罗马档案馆明清天主教文献》第十二册，利氏学社，2002年。
3 顾卫民：《中国天主教编年史》，上海书店，2003年，第431页。
4 朱维铮主编：《马相伯集》，复旦大学出版社，1996年，第64页。

中国首开天主教之元勋”[1]。马相伯认为，为了在中国传播天主教，利玛窦三十余年刻苦学习中文，他通过翻译介绍西方思想和文化，在这方面取得了前所未有的成就。“唐之景教邻于梵译，元之镇江十字寺碑，靡以音译；远不如利子近译，戛戛独造，粹然一本于古书，文质彬彬，义理周洽，沾丐后人，于今为烈，盖不独首开天主教为足多也已。”[2]

在马相伯的积极推动下，英敛之、陈垣、向达等人以文献整理为其主要使命，对民国初年的利玛窦研究做出了自己的贡献。英敛之的主要贡献在于重新整理出版了《天学初函》。民国初年，他经过十余年努力找到了《天学初函》的全本，并重新刊印其中的部分文献，他在重刊《辩学遗牍》的序言中说：“《天学初函》自明季李之藻汇刊以来，三百余年，书已希绝。鄙人数十年中，苦志搜罗，今幸寻得全帙。内中除器编十种，天文历法，学术较今稍旧，而理编则文笔雅洁，道理奥衍，非近人译著所及。鄙人欣快之余，不敢自秘，拟先将《辩学遗牍》一种排印，以供大雅之研究。”[3]《天学初函》包含了利玛窦的10部著作，英敛之重新整理出版这本书，功不可没。

民国初年对中国天主教史学术研究推进最大的当属陈垣。在利玛窦研究上他主要收集和整理了《辩学遗牍》《利玛窦行迹》等文献。陈垣对文献的收集和整理极为重视。在谈到这批文献的整理时，他认为应该继承李之藻的事业，把《天学初函》继续出版下去。他在给英敛之的信中说：“顷言翻刻旧籍事，与其请人膳抄，毋宁径将要籍借出影印。假定接续天学初函理编为天学二函、三函……分期出版，此事想非难办。细想一遍，总胜于抄，抄而又校，校而付排印，又再校，未免太费力；故拟仿涵芬楼新出四部丛刊格式，先将《超性学要》（21册）影印，即名为天学二函，并选其他佳作为三函，有余力并复影初函，如此所费不多，事轻而易举，无膳校之劳，有流通之效，宜若可为也。乞函商相老从速图之。此事倘行之于数年前，今已蔚为大观矣。”[4]为此，他曾肆力搜集

1　朱维铮主编：《马相伯集》，复旦大学出版社，1996年，第223页。

2　同上。

3　方豪：《李之藻辑刻天学初函考》，载《天学初函》重印本，学生书局，1965年。

4　同上。

有关史料，并计划仿《开元释教目录》及《经义考》《小学考》体制而为《乾嘉基督教录》，为中国天主教的文献作一次全面的清理，也为《四库全书总目》补阙拾遗。他的这一计划最终仅完成了一部分。

向达先生不仅是民国期间敦煌学的重要开拓者，也是利玛窦文献整理的重要学者。他在上智编译馆出版的《合校本大西西泰利先生行迹》是他把自己在法国、罗马等地的几个刻本统一勘校后整理出来的在当时最好的校本。

正是在马、英、陈等人的努力下，民国初年在这批文献的收集和整理、出版上取得了显著的成绩。在《天学初函》以外，他们发现并抄录和整理了《名理探》《圣经直解》《利先生行迹》《天学举要》《真主灵性理证》《灵魂道体说》《铎书》《天教明辩》《正教奉褒》《圣教史略》《寰宇诠》《圣梦歌》《主制群征》《幼童教育》《超性学要》《王觉斯赠汤若望诗翰》《教要序论》《代疑论》《天释明辩》《豁疑论》《辟妄》《代疑编》《代疑续编》《答客问》《天教蒙引》《拯世略说》《轻世金书直解》《古新经》《三山论说》《遵主圣范》等一系列天主教历史文献，这些文献的整理和出版对于民国初年的利玛窦研究和整个天主教史的研究起到奠基性的作用。

20 世纪 20 年代以后，在利玛窦研究上开始从文献整理阶段进入深入研究阶段。这一时期在利玛窦研究上有两个领域十分突出，一是语言领域，一是地图领域。

我们首先从语言学界对利玛窦的研究说起。利玛窦的《西字奇迹》是最早的拉丁字母汉字注音方案。王徵和金尼阁（Nicolas Trigault，1577—1628）的《西儒耳目资》吸取了利玛窦的成果，更为系统地研究了这个问题，并在明末清初就产生过重要的影响。我们在方以智的《切韵声原》、杨选杞的《声韵同然集》和刘献廷的《新韵谱》《广阳杂记》中都可以看到这一点。[1] 鸦片战争后中国知识分子开始认识到汉语拼音对于识字的重要性，陈垣先生整理出版利玛窦的《明季之欧化美术与罗马字注音》后，传教士对汉字的注音历史开始逐步

1 参阅罗常培：《罗常培语言学论文集》，商务印书馆，2004 年，第 310—312 页，罗先生专列出一个“耶稣会士在音韵学上贡献年表”；叶宝奎：《明清官话音系》，厦门大学出版社，2002 年；谭慧颖：《〈西儒耳目资〉源流辨析》，外语教学与研究出版社，2008 年。

引起人们的注意。从1892年卢戆章的《一目了然初阶》开始，一直到1906年朱文熊的《江苏新字母》、1908年刘孟杨的《中国音标字书》、1916年刘继善的《刘氏罗马字》都是在探讨用罗马字注音问题，在这些著作中都涉及了对利玛窦《西字奇迹》的评价，例如，利氏所用的字母数量、所发明的送气符号等问题。

其间徐景贤1928年的《明季之欧化美术及罗马字注音考释》[1]和罗常培的《耶稣会士在音韵学上的贡献》《汉语音韵学的外来影响》是最有学术价值的文章。罗常培认为，对来华耶稣会士在伦理、论理、舆地、理化、生理、农业、水利、制造等方面的成就都有了研究，但他们在音韵学上的贡献不大引人注意。在他看来利玛窦等人在以下三个方面展开了研究："1.用罗马字母分析汉字的音素，使向来被人看成繁难的反切，变成简易的东西；2.用罗马字母标注明季的字音，使现在对于当时的普通音，仍可推知大概；3.给中国音韵学研究开出一条新路，使当时的音韵学者，如方以智、杨选杞、刘献廷等受到了很大的影响。"[2]所以，他认为："利玛窦、金尼阁分析汉字的音素，借用罗马字母作为标音的符号，使后人对于音韵学的研究，可以执简驭繁，由浑而析，这是明末耶稣会士在中国音韵学上的第一贡献。"[3]

这一时期对利玛窦在地理学上的贡献的主要论文有洪煨莲的《考利玛窦的世界地图》《论利玛窦地图答鲇泽信太郎学士书》、陈观胜的《利玛窦地图对中国地理学之贡献及其影响》《论利玛窦之万国全图》《乾隆时学者对利玛窦诸人之地理学所持的态度》等论文。

洪煨莲论文的贡献在于首次详尽地考证了利玛窦地图在欧洲的收藏，说明了梵蒂冈藏本、伦敦藏本和米兰藏本之间的关系。同时，他根据中文文献考证了利玛窦世界地图在明末共翻刻十二次，每次翻刻的时间、地点和人物，从而使利玛窦地图在中国的翻刻和流变有了一个清楚的认识。[4] 如果说洪业的论文主要从历史学上考证利玛窦所绘的几种地图的相互关系和流传，那么陈

1 徐景贤：《明季之欧化美术及罗马字注音考释》，《新月月刊》第1卷第7号，新月书店，1928年。

2 罗常培：《耶稣会士在音韵学上的贡献》，《罗常培语言学论文集》，商务印书馆，2004年，第252页。

3 同上书，第274页。

4 洪业：《洪业论学记》，中华书局，1981年，第150—193页。

观胜的论文则是从地理学的角度来评价利玛窦所绘制的地图。他认为利氏的地图“对中国社会真是一件开荒介绍品,是中国人历来所未见过的东西”[1]。具体来说,这种贡献表现在:(1)实地测量,在中国历史上,用近代新科学的方法和仪器来做实地测量的第一人恐怕就是利玛窦;(2)地名的审定,这是首次用中文名对世界各地地名的审定;(3)介绍了欧洲大航海后地理发现的新知识;(4)第一个介绍了世界的地图;(5)有了五大洲的观念;(6)介绍了地圆说;(7)介绍了地理学上地带的分法。作为一个地理学家,他对利玛窦并未一味地说好,而是将其放在当时的时代背景下,客观地指出了利玛窦地图的问题和缺点。同时,从历史和文化的角度,讨论了利玛窦所介绍的地理学的新知识没有在中国流传开来的原因,这些分析都相当深刻。

从历史学来看,1934 年张维华所出版的《明史佛郎机吕宋和兰意大里亚四传注释》是一本学术功力很深的著作,其中在意大里亚传中,对利玛窦的相关中文文献做了相当好的考证与研究。方豪的《李存我研究》[2]《拉丁文传入中国考》[3]《十七、十八世纪来华西人对我经籍之研究》[4]《中国天主教史论丛·甲集》[5]《方豪文录》[6]《台湾方志中的利玛窦》[7]等一系列的论文大都涉及利玛窦研究,其学术成就为学界所公认,被陈寅恪称为“新会学案有后人”。

从翻译著作来看,裴化行(R.P.Henri Bernard,S.J.)神父的 *Le Père Matthieu Ricci et la Sociéte Chinoise de son Temps,1552—1610* 一书由王昌社翻译,1943 年由东方学艺社以“利玛窦司铎和当代中国社会”为名出版,这是在中国出版的第一本利玛窦传记。1936 年冯承钧所翻译的法国教会史专家费赖之(Le P. Louis Pfister,S.J.)的《在华耶稣会士列传及书目》至今仍是学者案头必备之书,书中的“利玛窦传记”部分成为研究利玛窦的最基本材料。当然,1936 年出版

---

1 陈观胜:《利玛窦地图对中国地理学之贡献及其影响》,见周康裔编:《利玛窦研究论集》,崇文书店,1971 年,第 131 页。

2 方豪:《李存我研究》,存我杂志社,1937 年。

3 方豪:《拉丁文传入中国考》,《方豪六十自定稿》,学生书局,1969 年,第 1—39 页。

4 方豪:《十七、十八世纪来华西人对我经籍之研究》,《方豪六十自定稿》,第 185—203 页。

5 方豪:《中国天主教史论丛·甲集》,商务印书馆,1944 年。

6 方豪:《方豪文录》,上智编译馆,1948 年。

7 方豪:《台湾方志中的利玛窦》,《方豪六十自定稿》,学生书局,1969 年,第 605—612 页。

的裴化行著、萧濬华翻译的《天主教十六世纪在华传教志》也是一本受到学界好评的译著。

20 世纪前五十年在利玛窦研究上取得了很好的成绩。从文献学上，这一时期开启了整理以利玛窦为代表的明清中西文化交流史的先河，他们所开启的这个学术方向始终启迪中国学者的不断努力；从学术研究的角度来看，在语言学、历史学和地图学这三个领域中那一代学者取得了很高的学术成就，即便站在今天学术发展的角度，罗常培对利玛窦的语言学研究，洪业和陈观胜对利玛窦地图的研究仍有着很高的价值。

二、20 世纪后半叶的利玛窦研究

这一时期，从利玛窦文献研究来看，20 世纪后半叶首先应肯定的是中华书局 1983 年出版的由何高济、王遵仲、李申翻译，何兆武校对的《利玛窦中国札记》，这个本子是从金尼阁改写本的英文版翻译过来的，从译本底本的角度来看不是太理想，虽然也是国际学术界所认可的一个本子。但何高济等人的这个译本有两点值得肯定：其一，它是中文出版领域的第一个译本；其二，译本翻译质量受到学界好评，其中所附的英文本序言和 1978 年法文版序言比较好地提供了西方对这本著作研究的现状，这是后来的台湾译本所不及的。台湾辅仁和光启社 1986 年联合出版了由刘俊余和王玉川合译的《利玛窦全集》，这套全集在以下两点上值得肯定：一是首次从意大利文版的 *Fonti Ricciane* 翻译了利玛窦的《中国传教史》，二是首次翻译出版了利玛窦的书信集。但这套书冠名为《利玛窦全集》，实际上只是利玛窦外文著作集，对于中文著作并未涉及，显然用《利玛窦全集》冠名有所不周。朱维铮主编的《利玛窦中文著译集》2001 年由复旦大学出版社出版，该书的价值在于第一次将利玛窦的中文著作全部加以点校整理，如朱维铮在导言中所说："研究应该从材料出发。利玛窦生前公开刊布的作品，主要是中文著译，现存的至少十九种，理应成为探讨利玛窦如何认识和沟通这两个世界文化的基本依据。"[1] 但文集中所收录的《理法器撮要》一书，学术界有所讨论，有些学者认为这本书题为"泰西利玛窦撰"

1　朱维铮主编：《利玛窦中文著译集》，复旦大学出版社，2001 年，第 2 页。

的抄本乃是一本伪作，虽然它对于我们理清明清时期西式日晷制作技术在中国的传承关系具有重要意义，但从版本学上看应不是利玛窦的著作。[1] 2001年澳门基金会影印出版的罗明坚和利玛窦所编的《葡华词典》是近年来所出版的利玛窦的最重要原始文献之一。1981 年王绵厚在《利玛窦和他的两仪玄览图简论》[2]一文中，首次公布了他所发现的藏于辽宁省博物馆的、李应式刻于1603 年的《两仪玄览图》[3]。1982 年林金水首次翻译了利玛窦的部分文献。[4]李天纲的《明末天主教三柱石文笺注：徐光启李之藻杨廷筠论教文集》是一部学术价值较高的著作，内容讲的是三大柱石，但处处涉及利玛窦中文文献内容。

在利玛窦文献的研究上值得注意的还有中国国家图书馆出版社 1999 年出版的《中国国家图书馆古籍珍品图录》中公布的一篇题为《天主教教义》的文献，目录编者认为作者为利玛窦，这份据说为利玛窦所写的文献是目前中国国家图书馆所藏的时间最早的西文文献，张西平在其《传教士汉学研究》中发表的题为《利玛窦的〈天主教教义〉初探》的文章中[5]研究了这份文献，认为这篇文献不应是利玛窦本人所写的文献。杨福绵的《罗明坚、利玛窦〈葡汉辞典〉所记录的明代官话》[6]是近年来关于利玛窦语言学研究的最有分量的学术论文。孙尚杨对《辩学遗牍》一书的内容做了分析，认为该书前篇为利玛窦所作，后篇为徐光启所作，这个观点在朱维铮的《利玛窦中文著译集》中也得到了反映。[7] 张西平的《天主教要考》讨论了关于利玛窦遗失的重要著作《天主教要》的版本问题。[8] 钟鸣旦、杜鼎克、黄一农、祝平一所编的《徐家汇藏明清天

1 许洁、石云里：《抄本〈理法器撮要〉作者献疑》，《或问》(日本)，2006 年第 11 号，第 15—24 页。

2 此文收入《辽宁省博物馆学术论文集》中。

3 王绵厚：《论利玛窦坤舆万国全图和两仪玄览图上的序跋题识》，曹婉如、郑锡煌、黄盛璋等编：《中国古代地图集 明代》，文物出版社，1994 年。

4 林金水：《〈利玛窦日记〉选录》，《明史资料丛刊》1982 年第 2 期。

5 张西平：《传教士汉学研究》，大象出版社，2005 年，第 59—80 页。

6 杨福绵：《罗明坚、利玛窦〈葡汉辞典〉所记录的明代官话》，《中国语言学报》第 5 期，商务印书馆，1995 年。

7 孙尚杨：《〈辩学遗牍〉作者考》，见《基督教与明末儒学》，人民出版社，1994 年，第 40 页。

8 张西平：《天主教要考》，《世界宗教研究》1999 年第 4 期。

主教文献》中收录的利玛窦的《斋旨》一文,[1] 钟鸣旦、杜鼎克所编的《耶稣会罗马档案馆明清天主教文献》中收录的利玛窦的《圣经约要》[2] 都是近期所发现和出版的关于利玛窦的重要原始文献,有很高的学术价值。

在利玛窦研究20世纪后半叶中文学术领域首推方豪先生,他所写的《梵蒂冈出版利玛窦坤舆万国全图读后记》[3]《利玛窦交友论新研》[4]《明末清初天主教比附儒家学说之研究》[5]《中国天主教史人物传》[6] 都是研究利玛窦的重要论文和著作。黄时鉴和龚缨晏的《利玛窦世界地图研究》是20世纪后半叶利玛窦地图研究的代表性著作,这项研究可以说在继承民国期间洪业和陈观胜研究的基础上有了几项较大的创新:其一,对利玛窦世界地图的绘制和刊刻做了全面的研究;其二,对利玛窦世界地图的知识来源和学术文化影响做了全面系统的研究;其三,对利玛窦地图中所有的文字进行了整理和校勘。[7] 罗光主教的《利玛窦传》是20世纪中文学术界最早的一本关于利玛窦的个人传记,[8] 张奉箴的《利玛窦在中国》、林金水和邹萍合著的《泰西儒士利玛窦》、汪前进的《西学东传第一师利玛窦》、张西平的《跟随利玛窦到中国》[9] 从不同的侧面描绘了利玛窦在中国的活动。林金水的《利玛窦与中国》是20世纪中文学术领域最早出版并受到学术界好评的一本全面研究利玛窦的学术著作,至今这部著作仍是学者研究利玛窦的案头必备之书。由于利玛窦是明清中西文化交流的奠基人,因而张奉箴的《福音流传中国史略》、嵇文甫的《晚明思想史论》、樊洪业的《耶稣会士与中国科学》、周康燮编的《利玛窦研究论集》、许明龙主编的《中西文化交流的先驱》、陈卫平的《第一页与胚胎:明清之际的中西

1　钟鸣旦、杜鼎克、黄一农、祝平一编:《徐家汇藏明清天主教文献》第一卷,辅仁大学出版社,1996年。

2　钟鸣旦、杜鼎克编:《耶稣会罗马档案馆明清天主教文献》第一册,利氏学社,2002年。

3　方豪:《梵蒂冈出版利玛窦坤舆万国全图读后记》,《方豪六十自定稿》,学生书局,1969年。

4　同上。

5　同上。

6　方豪:《中国天主教史人物传》,中华书局,1988年。

7　黄时鉴、龚缨晏:《利玛窦世界地图研究》,上海古籍出版社,2004年。

8　罗光:《利玛窦传》,辅仁大学出版社,1972年。

9　张奉箴:《利玛窦在中国》,闻道出版社,1985年;林金水、邹萍:《泰西儒士利玛窦》,国际文化出版社,2000年;汪前进:《西学东传第一师利玛窦》,科学出版社,2000年;张西平:《跟随利玛窦到中国》,五洲传播出版社,2006年。

文化比较》、孙尚杨的《基督教与明末儒学》、陶亚兵的《明清间的中西音乐交流》、曹增友的《传教士与中国科学》《基督教与明清际中国社会：中西文化的调适与冲撞》、沈定平的《明清之际中西文化交流史——明代：调适与会通》、何兆武的《中西文化交流史论》、张错的《利玛窦入华及其他》（香港）、张晓林的《天主实义与中国传统》、张西平的《中国与欧洲早期宗教和哲学交流史》《欧洲早期汉学史》、余三乐的《中西文化交流的历史见证》《早期传教士与北京》、万明的《中葡早期关系史》、杨森福的《中国基督教史》（台湾）、朱维铮的《走出中世纪》（一、二）、刘耘华的《诠释的圆环——明末清初传教士对儒家经典的解释及其本土回应》、莫小也的《十七—十八世纪传教士与西画东渐》、李天纲的《中国礼仪之争：历史·文献和意义》、陈义海的《明清之际异质文化的一种范式》、张国刚的《从中西初识到礼仪之争》以及他主编的《明清传教士与欧洲汉学》、张凯的《庞迪我与中国》、江晓原的《天学外史》、白莉民的《西学东渐与明清之际的教育思潮》、江晓源和钮卫星的《天文西学东渐集》、李志军的《西学东渐与明清实学》、戚印平的《远东耶稣会史研究》、王萍的《西方历算学之输入》（台湾）、林中泽的《晚明中西性伦理的相遇：以利玛窦〈天主实义〉和庞迪我〈七克〉为中心》、刘大椿和吴向红的《新学苦旅——科学·社会·文化的大撞击》、李向玉的《汉学家的摇篮：澳门圣保禄学院研究》、何俊的《西学与晚明思想的裂变》、金国平和吴志良的《东西望海》《过十字门》《镜海飘渺》（澳门）、潘凤娟的《西来孔子艾儒略——更新变化的宗教会遇》（台湾）、黄一农的《两头蛇：明末清初的第一代天主教徒》（台湾）、李奭学的《中国晚明与欧洲文学》（台湾）、董少新的《形神之间——早期西洋医学入华史稿》等一系列学术著作中都涉及对利玛窦的研究和评述，分别从各个侧面推进了对利玛窦的研究。

在对利玛窦研究的外文翻译方面，2006年宗教文化出版社出版的《利玛窦中国书札》是意大利学者 Antonio Sergianni P.I.M.E 对利玛窦的54封书信的汇编，这是大陆学术界首次出版利玛窦的书信，其中有部分内容在台湾辅仁版的《利玛窦全集》也没有，但遗憾的是编者将利玛窦的54封信完全打乱，按照自己设计的一个体系，将所有信件拆散后放入其中。这样，这本书的学术价值打了不少折扣。管振湖重新翻译的《利玛窦评传》在商务印书馆出版。平川祐弘著,刘岸伟、徐一平翻译的《利玛窦传》是目前国内出版的唯一的由日本学者撰写的利玛窦传记,值得关注。美国著名汉学家史景迁著,陈恒、梅义征翻译的《利玛窦的记忆之宫》,是在国内大众图书领域产生较大影响的一部译著。谢和耐的《中国与基督教》、柯毅林的《晚明基督论》、安田朴等人的《明清间入华耶稣会士和中西文化交流》、钟鸣旦的《礼仪的交织:明末清初中欧文化交流中的丧葬礼》等都涉及利玛窦在中国的活动,其中邓恩著,余三乐、石蓉翻译的《从利玛窦到汤若望:晚明的耶稣会传教士》是这些翻译著作中最为重要并在中文学术界产生较大影响的著作。

以上著作和论文表明在中文学术研究领域,对利玛窦的研究已经取得了相当大的进展,这表现在:第一,在研究的范围上大大扩展了,已经从传统的传教学研究几乎扩展到人文社会学科的所有研究领域,从人文到科学、从历史到语言、从艺术到自然,几乎利玛窦所涉及的所有领域都已经有人开始研究。这种研究范围的扩展是20世纪前五十年完全不可比拟的。第二,在研究的程度上大大加深了,对利玛窦在晚明的活动、他与士人的接触,几乎在所有方面都有学者涉猎。中国学者充分显示了熟悉中文文献的优点,将利玛窦研究与晚明史的研究充分结合起来,从而加深了对晚明史和明清中西文化交流史的研究。第三,评价的标准多元化了。在50年代初对利玛窦等来华传教士的评价上最有代表性的是何兆武先生执笔所写的《中国思想史》第四卷第27章"明末天主教输入了什么西学?具有什么历史意义?",它基本是从负面的作用来评价以利玛窦为代表的来华传教士的。关于利玛窦所传入中国的科学的属性问题至今仍可以讨论,但学术界在对利玛窦评判的标准上已经完全走出了传统的唯一从负面评价的立场,而开始在更为广阔的视角、从不同的学术侧面展开对利玛窦的研究,利玛窦在中西文化交流史上的贡献与奠基作用几乎已经成为学术界的共识。

在以往的利玛窦研究中,由于利玛窦的主要外文著作尚未翻译成中文,中文学术界在国际学术界除个别学者外基本上发言权不大。随着20世纪下半叶利玛窦几乎所有的外文著作和通信被翻译成中文,相比较而言,至今利玛窦的19部中文著作仍未全部翻译成英文或其他西方语言,这样在文献的阅读和使用上中国学者具有相对的优势,从而在利玛窦研究上取得了快速的进展。现在我们可以说,如果不看中国学者的研究成果,一个学者就无法站在利玛窦研究的前沿,中国学者已经成为引领利玛窦研究的主力军。

三、对今后研究的展望

尽管百年来对利玛窦的研究取得了重大的进展,但由于利玛窦处在一个中西文化交流的伟大时代,他又是中西文化交流的奠基性人物,因此,对其的研究仍有很大的空间,仍需学术界继续努力。

首先,从利玛窦原始文献的收集和整理来看,四百多年来,尽管学术界和宗教界在不断努力收集和整理利玛窦的文献,但至今仍有一些文献尚未发现,需要我们及后人继续努力。根据我的有限阅读,至少有以下几个文献:

1.关于《交友论》。利玛窦在《天主教传入中国史》中曾经说:"另一本书则是以中文书写,书名为《交友论》。……这本书是以拉丁文与中文对照而写,更引起读者的好奇心,后来赣州区域知县苏大用出版中文单行本……"[1]利玛窦在1599年8月14日致高斯塔的信中说:"神父,你曾表示希望得到些中国东西,因此把我四年前所编译的《论友谊》一书中的数页,随这封信一起给你寄去……其中附有意大利文说明,只是不如中文流利。"[2]德礼贤经过多方考证认为,利玛窦这个意大利文本藏于格列高利教皇大学档案馆(Archives of the Pontifical Gregorian University ms.292),由于文献珍贵,曾于1825年、1877年、1885年、1910年多次重印出版,德礼贤也于1952年将其再版一次。[3] 这里应引起我们注意的是他1599年寄回的中文和意大利文中的格言只有76条,而在1601年版中格言已有100条,如冯应京在序言中所说"交友论凡百章"。这说明《交友论》有不同的版本,他所说的中文和意大利文的对照本始终没有发现。对中文学术界来说,重新发表德礼贤的整理本也是有价值的。

1 《利玛窦中国传教史》,光启社,1986年,第255页。

2 《利玛窦通信集》,光启社,1986年,第258页。

3 D'Elia.P.M.,"*Further notes on Matteo Ricci's De Amicitia*",*Monumenta Serica* 15(1956),pp.356-377.

2.关于《中文拼音辞典》。利玛窦第一次进北京失败后，在返回南京的路上，他和郭巨静等神父一起编写了一部供传教士学习汉语发音的辞典。他说："神父们利用这段时间编了一部中文字典。他们也编了一部中文发音表，这对传教士们学习中文有很大帮助。"[1] 虽然前辈学者一直在努力寻找这部文献，也曾发现过一些线索，[2] 但至今仍未找到。

3.利玛窦所译的《四书》。利玛窦在多封信中明确说他翻译了《四书》，并把它寄回了欧洲，如他在 1594 年 11 月 15 日的信中说："几年前（按为 1591 年）我着手翻译著名的中国《四书》为拉丁文，它是一本值得一读的书，是伦理格言集，充满卓越智慧的书。待明年整理妥后，再寄给总会长神甫，届时你就可以阅读欣赏了。"[3] 这本书至今下落不明，美国学者孟德卫认为，这本书在中国长期被作为入华耶稣会士的中文课本，并成为后来柏应理（Philippe Couplet，1624—1692）等人所编译的《中国哲学家孔子》（*Confucius Sinarum Philosophus*）底本。[4] 这只是一种意见，我个人认为这本书的原稿是会找到的，因为利玛窦明确说过，他寄回了罗马。对这份文献的寻找应是一个重要的学术任务。

4.应关注葡萄牙文和西班牙文有关利玛窦的文献，目前所发现和整理的关于利玛窦的西方文献主要是拉丁文、意大利文的。但利玛窦在中国传教时受到葡萄牙的保护，显然，在葡萄牙的历史文献中应该仍有关于利玛窦的文献，尤其是西班牙著名耶稣会士阿罗索·桑切斯（Alonso Sánchez，S.J.，1551—1614）是个应该关注的重要人物。他于 1581 年奉命来到马尼拉传教。"1582 年 3 月，桑切斯由马尼拉启程，4 月漂流到福建沿岸，5 月 2 日到广州。旋被系入狱中，经耶稣会士罗明坚请求而获释放。"此后他曾与罗明坚和利玛窦多次见面并结下友谊，互有通信。[5] 阿罗索·桑切斯的这次中国之行只得无功而

1 《利玛窦中国传教史》，光启社，1986 年，第 286 页。

2 尹斌庸先生对此文献有详细介绍，见《学术集林》第一辑，上海远东出版社，1995 年，第 349 页。

3 《利玛窦书信集》，光启社，1986 年，第 143 页。

4 David E.Mungello，*Curious Land*：*Jesuit Accommodation and the Origins of Sinology*，Stuttgart，1985，pp.247-297.

5 裴化行：《明代闭关政策与西班牙天主教传教士》，载《中外关系史译丛》，上海译文出版社，1988 年，第 264 页。

返。但桑切斯在 1583 年至 1588 年间，先后写出三篇《中国笔录》，记录了他和利玛窦的相见，这些文献我们至今没有掌握。

5.利玛窦是在中国最有影响的西方人，中国学术界已经将其主要的西方语言著作翻译成了中文，但至今利玛窦的主要中文著作并未翻译成英文或其他西方语言[1]，意大利方面正在努力做意大利文版的利玛窦全集，这是值得肯定的。将利玛窦的全部著作翻译成一个完整的英文版，这应是西方学术界要做的一个基础性工作。

从历史与文化研究来说，系统地研究利玛窦与晚明人士的交往，探讨其和东林党人的关系，是仍待深入的一个问题。利玛窦对中国哲学的理解与他原有的中世纪哲学之间的关系也有待深化。荷兰学者安国风所写的《欧几里得在中国》是一本值得关注的研究利玛窦的新书[2]，他采取中西文献互照的研究方法，将欧几里得的拉丁文本和利玛窦的翻译译本加以对比研究，同时，对欧几里得的接受史又加以详尽的分析。目前，在中文学术界能像安国风这样自如游走在中西文献之间，展开历史与思想文化研究的学者还不多。利玛窦的多数翻译著作只有经过这样的研究后才能彻底地得到说明，如果这样来看，我们还有许多基础性的研究有待展开。

百年利玛窦研究成绩斐然，相对于利玛窦与中西文化交流史的广阔研究领域，一切仿佛刚刚开始，我们要百尺竿头，更进一步。

（原载《世界宗教研究》2010 年第 3 期，人大复印资料《宗教》2010 年第 5 期）

1　马爱德主编：《天主实义》（英文版），Institute Ricci，1985 年。

2　安国风著：《欧几里得在中国》，纪志刚等译，江苏人民出版社，2009 年。

跨文化视域中的汉学研究

把东方介绍给西方

——《马可·波罗游记》的学术和文化价值

在整个西方认识东方的历史上没有任何一本书的影响能和《马可·波罗游记》相媲美，这位因东方而致富的百万富翁因为自己的游记而成为整个西方家喻户晓的人物。《马可·波罗游记》的魅力何在？为什么它在中世纪牵动了那么多西方人的心？我们必须将其放在西方认识中国文化的历程中加以考察。

马可·波罗的故事

马可·波罗(Marco Polo，约1254—1324)，威尼斯富商尼柯罗·波罗之子。在他出生不久，其父和叔父马菲奥曾到过蒙古帝国的钦察汗国经商，后因钦察汗国的别儿国和伊利汗国的旭烈兀之间发生了战争，他们俩在回国途中偶遇旭烈兀派回元朝的使臣，便阴差阳错地随着使臣到了元大都，见到了忽必烈。后受元世祖之托，担起了元朝派往罗马教廷的特使，忽必烈希望他们从罗马带回100个精通各类学问的传教士。1271年，18岁的马可·波罗随着父亲和叔叔，带着罗马教廷给忽必烈的复信，踏上了重探契丹之路。历经千辛万苦后，终于在1275年到达元大都，受到元世祖的欢迎。从此，一家三口在中国住了下来，一住就是17年。元世祖喜欢聪明伶俐的小马可，邀他一起狩猎，一起品酒，还派他做元朝的外交使臣、地方官员，可谓官运亨通。

1289年伊利汗国的阿鲁浑丧妻，派使者来元朝求婚，想娶一个真正的蒙古公主。忽必烈选中了卜鲁罕族的阔阔真公主，当阔阔真公主随使者返回伊利汗国时，马可·波罗一家三口也随公主返回欧洲。1292年他们从泉州起航，经南海、印度洋、红海到达阿拉伯半岛，告别阔阔真公主后，三人从陆路返回家乡。

1298年在威尼斯和热亚那的海战中,马可·波罗作为战俘被投入狱中。狱中的孤独和苦闷使他和早在狱中的比萨小说家鲁思梯切诺很快成为朋友。马可·波罗东方周游的故事一下子吸引了鲁思梯切诺,两人都感到相见恨晚。于是,一个讲,一个写。一部轰动世界的东方游记就这样在几个月内完成了。

《马可·波罗游记》一出版便受到热烈欢迎,不久便被译为多种文字出版,成为"世界一大奇书",马可·波罗也成为世界第一号游侠。1324年马可·波罗去世。

《马可·波罗游记》中的东方

《马可·波罗游记》共分为四卷,第一卷记载了马可·波罗诸人东游沿途的见闻,直至上都止。第二卷记载了蒙古大汗忽必烈及其宫殿、都城、朝廷、政府、节庆、游猎等事,自大都南行至杭州、福州、泉州及东地沿岸及诸海诸洲等事。第三卷记载了日本、越南、东印度、南印度、印度洋沿岸及诸岛屿、非洲东部。第四卷记载了君临亚洲之成吉思汗后裔诸鞑靼宗王的战争和亚洲北部。每卷分章,每章叙述一地的情况或一件史事,共217章。书中记述的国家、城市的地名达100多个,而这些地方的情况综合起来有山川地形、物产、气候、商贾贸易、居民、宗教信仰、风俗习惯等,乃至国家的琐闻逸事。《马可·波罗游记》是西方认识中国历程中里程碑性的著作,它是第一部全面、深入介绍中国的游记。"他的书为西方人对完全是另一个世界的含混、笼统的了解提供了一线光芒……"

西方学术界的主流一直认为这本书是真实可靠的,尽管有些不实之言,但他们一直把《马可·波罗游记》作为研究蒙古帝国和中西文化交流史的重要文献。近年来否定这本书的真实性的观点再次出现,作为学术研究这是正常的现象。笔者认为从学术上来看,这本书基本是属实的,如杨志玖先生所说:"马可·波罗书中记载了大量的有关中国政治、经济、社会情况、人物活动和风土人情,其中大部分都可在中国文献中得到证实,随着研究的深入,还可继续得到证实。其中不免有夸大失实或错误等缺陷,但总体上可以说是基本属实的。”杨志玖先生早在 1941 年就第一次从中国文献中找到和《马可·波罗游记》完全相应的文献，证实了马可来华的真实性，当年向达先生认为杨志玖的文章为“《马可·波罗游记》的真实性提供了可靠的证据”[1]。根据学者们的研究，《马可·波罗游记》中确有不实之词，但书中所记载的大量的蒙元时代的历史大都可以在历史文献中找到对应，如果一个人没到过中国，不是亲身经历，几乎不可能写出这样的内容。所以正如杨志玖所说：“不管马可本人和其书有多少缺点和错误，但总起来看，还是可靠的。他的书的真实性是不容抹杀的。他对世界历史和地理的影响和贡献也是应该承认的。他是第一个横穿亚洲大陆并作出详细记录的人，对中国的内地和边疆，对亚洲其他国家和民族的政治社会情况、风俗习惯、宗教信仰、土特产品、轶闻奇事，一一笔之于书，虽朴实无华，但生动有趣。在他以前和以后来华的西方人留有行记的也不少，在文才和对某一事件的记述方面也许远胜于他，但像他这样记事之广、全面概括的著作却绝无仅有。”

同前后的游记相比，《马可·波罗游记》在对中国的介绍上有两点是十分明显和突出的。

第一，对元帝国做了前所未有的详尽介绍。

在马可·波罗时代对元帝国介绍比较详细的还有鄂多立克的游记，但如果将《马可·波罗游记》和他的游记比较一下，我们就会发现无论在广度上还是在深度上鄂多立克的游记都无法和《马可·波罗游记》相比。如对大都城及大汗的介绍，鄂多立克仅用了 5 页纸，而马可用了 14 章、43 页。从下面几个方面我们可以看到他对元代的详细记载。

（1）元代的政治斗争

元代有两次重大的内部政治斗争，一次是乃颜的叛乱，一次是阿合马事件。《马可·波罗游记》对这两次事件都做了较为详细的记载。他描绘了平叛乃颜的战斗及将乃颜处死的过程，而他所讲的阿合马事件和《元史》的记载基

1　杨志玖：《关于马可·波罗离华的一段汉文记载》，载《文史杂志》1941 年第一卷第十二期；向达文见余士雄《马可·波罗介绍与研究》，书目文献出版社，1983 年，第 68 页。

本相符。[1]

(2)元代的军事体制

在成吉思汗时代就确定了蒙古的军事制度"千户制",如马可所说:"他们每十名士兵设一名十户,百名设百户,千名设千户,万名设万户。"这一军事制度保证了蒙古军队的向外扩张。

(3)元代的政治制度

行省制、驿站制和漕运制是元代政治制度的主要内容,马可在游记中对这三种制度都做了详细的介绍。《马可·波罗游记》明确指出当时元朝共有12个行中书省,"全国有驿站1万多个,有驿马20多万匹,有陈设豪华的驿站系统,宫殿1万多座"。他对瓜洲在元朝漕运系统中的地位给予了明确的说明:"朝廷中必需之谷,乃自此地用船由川湖运输,不由大海。"马可对元朝时的驿传制度极为赞叹,认为"大汗在这一切事物的管理方面,比起其他皇帝、君主或普通人都更为出类拔萃"。而这点并不是夸张,因元帝国是一个横跨欧亚大陆的帝国,它当时建立起了世界上最早、最完备的"站赤"制度。

(4)元朝的经济

《马可·波罗游记》中专用一章介绍了元朝的纸币,纸币成为元代人们经济生活中的必需,"凡州郡国土及君主所辖之地莫不通行。臣民位置虽高,不敢拒绝使用,盖拒用者罪至死也"。根据《元史·食货志》记载,1260年元朝开始发行纸币,有以文计算和以贯计算的两大类近10种不同面值的纸币。

(5)元大都及大汗的生活

在讲到汗廷的宫殿时,他说:

> 君等应知此宫之大,向所未见。宫上无楼,建于平地。唯台基高出地面十掌。宫顶甚高,宫墙及房壁满涂金银,并绘龙、兽、鸟、骑士形像及其他数物于其上。屋顶之天花板,亦除金银及绘画外别无他物。
>
> 大殿宽广,足容六千人聚食而有余,房屋之多,可谓奇观。此宫壮丽富赡,世人布置之良,诚无逾于此者。顶上之瓦,皆红黄绿蓝及其他诸色。

1 参阅《元史》卷一五八《许衡传》。

上涂以釉，光泽灿烂，犹如水晶，致使远处亦见此宫光辉。

马可对大汗每年的节日庆典的介绍非常具体，不是亲身参加者，不可能如此记述。研究游记的专家沙海昂认为马可的记述“与当时中国著述所记相符”。甚至连大汗的私生活他也了如指掌，大汗从弘吉剌部每年招来美女“命宫中老妇与之共处，共寝一床，试其气息之良恶，肢体是否健全。体貌美善健全者，命之轮番侍主。六人一班，三日三夜一易”。仅此，便可知他对宫廷了解之深入。

（6）元朝民众的生活

不仅是皇宫，《马可·波罗游记》对当时大都的贫民生活介绍得也很细致，如不许在城内殡葬，所有死人都要运到城外安葬；妓女只住在城外，妓女竟有两万人之多；大都的经济生活也十分活跃，“百物输入之众，有如川流不息。仅丝一项，每日入城者计有千车”。

到目前为止，《马可·波罗游记》是对元帝国记载最为详尽的外文历史文献，虽然《马可·波罗游记》有不少地方有夸大之词、记载有不实之处，但他的绝大多数的记载都可在中国历史文献中得到证实。游记不仅为中国学者提供了研究元史的一手文献，也为当时的欧洲展现了蒙古帝国的真实画卷。

第二，对整个中国及周边国家做了较为全面的报道。

（1）对中国众多城市的介绍

马可在中国居住了17年，足迹几乎踏遍中国，他到过哈密州、肃州、甘州城、涿州、太原、关中、成都、建都州、云南丽江府、金齿州、叙州、新州、临州、淮安、高邮、泰州、扬州、瓜州、镇江、苏州、福州、泉州等地，这样他对中国的报道在内容上已经大大突破了元代的时空，实际上是对中国古代文明和文化的一种报道。这种广度是同时代人所没有的，如鄂多立克也曾介绍了中国江南富人的生活，但十分有限，根本无法和马可·波罗相比。他讲到西安城时说：“城甚壮丽，为京兆府国之都会。昔为一国，甚富强，有大王数人，富而英武。”[1]在讲到杭州南宋的宫殿时，他说：“是为世界最大之宫，周围广有十哩，环以具有雉堞之高墙，内有世界最美丽而最堪娱乐之园囿，世界良果充满其中，并有喷

1 《马可·波罗行纪》，冯承钧译，上海世纪出版集团、上海书店出版社，2001年，第268页。

泉及湖沼，湖中充满鱼类。中央有最壮丽之宫室，计有大而美之殿二十所，其中最大者，多人可以会食。全饰以金，其天花板及四壁，除金色外无他色，灿烂华丽，至堪娱目。”[1]

(2)对中国宗教信仰的介绍

作为基督徒，马可·波罗在游记中对基督教在中国的传播始终比较关注，他对在蒙古帝国还大量存在的景教徒的活动和事迹十分关心。据他记载，在可失哈尔昔、欣斤塔剌思州、沙州、天德都有景教徒的存在，特别是对镇江的基督教的记载十分详细和具体。对马可的这些记载不能都将其看成一种意识形态的解读，虽然他有这样的倾向，他的记载对中国基督教史的研究还是提供了重要的历史事实。无论是法国的伯希和还是中国的陈垣，他们在研究元代的基督教时都将《马可·波罗游记》作为基本的材料加以利用和辨析。

此外，他还介绍了中国的回教的情况。当然，作为一个商人，他关心的是他所熟悉的教派和物质生活，这样我们就可以理解他为什么没有讲到儒家。

(3)对中国科学技术的介绍

在介绍中国的物质生活时，马可无意中介绍了中国生活中的许多细节，而正是这些细节使我们看到当时中国的科技成果。一位西方的自然科学家从《马可·波罗游记》中摘录了当时中国的科技成果。

①造船技术

a.多桅船;b.放水船;c.定扳及船塞;d.缝船法。

②运输

a.驿站;b.公用车。

③清洁及卫生事务

a.口鼻套，类似于今日的口罩;b.涎杯; c.饮杯;d.金牙。

④建筑、衣物类

a.竹房;b.竹缆;c.爆竹;d.树皮衣。

⑤政事

a.纸币;b 警钟。

---

1 《马可·波罗行纪》，冯承钧译，上海世纪出版集团、上海书店出版社，2001 年，第 355 页。

⑥杂项

a.雕版印刷术;b.截马尾。

(4)对中国风俗文化的介绍

作为一个商人,他对中国的民俗十分感兴趣。他说鞑靼人用十二生肖纪年,显然,这实际上说的是汉人的一种风俗;还提到利用属相来算命,这种风俗在中国早已有之;在游记中多次提到汉人的丧葬礼俗,“人死焚其尸。设有死者,其亲友服大丧,衣麻,携数种乐器行于尸后,在偶像前做丧歌,乃至焚尸之所,取纸制之马匹、甲胄、金锦等物并共焚之”。在游记中他还多次介绍中国各地的饮食,从蒙古的马乳、骆驼奶,到南方的米甜酒、药酒、葡萄酒各类饮料他都提到过;他既参加过宫廷的国宴,也参加过民间的“船宴”,上至王宫贵族的饮食,下到民间普通百姓的日常生活,他都做了描写。他的这些描写突破元代的时空,展现了中国悠久的文化传统。当然,在他赞扬中国人的孝道时,他“从未提及孔子、老子、庄子、孙子、墨子、孟子的名字,甚至也未曾提起朱熹的名字,我们不得不承认,他对汉语一窍不通,但同时,他对哲学思想又是何等的无动于衷……”

《马可·波罗游记》的思想文化意义

《马可·波罗游记》无疑是西方东方学中最重要的历史文献,它是中世纪西方对中国认识的顶峰,西方人在对中国的认识上翻过这座山峰是在四百年后。但它对西方的影响绝不能仅仅从一种知识论的角度来看,还要从西方本身的文化演进来看。因为西方对中国的认识是在其文化的背景下发生的,在本质上,它是西方知识体系中的一部分,是西方文化进展中的一个环节。

从这个角度出发,我们有必要使用比较文学中的形象学理论。比较文学中的形象学是“对一部作品、一种文学中异国形象的研究”。而这种形象的确立并不仅仅是作家个人的冲动,它实际上是一种文化对另一种文化的言说,我们只有在言说者的母体文化的广阔背景中才能揭示他创造出该形象的真正原因,才能真正发现“他者”的形象如何是一种“社会集体想象物”。

马可·波罗的时代正是欧洲文艺复兴的前夜,而《马可·波罗游记》正是在文艺复兴中才大放异彩的。意大利是欧洲近代文化的长子，它所倡导的文艺复兴在本质上是对世界的发现和对人的发现。《马可·波罗游记》的传播、接受和影响史正是欧洲文艺复兴时期的“社会集体想象物”。我们从以下三个方面来说明这一点。

首先，《马可·波罗游记》拓宽了欧洲人的世界观念。

在中世纪时，“意大利人已经摆脱了在欧洲其他地方阻碍发展的许多束缚，达到了高度的个人发展，并且受到了古代文化的熏陶，于是他们的思想就转向外部世界的发现，并表达于语言和形式中”。当时关于东方的游记基本上都是意大利人写的，马可·波罗这个威尼斯富商的契丹之行，一下子把西方人的眼光拉到了大陆的最东端，它遥远而又神秘。这样欧洲的时空就大大扩展了，大汗的宫廷、行在的湖水、扬州的石桥都进入了他们的想象之中。欧洲以往那种地中海的世界观念就被突破，罗马再不是世界的中心。它“打碎了欧洲便是世界的神话，把一个有血有肉的中国呈现在欧洲人面前，令他们无比惊奇，以至不敢相信”。在14世纪，“欧洲某些思想活跃的人开始按这位威尼斯旅行家提供的知识塑造其世界观；早在地理大发现以前，欧洲从前以欧洲和地中海为界的视阈展宽了，它包容了世界上大片新的地区。1375年的加泰罗尼亚的世界地图就是马可·波罗的地理学的一个体现，它摆脱了中世纪地图学的幻象，构成了欧洲思想文化史上的重要里程碑”。

其次，《马可·波罗游记》激发了欧洲的世俗观念。

文艺复兴造就了意大利人新的性格，“这种性格的根本缺陷同时也就是构成它伟大的一种条件，那就是极端个人主义”。对世俗生活的渴望，对财富的迷恋，对爱情的追求——这种爱情大部分是为了满足个人的欲望，而《马可·波罗游记》满足了意大利人所有这些冲动，大汗有数不尽的金银财宝，契丹的每座城市都远比威尼斯富饶。东方的女人美丽动人，奇异的风俗可以使你在契丹永远享受少女的欢乐。“契丹出现了，它立即就成了西方文化表现被压抑的社会无意识的一种象征或符号。他们不厌其烦地描绘契丹的财富，无外乎是在这种表现中置换式地实现自己文化中被压抑的潜意识欲望。表面上看他们在谈论一个异在的民族与土地，实质上他们是在谈论他们内心深处被压抑的欲望世界。中世纪晚期出现的契丹形象，是西方人想象中的一种解放力量……”《马可·波罗游记》成为意大利人梦幻新生活的一种象征，成为一切世俗追求的理想王国。

最后，《马可·波罗游记》催生了近代的地理大发现。

全球化的序幕开启于15世纪的地理大发现，第一个驾着三桅帆船驶向大西洋的也是一个意大利人——哥伦布。而这位意大利的航海家正是《马可·波罗游记》的最热心读者，直到今天西班牙塞尔维市的哥伦布图书馆还存放着他当年所读过的《马可·波罗游记》。他对契丹的向往使他和对契丹财富同样渴望的西班牙国王一拍即合，带着西班牙国王卡斯蒂利斯的致大汗书，带着《马可·波罗游记》给他的梦想，他将出航去寻找契丹，寻找那香料堆积如山、帆船遮天蔽日的刺桐港。其实，当时迷恋着契丹的绝不仅仅是哥伦布，意大利的地理学家托斯加内里也是一个着迷契丹的人。他自己画了一张海图，认为从里斯本出发越过2550海里就可以到达刺桐港。

他在给哥伦布的信中详细描绘了富饶的契丹，他说：“盖诸地商贾，贩运货物之巨，虽合世界之数，不及刺桐一巨港也。每年有巨舟百艘，载胡椒至刺桐。其载运别种香料之船舶，尚未计及也。其国人口殷庶，富厚无比。邦国、省区、城邑之多不可以数计。皆臣属大汗（Great Kan），拉丁语大皇帝也。都城在契丹省。”哥伦布在漫漫的航海途中，面对着重重困难，但他坚信托斯加内里的判断，可以说《马可·波罗游记》成为他战胜全部苦难的动力。当大西洋上的海风把他的船队吹到美洲的小岛时，他还认为自己发现了契丹，他要“去行在城，把陛下的亲笔信件交给大可汗，向他索取回信带给国王陛下”。

实际上哥伦布至死仍坚信他所发现的国家就是亚洲的东海岸，就是契丹。“这种信念在哥伦布死后二十余年仍未销声匿迹。”[1] 甚至在之后的一个世纪中，当已经确定中国就是契丹后，仍有西方的航海家不死心，如英国的许多探险家，他们仍然将契丹作为寻找的目标。《马可·波罗游记》对西方人的影响真是太大了。正如拉雷在《英国16世纪航海史》一书中所说：“探寻契丹确是

1 H.裕尔撰，H.考迪埃修订：《东域纪程录丛》，张绪山译，云南人民出版社，2002年，第143页。

冒险家这首长诗的主旨,是数百年航海业的意志、灵魂。"

1603 年,耶稣会士鄂本笃第一次证实了"契丹"就是中国。死后他的墓志铭是"探寻契丹却发现了天堂"。对哥伦布来说是"寻找契丹却发现了美洲",实际上发现了新世界。一个新的时代到来了。

(原载《文景》2007 年第 10 期)

西方汉学的奠基人——罗明坚

汉学(sinology)作为一个学科在西方得以确立并在今天以前所未有的速度得到发展,从而对西方学术界和中国学术界同时产生广泛影响,有一个漫长的形成和发展的过程。这个过程就是中西文化交流的历史,就是近代以来西方文化与学术演变和发展的一个侧影。

在我看来,西方汉学经历了"游记汉学时期""传教士汉学时期""专业汉学时期"三个不同的发展阶段。而作为一门学科真正创立,应该是在"传教士汉学时期"。

"游记汉学时期"可追溯到元代的马可·波罗(Marco Polo),甚至可以推到希腊的历史学家希罗多德(Herodotos,约前484—约前425),其间有亚美尼亚的乞剌可思·刚扎克赛(Kirakos Ganjakeci)的《海屯行纪》、意大利人约翰·柏朗嘉宾(Jean de Plan Carpin,1182—1252)的《柏朗嘉宾蒙古行纪》,到大航海以后又产生了葡萄牙人托雷·皮雷斯(Tome Pires,1465—?)的《东方志》、柏来拉(Galiote Pereira)的《中国报导》等一系列关于中国的著作。这一时期的最高学术成就当属于西班牙门多萨(Juan González de Mendoza,1545—1618)的《中华大帝国史》。"游记汉学时期"是西方汉学的萌芽期,西方对中国的认识仅停留在通过旅游和在中国的短暂经历所获得的表面性认识上。

汉学作为一个学科得以创立,其基本条件应是西方各国有一些掌握汉语、熟悉中国文献、了解中国文化的汉学家。"传教士汉学时期"已具备了这些基本条件——这就是明清之际来华的耶稣会士。正是在这种条件下,西方汉学进入了它的创立时期。长期以来,谈到西方汉学的创立时更多地讲到的是利玛窦(Matteo Ricci,1552—1610),而对意大利来华传教士罗明坚(Michel Ruggieri,1543—1607）在西方汉学创立时期的贡献有所忽略。本文旨在揭示并论证罗明坚的汉学成就,以重新确立他作为西方汉学奠基人的地位。

一、罗明坚的汉学生涯

罗明坚,字复初,意大利人。1543 年出生于意大利的斯皮纳佐拉。入耶稣会前已获得两种法学博士学位,并在市府"任显职"[1]。二十九岁辞官入修道院,三十五岁从里斯本出发到达印度的果阿,1579 年抵达澳门,开始了他在中国的传教事业,同时也开始了他的汉学生涯。

刚到澳门时他遵循范礼安(Alexandre Valignani,1538—1606)进入中国的天主教神父"应该学习中国话及中文"[2]的要求开始学习汉语、了解中国的风俗习惯。由于当时大多数在澳门的传教士并不理解范礼安的用意,没有意识到学习汉语的必要性,罗明坚的做法引起了不小的反响,"诸友识辈以其虚耗有用之光阴,从事于永难成功之研究,有劝阻者,有揶揄者……"[3]有人认为:"一位神父可以从事会中其他事业,为什么浪费大好光阴学习什么中国语言,从事一个毫无希望的工作?"[4]

但罗明坚不为所动,坚持学习中国语言。对于初学汉语时的困难,罗明坚在一封信中做过描述,他说:"视察教务的司铎写信通知我,令我学习中国的语言文字,在'念''写''说'三方面平行进展。我接到命令以后立即尽力奉行。但是中国的语言文字不单和我国的不一样,和世界任何国的语言文字都不一样,没有字母,没有一定的字数,并且一字有一字的意义。就是对于中国人为能念他们的书也必须费尽十五年的苦功夫。我第一次念的时候,实在觉得失望,但是由于听命的意旨,我要尽力遵行这件命令,并且用我所能有的毅力作后盾。"[5]

罗明坚是一位很有毅力并有极高天赋的传教士,到达澳门后刚刚几个月,

1 费赖之:《在华耶稣会士列传及书目》上册,中华书局,1995 年,第 23 页。

2 利玛窦:《天主教传入中国史》,光启社,1986 年,第 113 页。

3 费赖之:《在华耶稣会士列传及书目》上册,中华书局,1995 年,第 23 页。

4 1580 年 11 月 8 日"罗明坚致罗马麦尔古里诺神父书",见《利玛窦通信集》,光启社,1986 年,第 426 页。

5 裴化行:《天主教十六世纪在华传教志》,商务印书馆,1936 年,第 183 页。

便能认识许多个中国字,可以初步阅读中国的书籍,三年多以后便开始用中文来写作了。罗明坚学习中文是为了传教,他认为“这是为归化他们必须有的步骤”。[1] 练习中文写作“以便来日用中文著书,驳斥中文书中(有关宗教方面)的谬误。希望将来能为天主服务,使真理之光照耀这个庞大的民族……”[2]

罗明坚中文能力的提高大大推动了他的传教事业。他在澳门建立了第一座传道所,并开始用中文为澳门的中国人宣教。罗明坚给这个传道所起名为“经言学校”,以后利玛窦把它叫作“圣玛尔定经言学校”[3]。从传教史上看这是明代中国的第一个传教机构,从汉学史上看这也是晚明时期中国第一所外国人学习汉语的学校,正像罗明坚自己所说:“目前我正在这里学习中国语文……这些教友无疑地将是我最佳的翻译,对传教工作将有很大的助益。”[4]

罗明坚之所以成为晚明时天主教进入中国内地长期居住的第一人,与他娴熟的中文能力有直接关系。1581 年,罗明坚就曾三次随葡萄牙商人进入广州并很快取得了广州海道的信任,允许他在岸上过夜,因为他认为罗明坚是一个文质彬彬的君子,“是一有中国文学修养的神父及老师”。[5] 1583 年,罗明坚先后同巴范济(Francois Pasio,1551—1612)、利玛窦三次进入广州,并通过与两广总督陈瑞、香山知县、肇庆知府王泮等中国地方官员的交涉,最终于 1583 年 9 月 10 日进入肇庆,[6] 在中国内地立足。在这期间罗明坚给陈瑞的中文信件和陈瑞的回信以及罗明坚流利的中国官方语言起到了关键性的作用。[7] 在中国期间罗明坚先后到过浙江、广西传教,为天主教在中国站稳脚跟立下了汗马功劳。与此同时,作为一名汉学家,他也取得了非常显著的成绩,他编写《葡

1 《利玛窦通信集》,光启社,1986 年,第 427 页。

2 同上书,第 413 页。

3 同上书,第 432 页。

4 同上。

5 同上书,第 116 页。

6 这个时间利玛窦和罗明坚记载的不同,利玛窦记的是 1583 年 9 月 10 日,见《天主教传入中国史》,光启社,1986 年,第 128 页;罗明坚认为是 1583 年圣诞节后两日,即 1583 年 12 月 27 日,见《利玛窦通信集》,光启社,1986 年,第 450 页。 罗明坚是在 1584 年 2 月 7 日的信中提到这个日子,而利玛窦则是到晚年写《天主教传入中国史》时讲到的,因而罗明坚的记载应更可信些。

7 参阅《国际汉学》第二辑,大象出版社,1998 年,第 259—265 页;罗明坚的两封信,见《利玛窦通信集》,光启社,1986 年,第 425—454 页。

汉辞典》以帮助入华传教士学习汉语，用中文写出了第一部天主教教义《祖传天主十诫》，使天主教本地化迈出了关键的一步。到 1586 年 11 月时，他已对中国文化有了较深入的了解，自称"我们已被视为中国人了"[1]。

1586 年，罗明坚为请罗马教宗"正式遣使于北京"[2]返回欧洲。由于当时教廷正逢频繁更换时期，四易教宗，即塞克斯笃五世（Sixtus Ⅴ，1585—1590）、伍尔班七世（Urban Ⅶ，1590）、格利格里十四世（Gregory ⅩⅣ，1590—1591）和英诺森九世（Innocent Ⅸ，1591），加之欧洲自身问题，西班牙国王对出使中国也不再感兴趣。罗明坚最终未办成此事，"遂归萨勒诺，于 1607 年殁于此城"。[3] 在欧期间罗明坚又将中国典籍《大学》译成拉丁文在罗马公开发表，完成了他作为汉学家的另一件大事。

西方汉学在其"传教士时期"虽然在外在形式上尚未作为一个正式学科列入大学教育，在这一时期"汉学研究"和"传教事业"也尚未有明显的分离，但在实质上西方汉学已经创立，入华传教士和欧洲的一些教会内学者已开始对中国语言和文化展开较为系统的研究[4]，罗明坚以下的几点成就充分证明了这一点。

二、编写第一部汉外辞典——《葡汉辞典》

来华耶稣会士对中国语言学研究的贡献，罗常培先生在其著名的《耶稣会士在音韵学上的贡献》论文中给予了充分研究[5]。罗常培先生所依据的文献

1　罗明坚 1586 年 11 月 8 日致总会长阿桂维瓦神父书，见《利玛窦通信集》，光启社，1986 年，第 494 页。

2　利玛窦和一名中国秀才在肇庆为罗明坚草拟了一份"教宗致大明中国皇帝书"，参阅 Pietro Tacchi Venturi，S.J.，*Opere Storiche Del P.Matteo Ricci.S.J.*，p.494；《利玛窦全集》，光启社，1986 年，第 549 页。

3　费赖之：《在华耶稣会士列传及书目》上册，中华书局，1995 年，第 29 页。

4　德国基歇尔（Kircher）的《中国图说》等就是一个代表，参阅 David E. Mungello，*Curious Land: Jesuit Accommodation and the Origins of Sinology*，Stuttgart，1985。

5　参阅罗常培：《耶稣会士在音韵学上的贡献》，《历史语言研究所集刊》，1930 年 1 本 2 分册，第 267—388 页。

主要是利玛窦在《程氏墨苑》[1]中写下的四篇罗马拉丁文注音的文章[2]和金尼阁的《西儒耳目资》。他把这一套拼音系统称为“利—金方案”。

1.德礼贤的研究

1934年,耶稣会史专家德礼贤(Pasquale D’Elia,S.J.,1890—1963)在罗马耶稣会档案馆发现一组未署名的手稿,编号为Jap.Sin.I 198。手稿共189页,长23厘米,宽16.5厘米,其中第32页至165页是葡语和汉语对照的辞典。德礼贤认为这就是利玛窦第一次进京失败后在返回南方途中与郭居静(Lazare Cattaneo,1560—1640)合编的辞典。

2.杨福绵的研究

1986年,美国乔治城大学杨福绵先生在台湾第二届国际汉学会议上用英文发表了《利玛窦的葡汉辞典:一个历史和语言学的介绍》(*The Portuguese-Chinese Dictionary of Matteo Ricci: A Historical and Linguistic Introduction*)。1989年夏,杨福绵又赴罗马耶稣会档案馆对该手稿原件进行了研究,并于1995年在《中国语言学报》第5期发表了长篇研究文章《罗明坚、利玛窦〈葡汉辞典〉所记录的明代官话》。杨福绵先生在这篇文章中提出了如下几个观点:

第一,《葡汉辞典》是罗明坚和利玛窦的共同作品。

这部手稿的第32页至165页是《葡汉辞典》。这个辞典共分三栏,第一栏是葡语单词和词组、短句,大体按ABC字母顺序排列;第二栏是罗马字注音;第三栏是汉语词条,里面既有单音节词、双音节词,也有词组和短句。例如:

葡语词	罗马字	汉语词
Aguoa	scioj	水
Aaguoa de frol	zen sciã scioj	甑香水
Bom parecer	piau ci	嫖致,美貌,嘉(“嫖”为“标”之别字——杨注)

1　明代程大约编,为明代版画汇编。

2　利玛窦的《西字奇迹》“是当年利玛窦所写的四篇罗马注音文章中三篇宣传天主教义的文章,由教会单独编成一本小册子,全书一共只有六页,取名叫作《西字奇迹》,收藏在梵蒂冈图书馆,编号Racc., Gen.Oriente, Ⅲ, 2331(12)”。见尹斌庸:《利玛窦等创制汉语拼写方案考证》,载《学术集林》卷四,上海远东出版社,1995年。

Escarnar	co gio	割肉,切肉,剖肉
Fallar	chiã cua,sciuo cua	讲话,说话

杨福绵先生认为,根据手迹来看,罗马字注音为罗明坚手迹,汉语词条"大概是罗利二氏的汉语教师或其他文人书写的"[1],但手稿从第32a页至34a页的第三栏,汉语词后加上了意大利词条,"从笔迹上看似乎是利玛窦加的"。

手稿第3a页至7a页《宾主问答辞义》内有这样的问话:"客曰:师父到这里已几年了?答曰:才有两年。"根据字典末尾的一个拉丁文附记,杨福绵认为手稿形成于1585—1588年间,定稿于1586年6月,而后"很可能是罗氏亲自带回罗马去的"。根据杨福绵的统计,手稿中收入葡语词语6000余条、汉语字词5460条,其中有540多条葡语词语未填汉语对应词。例如Aguoa benta是"圣水"(英文为Holy Water),但当时在中文中找不到相应的词语,只好暂缺。

第二,《葡汉辞典》是汉语拼音的早期方案。

按照时间推论,《葡汉辞典》中的罗马字拼音系统是中国最早的一套汉语拼音方案,以后才有了利玛窦在《程氏墨苑》中提出的方案。罗马注音系统的真正完成应是1598年,即利玛窦第一次进京失败后,坐船返回南京的途中。利玛窦说:"神父们利用这段时间编了一部中文字典。他们也编了一套中文发音表,这对后来传教士们学习中文有很大帮助。他们发现,中国话全部是由单音字组织起来的;中国人利用多种不同的音调来区分多字的不同意义,若不懂这些音调,说出话来就不知所云,无法与人交谈,因为别人不知他说的是什么,他也听不懂别人说的是什么。神父们选定了五个音标,使学生一看就知道该是哪个音。中国字共有五音。郭居静神父在这方面贡献很大。……神父们决定,以后用罗马拼音时,大家都一律采用这五种符号。为了一致,利玛窦下令,以后大家都要遵守,不可像过去那样,每个人一种写法,造成混乱。用这种拼音法现在编的字典,及以后要编的其他字典可以送给每位传教者,都能一目

1 杨福绵:《罗明坚、利玛窦〈葡汉辞典〉所记录的明代官话》,载《中国语言学报》第5期,商务印书馆,1995年。

了然。”[1]

正因为《葡汉辞典》是罗马拼音的早期方案，作者是按照16世纪的意大利或葡萄牙的拼写习惯来拼写的，故显得较为粗糙和不太完善。杨福绵对此做了详细的分析，如没有送气音符号，这样声母中的送气音和不送气音没有区别，一律成了不送气音，例如“怕”和“罢”都拼成“pa”，“他”和“大”都拼成“ta”。而以后的利玛窦方案中在辅音后上端都标出“‘”，以表示送气音，如：“怕”拼成p‘a[p‘a]，“他”拼成t‘a[t‘a]，以区别于“罢”pa[pa]、“大”ta[ta]等。又如，同一韵母拼法不同，如“悲”拼成pi、py，“起”拼成chi、chij、chiy，这是当时意大利语中的i、j、y三个字母可以通用造成的[2]。

所以杨福绵先生认为这套拼音系统“属于初创，在声母和韵母的拼写法上，尚未完全定型，甚至有些模棱混淆的地方”[3]。

第三，《葡汉辞典》证明了明代官话的方言基础是南京话。

杨福绵通过对《葡汉辞典》中音韵、词汇和语法三个方面的深入分析，认为《葡汉辞典》中许多特点是北京话中所没有的：“音韵方面，如‘班、搬’和‘关、官’的韵母不同……词汇方面，如四脚蛇、水鸡、桃子、枣子、斧头……如今、不曾等；语法方面如背得、讲得等，都和现代的北京话不同，而和现代的江淮方言相同。这证明它属于南方(江淮)官话，而不属于北方官话。”[4]

这个结论可以被两个历史事实所证明。一是南京曾为明都，迁都北京时曾带了大批南京人及江淮一带的人士北上，这样南京话在明代一直占据重要的地位。二是利玛窦在他的《天主教传入中国史》的第4卷第11章中记录了他在临清与马堂等太监的交往，讲了一位太监赠送给他们书童一事，说：“刘婆惜非常高兴，在分手之前，把他在南京买的一个书童送给了神父，为教庞迪我神父学中文。这书童讲一口很好的官话。”后金尼阁在他的拉丁文版中改为：

1 利玛窦：《天主教传入中国史》，第286—287页。但这部辞典至今下落不明，而以后金尼阁的《西儒耳目资》只是这种方案的一个应用。参阅尹斌庸文，见《学林集刊》卷四，1995年，第341—353页。

2 杨福绵：《罗明坚、利玛窦〈葡汉辞典〉所记录的明代官话》，载《中国语言学报》第5期，商务印书馆，1995年。

3 同上。

4 同上。

"他说他送给他们这个男孩是因为他口齿清楚,可以教庞迪我神父纯粹的南京话。"[1]金尼阁把"官话"改为"南京话",说明南京话是当时中国的官话[2]。

杨福绵先生的这篇文章是继罗常培先生1930年的文章以后,60年间关于来华耶稣会士在语言学贡献研究方面最重要的文章之一。他对罗明坚和利玛窦的《葡汉辞典》给予了如实的评价。他说:"《辞典》中的罗马字注汉字音,是汉语最早的拉丁字母拼音方案,是利氏及《西儒耳目资》拼音系统的前身,也是后世一切汉语拼音方案的鼻祖。编写这部辞典时,罗明坚因为到中国时间不久,初学汉语,记音时,有些汉字拼写法尚不一致,甚至有模棱含混的地方。不过从拼音资料整体来说,已可使我们归纳出一个大致的官话音韵系统。"[3]

3.两点补充意见

1998年夏,笔者访问了罗马的耶稣会档案馆,也详细查阅了编号为"Jap. Sin.I 198."的手稿,除了对第32页至165页的《葡汉辞典》做了初步研究以外,还认真分析了手稿中的其他内容,从而进一步证实这部手稿是罗明坚的手稿。这些内容杨福绵先生尚未讲到,这里加以补充。

第一,在这组手稿的第15页有一段书写的手迹,其内容如下:"中华大邦与本国辽绝,素不相通。故不知天主,不见经文。僧自天竺国,心慕华教,不远万里船海,三年前到广东肇庆府。蒙督抚军门郭[4],俯赐柔远,施地一所,创建一寺,名仙花。请师教习儒书,幸承仕宦诸公往来教益,第审之不识天主并其经文,僧敬将经本译成华语并撰实录……"[5]

这里的"经本"即罗明坚的《祖传天主十诫》,以后演化成《天主教要》。这里的"实录",即罗明坚的《天主实录》。"三年前到广东肇庆",即1586年。这和手稿第3a页至7a页的《宾主问答辞义》中所说的时间一致,进一步证实《葡汉辞典》是罗明坚和利玛窦在肇庆所编,而不是像德礼贤所说是利玛窦第一次

1 利玛窦:《天主教传入中国史》,第337页;《利玛窦中国札记》,何高济等译,中华书局,1990年,第391页。

2 参阅鲁国尧:《明代官话及其基础方言问题》,《南京大学学报》1985年第4期,第47—52页。

3 杨福绵:《罗明坚、利玛窦〈葡汉辞典〉所记录的明代官话》。

4 此处原稿空两格。

5 罗明坚、利玛窦:《葡汉辞典》,罗马耶稣会档案馆 Jap.Sin.I 198, p.15。

进京失败后同郭居静在返回南京的船上所做的,时间是1598年[1]。

第二,在这组手稿中有一段内容涉及罗明坚和蔡一龙案,其部分内容如下:"审得蔡一龙,于九月二十五日哄骗番僧宝石到省意(应为'里'——作者注,以下同)面,重价勒赎,且因借陆于充本艮(应为'银')八两,欲将宝石私当低(应为'抵')偿。随充往省(缺'里'字)寻见,问论前情,是充执回宝送道验明,发还本僧。此一龙解到本府暂收仓监,唤僧面贤究惩。乃提罗洪告词,称僧明坚与妻通奸……罗洪与明坚素无来往,何故将妻自(应为'奸')污,告害番僧。况南门去当本寺颇远,以异言异服之僧私往通奸,一路地方邻右岂不窥见……疑应将一龙问罪,仍追还陆于充本艮(应为'银')八两,将一龙取问罪纪。"[2]

这段手稿所记载的就是利玛窦在《天主教传入中国史》第2卷第10章"孟三德返澳门,罗明坚遭诬告"中所讲之事。手稿中的"蔡一龙"就是利玛窦所说的"玛尔定"。这段文字使我们更加确信这组手稿作者是罗明坚,而且我认为这段中文手迹很可能是罗明坚亲笔所写,因文中缺字、错字颇多,不像中国文人所写。进而推测《葡汉辞典》也主要是罗明坚所编,利玛窦只是作为助手出现的,《葡汉辞典》中的中文语词部分可能也是罗明坚亲自所撰,而不是中国文人代笔。

三、第一次将儒家经典译成西方语言

罗明坚是来华传教士中最早从事中国古典文献西译的人。他在1583年2月7日的一封信中明确说:"去年我曾寄去了一本中文书,并附有拉丁文翻译……"[3]他告诉耶稣会总会长,由于"时间仓促,拉丁文译文也很不通顺"。[4]根据这个时间推测应是1582年。裴化行认为罗明坚1582年寄回罗马的拉丁

1 参阅林金水:《利玛窦与中国》,中国社会科学出版社,1996年,第56页。

2 罗明坚、利玛窦:《葡汉辞典》,第181、183—187页。

3 《利玛窦通信集》,光启社,1986年,第446页。

4 裴化行:《天主教十六世纪在华传教志》,商务印书馆,1936年,第191页。

译稿应是《三字经》的译本。[1] 但这个译本并未发表,因而未产生影响。

罗明坚返回欧洲所做的一件重要事情就是把"四书"中的《大学》的部分内容译成拉丁文。首次将罗明坚的这个译文在欧洲正式发表的是波赛维诺(Antonio Possevino)。他1533年出生,1559年加入耶稣会,以后成了耶稣会会长麦古里安(Mrecurian,1573—1581年在任)的秘书,就是麦古里安把范礼安派到了东方传教。波赛维诺以后作为罗马教皇的外交官被派到德国、匈牙利、葡萄牙和俄国等地工作。晚年从事文学和神学研究,其中最重要的著作便是百科全书式的《历史、科学、救世研讨丛书选编》(*Bibliotheca Selecta qua agitur de ratione studiorum in historia, in disciplinis, in Salute omniun procurand*)。这部书1593年在罗马出版。[2]

罗明坚返回罗马以后常常去波赛维诺那里,向他讲述自己在中国传教时所看到和听到的事,这样波赛维诺就在该书的第九章介绍了罗明坚在中国的一些情况,并将罗明坚的译文一同发表。这本书以后又分别于1603年和1608年在威尼斯和科隆两次再版。波赛维诺的书中只发表了罗明坚译稿的一小部分,其"四书"的全部拉丁文原稿现仍保存于罗马的意大利国家图书馆中。[3] 索默福格尔(C. Sommervogel)在他的《耶稣会藏书目录》(*Bibliotheque de La Compagnie de Jesu*, Bruxelles/Paris, 1900)中首次提到了这个手稿,用的书名是《中国,成人的教育》(*China, Seu Humanae Institutio*),龙伯格(Knud Lundbaek)认为这个书名只是用了罗明坚"大学"的译名。以后德礼贤在他所编辑出版的那本著名的《利玛窦全集》(*Fonti Ricciane* Ⅰ-Ⅲ, Roma, 1942—1949)的第一卷第43页的注释中,详细描写了这部原稿的尺寸、页码等情况。费赖之(Louis Pfister)在谈到罗明坚的这本书时说它"现藏罗马维托利奥—伊曼纽尔图书馆[耶稣会手稿,1185号(3314),标题作《中国的人事机构》]"。[4]

---

1 Paul K.T. Rule, *K'ung-tzu or Confucius? The Jesuit Interpretation of Confucianism*, Sydney: Allen and Unwin, 1986, p.6.

2 书中所标明的当时耶稣会会长阿桂维瓦(Acquaviva)的出版许可日期为1592年4月16日。

3 见Knud Lundbaek, *The First Translation from a Confucian Classic in Europe*, *China Mission Studies (1550-1800)*, Bulletin 1, 1979, p.9。

4 费赖之:《在华耶稣会士列传及书目》上册,中华书局,1995年,第30页。

罗明坚的这部重要译著之所以没有全部出版，按照鲁尔(Rule)先生的考证，这和范礼安的态度有关。当时范礼安之所以让罗明坚返回欧洲，一方面是让他觐见西班牙国王菲力普二世(Philipp Ⅱ，1556—1598 年在位，自 1580 年兼葡萄牙国王)和教皇，希望他们派使节来中国，以便和中国建立正式的关系；另一方面则是因为罗明坚那时已经 45 岁，他已不可能很好地学习中文，从而不可能很好地执行他所制定的“适应”政策。范礼安在给耶稣会会长的信中很清楚地说明了这一点，他说：“罗明坚神父在这里传教十分辛苦，现在派他回欧洲，有足够的理由使他得以休息。在他这样大的年龄，担子已经十分沉重，他在外旅行已很久了。所以，应该让他回去休息。此外，他的中文发音并不很好，当然，当他重返欧洲时，年轻的神父们会谅解他。但在东亚的传教活动中并不需要太老的人……他在这次传教中已经做得很好了。”[1]

实际上当罗明坚译“四书”时，利玛窦按照范礼安的要求在中国的肇庆也做着同样的工作。[2] 所以，鲁尔先生认为罗明坚的“四书”译本之所以未能在欧洲全部出版，“主要是来自传教士内部的意见”，部分原因是利玛窦的反对，从深层来说罗明坚被召回欧洲主要是他和利玛窦在传教策略上有着分歧。[3] 尽管罗明坚的全部译文未能公开发表，但《大学》的部分译文的发表仍是西方汉学发展史上的一件大事，仅此一点，他就功不可没。

《大学》原是《礼记》中的一篇，后被宋儒所重视，朱熹在《四书语类》中说：“《大学》是为学纲目。先通《大学》立定纲领，其他经皆杂说在里许。通得《大学》了，去看他经，方见得此是格物致知事；此是正心诚意事；此是修身事；此是齐家、治国、平天下事。”[4]

波赛维诺发表的罗明坚的译文是《大学》的第一段：

> 大学之道，在明明德，在亲民，在止于至善。知止而后有定，定而后能静，静而后能安，安而后能虑，虑而后能得。物有本末，事有终始。知所先后，则近道矣。古之欲明明德于天下者，先治其国。欲治

1 转引自 *Kung-tzu or Confucius? The Jesuit Interpretation of Confucianism*，p.7。

2 利玛窦 1593 年 12 月 10 日给总会长阿桂维瓦神父的信，见《利玛窦通信集》第 135 页。

3 参阅 *Kung-tzu or Confucius? The Jesuit Interpretation of Confucianism*，p.7。

4 黎靖德：《朱子语类》卷一四，岳麓书社，1996 年。

其国者，先齐其家。欲齐其家者，先修其身。欲修其身者，先正其心。欲正其心者，先诚其意。欲诚其意者，先致其知。致知在格物。

丹麦学者龙伯格对罗明坚的译文进行了对比性分析，即将罗明坚的译文和后来的来华耶稣会会士对《大学》的译文进行对照，以确定罗明坚翻译的水平和他对中国文化的理解。

首先，如何译《大学》这个标题。罗明坚译为"Humanae institutionis ratio"，即"教育人的正确道路"。1662 年郭纳爵（Ignace da Costa，1599—1666）和殷铎泽（Prosper Intorcetta，1625—1696）的《大学》译本[1]中将其译为"Magnorum Virorum sciendi institutum"，即"大人的正确教育"，而柏应理（Philippe Couplet，1624—1692）等人在《中国哲学家孔子》（*Confucius Sinarum Philosophus*，Paris，1687）中收入了殷铎泽的稍加改动的译文，将"大学"译为"Magnum adeoque orum Principum，sciendi institutum"，即"大人，或者确切地说为君子的正确教育"。安文思（Gabriel de Magalhaens，1609—1677）在他的《中国新志》（*A new history of China containing a description of the most considerable partiwlars of that vast empire*，London，1668）[2]中将"大学"翻译为"La methode des grands hommes pour apprendre"即"伟人的理解方法"。如果对比一下这几种译法，我们会觉得，相比之下，罗明坚的译文更接近原意[3]。

其次，如何译"在明明德"。罗明坚将其译为"Lumen naturae"，即"自然之光"，他用这种译法以表示区别于"超自然之光"，即"Lumen Supranatarale"，这是一个很重要的理解。正是从罗明坚开始，来华传教士大都采用这种观点，以

1　费赖之认为是郭纳爵 1662 年在江西建昌所译，见费赖之书中文版上册，第 331 页。据萨默沃格（Sommenosei）神父所记述的一种版本："第一部分：《大学》，耶稣会会士葡萄牙人郭纳爵神父译，耶稣会会士意大利人殷铎泽神父注释。"见《明清间在华耶稣会士列传（1557—1773）》，梅乘骐、梅乘骏译，上海光启社，1997 年，第 37 页。考狄的 *L' Imprimerie Sino-Europ éenne en Chine Bibliographie Des Ouvrages Publies en Chine Par Les Europeens* 一书中附了《大学》建昌刻本的封面，上有"郭纳爵和殷铎泽共译"，封面的题字为 Kiến chàn in unrbe Sinarū ||Proninciate Kiàm Si.1662 || Superiorum permissu。耶稣会档案馆藏有此书，书号为 Jad Sin Ⅲ3-1。1998 年夏，笔者在该馆访问时曾翻阅此书。

2　Nodvelle relation de Chine，Paris 1668.后是 John Quliloy 译为英文的，原手稿题目为"中国十二优点"。

3　参阅朱雁冰：《从西方儒家思想的最早传说到利玛窦的儒学评价》，载《神学论集》，1993 年，第 96 期。

"自然神学"来解释中国的思想。1662年殷铎泽的译本中回避了这个译法，而改为"Spiritualis potentia a coelo inditam"，即"由天所赋予的精神力量"，到柏应理时，则把这个概念引入了基督教的含义，译为"rationalis natura a coelo inditam"，即"天赋的理性本质"[1]。

"明明德"，这里的第一个"明"字是动词，是彰明的意思，而"明德"意思是人原本具有的善良德性，因物质利益的遮蒙、个人偏狭气质的拘束，这种善性受到压制。教育的目的在于使人这种"明德"得以恢复。朱子说："明，明之也。明德者，人之所得乎天，而虚灵不昧，以具众理而应万事者也。但为气禀所拘，人欲所蔽，则有时而昏。然其本体之明，则有未尝息者。故学者当因其所发而遂明之，以复其初也。"[2]对"明德"之源做了提升，人这种原初的善"得乎天"。这个天既不是物质的天，也不是神的天，而是理之天，"合天地万物而言，只是一个理""未有天地之先，毕竟也只是理。有此理，便有此天地。若无此理，便亦无天地"[3]。

罗明坚从自然神学加以解释，殷铎泽则表面上是套用朱熹的思想，实际上是向有神论倾斜，他所讲的"天"显然是人格神的天，而柏应理的解释则已完全是从基督教来理解的。相比较而言，罗明坚的解释倒更符合"明明德"的本意。

罗明坚把"亲民"与"明明德"合在一起译为"in lunine naturae cognoscendo，et sequendo，in aliorum hominum confirmatione"，即"在于认识和遵循自然之光，在于成全他人"。这里他实际上翻译了朱熹注的后半句，朱熹注："新者，革其旧之谓也。言既自明其明德，又当推以及人，使之亦有以去其旧染之污也。"[4]殷铎泽在1662年译文中把"新民"译为"renew the people"（此为龙伯格的英译），但他随后又加上了一句"in amore erga alios"，此拉丁文译为中文为"为他人之爱"[5]，柏应理则是用"in renovando seu reparando populum"，即"在

1 Knud Lundbaek, *The First Translation from a Confucian Classic in Europe*, *China Mission Studies*（*1550-1800*），Bulletin I，1979.

2 朱熹：《四书章句集注》，中华书局，1983年，第3页。

3 《朱子语类》卷一。

4 朱熹：《四书章句集注》，中华书局，1983年。

5 Knud Lundbaek, *The First Translation from a Confucian Classic in Europe*, *China Mission Studies*（*1550-1800*），Bulletin 1，1979.

于恢复或修整”。从这个比较中可以看出，罗明坚的译文还算贴近朱熹的注释[1]。

“格物致知”是朱熹注《大学》时的另一个重要思想，罗明坚原译文为“Absolution scientiae posita est in causis et retionibus rerum cognoscendis”，即“知识的圆满在于认识事物的根源和规律”。在波塞维诺出版《历史、科学、救世研讨丛书选编》时罗明坚将其译文做了修改，将“欲诚其意者，先致其知”连在一起翻译为“Qui cor quaesiverunt ab omni labefacere alienum eius cupidatatum，& tudium aliquod vel amplactendi，vel fugiendi ordinarunt; hoc vero ut praestarent，cuiusque rei causas，et naturas noscere studerunt”，即“凡是试图从众人的沉沦之中拯救出心灵者，他便需端正欲望，而要端正自己的欲望，就要先为自己准备知识，而知识的圆满在于学会认识事物的根源和规律”[2]。

这段译文说明罗明坚尚不能很好地理解中国哲学的伦理特征。在宋明理学中，从来没有伦理本体论以外的认识论，一切认识都是立足于“修德”。因为宋儒的“格物致知”，“不在乎科学之真，而在乎明道之喜，这是朱熹格物致知论的本质”[3]。

为使读者能更全面了解罗明坚的这段译文，我们抄出他的拉丁文原文，并附上中文译文：

> Humanae institutionis ratio posita est in lunine naturae cognoscendo，et sequendo，in aliorum hominum confirmatione，et in suscepta probitate retinenda.Quando compertum fuerit ubi sistendum，tunc homo consistit，consistens quiscit，quietus securus est，securus potest ratiocinari，et dijudicare，demom potest fieri voti compos.
>
> Res habent ordinem，ut aliae antecedent，aliae sequantur.Qui scit hunc ordinem tenere，non procul abest a ratione quam natara praescribit.

1 Knud Lundbaek，*The First Translation from a Confucian Classic in Europe*，*China Mission Studies*（*1550–1800*），Bulletin 1，1979.

2 朱雁冰：《从西方儒家思想的最早传说到利玛窦的儒学评价》，载《神学论集》，1993 年，第 96 期。

3 侯外庐、邱汉生、张岂之主编：《宋明理学史》，人民出版社，1984 年，第 399 页。

Inde qui voluerunt indagare insitum natara lumen datum ad mundi regimen prius regni administrationes sibi proposuerunt. At qui volebant regnum suum recte administrare prius domum suam disciplina recte constituebant. Qui recte volebant domum suam disciplina constituere prius vitan suam instituerunt. Qui vero voluerunt vitam suum instituere prius animam suum instituerunt. Qui animum voluerunt instituere mentis intentionem et actiones rectificarunt. Qui Suae mentis intentionem et actiones volebant dirigere scientiam sibi comparabant. Absolution scientiae posita est in causis et retionibus rerum cognoscendis. [1]

人类制度的理性在于认识与遵循自然之光，在于成全他人，而且还在于能正确地行和止。当人明白在哪里要停止时，他就停止，而停止时他便平静，且平静后他就感到安全，而安全后方能推理与判断，就能实现他的愿望。

事物本有秩序，有的事物是前提，有的事物是后果。能够掌握住事物秩序的人离自然所规定的原理不远，因此，愿意探究自然的固有的先天光明。为了治理世界的人们，首先要管理好自己的王国，而要恰当地管理好自己的王国，则应先以正确的规则来建立自己的家庭。那些要以正确的规则建立自己家庭的人，则应先建造自己的生活。要建造自己生活的人们，应先改正心灵的意向与行动。要确定自己心灵的意向与行动的人们，要为自己准备知识。知识的圆满在于认识事物的根源与规律。[2]

龙伯格认为罗明坚的这段译文有三个特点：第一，它说明在中国的教育内容中包含着政治—伦理的内容，或者说这二者是不能分开的；第二，罗明坚的译文在结构与内容上若同简洁而又丰富的原文相比，是很零乱的；第三，这段译文给人影响最深的在于这样一种政治—伦理的思想劝告人们要研究“事物的性质和原因”[3]。

应该说龙伯格评价的前两条是对的。第三条评价则反映了他对宋明理学

1 此段拉丁文原文抄录于 *China Mission Studies*(*1550–1800*), Bulletin 1, 1979, p.11。

2 在此感谢奥地利汉学家雷立柏先生对我的帮助，他帮助我译出了这段拉丁文初稿；同时我要感谢我的拉丁文老师、北堂的贾西成神父。没有他们，我无法完整地理解这段译文。

3 Knud Lundbaek, *The First Translation from a Confucian Classic in Europe*, *China Mission Studies* (*1550–1800*), Bulletin 1, 1979.

认识论的伦理特点理解不足。按照他的思路，儒家学说的修身、齐家、治国、平天下思想，最终要落实到“修身”，而修身在于“格物致知”，最终落到了认识自然、探求事物的原因和本质上。显然，这是从西方认识论的角度来理解的。在理学中“格物致知”是在伦理和道德的框架中发生的，朱熹的“格物致知”主要在“穷天理，明人伦，讲圣言，通世故”，而不是求自然之因、科学之真。同样，罗明坚在这点的理解上也是有不足的。

罗明坚的译文发表后，当时并未引起多少人注意，龙伯格说17世纪西方最著名的伦理学和政治学著作都未提到他的这个译文。直到1615年随着利玛窦等人的著作出版，中国逐步被欧洲人所重视时，以往关于中国的报道才重新被人所注意。由此可见，罗明坚首次将中国典籍传向西方，功不可没。

四、写出西方人的第一部中文著作：《天主圣教实录》

《天主圣教实录》是罗明坚的第一部汉学著作，它不仅在“西学东渐”中有着重要地位，在西方汉学史上也具有重要地位，因为它是欧洲人用中文所写的第一部著作。

罗明坚第一次提到这本书是在1584年1月25日所写的信中，他说：“我已经完成于4年前开始用中文写的《天主圣教实录》。这本书使那些中国官员感到非常满意，他们已经同意我去出版。”[1]德礼贤认为此书的初稿完成时间约在1581年阳历10月25日至11月12日之间。[2] 罗明坚这里说的是定稿时间，因为从第一刻本的落款时间看是“万历甲申秋八月望日后三日”[3]，即1584年阴历八月十八，阳历9月21日。张奉箴说：“万历十一年(1583)年底，罗明坚神父便已把自己撰写的《天主实录》重校毕。以后又请利玛窦和在肇庆府住的一位福建儒士郢斫润饰[4]。至万历十二年(1584)旧历八月十八日，序文方

1　霍·林斯特拉：《1583—1584年在华耶稣会士的8封信》，万明译，载《国际汉学》第二辑，大象出版社，1998年。

2　德礼贤：《利玛窦全集》(*Fonti Ricciane*)第1卷，1942—1949年，第197页。

3　方豪：《中国天主教史人物传》第一册，香港公教真理学会，1970年，第66页。

4　裴化行说：“他(利玛窦——作者注)就同一位秀才(福建人，住在居留地)合作，审定罗明坚神父初步编的教理问答：把它从口语改成文言文。”《利玛窦评传》，商务印书馆，1993年，第90页。按此说法，利玛窦也参与了《天主圣教实录》的编写和修改工作。

才写好，同年十一月抄全书方才印刷完毕。这本书共计刻印一千二百册。”[1]

该书有多种刻本，现罗马耶稣会档案馆就藏有四种刻本：Jap.Sin. Ⅰ 189号书名为《新编天主圣教实录》，扉页为耶稣会会徽，会徽内有拉丁文：“A SOLIS OR TV VSQVE AD OCCASVM LAVDABILE NOMEN DOMINIX PS：CXII。”会徽上刻有“解此番字周围真经”，左右分别写有“天主之名当中”和“益扬乾坤明教”[2]。书的内容有“天主实录引”（落款为“万历甲申岁秋八月望三日天竺国僧书”）、“新编西竺国天主实录目录”、“新编天主实录”三部分。书后有附页：1.祖传天主十诫（黑体印刷）；2.祖传天主十诫（蓝体印刷）；3.拜告。第二个刻本编号为Jap.Sin. Ⅰ 189a。这个本子完全是上一版本的影印件。第三个刻本编号为Jap.Sin. Ⅰ 190，书名为《天主实录》。这个本子的内容有：1.“天主实录引”，落款为“万历甲申秋八月望后三日天竺国僧明坚书”；2.“新编西竺国天主实录目录”；3.“新编天主实录”。最后落款为“天竺国僧明坚撰”。与上两本不同的是此刻本正文后没有附页，没有“祖传天主十诫”等内容。第四个刻本编号为Jap.Sin. Ⅰ 55，书名为《天主圣教实录》，扉页有耶稣会徽，但会徽周围无刻字。书的内容有：1.“天主圣教实录引”；2.“天主圣教实录总目”；3.“天主圣教实录”。落款为“耶稣会后学罗明坚述”[3]。

从耶稣会档案馆几个藏本看，它们内容上无大的差别，只是书名、落款和附页略有不同。现收入《天主教东传文献续编》的《天主圣教实录》在时间上要晚于以上几个版本，在内容上尤其是在一些重要概念上都有较大变化，对此方豪已专门做过论证[4]，不再赘述。

从中西哲学宗教交流史来看，罗明坚的《天主圣教实录》有着不可取代的地位。

首先，它是明代时欧洲人首次用中文表述西方宗教观念的著作。按裴化行神父的研究，《天主圣教实录》的内容并非罗明坚所独创，他的中文本写作摹

1　张奉箴：《福音流传中国史略》上编卷二，辅仁大学出版社，1971年，第613页。这里在出版时间上有差异，需进一步考证。

2　方豪：《影印天主圣教实录序》，见吴组缃主编：《天主教东传文献续编》，学生书局，1966年，第25—26页。

3　以上内容是1998年笔者在罗马耶稣会档案馆抄录的。

4　方豪：《中国天主教史人物传》第一册，香港公教真理学会，1970年，第66—70页。

本是他过去读书时使用过的一个教理讲义，拉丁文书名为“Vera et brevis divinarum reru erposition”[1]。虽然在总的内容上罗明坚的中文版和拉丁文版“差不多完全一样”，但并不能说《天主圣教实录》就是一个译稿，罗明坚还是努力用自己的语言来表述天主教思想，如他在序中说：“僧虽生外国，均人类也。……今蒙给地柔远，是即罔极之思也。然欲报之金玉，报之以犬马，僧居困乏，而中华亦不少金玉宝马矣。然将何以报之哉？惟天主行实。”[2]由于罗明坚对原拉丁文本做了不少改动，以致裴化行抱怨说：“拉丁文所有美妙清高的意趣，在中文内渺然无存。”[3]但正是这本书在晚明时期向中国人首次介绍了天主教的基本观念：第一章证明“天主存在”，第二、三章说明天主的本质与属性，第四章揭示“天主是万有的创造者与主宰”，第五章讲天使和人的创造者与主宰，第六、七章讲灵魂与主宰，第八章讲天主是立法者，第九章讲基督徒法律是由降生成人的天主所颁布的，以下几章讲教义、规诫及成圣之途径。

其次，《天主圣教实录》是大航海以后西方人会通中西文化的最早尝试。罗明坚在介绍天主教时，努力使它适应中国文化，首次尝试会通中西方哲学与宗教。他是第一个把 Deus 译为“天主”的西方人，这是一个很大的创造。罗明坚曾讲述了他采用“天主”这一概念的原因，他说：“中国民族不认识上主，以及原始的和最高的主，因他们把一切的一切都归之于天，在他们的心意中，这是一种最高的表现。他们把天看作父，一切的需要都是由天所赐与的。”[4]罗明坚的这个认识虽不像以后的利玛窦那样通过引经据典来说明天主概念，但他的基本理解是完全正确的，因“天主”是中国固有的概念。

另外，在论证的方法上他也尽力贴近中国人的思想和习惯，如在讲天主存在时说：“如此乾坤之内，星高乎日，日高乎月，月高乎气，气浮于水，水行于地，地随四时而生花果草木，水养鱼虾，气育禽兽，月随潮水，日施光明。予忖度

1　裴化行：《天主教十六世纪在华传教志》，商务印书馆，1936 年，第 264 页。注意：燕鼐思（Joseph Jennes）认为，罗明坚是自己先用对话体写了拉丁文本，然后再同中国秀才将其译为中文，这个讲法完全不同于裴化行。见《中国教理讲授史》，田永正译本，河北信德室，1999 年，第 28 页。

2　见罗马耶稣会档案馆藏本《新编天主圣教实录》序。

3　裴化行：《天主教十六世纪在华传教志》，商务印书馆，1936 年，第 266 页。

4　同上书，第 191 页。

之，诚知天地之中必有一至尊无对之天主。”[1]这完全采取自然神学的论证方法，这种方法非常符合中国人的思维方式。利玛窦以后在《天主实义》里将这种方法大大完善和丰富了。《天主圣教实录》已具有了“补儒易佛”的倾向，如在序言中他说“尝谓五常之序，仁义最先。故五伦之内，君亲至重”，首先从肯定儒家入手，尔后再讲天主教神学；又如在讲到天主教戒规时，他尽量向儒家伦理靠拢，寻找共同点。他说人死后升天堂要有两条，一是要信天主，二是“使人存一推己及人之心，如不欲以无礼加诸我，则亦不敢以此加于人之类。人若能遵此诫则升天堂受福而与主同乐矣！”[2]从这里可以看出他不仅熟悉儒家的“推己及人”的伦理思想，而且还把这种“内在超越”的道德思想同“外在超越”的基督教思想相提并论，作为升天堂共同的条件，显然这是对基督教思想的改造。

同时，罗明坚在书中也多次批评了佛教，如在第三章中他说：“问释迦勤苦劳心，著作经文四千卷，果无可诵读欤？曰：释迦经文虚谬，皆非正理，故不可诵。”[3]他还点名批评佛教的《妙法莲花经》，认为经上所说的只要读此经就可升天是荒谬的，他反问说：“若修德行道之人，贫穷困苦，买经不得，亦将坠于地狱欤？”结论是“此释迦之言，诚不可信”[4]。

正因为罗明坚贯彻了范礼安的“适应”方针，《天主圣教实录》刻印后受到中国士大夫们的欢迎。罗明坚在一封信中曾说：“现在广州的官吏凡是和我交往的都称我师傅，他们都肯定我写成的《教义览要》。”[5]罗明坚这里并无夸大之词，肇庆知府王泮赠给他的诗就充分说明当时他们之间融洽的感情。

谨献俚句于西国天人，/万里之遥，乘扁舟横渡重洋，/只为修成爱人之德，/深慕中国民情纯净，/为能在此养性存心。/春雷振荡，万物生，/景色明媚，此人能又忆及故国风光？/一心向义敬主读书之外，/别无他事。/来至中国为引大家走入天乡。/如此勇敢有恒，怎能不四方向化？

1 罗明坚：《天主圣教实录》，见吴组缃主编：《天主教东传文献续编》，学生书局，1966 年，第 767 页。

2 同上书，第 810 页。

3 同上书，第 777 页。

4 同上书，第 778 页。

5 裴化行：《天主教十六世纪在华传教志》，商务印书馆，1936 年，第 193 页。

万历十一年(1583)春日,务义山人书[1]

从中西哲学和宗教交流史角度来看,罗明坚的《天主圣教实录》具有重要价值,他开启了欧洲人以汉文写作之先河。据初步统计,明清之际来华耶稣会士用中文译书、著书有700多部之多,但这些著作一直未被译为西方语言。这一翻译工作是近二十几年才开始的,如马爱德(Edward J.Melatesea,S.J.)、蓝克实、胡国祯诸先生对利玛窦《天主实义》的翻译:"*The True Meaning of The Lord of Heaven* (*T' ien-chu Shih-i*)";柯毅林(Gianni Criveller)先生对晚明时期来华传教士中文神学著作的介绍和翻译:"*Preching Christ in Late Ming China*"。[2]这一工作是十分有意义的,因为这是西方汉学创立期的重要文献,没有这批中文文献,西方汉学的历史就是一个不完整的历史。但目前这批文献仍未被大多数西方汉学家所重视。这种忽略掩盖着一个判断:西方汉学仅指的是以西方语言为载体的著作,而传教士的中文著作,只能被列入中国天主教史的范围而不能列入西方汉学的范围。这种看法显然是不对的。

首先,尽管罗明坚、利玛窦等人的这些著作是以中文形式在中国出版的,但它仍是西方人的著作,是西方人对中国宗教和文化的一种阐释,只是表现思想的语言形式不同。在我看来,近400年来只要是西方人对中国历史文化的研究著作,无论是以什么文字发表,它都应属于西方汉学的范围。

其次,这些著作在内容上不少是译著,这些译著的价值和来华耶稣会士后来将中文译成西方语言的译作是同等的,应视为西方汉学历史的一个重要方面。我们还可以从这种翻译中感受到文化的差异,了解跨文化交流中的"误读",从而把握西方汉学创立期的思想动向。

从其成就来看,明清间来华耶稣会士的汉学成就是相当高的,一个重要标志就是能以汉文写作(当然,这里有明清士人的帮助、润色)。就是在400年以后的今天,能直接用汉文写作,在中国出版、发表著作的汉学家仍很难找到。

1 裴化行:《天主教十六世纪在华传教志》,商务印书馆,1936年,第259页。此诗写于1584年5月30日罗明坚致友人信中,万明亦有一个译文,参阅《国际汉学》第二辑,第263页。英文可参阅 M.Howard Rienstra editor and translator, *Jesuit Letters from China 1583-1584*, p.23, University of Minnesota Press。

2 此书已由王志成等人译成中文,名为《晚明基督论》,四川人民出版社,1999年。

现在不少汉学家对中国文化的研究仍是通过西方文字的一些翻译著作来进行的,这说明他们和这些传教士的语言水平相比,差距很大。在这个意义上,来华耶稣会士所开创的以汉文写作的形式所达到的高度,除晚清时有些新教传教士外,以后西方汉学家从未达到过,直到今天。因而,从西方汉学发展的角度来看,重新研究、评估这700多部中文著作是一个重要的研究课题。

五、在西方绘编出第一本中国地图集

绘制中国地图一直是西方早期汉学的一个重要方面。16世纪以前西方没有一幅完整的中国地图,那时的西方地图绘制学还建立在托勒密的宇宙观基础上,而对东方和中国的认识,中世纪以后大多还停留在《马可·波罗游记》的影响之中。14世纪保利诺·未诺里的《分成三个部分的世界地图》(*De Mapa Mundi Cum Trifaria Orbis Divisione*)中,“第一次出现了关于契丹或大汗的描述:契丹王国和它的大汗(Incipit Regnum Cathnaye His Stat Magnus Canis)”[1]。

奥特利乌斯(Ortelius Abraham)1567年在安特卫普出版了第一本《新亚洲地图集》(*Asiae Orbis Partium Maximae Nova Description*)。三年以后他绘制的《世界概略》(*Theatrum Orbis Terrarum*)收入了66幅地图,包括世界图、分海图和分区或分国图。这幅地图原藏于北堂图书馆,现藏于中国国家图书馆,它是最早传入中国的由欧洲人绘制的世界地图。

1635年在阿姆斯特丹出版了两卷署名为古里埃尔姆·约翰·波劳(Guijielmum et Johannem Blaeu)的《新世界地图集》(*Theatrum Orbis Terrarum Sive Atlas Novas*)。这部作品包括9张亚洲地图,其中之一题目是“古代中国人和现在中华帝国的居民”(China Veteribus Sinarum Ragio Nanc Incolis Tame Dicta)。“虽然地图制造出版业如此兴旺,比起中世纪的作品已经有所改进,但是直到17世纪对中国的介绍仍不令人满意,譬如,整个西方制图学对契丹的介绍仍有别于中国的实际。”[2]

1　参阅本犬尔迪诺(Filippo Bencardino):《15—17世纪欧洲地图学对中国的介绍》,载《文化杂志》,澳门文化司署,1998年春季号。

2　同上。

第一次在西方出版详细的中国地图集的是罗明坚。罗明坚的这部《中国地图集》于1987年才被人发现，它原深藏在罗马国家图书馆中。1993年经过欧金尼奥洛·萨尔多的整理编辑，由 Istituto Poligrafico E Zecca Dello Stato—Rom 正式出版。[1]

"这本地图集共有37页地理状况描绘和27幅地图"[2]，其中有些是草图，有些绘制得很精细。这个地图集有以下几个特点：

第一，它第一次较为详细地列出了中国的省份。罗明坚对15省份都进行了分析性的介绍，从该省的农业生产、粮食产量、矿产，到河流及其流向，各省之间的距离，各省边界、方位，"皇家成员居住的地点，诸如茶叶等特殊作物、学校和医科大学以及宗教方面的情况"[3]，都有较为详细的介绍。

第二，在它的文字说明中，首次向西方介绍了中国的行政建构，当时欧洲人十分关心中华帝国的情况，国家的组织结构正是"当时欧洲感兴趣"的问题。他从"省"到"府"，从"府"到"州"和"县"，按照这个等级顺序逐一介绍每个省的主要城市、名称，甚至连各地驻军的场所"卫"和"所"都有介绍。所以这个地图集的编辑者说："这部作品最突出之点也是作者试图准确地说明中国大陆的行政机器在形式上的完善性。"[4]

第三，突出了南方的重要性。意大利学者欧金尼奥洛·萨尔多认为，罗明坚的《中国地图集》肯定受到了中国地图学家罗洪先《广舆图》的影响，罗明坚所使用的许多基本数字大都来源于《广舆图》。但在对中国的介绍上，罗明坚却表达了西方人的观点，他不是首先从北京或南京这两个帝国的首都和中心开始介绍，而是从南方沿海省份逐步展开了介绍。"这种看待中国的方式与那个时代葡萄牙人的方式完全相同"[5]，因为对当时的欧洲人来说，他们更关心的是与他们贸易相关的中国南部省份。

尽管在西方实际影响较大的是卫匡国1655年在阿姆斯特丹出版的《中国

1 *Atlante Della cina*, di Michele Ruggieri S.J.a cura di Eugenio Co Sardo, Archivio di stato di Roma.

2 本犬尔迪诺：《15—17世纪欧洲地图学对中国的介绍》。

3 洛佩斯(Fernando Sales Lopes)：《罗明坚的中国地图集》，《文化杂志》1998年第34期。

4 同上。

5 同上。

新地图集》(*Novas Atlas Sinensis*),但罗明坚地图却有不可忽视的价值。因为卫匡国返回欧洲以后,还是通过卡瓦莱蒂的地图集参考了"罗明坚的绘图作品"[1]。所以,如果说利玛窦第一次将西方地图介绍到中国,推动了东方制图学的话,那么,罗明坚则是第一次将东方地图介绍到欧洲,推动了西方的制图学,而中国地图在西方的传播是同中国哲学和宗教的传播紧紧联系在一起的。

此外,罗明坚还是明代第一个用中文作诗的传教士,其诗作藏于罗马耶稣会档案馆,编号 Jap. Sin. Ⅱ 159。陈绪伦神父(Albert Chan, S. J.)已在 Monumenta Serica 41(1993)上发表了研究论文"Michele Ruggieri, S.J.(1543—1607) and His Chinese Poems"。因篇幅有限,对罗明坚的诗文另做专门研究。

结束语

罗明坚是"传教士汉学时期"西方汉学的真正奠基人之一。他在对中国语言文字的研究方面,在中国典籍的西译方面,在以中文形式从事写作方面,在向西方介绍中国制图学方面都开创了来华耶稣会士之先,为以后的西方汉学发展做出了重大贡献。他应与利玛窦齐名,同时被称为"西方汉学之父"。

我诚挚地感谢 Wilhelm K.Müller 先生和 Jeroom Heyndrickx 先生,本文在写作过程中曾得到他们的帮助。

(原载《历史研究》2001 年第 3 期)

1　本犬尔迪诺:《15—17 世纪欧洲地图学对中国的介绍》。

基歇尔笔下的中国形象

——兼论形象学对欧洲早期汉学研究的方法论意义

基歇尔(Athanasius Kircher,1602—1680)是欧洲17世纪著名的学者、耶稣会士,他是一个百科全书式的人物,一生兴趣广泛,著书四十多部,在物理学、天文学、机械学、哲学、历史学、音乐学、东方学上都有建树,“被称为最后的一个文艺复兴人物”[1]。

他所著的《中国宗教、世俗和各种自然、技术奇观及其有价值的实物材料汇编》(*China Monumentis qua Sacris qua Profanis,Nec non Variis Naturae et Artis Spectaculis,Aliarumque rerum memorabilium Argumentis Illustrata*)简称《中国图说》(*China Illustrata*),在欧洲早期汉学发展的历史中占有重要的地位。法国学者艾田蒲(Etiemble)认为这本书当时在欧洲的影响实际上比利马窦和金尼阁的《中国札记》影响还要大。[2]

该书的英文版译者则认为“该书出版后的二百多年内,在形成西方人对中国及其邻国的认识上,基歇尔的《中国图说》可能是独一无二的最重要的著作”[3]。

如何看待基歇尔在《中国图说》中所塑造的中国形象是研究欧洲早期汉学史中一个具有典型意义的个案。本文试图运用比较文学的形象学理论,对《中国图说》的中国形象做一解读。

一、社会集体想象

基歇尔在《中国图说》中所描述的中国形象的一个重要方面就是对中国文

1 G.J.Rasen Kranz:*Aus dem Leben des Jesuite Athanasius Kircher 1602—1680*, 1850, vol 1,p.8.

2 艾田蒲:《中国之欧洲》上册,河南人民出版社,1992年,第269页。

3 基歇尔:《中国图说》1986年英文版序,大象出版社,2010年。

字的介绍，通过对中国象形文字的介绍，揭示出中国文化特质。

在西方第一个出现中国文字的书可能是门多萨(J.G.de Mendoza)的《中华大帝国史》(*The History of the Great and Mighty Kingdom of China and the Situation there of*)。在这本书中门多萨抄录了“城”“皇”“窍”(实际是天)三个字[1]。但系统地介绍中国象形文字影响最大的就是基歇尔的《中国图说》。

他认为中国文字有十六种类型。它们分别是：

1.龙书，是对蛇和龙的模仿，创立者是伏羲。

2.农书，这些文字类型来自农业，所有的字都是和农业联系在一起的，创立者是黄帝。

3.鸟书，这些文字类型来自美丽的鸟的翅膀，远古的夏后是这种文字的创立者。

4.虫书，这些文字类型来自蠕虫和牡蛎，古代的国王 Chuen ki 是创立者。

5.根书，这些文字类型来源于植物的根。

6.鸟翼书，这些文字类型来源于鸟的翅膀。

7.龟书，这些文字类型来源于龟和甲鱼类动物。

8.孔雀书，这些文字类型来源于孔雀和鸟。

9.草书，这些文字类型来源于草类和树枝。

10.牌匾书，这些文字类型作为牌匾上的记录而构成。

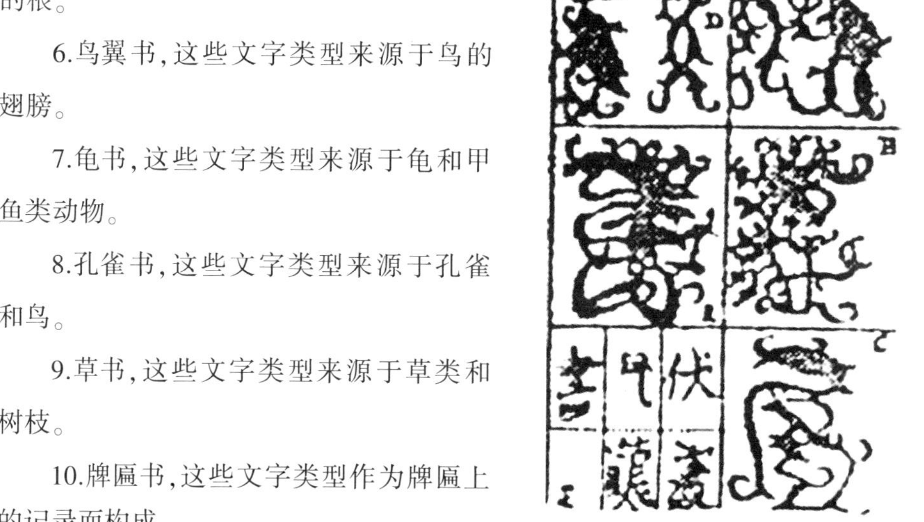

11.星书，这些文字类型来源于星星和星体。

12.敕令书，这些文字来源于帝王的各种敕令、恩典中的文字。

13.不知名称，但这些文字显示了寂静、快乐、知识。

1　C.R.博克舍编注：《16 世纪中国南部行记》，何高济译，中华书局，1990 年，第 161—162 页。

14.不知名称，无来源的文字。

15.鱼书，这些文字类型来源于鱼。

16.无法解读，也无法构思出来。

基歇尔的这些材料来自晚明入华的传教士卜弥格（Michel Borm，1612—1659）。卜弥格为挽救南明王朝1653年来到罗马，希望罗马教廷给予南明王朝支持[1]，他在罗马待了三年，1656年返回中国。在这期间，他曾教过基歇尔中文读写。在基歇尔写作这本书时，罗马的梵蒂冈图书馆已有了一些入华传教士带回的中文书，其中有一本《万宝全书》，据丹麦学者龙伯格（Knud Lundbaek）考证，基歇尔所介绍的这十六种文字大部分来自这本书，该书共8卷38章，其中第11章专门讨论了中国的文字书写，第17—23章介绍了中国的书法、印章。[2]

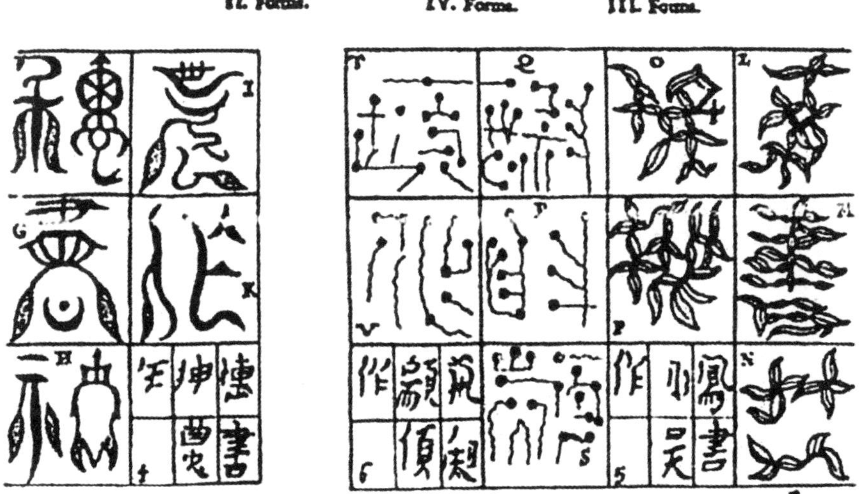

从文字学本身来说，这些文字类型不是中国成熟的文字类型，为什么基歇尔要选择这些文字类型介绍给欧洲的知识界呢？这和他当时脑中已有的东方形象有关，如从形象学的角度，我们需要研究"形象的创者"基歇尔，研究"注视者的文化"，当时欧洲的"社会集体想象物"，这样才能得出合理的解释。

1　参阅爱德华：《卜弥格传》，大象出版社，2001年。

2　《中西文化交流史：1500—1800》（英文版），1983年，第8页。

VII. Forma.　VI. Forma.　V. Forma.

IX. Forma.　VIII. Forma.

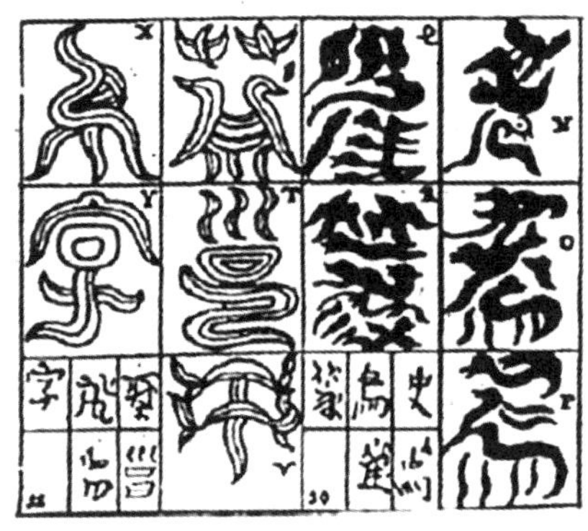

XVI. Forma.　XV. Forma.

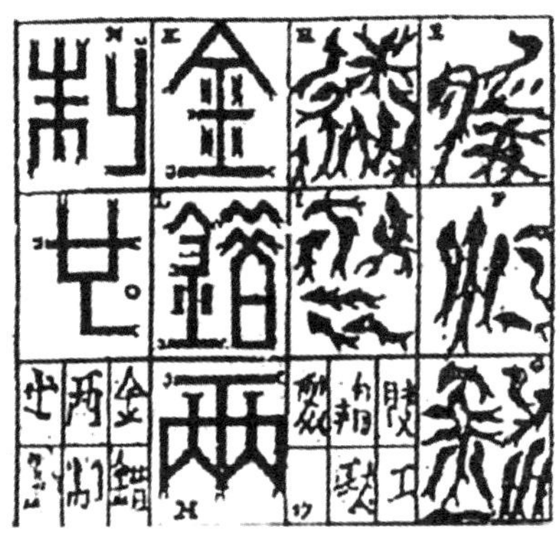

大航海以后，到达东方的传教士无论是从墨西哥—菲律宾—福建路线入华的传教士还是从果阿—马六甲—澳门入华的传教士陆陆续续写了一些关于中国的书、报道了中国的一般情况，但利马窦的《天主教传入中国史》在西方出版以前，西方对中国文化的认识水平仍处在很初级的阶段，对中国文字的认识基本上还没入门。虽然基歇尔此书的材料大部分来自到过中国的传教士卜弥格之手，但基歇尔在加工这些材料时，他实际在“社会集体想象物”的支配下与现实拉开了距离。

此时，欧洲人的东方概念仍是以埃及为其模本，因而在解释中国这些文字时，基歇尔自然想到了埃及的楔形文字，所以他说：“最古老的中国文字来自埃及,从埃及人那里,中国人引申出自己的书写体系。”[1]

让-骇·莫哈在他的《讨论文学形象学的研究史及引者论》一文中认为在对异国形象的描述中有两种类型,一种是“意识形态”,一种是“乌托邦”。前者与任何自塑自我形象,进行戏剧意义上的“自我表演”,主动参与游戏和表演的社会群体的需求相联传,也就是说“从自身的起源、身份,自我在世界史的地位的观念去解读异国”[2]。后者则通过异国形象的相异性,来批判自身的文化,正如莫哈所说的“凡按本社会模式、完全使用本社会话语重塑出的异国形象就是意识形态的,而用离心的、符合一个作者(或一个群体)对相异性独特看法的话语塑造出的异国形象是乌托邦的”[3]。

XII. Forma　　XI. Forma　　X. Forma

1　基歇尔:《中国图说》(英文版),大象出版社,2010 年,第 75 页。

2　孟华主编:《比较文学形象学》,北京大学出版社,2001 年,第 32—33 页。

3　同上书,第 35 页。

XIV. Forma　　　　XIII. Forma

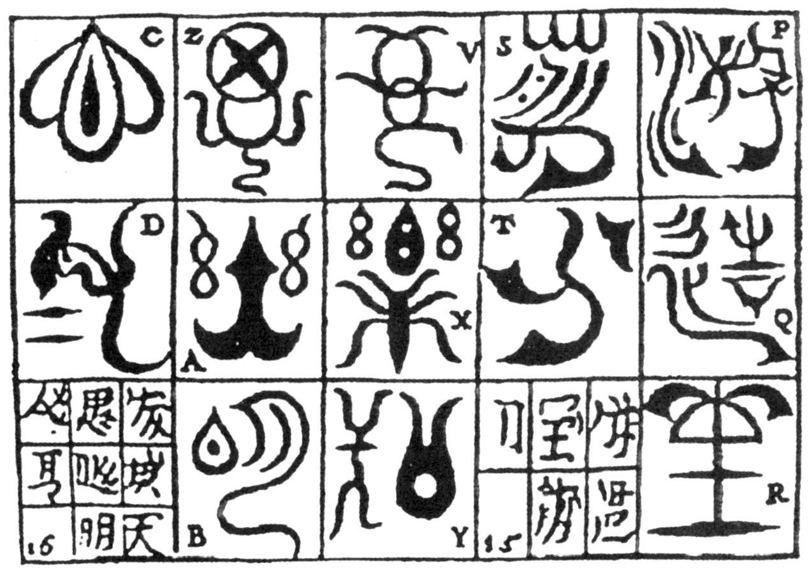

按照这样的原则，我们看到，基歇尔的中国语言观基本上仍是基督教的语言观，他认为："在洪水泛滥的三百年后，当时诺亚后代统治着陆地，他们把他们的帝国扩展到整个东方的版图，中国文字的第一个发明者是皇帝伏羲，我毫不怀疑伏羲是从诺亚的后代那里学会的。"[1]基歇尔的这种语言观在当时欧洲占据着主导地位。在基歇尔的这本书出版两年后的1669年，英国人约翰·韦伯(John Webb)写了一本叫《论中华帝国之语言即为原始语言之可能性的历史论文》(*A Historical Essay Endeavoring a Probability That the Language of the Empire of China is the Primitive Language*)的书出版，这本书根据的是《圣经》"创世记"第11章中的一段话："耶和华降临要看看世人所建造的城市和塔，耶和华说：'看哪，他们成为一样的人民，都是一样的言语。如今既做起这件事来，以后他们要做的事，就没有不成就的了。我们下去，在那里变乱他们的口音，使他们语言彼此不通。'于是耶和华使他们从那里分散在全地上，他们就停工不是那样了。因为耶和华在那里变乱天下的言语，使众人分散在全地上，所以那城名叫巴别(变乱之意)。"

1　基歇尔：《中国图说》(英文版)，第375页。

据此,约翰·韦伯认为在创造巴别塔时,人们的原始语言是汉语,即汉语是在耶和华乱了人们的语言前世界通用的原始语言。这说明当欧洲人第一次面对汉字时,他们只能根据自身的文化、自身的历史来解读汉字、解读中国。他们的文化是基督教的文化,《圣经》是基督教文化之母体,他们的历史观当时仍处在基督教的历史观中。由此出发,他们把中国文字、中国文化纳入到自身的话语系统。

从形象学的"社会集体想象"的类型来看,显然,支配基歇尔、约翰·韦伯等人的"社会集体想象"的类型是"意识形态"。

在形象学中"社会集体想象"的这两种类型的区别是明显的,"第一个方向趋向于整合、重复、反射;第二个则由于是远离中心的,故趋向于漂泊"[1]。但这两种类型并不是截然分开的,"一个离开另一个就无法生存"。利科(Paul Ricoeur)认为,"我们甚至很难决定某种思维方式到底是意识形态的还是乌托邦的"。[2]在基歇尔的《中国图说》中也表现出了这种特征。虽然他理解中国的基点是基督教的世界观,但他也处处流露出了对这个东方大国的赞扬。他说:"中华帝国是世界上最富足和最强有力的国家……它有一位拥有绝对权力的君主,比今日世界上所有其他王国的国君的权力都大。"[3]在他的笔下,中国地域广阔,从南到北如此之广大,包含了热带、寒带各种气候带;中国物产丰富,世界各地的水果、林木、香料、动物中国都有,人们能品尝到各类水果,看到各类珍奇动物。中国土地肥沃,湖泊、江河湿润着所有的土地,交通发达通畅,陆路和水路交通把一个个城市联系起来。

不仅在地理位置、自然环境上中国有着独特的条件,经济上高度发展,而且政治昌明,法律健全,行政管理有效,民风淳朴,人民勤劳。基歇尔甚至认为中国就像柏拉图所设计的理想王国,因为整个中国是由文人来管理的。基歇尔笔下的中国是一个富裕的中国、文明的中国,是一个令人神往的国度。在这种介绍中,基歇尔表现出了文艺复兴以来那种对自然的颂扬,对开明政体的向

1 孟华主编:《比较文学形象学》,北京大学出版社,2001年,第61页。

2 同上。

3 基歇尔:《中国图说》(英文版),第317页。

往，对一种人文精神的认同的基本倾向。显然，相对于中世纪的欧洲来说，中国胜过欧洲的任何一个国家。这是一种暗喻、一种衬托、一种比较，这种暗喻之中表达了一个“远离中心的存在”，一个神奇的东方的存在。这当然是“社会集体想象”中的乌托邦类型。

通过基歇尔对中国形象的描述，我们可以看到“社会集体想象”中这两种类型的渗透和互补，这两个方面往往是交织在一起的。但我们又不能由于二者的联系、相互渗透而否认了它的基本倾向。

正如伏尔泰那里，我们看到他的中国形象主要受“乌托邦”类型的支配，他以中国为例对法国现实社会进行批判。[1]

那么，在基歇尔这里，他的中国形象尽管有着乌托邦的因素，但他并不是以此来批判中世纪的基督教的，相反，即便在他的比较、衬托中流露出了对东方的向往，但描述的基本框架仍是“意识形态”的。如在谈到中国的富有和道德的高尚时他说：“因此，我常常感到惊奇的是：对于骄奢淫逸与黑暗重重的这样一个帝国，上帝竟赐予如此富裕的财富。可是，上帝的谋臣隐藏起来了，我们不能对他们进行查究。我们不得不得出的结论是：上帝预见到当地人在等待永久性的惩罚，因而对他们培育出来的良好道德，以及他们生活遵循的规则，乐意予以补偿。于是，上帝为他们提供丰富的日常需用的东西，则这和上帝使太阳在善与恶上面一起升起是同一道理。”[2] 这说明我们在使用形象学的“意识形态”和“乌托邦”这个标准时，不能截然分开，应根据每一个作者的具体情况做具体的分析。

二、形象的虚幻与真实

“形象学认定，在按照社会需要重塑异国现实的意义上，所有的形象都是幻象，如同所有的虚幻作品都是按照一个更高层次的现实主义重塑现实一样。”[3]

1　参阅孟华：《伏尔泰与孔子》，新华出版社，1996 年，第 53 页。
2　基歇尔：《中国图说》（英文版），第 320 页。
3　孟华主编：《比较文学形象学》，北京大学出版社，2001 年，第 39 页。

这说明形象是对异国的描述和重构，这种描述和重构是异地确实存在的对象，但又是当下不在场的对象，一种缺席的对象的"任意展现"。

从文学的角度来说，这是对的。其实不仅是异国形象，任何文学作品中的形象都是作家的重塑和重构，原始形象的在场与不在场对作者来说是无所谓的。这一点在16—18世纪西方文学中中国的形象表现得很明显，如英国作家哥尔德斯密斯（Oliver Goldsmith，1730—1774）在《公簿报》（*Public Ledger*）上所发表的《旅居伦敦的中国哲学家叔和致北京友人李济安书》，简称《叔和通信》（*A Letter from Xo Ho*）、《中国人信札》，这部书信集中四分之三的内容是李济安·阿尔打基（Lien Chi Altangi）写给北京一位礼部官员的信，而实际上，无论李济安·阿尔打基还是北京的礼部官员都根本不存在，这都是哥尔德斯密斯虚构的人物，而书中所描述的中国形象则完全是他虚构的[1]，实际上他"展现的不是缺席事物，而是不存在的事物"。

德国16—18世纪文学中也是这样，作家根据自己的想象，塑造着东方的形象。[2]

作为欧洲早期汉学的代表作，基歇尔的《中国图说》一书中的材料全部来自传教士之手，这些传教士都在中国长期生活过，这使《中国图说》和哥尔德斯密斯的《中国人信札》不同。在这点上《中国图说》和门多萨的《中华大帝国史》属于一类书，两人都未来到过中国，书中的材料也都是入华传教士所提供的，其中绝大部分都是较为真实的，如基歇尔对西安大秦景教碑的介绍，内容完全是真实的。就此而言，《中国图说》应属于史学著作，而不是文学著作。

但同时又应看到，早期欧洲汉学著作大多是以游记形象出现的，若与1814年在法国所诞生的专业汉学相比，16—18世纪的汉学著作中文学性内容、想象性内容还是有的，而不像今天的专业汉学，基本上对中国的研究是在一种较为严格的学术框架中展开的。

例如，《中国图说》中对西藏的介绍是基歇尔据白乃心（Jean Grueber，

1　参阅范存忠：《中国文化在启蒙时期的英国》上册，上海外语教育出版社，1991年；孟华主编：《比较文学形象学》，北京大学出版社，2001年，第43页。

2　参阅卫茂平：《中国对德国文学影响史述》，上海外语教育出版社，1996年；顾彬：《关于"异"的研究》，北京大学出版社，1997年。

1623—1680）途经西藏时所写的信改写的，大部分较为真实，特别是首次以图画的形象向西方展现了西藏的形象。例如他对拉萨的介绍，图中有布达拉宫雄伟的建筑，看起来八九不离十，但研究者认为“这幅画的内容，不完全是当时看到的情景，而增加了画家一些想象成分，如那辆两轮车，在拉萨是不可能存在的”[1]。

又如，白乃心所画的两个人向达赖喇嘛朝拜画，画中所画的达赖喇嘛的衣服完全不对，而且“这幅画纯属白乃心想象画出来的，因为白乃心没有亲眼见过第五辈达赖喇嘛。他在拉萨时曾经提出谒见达赖喇嘛，但第五辈达赖喇嘛回答不同意接见，因为他不是异教徒”。[2]

就此而言，基歇尔的这部书，乃至整个欧洲早期汉学著作又具有一定的文学性质，或者说是介于史学与文学之间的形态。

其实形象学并不仅仅在于指出任何异国形象都是被“注视者”所幻想出来的，而更在于通过考察“社会集体想象”，考察“注视者”的“幻想”与历史之间的关系，正如巴柔所说的：“这里涉及的是要考察文学文本与某一社会文化情境是否相符的问题……考察所研究的文本处于什么样的认知、权利场中，它可

1　伍昆明：《早期传教士进藏活动史》，中国藏学出版社，1992 年，第 338 页。

2　同上书，第 337 页。

能主要面对什么样的社会文化阶层；总之，是要考察对异国的文学描述与所谓‘被注视者’文化是怎样交接起来的。”[1]

但应注意，按照巴柔的理解，形象学在历史方面的努力，主要是讲“注视者”如何在一定的历史环境中描述与创造，他关注的是文学主体的一面，在此他认为“这一形象从来都是不忠实的”[2]。

我认为这个结论很难用在《中国图说》及欧洲早期汉学著作上。从史学看，《中国图说》及西方早期汉学著作描述了较之以前更为真实的中国，在对中国的认识上又前进了一步，由此，他塑造的中国形象里有真实的一面；同时，从其游记的性质来看，基歇尔的《中国图说》中的中国形象又有他和传教士们虚构的一面、“误读”的一面。

从人类文化交流史来看，作为文学内容的“异国形象”和作为历史学、人类学的“异国形象”是交织在一起发生的，想象的翅膀往往是在真实的知识上飞翔起来的，而在认识演进的过程中，任何知识都有局限，它又必然和想象混杂在一起。

在实际历史过程中，在异国形象确立的过程中这两个方面是不可分的，是

1　孟华主编：《比较文学形象学》，北京大学出版社，2001 年，第 138 页。

2　同上书，第 139 页。

一个统一的历史过程。所以，在研究“异国形象”时，不仅应注意到“注视者”的幻想、误读，还应注意到“注视者”所获得知识的真实性和在人类学、历史学知识上的演进。就此而讲，我不同意“形象从来都是不忠实的”。我也不同意在形象的研究中只注意研究“注视者”的文化、历史和运作机制，而不注意探究形象的真实程度及其与现实的关系。[1]

从马可·波罗所塑造的“神秘中国”到入华传教士所描述的“文明中国”，这中间固然有欧洲文化演进的内在机制的需要、欧洲文化自身的需要，但同时，这种“中国形象”的改变也与欧洲对中国知识的增加、对真实中国认识的深入，使一个真实中国在欧洲再现有关。

这两个方面在“异国形象”的形成中同时发挥着作用。任何“误读”、任何“幻想”都是在一定人类学知识的基础上发生的，而任何人类知识的产生又都有着幻想的部分，都有着描述者的幻想和其社会集体想象对描述者的支配。

从另一方面说，人类学和历史学研究中不仅应注意知识上的真实，也应注意这种知识产生的社会想象的背景；反之，形象学不应只研究“注视者”的历史、运作和它的幻觉，也应注意“形象”和真实知识之间的互动，以及这种知识和“注视者”之间的关系。

我认为基歇尔的《中国图说》及西方早期汉学著作可以说明这一点。

三、形象学对欧洲早期汉学史研究的方法论启示

如果从历史发展来看，我们可以把欧洲汉学的发展看成三个阶段：《马可·波罗游记》所代表的“游记汉学”，传教士书信所代表的“传教士汉学”，今天在西方大学体制内所发生的“专业性汉学”。

对欧洲汉学史的研究是近二十年来的事，即便是欧洲也刚刚开始注意，从研究者的背景看，大多是从历史学科、从中西文化交流史的角度来把握欧洲汉学史的研究的。

尤其是在对欧洲早期汉学史的研究中，研究者的兴趣大都集中在两个方面：

1　孟华主编：《比较文学形象学》，北京大学出版社，2001 年，第 123 页。

其一，欧洲对中国的认识是如何进步的，如早期把中国与契丹混同到以后认识到二者的区别，有关中国地理、历史的知识有了实际进步。作为东方学的一支，作为历史学的一部分，欧洲对中国的认识也有一个发展、演进的过程，欧洲早期汉学史研究的任务就是描绘出欧洲对中国真实知识认识的历程。

其二，从传教士入华以后，关于中国的历史记载已不再仅仅出现在中文文献中，也同时出现在西方的文献中；记录中国历史事件、社会变化的也不再仅仅是中国的历史学家，传教士、商人、游客也成为中国历史的重要记录者。这样欧洲早期汉学史就同中国史紧密地联系在一起，这就是为什么最关心欧洲早期汉学史的人是做明清史研究的人，或者可在一定意义上讲对欧洲早期汉学的研究是对明清史研究的一个补充。

这两个方面都是在求知，都是在历史学、人类学的知识框架中发生的。

但实际上欧洲汉学史对欧洲的思想文化史来说还有另一层意义，即作为欧洲自身文化裂变的一个重要因素，欧洲早期汉学史中的“中国形象”是作为启蒙运动的旗帜、乌托邦理想而出现的。在这个意义上，它是从比较文化、从欧洲自身文化的发展来看的。

探讨欧洲早期的“中国形象”就必须研究欧洲早期汉学，而这种研究的重点已不再注重中国知识增长多少、所记载的中国历史事件多少，而是研究这种中国形象形成的历史机制、社会集体想象等，如上面我们所分析的。这样就必须运用形象学的理论。

在这个意义上，形象学不仅给了我们研究欧洲早期汉学的一个方法，也给了我们研究这段历史的一个新的视角，开辟了一个新的研究方向。这个意义是十分重大的。

这是方法论启示的第一点。

第二，形象学方法的局限性。

就西方的知识体系来说汉学是处在东方学这个大的体系之中，在西方目前影响颇大的赛义德（Edward W.Said）的《东方学》是后现代思潮的一本重要著作，是对西方学术中的东方学做系统批判的一本书。

赛义德的《东方学》的理论基点是反对史学与文学中的“欧洲中心主义”，

他的理论框架基本是形象学的一套理论。他认为西方学术中的东方学是在西方向东方的扩张中,在其帝国主义的意识形态下建构起来的,西方的东方知识是在殖民扩张以及对新异事物的兴趣的背景下发展起来的,这种意识形态的话语就是"东方是非理性的、堕落的、幼稚的、'不正常的',而欧洲则是理性的、贞洁的、成熟的、正常的"[1]。

赛义德利用的就是形象学的方法,着力于对"注视者"历史文化的解释,说明东方学产生的欧洲文化、政治背景和"社会集体想象"。他很深入地揭示了欧洲文化对东方的关注是源于自身的问题,东方学的研究一直受制于西方的文化传统,受制于现实情境,受制于西方的教育、文化和政府机构。因此,东方学研究的学术性是很值得怀疑的,他们"从来就不是自由的,而是受其形象、假设和意图的限制的"。[2]

他得出的结论是:"东方学自身乃某些政治力量和政治活动的产物。"[3]他认为对19世纪的欧洲人来说,"每一个欧洲人,不管他会对东方发表什么看法,最终都几乎是一个种族主义者,一个帝国主义者,一个彻头彻尾的民族中心主义者"[4]。

这样,东方学的客观性、真理的真实性都已不存在了,整个东方学是意识形态的产物,如赛义德说的是尼采主义上的真理体系,而尼采则认为"真理本质上只是幻想"。

显然,这个结论和形象学所说的探究形象"不必探究形象的'真实'程度及其与现实的关系"[5],"形象神话和海市蜃楼"[6]是异曲同工的,只不过,形象学把自身限定在文学的范围中,而赛义德则把这一原则扩展至整个东方学,无论是历史学、人类学,还是文学,概莫能外。

形象学和赛义德的《东方学》对早期欧洲汉学的研究提出了一个根本性的问题:作为东方学一部分的欧洲汉学如果是意识形态的产物,是帝国主义早期

1 爱德华·W.赛义德:《东方学》,生活·读书·新知三联书店,1999年,第49页。
2 同上书,第257页。
3 同上书,第259页。
4 同上书,第260页。
5 孟华主编:《比较文学形象学》,北京大学出版社,2001年,第122页。
6 同上书,第114页。

殖民主义扩张的产物,那么它的真实性何在?或者进一步扩大,在历史研究中,如何确立"历史事实"和意识形态的关系,如果像后现代主义者巴特(Roland Barthes)所说的"历史推论在本质上是意识形态经营下的一种形式,或者更正确一点,是想象的惨淡经营"[1],那么历史学还有存在的必要吗?

平心而论,形象学对"注视者"文化的研究、对"社会集体想象"的分析有着极大的启迪性,上面已讲。就赛义德的《东方学》来说,他的反欧洲中心主义立场我也十分认同,他对西方东方学的意识形态特点的分析、东方学与西方在东方的殖民地的扩张之间的互动的分析都十分精彩,他提供给我一个把握西方早期汉学的重要方法。

但我认为不能把西方的东方学完全归为帝国主义扩张的结果,不能完全把西方早期汉学意识形态化。

就西方早期汉学而言,西方对中国的态度在 1500—1800 年期间基本上是巴柔所说的"亲善"态度,这和 1840 年以后的中西文化关系有较大的区别。这既是由中国文化的悠久这个历史事实所决定的,使西方不能在东方采取对待北美印第安人的态度,也是由当时中西双方的经济实力决定的。赛义德更多的是以 19 世纪的东西方关系为基础展开的,忽视了西方对东方,尤其是对中国的态度的演变过程。

另外,欧洲早期汉学中的想象、幻觉部分一直是有的,如上面对基歇尔的分析,但这种想象和幻觉的成分与他们对中国认识的精确知识的增长是交织在一起的。我们既不能说欧洲早期汉学完全是意识形态的产物,是虚幻的,毫无真实性可言,也不能说此阶段的汉学研究完全以真实材料为准,毫无虚幻。

这点在基歇尔的《中国图说》中表现得很清楚,我们研究者的任务是分析出哪些成分、哪些内容是意识形态的产物,是想象,哪些内容是精确知识的推进。当然,即便是想象部分我们也不能否认其价值,而应该从想象部分入手探究欧洲早期汉学的另一面:在欧洲文化变迁史中的作用。

所以,对西方早期汉学必须做具体的分析,而不能一概而论。在西方对中国认识的历程中真实知识的增长和想象部分之间,在不同的时期其比例也是

---

1 Roland Barthes, "The Discourse of History", in *The Postmodern History Reader*, p.121.

不一样的。应做历史性的具体分析,勾画出二者之间的互动与消长,不能一概认为西方的东方知识统统是幻觉。

推而广之,任何历史研究者都不可能没有推论的部分,因为史学的基本方法是在史料基础上的叙事与解释,而史学家无论采取其中哪一种方法,也受其时代意识形态的影响。也就是说,后现代主义的史学观揭示出了历史研究中的意识形态因素是对的,但不能由此而把历史研究看成史学家主观的推论,史学完全是意识形态的结果,历史从此失去真实性。

我们在研究中应把主观推论和意识形态压到最低程度,同时给予这种意识形态背景一个说明。这样才能做到史实客观,使历史能接近真实。[1] 如王夫之所说,历史学的任务是“设身于古之时势,为己之所躬逢;研虑于古之谋为,为己之所身任”[2]。这种传统的史学观仍有基本的价值。

(原载《中国文化研究》2003 年第 3 期,人大复印资料《文艺理论》2003 年)

1 杜维运:《后现代主义的吊诡》,(台湾)《汉学研究通讯》,2002 年 2 月,第 1—3 页。

2 王夫之:《读通鉴论》卷末《叙论四》。

莱布尼茨时代的德国汉学

莱布尼茨是17世纪欧洲伟大的哲学家,关注东方、关注中国是莱布尼茨思想的重要特点。那么,当时莱布尼茨读过哪些德国汉学家的著作呢?或者说当时德国有哪些汉学家曾和莱布尼茨有过这样或那样的关系呢?本文从研究德国17世纪的四名汉学家入手,揭示莱布尼茨时代的德国汉学研究,从而在德国当时的文化和学术氛围中来理解莱布尼茨的中国观。

一、基歇尔的汉学研究

17世纪欧洲汉学研究的重镇在德国,它的代表人物是基歇尔、米勒、门采尔和巴耶。正是这四个人,在中国耶稣会士的帮助下开启了欧洲本土的汉学研究,使德国成为当时欧洲的汉学研究中心。

阿塔纳修斯·基歇尔(Athanasius Kircher,1602—1680)是欧洲17世纪著名的学者、耶稣会士。他1602年5月2日出生于德国的富尔达(Fulda),1618年16岁时加入耶稣会,以后在维尔茨堡任数学教授和哲学教授。在德国三十年的战争中,他迁居到罗马生活,在罗马公学教授数学和荷兰语。他兴趣广泛,知识广博,仅用拉丁语出的著作就有四十多部。有人说他是"自然科学家、物理学家、天文学家、机械学家、哲学家、建筑学家、数学家、历史学家、地理学家、东方学家、音乐学家、作曲家、诗人","有时被称为最后的一个文艺复兴人物"。

基歇尔虽然著述繁多,但他在1667年在阿姆斯特丹所出版的《中国图说》恐怕是他一生中最有影响的著作之一。《中国图说》拉丁文版的原书名为 *China Monumentis qua Sacris qua Profanis, Nec non Variis Naturae et Artis*

Spectaculis, Aliarumque rerum memorabilium Argumentis Illustrata[1]，中文为《中国宗教、世俗和各种自然、技术奇观及其有价值的实物材料汇编》，简称《中国图说》，即 *China Illustrata*。

考察西方早期汉学史，基歇尔的这本书是必须研究的[2]，它是西方早期汉学发展史的链条上一个重要的环节。基歇尔在《中国图说》中对中国语言的研究主要表现在两个方面：一个是对大秦景教碑的注音和释义，一个是对中国文字的介绍。当然，当我们这样说时，必须说这个注音系统实际上是来华传教士卜弥格（Michel Borm，1612—1659）和他的中国助手来完成的，基歇尔不过是将其发表而已。

卜弥格用三种方法对景教碑文做了研究。其一是对碑文的逐字注音，其二是对碑文的逐字释义，其三是对碑文在逐字释义的基础上的内容解释。在书中对碑文逐字注音和逐字释义时是将碑文的中文和拉丁文的注音、释义分开来做的，它们之间完全靠编号来一一对应。

根据目前我的知识，这很可能是在欧洲公开发表的第一部关于中文的字典，虽然在字典的排列上中文和拉丁文是分开的。这既是卜弥格对欧洲汉学的贡献，也是基歇尔的《中国图说》对欧洲汉学的贡献。

我们来看《中国图说》对中国文字的介绍。基歇尔的中国语言观仍是17世纪基督教的语言观，在这方面他并没有什么新意，无非是更加系统些而已。他认为大洪水以后诺亚的子孙们统治着世界，并把其帝国扩展到东方，“中国是最后一个被殖民化的国家”，因而他说：“中国文字的第一个发明者是皇帝伏羲，我毫不怀疑伏羲是从诺亚的后代那里学会的。”[3]基歇尔这一观点的根据就是中国文字和埃及文字一样都是象形文字：“古老的中国文字对此是最有力的证明，因为它们完全模仿象形字的写法。”[4]在他看来，中国人是根据事物本

1 朱谦之先生在《中国哲学对欧洲的影响》一书中对此书做过介绍，但他将该书第一版出版时间说成1664年是有误的。

2 朱谦之先生的《中国哲学对欧洲的影响》是国内最早研究该书的著作，朱先生将基歇尔译为“刻射”。

3 对于这个发问的翻译者我们所知甚少，参阅 Federico Masini, *Notes on the First Chinese Dictionary Published in Europe(1670)*, Monumenta Serica 51(2003), p.214。

4 同上。

身来创造字的,他们和埃及人一样,从兽类、鸟类、爬行类、鱼类、草类等多种事物的图形中形成了自己的文字。这样由于天下事物林林总总,因而中国的文字也特别多,他说在中国一个有学问的人至少要认识8万字,因而一个人若想获得更多的知识,他必须不断学习认字,而且还要有很好的记忆力。一个人只有"用他们的巨大劳动才能成为真正有学问的人,最终达到最高的博学程度,从而他们被选拔到帝国政府机关的最高层中"。

对中国古文字的介绍是基歇尔中国语言观中最有特色的部分,也是整个《中国图说》最亮彩、当时最吸引人的部分。他认为中国文字和埃及文字一样是以各种自然物的图像为基础的,因而随着历史的时代不同,人们所认识的事物不同,也就形成了不同的文字图像。他认为在中国古代共有十六种文字类型,它们分别是:

第一种:伏羲氏龙书(Fòhi xi lùm xù);

第二种:穗书神农(Chum xu xin Nûmço);

第三种:凤书少昊作(Fum xù xan hoamço);

第四种:蝌蚪颛顼作(Li teù chuen kimço);

第五种:庆云皇帝篆(Kim yun hoam ty chuen);

第六种:仓颉鸟迹字(Choam ham miào cye chi);

第七种:尧因龟出作(Yao yn queço);

第八种:史为鸟雀篆(Su guey nia cyò chuen);

第九种:蔡邕飞帛作(Cha yè fi mienço);

第十种:作氏笏记文(Queiço xi'ho ki ven);

第十一种:字为星宿篆(çu guey sym so chuen);

第十二种:符篆秦文字(Fu chuen tay venchi);

第十三种:游造至剪刀(Yeu çau chi eyen tao);

第十四种:安乐知思幽明心为(Ngan lochi su yeu min sym quei);

第十五种:暖江锦鳞聚(Nugum kiam mien lien cyeù);

第十六种:金错两制字。[1]

现在看来基歇尔对中国古代文字的介绍带有很大的随意性,许多是他根据自己所收集到的中国古文字图像臆想的。

《世本·作篇》说:"仓颉作书。"其实,汉字并不是某个圣贤所发明的,文字的产生是社会生产和生活的需要,在早期的甲骨文中,农事植物、兽畜鱼鸟、天体之象、人体器官、工具机械的名称占了大部分,当时的文字大都是由这些事物的图案组成的。而这些图案,正是当时畜牧、渔猎、农事采集等社会生产生活的主要内容。

关于汉字的起源历来说法不同,《说文解字·叙》中说:"及神农氏结绳为治而统其事,庶业其繁,饰伪萌生。黄帝之史仓颉见鸟兽蹄迒之迹,知分理之可相别异也,初造书契。"从目前的考古来看,最早的文字出现在大汶口文化的陶片上,中国早期文字的发展大体经历了陶文、简文、甲骨文与金文这些阶段。

基歇尔只是简单地跟卜弥格学了几句汉语、写了几个汉字,他不可能对汉字的历史和发展有更准确的理解。从西方人对中国文字的认识史来看,孟德卫教授对基歇尔的评价较为中肯,他说基歇尔的这些观点缺少一种创造性,"他仅仅是一个模仿者"。

基歇尔的贡献在于他公布了中国古代文字的图像。实际上"第一个在欧洲介绍中国书写文字的就是基歇尔"[2]。这就是基歇尔的 *Oedipus Aegyptiacus* 一书。该书在罗马出版,是一部关于数学、几何学、音乐和语言,特别是关于埃及象形文字和科普特语言的多卷本的书。(汉字究竟第一次出现在欧洲哪一部著作中,有不同说法,有人认为"汉字第一次出现在欧洲是在门多萨写的《中华大帝国史》一书中"。[3])基歇尔在这本书第三卷第二章中对中国语言和中国文字书写作了介绍。这一章的标题是"对中国古代文字的解释",当时他介绍了中国七种书写文字,这些包括在后来《中国图说》中所介

1　这里采用了董海婴的"汉语:欧洲人早期认知"一章中的翻译,在此表示感谢。我在《西方人早期汉语学习史调查》一书中已经翻译了这 16 种文字的名称,但只是从英文直译,董海婴的翻译更为精确。由此而感,学术是一个不断进步的过程。参阅龚婴晏:《西方人东来之后》,第 86—87 页。

2　《中西文化交流史(1500—1800)》(英文版),1983 年,第 5 页。

3　Mary Gertude Mason:《西方的中华帝国观》,时事出版社,1999 年,第 127 页。

绍的 16 种类型中了。

无论如何，基歇尔是 17 世纪欧洲汉学的天才，不管他的《中国图说》有多大的缺点，也不管这本书有多少内容是来自卫匡国和卜弥格，正是从他开始，奠基了欧洲对中文的研究，他的《中国图说》催生了欧洲早期汉学的诞生，同时，《中国图说》也拉开了 18 世纪欧洲中国热的序幕。

莱布尼茨在他的法学博士论文《论组合》中就引用了基歇尔关于中国文字的内容。[1] 他在和斯皮则（T. Spitzel，1639—1691）的通信中也谈到过基歇尔，并于 1670 年亲自给基歇尔写过信。莱布尼茨当时也读到了这本书，书中的汉字给他留下深刻的印象，是他后来的中国文字观的重要来源。

二、米勒的汉语研究

米勒（Andreas Müller，1630—1694）是德国 17 世纪最有名的汉学家，他声名鹊起主要是因为他声称自己发现了《中文钥匙》（*Clavis Sinica*）。这位出生在波兰的语言学家的确具有很高的语言天分，他可以用土耳其语、波斯语、叙利亚语写作，还能说亚美尼亚语、古撒玛利亚语、科普特语和俄语。他的语言天分受到了当时勃兰登堡选帝侯腓特烈·威廉（Friedrich Wilhelm，1620—1688）青睐，选帝侯将他请到宫中作图书馆馆长，给他提供了令人羡慕的工作条件。1667 年米勒开始了他的《中文钥匙》研究，六年后他宣布自己发现了《中文钥匙》，并想借此让选帝侯给他一大笔钱，虽然选帝侯没有给他巨额的费用，但这个发现却引起了选帝侯的极大兴趣。选帝侯决定继续支持他的研究，米勒为了表示感谢将研究的题目改为“Branderburg Invention”。

米勒在 1670 年编辑出版了《关于契丹国的历史和地理论集》，初步研究了基歇尔所公布的大秦景教碑的内容；1672 年出版了《中国碑刻》。在米勒的 *Nomenclator Imperii Sinensis georgraphicus*、*Basilicon Sinensé* 等书中都有和汉学有关的论述。他还出版了 *Hebdomas Observationum de Rebus Sinicis*，在这本书中列

1 参阅李文潮、H.波塞尔编：《莱布尼茨与中国——〈中国近事〉发表 300 周年国际学术讨论会论文集》，科学出版社，2000 年，第 3 页；朱谦之：《中国哲学对欧洲的影响》，福建人民出版社，1985 年，第 219 页。

出了十行汉字。在选帝侯那里他做了两件事:第一是将皇家所藏的中文书编了个书目,但这个书目实际上只有购书者的姓名,并无每本书的中文书名,这说明他的汉语能力是有限的。第二就是做了一套木活字的字模,准备来印刷中文书。[1] 他还在自己的 *De Eclipsi Passionali Disquisitio* 上发表了从传教士的书中摘录下来的关于中国日食的汉语文献。柏应理到柏林时和米勒见过面。但米勒最后也未发表他的《中文钥匙》,据说他一把火把自己的手稿全部烧了,也有人说他的手稿被仆人偷偷拿出去卖了。

不过,最令人感兴趣的是米勒的工作受到了莱布尼茨的关心和注意。因为米勒所说的可以让人在一个月学会中文的大话在当时真可谓石破天惊之语,使对中国和中文一直有着浓厚兴趣的莱布尼茨特别新奇。他怀着极大的兴趣给他的朋友埃尔斯霍茨写信,对米勒的这个重大发现表示了关心,他在信中一口气向米勒提了十四个问题,他在信中是这样说的:

> 我试图得知:第一,这部词典是否准确无误,人们是否能够像读我们的 a、b、c 字母或数字一样去读它,或者是否有必要偶尔加一点解释,就像有时加示意图的情况那样。第二,众所周知,由于中国的文字不是表示话语,而是表示"东西""事物"的,因此我想知道,"汉字"是否总是按照事物的性质创造的。第三,是否所有文字都可以回溯到一些确定的元素或基本的字母,是否从组合中还能形成其他的汉字。第四,人们是否把不可见的事物借助于同有形的、可见的事物的比较带到某种确定的形式之中。第五,中国文字是否全部通过人造生成的,且随着时间的演进不断增长,甚至是不断改变的。第六,中国人的语言是否像一些人那样,也是通过人创造的,以致人们可以找到理解这种语言的某种确定的秘诀。第七,米勒先生是否认为中国人自己不知道他们文字的秘诀。第八,米勒先生是否认为这种文字可以顺利地、有用地引入欧洲。第九,创造出这种文字的那些人是否理解了事物的性质,并且从理性精通。第十,表示如动物、野草、岩石这些天然事物的汉字,是否同这些事物的特性有关,以便某个字同

1 参阅张国刚、吴莉苇:《启蒙时期的欧洲中国观》,上海古籍出版社,2006 年,第 155 页注释 1。

其他字能有所区别。第十一,人们是否能够以及在多大程度上从汉字学习到它的含义。第十二,拥有解释中国文字的词典并借助它工作的人是否可以懂得用汉字写成的关于某些主题内容的全部文字。第十三,拥有这部词典的人是否也能用中文写点什么,并且使有文化的中国人能够读懂和理解。第十四,如果人们想根据这本词典向不同的中国人告诉一些用我们的语言写成,用汉字逐字注音的事情(例如,一桩祈祷的"主祷文"),那么,人们是否可以充分了解所涉及的相同内容。[1]

从这十四个问题可以看出莱布尼茨对汉字的关心是同当时欧洲的普遍语言学思潮相关的,这里暂且不说。应该说莱布尼茨在中国语言文字上表现出了极大的敏锐性,他虽然受到了基歇尔等人所提供的材料的影响,但并不为其所左右,他的中国语言观中以下三点应加以注意:

第一,莱布尼茨并未从《圣经》的角度去理解中国语言,虽然他对普遍语言学的追求有宗教因素——他在宗教上一直试图使天主教和基督新教和解,而寻求一种世界语言则是这种宗教和解在语言上的表现,但莱布尼茨"拒绝把汉文方块字视为埃及象形文字衍出的一种文字"[2]。他更多地是从理性、从语言学角度来讨论中国语言的,他可能思忖"汉语是否为世界上的一种最佳语言"。

第二,莱布尼茨注意到汉字的一些基本表意特性。汉字和埃及的楔形文字都是象形字,其特点是语言符号"是传统的和真实的图画,有好些的确指示所代表的实物名称"[3]。从传统比较文字说来说,汉字主要为表意文字,以同印欧语言文字中的表音文字相区别。但近几十年来无论国内还是国外,对这种说法都提出了纠正。有人主张汉字在早期基本上是使用意符和音符的一种文字体系,后期成为意符音符记号文字,即汉字并不是纯粹的表意文字。[4] 有的人认为它是"表词文字或言词文字",但这些新的看法并不否认汉字的表意

1　安文铸等编译:《莱布尼茨和中国》,福建人民出版社,1993 年,第 126—127 页。

2　艾田蒲著:《中国文化西传欧洲史》,耿昇译,商务印书馆,2000 年,第 399 页。

3　布龙菲尔德著:《语言论》,袁家骅等译,商务印书馆,1997 年,第 358 页。

4　裘锡圭:《汉字的性质》,《裘锡圭自选集》,大象出版社,1994 年。

特征，而是指出汉字不能仅仅用表意特征来表示。从汉字的形成来看，许慎在《说文解字》中所提出的造字原则“六书理论”中的象形、指事、会意都是从词的意义上联系来讲的，正是在这个意义上“汉字是表意文字。同一形符的字在意义上有联系……”[1]

莱布尼茨在读到有限的汉字的情况下已察觉到汉字的表意特征，他说汉字是表示“东西”“事物”的，并问像动物、野草、岩石这些表天然事物的文字是否同事物的特征有关。这些问题都是从“象形文字”角度来看汉字的，以期探究汉字的表意功能。从图像到文字符号是一个很复杂的过程，并非一蹴而就，但汉语中的许多独体字在其初期确是表示事物的，如用⊙表示太阳。莱布尼茨的过人之处在于他有一个正确思考问题的方向。

有些抽象的字怎么表示呢？莱布尼茨不知道许慎在《说文解字》中已解决了这个问题，但他的这个问题却是深刻的。

最后，他相信汉字是有规律的，是可以被后人不断地制造出来的，而要被后人造出来，那就必须有其基本的规律，所以他问米勒汉字是否有“确定的元素或基本的字母”。在他看来只要掌握了这些“确定的元素或基本的字母”，就可以造出新的字来。后来他在一封通信中曾继续思考这一问题，他说：“很明显，它在开始时是对事物的真实写照。但后来为了简化和冲淡这种文字，他们仅仅保留了象形文字中的几种笔画，用这些字组成了一些复合字以指其他事物，其中很大一部分事物是不可能用文字表达出来的。因此而令人难以觉察地出现了现在通用的这些方块字。”

这里实际上已讲到了汉字的一些构字原则，讲到了笔画。在18世纪的欧洲，莱布尼茨所读到的汉字十分有限，他能做出这样的猜测，足以表现出他的语言才能。因为汉字的确是有其规律的、有它“确定的元素”的。

米勒先生对汉字的研究曾引起莱布尼茨极大的关注和兴趣，但也最使他难过，听到米勒在临终前一把火烧了自己的书，他的《中文钥匙》也随一缕青烟飘到云天外的消息后，一直关心这本书的莱布尼茨好不伤心。米勒死后几年他还在《中国近事》的序言中表达这种心情，说：“米勒先生虽学识渊博，但性

1　何九盈：《中国古代语言学史》，广东教育出版社，2000年，第62页。

格古怪。不仅我、闵明我、鲁道夫[1]，甚至就连曾为他在柏林提供实验室的那位已故的选帝侯也都在他那儿碰过壁。也许米勒自视过高，也可能是他不愿在研究工作完全成功之前公之于世，担心别人对尚不清楚的事情过于轻信。此人的性格真是古怪到了极点，最后还真出现了他自己预知的威胁和挑战。据说在死前，他焚毁了自己的一部分资料，因此我们始终不清楚，他带走的知识有哪些，他到底知道什么、不知道什么。我认为，也许是我们对他期望过高，实际上，他已取得了一些重大的有价值的成果。设若他能得到足够的支持，他会发现更多的东西。如果他当时能坦诚地向那些稍微内行的人解释这些事的来龙去脉，毫无疑问，他会得到王子们的大力帮助，尤其是国王的资助。不管是因为什么原因，他死于固执倔强，否则的话，他就会受到基督宗教事业和传教士的荐举和帮助。”[2]

三、门采尔的汉学研究

门采尔（Christia Mentzel，1622—1701）原来是位医生，当他 1682 年开始研究汉学时已经 60 岁了。柏应理（Philippe Couplet，1624—1692）到柏林时，门采尔结识了他，并从他那里开始了最初的汉语学习。[3] 耶稣会士闵明我在柏林时，门采尔也跟着他学习了汉语。门采尔汉学研究的代表作是 *Sylloge Minutiarum Lexici Latino-Sinico Characteristici Observatione Sedula ex Auctoribus & Lexicis Chinensium Characteristicis eruta，inque Specimen Primi Laboris ulteriùs exantlandi Erudito &Curioso Orbi exposita*。这是一本只有三十三页的小册子，每页大约有二十五个拉丁字和相对应的拉丁化的汉字以及汉字符号。

门采尔最大的贡献是他将自己从东方得到的梅膺祚的《字汇》和张自烈的《正字通》加以改造，以《字汇》为基础，并加以翻译，形成了一个八卷本的洋洋大作。按中国汉字纲目，从易到难，按部首的组合形式编排，带有语音注释和

1　鲁道夫（Hiob Ludolph，1624—1704），东方语言学家。

2　安文铸等编译：《莱布尼茨和中国》，福建人民出版社，1993 年，第 112—113 页；莱布尼茨：《中国近事》，大象出版社，2005 年。

3　参阅董海婴的“汉语：欧洲人早期认知”一章，见龚婴晏《西方人东来之后》，第 89 页。

拉丁语翻译，经过校正并且收编了《正字通》及其他重要汉语字典中的新汉字。[1]

> 1698年，门采尔将其孜孜不倦努力钻研的成果献给了英明的弗里德里希选帝侯。这些成果来自卫匡国的语法、柏应理的信件、迪亚兹(Francisco Diaz)的著作及《字汇》等其他资料。现在，这些材料陈列在柏林皇家图书馆里。[2]

莱布尼茨读到了门采尔所有的出版物。他在《中国近事》中谈到了门采尔的汉学研究，对此表示了关注。他说："自从米勒去世以后，汉学研究由门采尔在德国柏林继续下去。他是最尊贵和最有威望的选帝侯的御医。这位选帝侯在致力于传播真正的虔敬和信仰方面，从来不甘人后。在选帝侯的支持和鼓励下，门采尔更加充满信心，锐意进取。"[3]

四、欧洲第一位职业汉学家——巴耶

巴耶(Theophili Siegfried Bayer，1694—1738)是18世纪德国汉学家中成就最高的一位。他出生于一个新教家庭，从幼年时起就显示出卓越的学习才能，他可以毫不费力地学会拉丁语和希腊语，16岁时就被康涅斯堡大学录取。在那里他研究神学、哲学和希伯来文。1716年获得博士学位。毕业后他在德国游学，在柏林见到许多重要的东方学家，在皇家图书馆看到了门采尔留下的手稿和所收集的传教士关于中文的各种字典。从19岁时他就开始对汉语着迷，游学时和东方学家的接触深刻地影响了他。1718年回到康涅斯堡后，作为古希腊和罗马史研究的专家，他出版了四本关于希腊和罗马史的著作，同时，他保持着自己对汉学的热爱，"巴耶在市立图书馆做了一名图书管理员。同年他出版了他的第一部汉学专著《中国日食》(*De Eclipsi Sinica*)"。

1726年2月，巴耶接受俄罗斯圣彼得堡科学院的邀请，担任那里的古希腊罗马历史研究主席，从此开始了他在彼得堡的生活。"1730年以后，由于巴耶

1　参阅张国刚、吴莉苇：《启蒙时期的欧洲中国观》，上海古籍出版社，2006年，第155—156页。

2　Knud Lundbaek, *T.S.Bayer (1694-1738): Pioneer Sinologist*, pp.81-82, Curzon Press, 1986.

3　莱布尼茨：《中国近事》，大象出版社，2005年，第13页。

越来越沉浸在汉学研究上，导致他在科学院的职位发生了变化。1735 年，科学院决定让年轻的德国古典派学者约翰·乔治·洛特（Johann Geoge Lotter，1702—1737）取代巴耶古希腊罗马历史研究主席的职位，而巴耶则成为古代东方学的教授。”巴耶成为欧洲历史上第一位职业的汉学家。1730 年他在彼得堡出版了他的汉学研究代表作《中国博览》，这是一部两卷本的“汉语教科书”，虽然从今天的水准来看十分肤浅，“但它是在欧洲印刷的第一部关于汉语语言的著作”[1]。

《中国博览》的序言中巴耶用近五万字讲述了欧洲早期汉学的发生，主要是德国 17 世纪汉学发生的历史。这一段叙述说明巴耶作为欧洲最早的汉学家开始有了一种学术的自觉，有了一种很明确的学科意识。这样一种汉学史的回顾在欧洲学术史上是第一次，他第一次将汉学作为欧洲东方学的一个重要部分，并将汉学的研究和欧洲学术史上的中亚史和马可·波罗的研究相联系，从而使欧洲的学术界认识到汉学研究与欧洲的关系及其自身的独特性。

《中国博览》的第二卷“包括两个字典和一些文章。在第一本字典里，我描述了汉字应该怎样分类及如何根据它们的构成要素来查找。我本想以更准确的方式处理这些问题，可要做到这一点，就得弄出一本 800,000 汉字以上的巨著来，而这既非我的意图也非目前的手段和方法所能办到的。事实上，到现在我仅收集了 10,000 多个字，就连这些我也不敢全部铺列在这本书中以免书的印刷成本因此而更加昂贵”[2]。这本字典有 42 张镌刻汉字的版和 119 页对照音译和意译表。最后是三篇配合学习语言的文化材料：第一篇文章是他从殷铎泽在果阿出版的《大学》译本后所附的《孔子传》（*Life of Confucius*）的短文；第二篇是他对柏应理主编的《中国哲学家孔子》所做的修改，柏应理的巴黎版上原计划刻上中文，后来有困难没做成，巴耶在《大学》这篇文献中配上了汉字，同时他还做了注释；第三篇是曾被他使用过的《小儿论》，他对这篇文章做了注释，加了汉字。

《中国博览》是当时欧洲汉学文献的集合，巴耶几乎找到了他所能找到的

1 Knud Lundbaek, *T.S.Bayer*(1694-1738): *Pioneer Sinologist*, Curzon Press, 1986, p.20.

2 Ibid, p.95.

所有的有关中文的语言材料和文献,无论在内容上还是在解释的深度上,巴耶都已经大大超过了他的学术前辈米勒和门采尔。

巴耶的汉学研究反映了那个时代的特点,当时的汉学研究是在中国本土和欧洲同时展开的。在中国的耶稣会士在书写着他们的传教士汉学,而巴耶在彼得堡书写着欧洲本土汉学。巴耶也许是当时欧洲的本土汉学家中和在中国的耶稣会士汉学家联系最多的。他本人与北京最有名望的耶稣会传教士建立了私人联络。这些人是法国的宋君荣(Antoine Gaubil)、巴多明,德意志人戴进贤(Ignace Kogler),葡萄牙人徐懋德(Andre Pereira)、严嘉乐(Charles Slaviczek)等,在北京的耶稣会士们接纳了他并经常在信中激励他,送给他中文书籍和字典来帮助他。"巴耶,这位欧洲的汉学先驱,是入华耶稣会汉学家的学生,起先他们之间的联络是间接的,随后便是直接友好的接触。"[1] 正是在巴耶这里我们看到经过传教士汉学这个环节,东方的知识如何传递到西方,并逐渐催生了西方早期的汉学研究。

巴耶是莱布尼茨的晚辈,他自己在汉学研究的历程中曾得到过莱布尼茨的帮助,他的汉学研究实际上是在莱布尼茨推动下当时德国汉学的一个成果。

由此,我们可以看到,在当时的欧洲,德国是汉学研究的中心,那时法国的本土汉学远还没有启动,而莱布尼茨正是在这样的文化和学术氛围中展开了自己的中国研究。他不仅受到德国当时汉学研究的深刻影响,同时,他也成为当时德国汉学研究最重要的推动者。只有当我们深入地研究了莱布尼茨时代的汉学背景后,我们才会找到真正理解他的中国观的关键,对他的中国研究给予一个全面的评价。

(复旦大学历史地理研究中心:《跨越空间的文化:16—19世纪中西文化的相遇与调适》,东方出版中心,2010年)

1 Knud Lundbaek, *T.S.Bayer(1694-1738)*: *Pioneer Sinologist*, Curzon Press, 1986, p.153.

欧洲第一部拉丁文手稿《四书》的历史命运

一

意大利汉学家德礼贤在1935年发现了藏在罗马意大利国家图书馆(Biblioteca Nazionale V. Emanuele di Roma,缩写为BNVER)的耶稣会档案(Fondo Gesuitico,缩写为FG)中的一份手稿,编号为FG(3314)1185。德礼贤在手稿文献上留下了一段对文献的批注:

> 耶稣会档1185(3314),中国"四书"的第一部译著,还附有不同作者的名言集。它包括有:(1)《大学》的译本。(2)《中庸》的译本。(3)《论语》的译本。注意,这三部译本是于1591年11月至1592年8月10日间完成的。(4)《诸家名言汇编》。注意,该译作是罗明坚(Michel Ruggieri)神父在1593年11月开始创作并于同月20号完成的。(5)《孟子》译本。这些译本的作者是何人?看起来是罗明坚。他从1579年至1588年一直在中国生活,于1588年回到欧洲。不过,在几乎同一时间,1591年至1594年,我们知道他的会友利玛窦将"四书"译成了拉丁文,并打算把它们从中国寄给意大利耶稣会会长。鉴于该译本提出了一种较罗明坚的学问更高的中国学,很有可能该译作的作者为利玛窦,而罗明坚只是抄写而已,同时也抄写了作品的日期。1935年1月4日,罗马,德礼贤。[1]

这份手稿文献由五部分组成:

1.《大学》(*Liber Primus Humana Institutio*)译本

1 参见Pasquale M.D' Elia, *Fonti Ricciane*, vol.I, Roma: Libreria dello Stato, 1942-1949, p.43.n.2。

2.《中庸》(*Liber Semper in Medio Ciumyum*)译本

3.《论语》(*Luiniu id est De Consideratione Sit liber ord.e Tertius*)译本

4.《孟子》(*Liber Mentius nomine ex iis qui vulgo 4.or Libri vocantur*)译本

5.《诸家名言汇编》(*Diversorum autorum sententiae ex diversis codicibus collectae,è Sinensi lingua in latinam translatae*)

意大利当代学者达仁利(Francesco D'Arelli)对这份文献做了详细的分析,他认为此文献的结构是:

Ⅰ.第1页正面至第7页正面(即第1—13页)[1],第一本卷《大学》,第7页反面(第14页)空白。

Ⅱ.第8页正面至第21页正面(即第15—41页),第二本卷《中庸》,第21页反面(第42页)空白。

Ⅲ.第22页正面至第63页正面(即第43—125页),《论语》有关思考反省,是"四书"的第三部。

Ⅳ.第1页正面至第16页正面(即第1—31页),第一本书《诸家名言汇编》,由中文译为拉丁文,字面直译。第16页反面—第28页反面(即第32—56页)空白。

Ⅴ.第1页正面至第76页正面(即第1—151页),第一卷《孟子》,"四书"之一,由汉语译为拉丁文。第76页反面至第87页反面(即第152—174页)空白。[2]

以下是笔者从意大利国家图书馆复制的文献原件。

第一份:罗明坚的签名(见下图)。

---

1 达仁利说:"页码标志是由我加的,括号内有原来用墨水写的阿拉伯数字页码,位于手抄本的每页正、反面外侧页眉处。"

2 达仁利(Francesco D'Arelli):《利玛窦与〈四书〉拉丁语译本:以新方法进行历史编纂学的探究》[D'Arelli, *Matteo Ricci S.I.e la traduzione latina dei Quattuor Libri (Sishu) dalla tradizione storiografica alle nuove ricerche*, in D'Arelli ed.Le Marche e l'Oriente.Una tradizione ininterotta da Matteo Ricci a Giuseppe Tucci, Atti del Convegno Internazionale, Macerata 23-26 ottobre 1996 (Roma Istituto per l'Africa e l'Oriente, 1998), pp.163-175]。感谢文铮帮助我翻译了此论文。

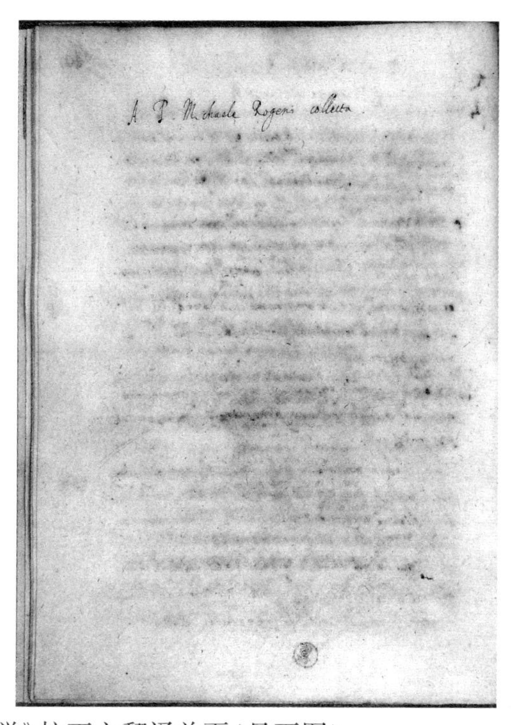
A P. Michaele Rogerio collecta

第二份:《大学》拉丁文翻译首页(见下图)。

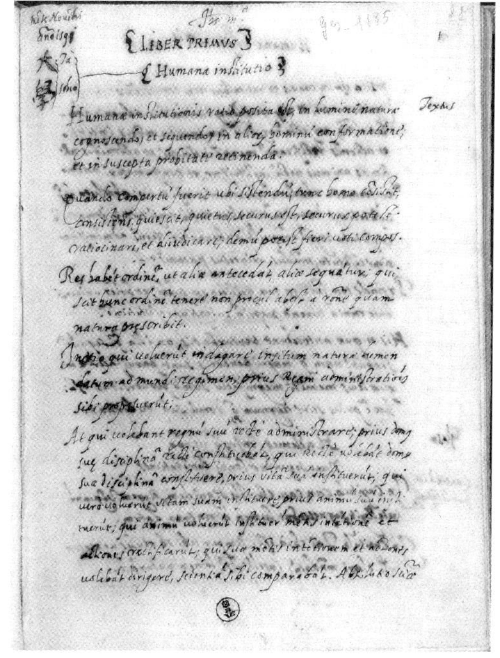
大學 Ta hio

LIBER PRIMUS

Humana institutio

Textus

Humanae institutionis ratio posita est, in lumine naturae cognoscendo, et sequendo; in aliorum hominum conformatione; et in suscepta probitate retinenda.

Quando compertum fuerit ubi sistendum, tunc homo consistit; consistens quiescit, quietus securus est, securus potest ratiocinari, et diiudicare, demum potest fieri voti compos.

Res habent ordinem, ut aliae antecedant, aliae sequantur; qui scit hunc ordinem tenere non procul abest a ratione quam natura praescribit.

Antiqui qui voluerunt indagare insitum naturae lumen datum ad mundi regimen, prius Regni administrationem sibi proposuerunt;

At qui volebant regnum suum recte administrare, prius domus suae disciplinam recte constituebant, qui recte volebant domus suae disciplinam constituere, prius vitam suam instituerunt; qui vero voluerunt vitam suam instituere, prius animum suum instituerunt; qui animum voluerunt instituere mentis intentionem et actiones rectificarunt; qui suam mentis intentionem et actiones volebant dirigere, scientiam sibi comparabant. Ab[illegible]

217

第三份:《中庸》拉丁文翻译首页(见下图)。

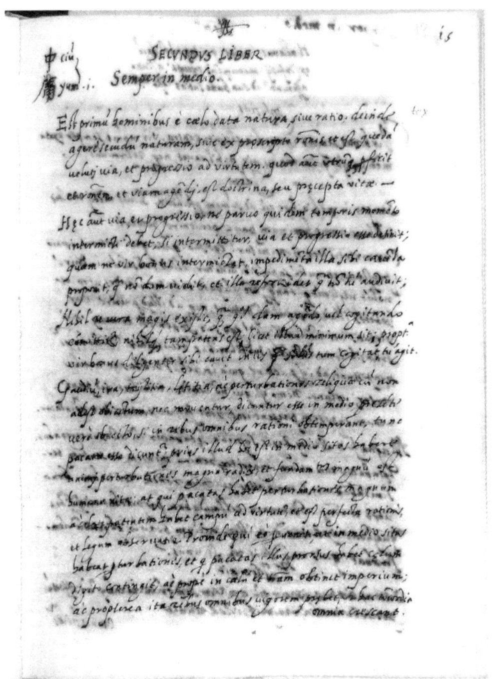

中 庸

SECUNDUS LIBER

Semper in medio.

第四份:《论语》拉丁文翻译首页(见下图)。

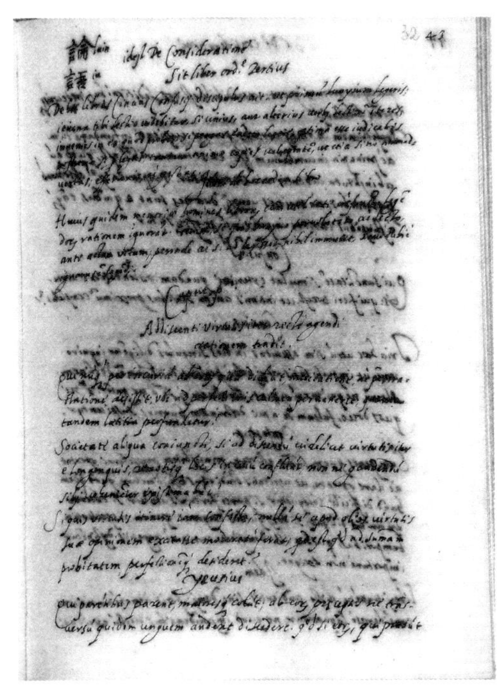

論 語

第五份:《孟子》拉丁文翻译首页(见下图)。

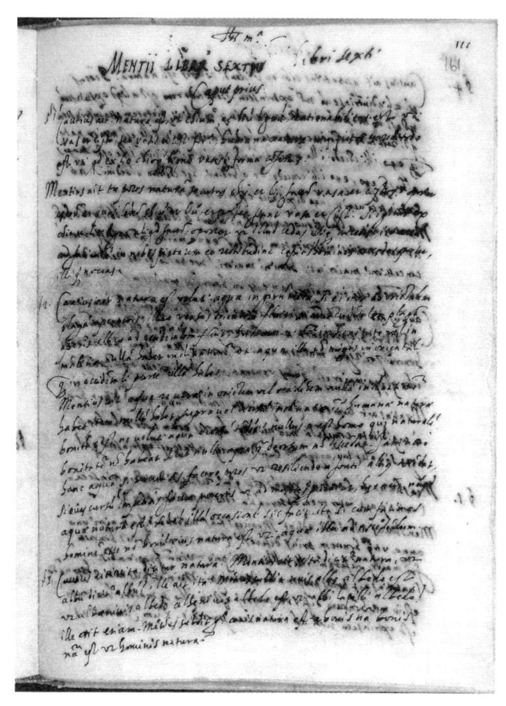
MENTII LIBER SEXTUS

Caput prius

二

中国儒家经典第一次在欧洲的翻译出版是晚明来华耶稣会士罗明坚完成的[1],儒家经典“四书”在欧洲的首次翻译出版是由比利时来华传教士柏应理所牵头的《中国哲学家孔子》。[2]

关于这份文献,德礼贤于1935年第一次阅读后在文献上留下了批注,他认为,除了文献中的《诸家名言汇编》是由罗明坚翻译的,其余均为利玛窦所译。因为“该译本提出了一种较罗明坚的学问更高的中国学,很有可能该译作的作者为利玛窦,而罗明坚只是抄写而已,同时也抄写了作品的日期”。这个结论留下的疑问是:文献首页的署名签字是罗明坚,字迹也是罗明坚,为何这

1 参阅张西平:《西方汉学的奠基人——罗明坚》,载《历史研究》2001年第3期。

2 参阅梅谦立:《〈孔夫子〉:最初西文翻译的儒家经典》,载《中山大学学报》(社会科学版)2008年第2期;梅谦立:《〈论语〉在西方的第一个译本(1687)》,载《中国哲学史》2011年第4期;罗莹:《〈中国哲学家孔子〉成书过程刍议》,载《北京行政学院学报》2012年第1期。

份文献只是罗明坚抄写利玛窦的翻译稿呢？罗明坚作为作者为何不可能呢？近年来所发现的罗明坚的汉文诗歌表明[1]，罗明坚的中文水平、对中国文化的理解并不比利玛窦差多少，两人难分伯仲。从文献的鉴定来说，署名和字迹是重要的凭证，这里已经有了罗明坚的签名和字迹，没有利玛窦的签名和字迹，为何将其归于利玛窦呢？

1949年，当德礼贤出版《利玛窦全集》第一卷时，他改变了自己的看法。他在注释中对其手抄本内容进行描述后这样写道："该译本为罗明坚所做，它之所以未能像拉丁语《教理问答手册》一样出版是因为遭到了范礼安神父的强烈反对。范礼安在1596年12月16日给耶稣会会长的信中点明'罗明坚粗通汉语'，而且说利玛窦当时不仅正在写作一部更好的教理问答手册，同时也正在翻译"四书"，其译作的大部分在1594年11月15或16日前已给他看过。"[2] 在同一卷的另一注释中，德礼贤写道，罗明坚在1591—1592年间修改并润色了当时在中国完成的"四书"拉丁语译本。[3]

如何回答当代意大利学者达仁利的质疑呢？近期我们找到罗明坚作为该文献的作者另一个重要的文献证据，这就是，在罗明坚返回欧洲后，在波赛维诺（Antonio Possevino，1533—1611）最重要的著作、百科全书式的《历史、科学、救世研讨丛书选编》（*Bibliotheca Selecta qua agitur de ratione studiorum in historia, in disciplinis, in Salute omniun procurand*）一书中发表了《大学》部分译文，这是儒家经典第一次被翻译成欧洲语言。我们找到罗明坚的这篇译文，将其与德礼贤发现的《四书》手稿中的《大学》译文对照，文字基本相同，只是个

---

1 参阅陈纶绪（Albert. Chan，S.J.）：《罗明坚和他的中文诗歌》[*Michel Ruggieri, S.J.(1543-1607) and His Chinese Poems*]，《华裔学志》（*Monumenta Serica*）第41卷，1993年，第135页；张西平：《欧洲早期汉学史：中西文化交流与西方汉学的兴起》，中华书局，2010年，第58—66页。

2 《利玛窦全集》第1册，第43页[*Fonti Ricciane: documenti originali concernenti Matteo Ricci e la storia delle prime relazioni tra l'Europa e la Cina(1579-1615)*.Editi e commentati da Pasquale M.d' Elia，S.J.Roma: La Libreria dello Stato，1942-1949]。

3 《利玛窦全集》（*Fonti Ricciane*），第148页，注释2："1591至1592年罗明坚校对了在中国完成的'四书'拉丁文翻译（2543号）。如果这本译作以及《教理问答手册》没有出版，那是因为范礼安的强烈反对。"

别拼写略有不同。[1]

罗明坚在 *Bibliotheca Selecta* 中对《大学》的拉丁文翻译部分译文如下：

Humanae institutionis ratio posita est in lunine naturae cognoscendo, et sequendo, in aliorum hominum confirmatione, et in suscepta probitate retinenda. Quando compertum fuerit ubi sistendum, tunc homo consistit, consistens quiscit, quietus securus est, securus potest ratiocinari, et dijudicare, demom potest fieri voti compos.

Res habent ordinem, ut aliae antecedent, aliae sequantur. Qui scit hunc ordinem tenere, non procul abest a ratione quam natara praescribit.

Inde qui voluerunt indagare insitum natara lumen datum ad mundi regimen prius regni administrationes sibi proposuerunt. At qui volebant regnum suum recte administrare prius domum suam disciplina recte constituebant. Qui recte volebant domum suam disciplina constituere prius vitan suam instituerunt. Qui vero voluerunt vitam suum instituere prius animum suum instituerunt. Qui animum voluerunt instituere mentis intentionem et actiones rectificarunt. Qui Suae mentis intentionem et actiones volebant dirigere scientiam sibi comparabant. Absolution scientiae posita est in causis et retionibus rerum cognoscendis.[2]

藏在意大利国家图书馆的罗明坚所翻译的《大学》的部分手稿如下：[3]

Humanae institutionis ratio posita est, in lumine natura cognoscendo et sequendo in aliorum hominum conformationem, et in suscepta probitate retinenda. Quando com-

---

1　麦克雷著：《波赛维诺〈丛书选编〉（1593）中的中国》，陆杏译，载张西平、顾钧主编《比较文学和跨文化研究》第一辑，华东师范大学出版社，2014 年。感谢麦克雷教授提供给我罗明坚《四书》拉丁文手稿的转写稿。

2　这是龙伯格教授转写的 *Bibliotheca Selecta* 中的拉丁文翻译；龙伯格（K.Lundbaek）：《在欧洲首次翻译的儒家经典著作》[*The First Translation from a Confucian Classic in Europe*, *China Mission Studies(1550–1800)*]，Bulletin 1，1979，pp.1–11，参阅《北堂书目》第 734 页第 2054 号著作第 583 页的《大学》。

3　近期我与麦克雷教授一起在做罗明坚《四书》翻译的研究，我提出是否可以将罗明坚第一个《大学》片段的译文和意大利国家图书馆的《大学》译文手稿展开对照，以确定两者之间的联系。我们将两者做了对照，发现了文字的一致性。参阅麦克雷教授（Michele Ferrero）《波赛维诺〈丛书选编〉（1593）中的中国》[*China in the Bibliotheca Selecta of Antonio Possevino(1593)*]一文(抽样本)。

pertum fuerit ubi sistendum est, tunc homo consistit, consistens quiescit; quietus securus est; securus potest ratiocinari et diiudicare, demum potest fieri voti compos. Res habent ordinem, ut aliae antecedant, aliae sequantur: qui scit hunc ordinem tenere non procul abest a ratione quam natura prescribit. Initio qui voluerunt indagare insitum natura lumen, datum ad mundi regimen, prius regni administrationes sibi proposuerunt. At qui volebant regnum suum recte administrare; prius domum suam disciplina recte constituebant, qui recte volebant domum suam disciplina constituere, prius vitam suam instituerunt, qui vero voluerunt vitam suam instituere, prius animum suum instituerunt; qui animum voluerunt instituere mentis intentionem et actiones rectificarunt, qui sua mentis intentionem et actiones volebat dirigere, scientia sibi comparabant.

这样我们看到,在 *Bibliotheca Selecta* 一书中第 583 页的《大学》翻译和在罗马国家图书馆所发现的我们现在所讨论的这份《四书》中的《大学》拉丁文手稿的翻译基本相同,这是一个有力的证明。

如果我们总结一下,这份文献的作者应该是罗明坚,至少有三条铁证:

1.文献的署名是罗明坚,字迹是罗明坚而不是利玛窦或其他人;

2.文献中的《诸家名言汇编》白纸黑字写的是罗明坚翻译;

3.文献中《大学》中的一段文字和罗明坚已经公开发表的《大学》中的一段文字完全相同,只是个别词有变化。

作为研究利玛窦手稿的大家,德礼贤认为这份文献的作者是罗明坚,尽管是个人意见,但应给予重视。当然,目前学术界也有不同意见,有些学者认为这份文献虽然是罗明坚署名,但他只是个抄手,而不是译者。这个观点的主要代表学者是意大利亚非学院图书馆馆长达仁利,他说:“罗明坚除了自称自己是将《诸家名言汇编》由中文译为拉丁文、字面直译的作者外,我们不妨假设,他还是手稿 FG(3314)1185 剩余部分《四书》拉丁语译本的抄写者和收藏者。我们所讨论的该手稿,从他的材料编制上看,很可能是在后来抄写的……倘若说罗明坚仅仅是抄写者或 FG(3314)1185 手稿一至三部分、第五部分的搜集者，我们就有理由说作者是利玛窦。”[1]

达仁利先生这样分析时，尚未对《大学》的两个拉丁文具体译文作对比，因此，他的意见仍是历史学的分析，缺乏坚实的文献证明。现在我们对两个译本进行对照分析，翻译的文字如此接近，有整段译文完全一样，这充分说明，藏在意大利国家图书馆的这份《四书》翻译手稿的作者应该是罗明坚，而不是利玛窦。意大利汉学家德礼贤的开创性研究应该得到尊重，我们这里的对比译文研究进一步证实了德礼贤先生结论的正确。[2]

从中国古代文化典籍的翻译和西传来看，罗明坚以拉丁文所翻译的《四书》具有重要的学术价值。[3] 如果说他的《大学》部分章节的发表开启了中国古代文化典籍西译之先河，那么，这部《四书》译稿则是在中国文化西传史上值得大笔书写的成就。[4]

三

如果这份重要的《四书》拉丁文译稿是罗明坚所作，那么为何在欧洲没有出版呢？这是我们要回答的第二个问题。

罗明坚在波赛维诺的书中只发表了其译稿的一小部分，即《大学》译稿的一段。他所翻译的《四书》的全部拉丁文原稿现仍保存于罗马的意大利国家图书馆中。[5] 以后德礼贤在他所编辑出版的那本著名的《利玛窦全集》（*Fonti Ricciani* Ⅰ-Ⅲ，Roma，1942—1949）第一卷第43页的注释中，详细描写了这部原稿的尺寸、页码等情况。罗明坚的这部重要译著之所以没有全部出版，按照鲁尔（Paul A .Rule）先生的考证，应和范礼安的态度有关。当时范礼安之所以让罗明坚返回欧洲，一方面是让他觐见西班牙国王菲力普二世（Philipp Ⅱ，

1 达仁利：《利玛窦与〈四书〉拉丁语译本：以新方法进行历史编纂学的探究》，第163—175页。

2 同上，在这里感谢麦克雷教授与我的合作，正是经过共同合作，我们解决了这个问题。

3 罗莹已经对罗明坚的《中庸》翻译做了深入研究，参阅罗莹：《耶稣会士罗明坚〈中庸〉拉丁文译本手稿初探》，载《道风：基督教文化评论》2015年第42期。

4 目前，对这份文献的研究只有中外少数学者在进行，北外海外汉学研究中心已经将整理的这份手稿作为将来《罗明坚文集》的重要内容。利玛窦在书信中多次说过他翻译了“四书”，但至今未见到原稿，寻找利玛窦的“四书”译稿仍是学术界的一项重要任务。

5 见 K.Lundbaek，*The First Translation from a Confucian Classic in Europe*，*China Mission Studies*（*1550-1800*），Bulletin 1.1979，注释2。

1556—1598 年在位，自 1580 年兼葡萄牙国王）和教皇，希望他们派使节来中国，以便和中国建立正式的关系；另一方面则是因为罗明坚那时已经 45 岁，他已不可能很好地学习中文，从而不可能很好地执行他所制定的“适应”政策。范礼安在给耶稣会会长的信中很清楚地说明了这一点。他说罗明坚神父在这儿传教十分辛苦，“现在派他回欧洲，有足够的理由使他得以休息。在他这样大的年龄，担子已经十分沉重，他在外旅行已很久了。所以，应该让他回去休息。此外，他的中文发音并不很好，当然，当他重返欧洲时，年轻的神父们会谅解他。但在东亚的传教活动中并不需要太老的人……他在这次传教中已经做得很好了”[1]。

实际上当罗明坚释译《四书》时，利玛窦按照范礼安的要求在中国的肇庆也做着同样的工作。利玛窦估计是知道罗明坚在翻译《四书》的，他在 1593 年 12 月 10 日给总会长阿桂维瓦（Caudio Aquaviva，1543—1615）神父的信中，表达了一种对罗明坚不太信任的态度。他这样说道：“今年我们都在研究中文，是我念给目前已去世的石方西神父听，即《四书》，是一本良好的伦理集成，今天视察员神父要我把《四书》译成拉丁文，此外再编一本新的要理问答（按，即后来著名的《天主实义》）。这应当用中文撰写；我们原本有一本（指罗明坚神父所编译的），但成绩不如理想。此外翻译‘四书’，必须加写短短的注释，以便所言更加清楚。托天主的帮忙，我译妥三本。第四本正在翻译中。……在翻译妥后，我将寄给视察员神父，如不错，明年就会寄给你。”[2]

这里虽然未点出罗明坚的名字，但两处暗含着对罗明坚的批评。一处是说他要再编一本新的要理问答，因为过去的写得不好，“成绩不如理想”。这显然是说罗明坚的那本《天主圣教实录》已经不行了。第二处说“翻译‘四书’，必须加写短短的注释，以便所言更加清楚”，这里暗含着翻译“四书”是要求很高的中文水平的这个意思，也要有一些注释性的材料。[3] 显然，利玛窦认为在

1　转引自 Paul A. Rule, *Kung-tzu or Confucius? The Jesuit Interpretation of Confucianism*, Sydney, Allen&Unwin, 1986, p.7。

2　利玛窦著：《利玛窦全集》卷三，《利玛窦通信集》（上），罗渔译，光启社，1986 年，第 135 页。

3　由德礼贤所发现的《四书》拉丁文译稿没有注释，只是译文，从这个角度看，这个译本也不是利玛窦所做。

中国来做,肯定比在欧洲做要强得多。言外之意就是罗明坚在欧洲做“四书”翻译恐怕不行。听说罗明坚也在欧洲翻译“四书”时,他在1596年12月写给总会长的信中明确地说:“罗明坚的译文并不是好的,因为他只认识很少的中国字。”[1]这里利玛窦在直接指责罗明坚了。利玛窦晚年对罗明坚的评价和他年轻时的评价有所变化,对罗明坚也不再像早年那样尊重了。[2] 作为一个后来者,罗明坚是他的前辈,利玛窦这样说表明他的心胸不够开阔。当然,人非圣贤,孰能无过。利玛窦这个态度也是可以理解的,但以往研究中将利玛窦过分神化的做法可以终止了。

范礼安是罗明坚《四书》出版的主要反对者,范礼安在1596年12月16日给耶稣会会长的信中点明“罗明坚粗通汉语”,而且说利玛窦当时不仅正在写作一部更好的教理问答手册,同时也正在翻译“四书”,其译作的大部分在1594年11月15日或16日前已给他看过。[3] 1596年,当得知罗明坚在意大利完成了《四书》翻译并且希望此书出版后,范礼安极力反对。他坚决地建议会长制止罗明坚的举动,说:“无论如何,不能出版那本书,因为罗明坚做不好,他知之甚少,连中国话都说不标准。”[4]“因为不会是个好译本,罗明坚神父仅粗通汉语而已”,尽管会长“在意大利时曾认为罗明坚神父通晓汉语”。范礼安要求“千万不要在现在出版这本书”。[5]

德礼贤多次强调了自己的观点,认为这份文献是罗明坚所作。他找到了范礼安的通信,用事实证明了范礼安对罗明坚的压制,说明了这份文献的真相。[6] 德礼贤的这个观点目前得到了大多数学者的认同。Joseph Shih S.J.在《罗明坚神父和在中国的传教事业》(*Le Père Ruggieri et le problème de l'*

1 参阅 Valignano,*Lettera to Aquaviva 1596*,*Fonti Ricciane* I,p.250。

2 参阅宋黎明:《中国地图:罗明坚和利玛窦》,载《北京行政学院学报》2013年第3期。

3 《利玛窦全集》第1册,第43页。

4 范礼安:《1596年写给阿桂维瓦的信》,《利玛窦全集》第1册,第250页。

5 《利玛窦全集》第1册,第250页,注释2这样记叙:“同样,他反对罗明坚的拉丁文《教理问答手册》。于是两本都一直是藏于罗马伊曼努尔图书馆的手稿。”

6 范礼安强行将罗明坚送回欧洲,交给罗明坚的任务是组织教廷的访华使团,但在教廷给大明皇帝的国书中访华团成员中却无罗明坚本人,这的确使人不解。宋黎明认为这实际是一个“阳谋”。参阅宋黎明:《神父的新装——利玛窦在中国(1582—1610)》,南京大学出版社,2011年,第49—54页。

évangélisation en Chine)一书中,[1]已故丹麦汉学家龙伯格在他那篇著名的《在欧洲首次翻译的儒家经典著作》(*The First Translation from a Confucian Classic in Europe*)论文中[2],孟德卫(D.E Mungello)在《奇异的国度:耶稣会适应政策及汉学的起源》(*Curious Land:Jesuit Accommodation and the Origins of Sinology*)一书[3]中,还有近来的陈纶绪(Albert Chan S.J.)在他关于罗明坚诗歌的研究[4]中,在E.Lo Sardo、J.Sebes S.J.、J López Gay S.J.等不少人的研究中大体都持这个观点。

所以,鲁尔先生认为罗明坚的《四书》译本之所以未能在欧洲全部出版"主要是来自传教士内部的意见",部分的是利玛窦的反对,从深层来说罗明坚被召回欧洲主要是他和利玛窦在传教策略上有着分歧。[5] 具体来说,罗明坚的反对者主要是范礼安。范礼安不仅对日本的天主教史产生了重要的影响,对中国天主教的发展也产生了决定性的影响。[6] 现在是真相大白的时候了,德礼贤的研究和我们最近的研究证明了这部《四书》的第一份译稿是罗明坚所作,未能在欧洲及时出版是因为耶稣会内部范礼安的反对。[7]

(原载《道风:基督教文化评论》2017年第47期)

---

1 J.Shih, S.J:《明坚神父和在中国的传教事业》, Roma, 1964, pp.52-74, nb.8。

2 龙伯格:《在欧洲首次翻译的儒家经典著作》, *China Mission Studies(1550-1800)*, pp.1-11。

3 孟德卫著:《奇异的国度:耶稣会适应政策及汉学的起源》,陈怡译,大象出版社,2010年,第270页。

4 陈纶绪:《罗明坚和他的中文诗歌》,载《华裔学志》(*Monumenta Serica*),1993年,第135页。

5 参阅 Paul A.Rule, *Kung-tzu or Confucius? The Jesuit Interpretation of Confucianism*, p.7。

6 关于范礼安的研究参阅戚印平:《日本耶稣会史》,商务印书馆,2003年;戚印平:《远东耶稣会史》,中华书局,2007年。

7 本文在写作中得到麦克雷教授、金国平教授以及罗莹博士、蒋薇博士、孙双老师等人的帮助,在此表示感谢。

汉学(中国学)研究导论

对海外汉学(中国学)的研究从20世纪80年代以来已经成为学术界一个被普遍关心的领域,江苏人民出版社的“海外中国研究”,大象出版社的“国际汉学书系”,商务印书馆的“海外汉学丛书”,中华书局的“世界汉学丛书”,这些译著加起来已近200本之多。域外汉学(中国学)的繁荣说明“中国文化属于全世界”(任继愈)。特别是近年来汉学研究的专著也相继出版,如严绍璗的《日本中国学史》,刘正的《海外汉学研究——汉学在20世纪东西方各国研究和发展的历史》,何寅、许光华的《国外汉学史》,李庆的《日本汉学史》,张国刚等人的《明清传教士与欧洲汉学》,周发祥主编的“中国古典文学走向世界丛书”,王晓路的《西方汉学界的中国文论研究》,阎宗临的《传教士与法国早期汉学》,计翔翔的《十七世纪中期汉学著作研究》,葛兆光的《域外中国学十论》,朱政惠的《美国中国学史研究——海外中国学探索的理论与实践》,陈君静的《大洋彼岸的回声》等,这些著作显然要比前几年的一些汉学研究著作有所进步,其中有些著作有相当的深度。对海外汉学(中国学)研究的深入“意味着我国学术界对中国文化所具有的世界历史性意义的认识愈来愈深……或许可以说,这是20年来我国人文科学的学术观念最重要的转变与最重大的提升的标志之一”(严绍璗)。

不过应该看到,西方汉学若从16世纪的“传教士汉学时期”算起已有400年的历史,若从“游记汉学时期”算起就要更长,而日本汉学(中国学)如果从中国文化的传入算起则有更长的历史,因而作为一门专门的学科研究来看,对域外汉学(中国学)的研究仍然不过刚刚起步,许多问题有待我们进一步深入研究,许多课题有待深化。李学勤先生多次呼吁:“国际汉学研究作为一种专门学科的发展，将有益于中国进一步走向世界。我们希望得到国内外更多的支持，使这个学科发扬光大。”

为推动学术界对海外汉学（中国学）的研究，我编辑了一本《汉学（中国学）研究导论》，书中收集了近十余年来关于汉学（中国学）研究的一些论文。编辑这本书的目的并不在于汇集汉学（中国学）研究的成果，而在于从方法论上看，我们应该如何理解这门学科，应采取什么样的学术路向来把握这门学科。对域外汉学（中国学）的研究无疑是一种跨文化、跨学科的研究，这样我们必须了解汉学在域外发生的文化和学术的背景，在不同的知识和文化背景下它的价值和影响。反过来说，这种发生在异地、由东洋人和西洋人所做的学问对我们中国本土的学术发展究竟有什么影响，我们应该用什么心态和什么方法来评价这门学问，如何和这些近在东京、远在巴黎和哈佛的外国同行们对话和交流。从一定的意义上来说，搞清这些问题比研究汉学的一个具体问题要重要得多，特别是在汉学研究蓬勃发展的今天，学科对象与学科研究方法的问题已经成为一个亟待解决的重要问题。

如果将域外汉学（中国学）史作为一个学术的对象来把握，我们所遇到的第一个问题就是：中国文化是通过什么途径传播到国外的？汉学家们所阅读的中文典籍是如何流传到他们手中的？他们所阅读的中文典籍的译本是如何形成的？因为任何一个汉学家，他从事汉学研究的基本条件就是要阅读中国文化的典籍，无论是原本的中文文献还是翻译的文本。

从前者来说，中文典籍的外传，构成了域外汉学家研究中国文化的基础，所以，正如严绍璗先生所说：“国际中国学（汉学）的基础性研究，就必须以原典性实证方法论，解明中国典籍向世界的传播，探讨这种传递的轨迹和方式，并从事收集、整理和研究相关的文献。失却了这一基本性功能，所谓对国际中国学（汉学）的研究，都是无根之本、无源之水。”就这个角度来讲，严绍璗对中国典籍向日本的传播的研究，对整个汉学（中国学）史的研究都具方法论的意义，到现在为止，我们还没有搞清中文文献在西方的流传史，这直接影响我们对西方汉学史的研究。

从后者来说，西方大多数汉学家研究中国的文本使用的是各种西方语言的译本。而在不同的历史时期,中国与外部世界联结的通道是不同的,域外汉学家们所得到的翻译的文本是不同的,这些不同的文本决定了他们对中国文化的理解。例如,在西方汉学的历史上对“四书”的翻译就有罗明坚的译本,有柏应理的译本,有卫方济的译本,有理雅各的译本,有卫礼贤的译本,有陈荣捷的译本。这些译本由于时代不同,译者的文化背景不同,所表达的“四书”的含义有着很大的不同。因而,认真摸清中国典籍的外译是进行西方汉学史研究的基础性工作,虽然困难很大,特别是对传教士的早期拉丁语译本的梳理和研究,但从学术的整体和长远发展来说,应该去做。本书所收入的柳存仁先生的《百年来之英译〈论语〉其一——读西蒙·李新译〈论语〉》、周发祥先生的《中国古典小说西播述略》是研究中国典籍西译的经典之作,我们应沿此路向发展。

如果这样从学术上掌握汉学的知识来源,我们就必须进入中外文化交流史的研究。由此,我们就可以理解在研究西方早期汉学时为什么我们一定要熟悉和了解入华传教士的活动,就可以理解为什么费正清认为中西文化交流中入华的传教士扮演着“核心的角色”,因为入华的传教士实际上是站在一个双行道上,“他们在向西方传递中国形象的同时也塑造了中国人对外部世界的观点”,不了解传教士我们就弄不清他们向西方所介绍的中国形象。

例如,直到今天我们仍不能真正说清楚伏尔泰、莱布尼茨的中国观,因为他们理解中国儒家的基础是柏应理的《中国哲学家孔子》一书,而直到今天能真正读懂这本拉丁文著作的中国学者屈指可数。同样,读过龙华民的《中国宗教的若干问题》的学者很少,但研究莱布尼茨和“礼仪之争”的论文和著作却每天在增加。而如果读不好龙华民的这本书,是很难真正理解“礼仪之争”和莱布尼茨的儒学观的。如果从中国汉学(中国学)史研究的历史来看,对西方传教士汉学著作的翻译工作只是在近几年才开始的,我们到现在为止还不能将这个基本的学术脉络梳理得很清楚。同样,到今天为止我们还没有认真研究过晚清时期裨治文等人所办的《中国丛报》中所介绍的中国的基本情况,而正是这份报纸塑造了19世纪西方人的中国观,它为19世纪的西方汉学家提供了基本的文献。近年来学术界开始翻译晚清时期入华传教士的西文著作,但基本的著作和文献我们仍是不清晰的。米怜的著作、麦都思的著作、卢公明的著作都尚未深入地研究。目前,虽然开始有了对理雅各和卫礼贤的研究,但至今国内尚无真正对他们的中国典籍的翻译文本进行彻底的研究,而没有对这两个传教士所翻译的中国典籍的文本研究,实际上是说不清19世纪以来西方对儒家和中国文化的理解的,因为直到今天理雅各和卫礼贤所翻译的中国典籍的译本仍是大多数汉学(中国学)家案头必备之书,他们是通过理雅各和卫礼贤的译本来理解中国文化的。

另一方面,这些传教士汉学家和当代汉学家的一个重要区别是他们长期生活在中国,要了解他们笔下的中国、他们的中国观、他们对中国文化的介绍,那就必须进入中国明清史的研究中,必须考察他们在中国的活动。这又要求我们必须对中西文化交流史有一个深入的了解。而"近几百年来的中西文化交流史在某种程度上就是西方人逐步'发现'和建构的历史,而探讨和研究中国被欧洲人逐步'发现'和'重构'的历史,无疑是当今的比较文学和比较文化研究者的一大理论课题"(王宁)。这点我们下面还要专门论述,这里只是说明:历史,中外文化交流史的研究是汉学(中国学)研究者必须涉及的领域。编入论文集的著名荷兰汉学家许理和的《十六—十八世纪耶稣会研究》和美国著名汉学家费正清的《新教传教士著作在中国文化史上的地位》都是从历史角度研究入华传教士汉学的典范之作,对我们有着重要的启示意义。

第二,应对各国汉学(中国学)的学术发展史有一个较为清晰的把握。讲到这个问题,首先就涉及"汉学"和"中国学"的关系。一般来讲,"汉学"表示对中国古代语言、文字、历史文化、典籍、制度的研究,"中国学"表示对近现代中国社会历史的研究。在研究方法上前者注重文献训诂,后者注重现实;前者采取的基本上是传统的人文学科的方法,后者采取的是现代社会科学的方法。如刘东所说:"汉学一词在现代亦必衍生出宽窄两义。广义上,它可以指称'一切在研究中国的学问'。狭义上'汉学'(Sinology)一词则与以现代方法研究现代中国的'中国研究'(Chinese Studies)相对,仅仅指以传统方法来考释中国古代文化特别是经典文献的学问。"这种划分和理解也都是相对的,有分歧是正常的,语言的特质之一就是"约定俗成",我们不必在学科的名称上长期争论。

但这两种名称告诉我们，西方对中国的认识和研究经历了一个漫长的过程，我们应该对其学术史的流变和发展有个了解。对待域外汉学（中国学）仅仅采取一种实用的态度是不行的。“我认为研究国际汉学，应当采取学术史研究的理论和方法，最重要的是将汉学的递嬗演变放在社会与思想的历史背景中去考察。”（李学勤）前辈学者已经这样做了。1949 年前对西方汉学通史的研究有莫东寅的《汉学发达史》和日本学者石田干之助的《欧人之汉学研究》，近年来有一两本分国别的汉学史著作，影响较大，受到国内外学者好评的是严绍璗的《日本中国学史》和侯且岸的《当代美国的“显学”》。何寅与许光华的《国外汉学史》是国内目前较为详细的有关汉学的通史性著作，此书有开创学科通史之功。汉学（中国学）史研究的意义在于，域外汉学（中国学）的发展在各个国家都有其独特的历史，有自己的学术传统，有师承的传递和各个学派的特点，如果不了解这个历史，我们就无法判定一个汉学家在本国学术史的地位，也不能了解其学术思想的来源和背景，很容易闹出笑话。汉学家也分三六九等，要把最好的汉学（中国学）成果介绍到国内，就必须做深入、细致的国别汉学史的研究工作，“在此基础上，再来进行整体的或个别的研究。只有这样，我们才能认定各国的中国学家们在他们自己国家的学术谱系上的地位，才可以避免我们的无知”（严绍璗）。从西方汉学史来看，如果没有一个系统而又深入的学术史的梳理，你就无法解释“传教士汉学”和“专业汉学”之间的巨大变化，我们也无法解释从费正清到柯文这种学术路向的重大转变，我们也不可能深入地了解到这种学术转变背后的深刻文化原因。所以，无论是判断一个汉学家个人的学术成就还是从整体上理解汉学（中国学）的演变，没有学术史的研究是根本不可能的。收入本书中的侯且岸先生的《从学术史看汉学、中国学应有的学科定位》、严绍璗先生的《日本近代中国学形成的历史考察》、钱婉约先生的《日本近代中国学的重要学者——内藤湖南》、杨保筠先生的《儒学说在越南的传播和影响》、张铠先生的《论费正清的中国史研究》等文正是这种汉学史研究的路向。

虽然海外汉学（中国学）的内容是关于中国的，但它是发生在域外，由外国人所做的学问，从西方汉学（中国学）来看，它是西方学术体系中的一个分支

"东方学"的一部分。既然它是西学的一部分,它必然要遵循西方学术的传统和规范。这样汉学和国学之间既有同,也有异。同,表现在内容上,无论是传统的汉学还是当代的中国学,材料、文献都是中国的;异,则表现在学术规范和方法上,最终还在问题意识上,它是从自身文化发展的需要出发的,从一个"他者"的角度来看中国文化的。这样,在汉学(中国学)的研究中就必须从一种跨文化的角度,运用比较文化的方法来分析汉学。许多国内做"国学"研究的学者认识不到这一点,往往将"汉学(中国学)"和他们自己所从事的"国学"相等同,对其"同"的部分大加赞赏,认为有水平,对其"异"的部分大加批评,对汉学家们对中国文化和学术的"误读"不能给予一个合理的解释,究其原因,就是缺乏一种比较文化的视角,不能运用跨文化的研究方法来对待汉学(中国学)。如果从比较文化的视角来看待汉学(中国学),我认为以下两点是很重要的:

首先,母体文化对汉学(中国学)家学术视野和方法论的影响。从实证的知识论角度来看,域外汉学并非像赛义德所说的完全是一种"集体的想象",也并非是在本国文化和意识形态的完全影响下,它成为一种毫无任何可信度的语言的技巧,一种没有任何客观性的知识。就西方的汉学(中国学)而言,16世纪以后,他们对中国的知识获得了大踏步的进展,"游记汉学"与"传教士汉学"的重大区别就在于,传教士已经开始长期生活在中国,并开始一种依据基本文献的真实的研究,它不再是一种浮光掠影式的记载,一种走马观花的研究。传教士汉学绝不是传教士们随意拼凑给西方人的一幅浪漫的图画。他们对中国实际认识的进展,对中国典籍的娴熟和在翻译上的用功之勤,就是今天的汉学家也很难和其相比。特别是到"专业汉学"时期,汉学家在知识论上的进展是突飞猛进的,我们只要提一下法国的著名汉学家伯希和就够了。这点我们在下面论述汉学(中国学)和国学的关系史时还会讲到。在这个意义上赛义德在其《东方学》中的一些观点并不是正确的,"东方主义的所有一切都与东方无关,这种观念直接受惠于西方的各种的表现技巧……"由此,西方的整个东方学在知识论上都是意识形态化的,其真实性受到怀疑。他认为西方的东方学所提供的是"种族主义的、意识形态的和帝国主义的定性概念",因而,他认为,东方学的失败既是学术的失败,也是人类的失败。赛义德的观点显然不符合西方汉学的实际情况,作为西方知识体系一部分的东方学,它在知识的内容上肯定是推动了人类对东方的认识的,从汉学来看,这是个常识。

我这样讲并不是否认西方汉学受欧洲中心主义的影响。平心而论,赛义德说,西方的东方学是伴随着帝国主义的海外扩张而形成的,这种说法是对的,东方学受到西方文化的影响和制约也是对的,但由此认为西方的东方学"并没有我们经常设想的那么具有客观性"的结论缺乏具体分析。赛义德提供给我们的从比较文化的角度来评价西方的东方学的方法是对的,但有三点我是不同意他的分析的:其一,不能因西方东方学所具有的意识形态性,就完全否认它所包含的"客观性"。以传教士汉学为例,传教士入华肯定不是为推进中国的现代化,而是为了"中华归主",这种心态对他们的汉学研究产生了重大的影响,但这并不妨碍传教士的汉学研究仍具有一定的"客观性",他们仍然提供给了欧洲一些准确无误的有关中国的知识。采取比较文化的研究方法就在于对西方汉学(中国学)中的这两部分内容进行客观的分析,哪些是"意识形态"的内容,哪些是"客观知识",二者之间是如何相互影响的。其二,西方东方学中的方法论,研究方式不能完全归入"意识形态"之中。这就是说不仅研究的知识内容要和"意识形态"分开,就是赛义德所说的意识形态也要做具体的分析。方法论和研究的方式当然受到西方整个学术进展的影响,但它和政治的意识形态不同。作为方法论它具有一定的独立性,同时也具有一定的"普世性",即它是整个人类的精神。如伯希和在做西域史研究中的科学的实证方法、高本汉在做中国语言研究中的现代语言学的方法,这些方法是在整个时代的进步中产生的,尽管它和西方社会历史有着血肉的联系,是其精神的一部分,但不能因此就否认它的有效性。特别是美国当代的中国学家,他们有别于传统汉学家的根本之处在于将社会科学的研究方法移植到中国学研究中,如果把这种方法论的变迁一概地否认,那就是将中国学的灵魂否认了,那我们几乎从当代中国学中学不到任何东西。其三,如果完全采用赛义德的理论,"社会科学理论几乎要遭到彻底的摒弃。几乎所有的社会科学都源于西方,几乎所有的西方理论都必然具有文化上的边界,并且必然与整个帝国主义的话语纠缠到一起，因此，对此除了‘批判性’的摒弃之外，任何汲取都会受到怀疑”（黄宗智）。从汉学（中国学）家来说，他们中不少人对中国的迷恋甚至超过了他们对本国文化的迷恋，所以不能简单地把他们说成赛义德所讲的东方主义者。

用比较文化的方法来分析汉学（中国学），就是要考察生活在两种文化的夹缝中的汉学（中国学）家是如何在跨文化的语境中展开这种学术研究的，分析他们在具体的文献和材料背后的一般性的方法，对中国本土学者来说，影响我们的恰恰是方法论这一部分。所以我认为，不能把海外汉学（中国学）中的研究完全归为“意识形态”加以批判和抛弃，对赛义德的理论应加以分析的运用。

有了这三点，我们就会看到汉学家区别于中国本土的“国学”研究者的主要地方在于学术视野和方法论。例如，法国汉学家马伯乐对中国上古文化和宗教的研究受到涂尔干社会学的影响，从而开创了中国宗教社会学研究之先河，对他这种宗教社会学方法论的吸取推动了中国本土的社会学研究。当年杨堃先生受教于马伯乐，成为中国社会学研究中最早采用宗教社会学方法的学者，而中国的宗教学界几乎没有人知道早在近一百年前马伯乐已经创立了这种方法，这两年才开始注意这种方法。但宗教学界的学者们只不过是将西方的宗教社会学搬来而已，他们今天仍不知中国宗教社会学研究的真正创始人是法国汉学家马伯乐。社会学和宗教学对待马伯乐汉学研究中的方法论的两种态度，对这两个学科的发展都产生了影响。夏志清运用新批评主义的形式主义分析方法，重评中国现代文学史，使张爱玲、沈从文、钱钟书又回到现代文学史的研究视野之中，这种方法极大启示了中国文学史的研究者。在西方汉学（中国学）的中国文学研究中，“20世纪涌现出来的意象研究，新批评、原型批评、结构主义、主题学、文类学、风格学、叙事学，甚至女权主义、混沌理论、文化理论等，举凡用之于西方文学研究者，几乎都在中国文学研究中派上用场”（周发祥）。新时期的中国文学研究在很大程度上是在步西方汉学方法论的后尘。

注意其方法论，注意其新的学术视角，运用比较文化的研究方法，揭示出

隐藏在其“客观知识”背后的方法论，这正是汉学（中国学）研究者的基本使命。

其次，注意“影响史”的研究。中国文化在域外的传播和影响是两个相互关联而又有所区别的领域。一般而论，传播史侧重于汉学（中国学），即他们对中国文化的翻译、介绍和研究，域外的中国形象首先是通过他们的研究和介绍才初步建立的；影响史或者说接受史则已经突破学术的层面，因为汉学（中国学）的研究在西方仍是一个很偏僻的学科，它基本处在主流学术之外，或者处于学术的边缘。中国文化在域外的影响和接受主要表现在主流的思想和文化界。但二者也很难截然分开，因为一旦中国文化的典籍被翻译成不同语言的文本，所在国的思想家和艺术家就可以阅读，就可以研究，他们不一定是汉学家，但同样可以做汉学（中国学）的研究，他们对中国的兴趣可能不低于汉学家，特别是在进行自己的理论创造时。英国 17 世纪的学者约翰·韦伯从来没来过中国，但他所写的《论中华帝国之语言可能即为原始语言之历史论文》是西方第一本研究中国语言的专著，马克斯·韦伯的《儒教与道教》你很难说它是汉学著作或者说不是，但其影响绝不亚于任何一本汉学的专著。美国的思想家爱默生、诗人庞德，德国的荣格等都是这样的人，这样的例子很多。因而，接受史和影响史也应成为汉学（中国学）研究的一个重要方面。

这方面前辈学者已经为我们提供了研究的“范式”，钱钟书在英国时所写下的《十七世纪、十八世纪英国文学里的中国》、范存忠的《中国文化在启蒙时期的英国》、陈受颐的《18 世纪中国对英国文化的影响》、朱谦之的名著《中国哲学对欧洲的影响》、法国学者毕诺的《中国对法国哲学思想形成的影响》都是我们在做汉学（中国学）研究时所必读的书。

在这个方面，赛义德的理论给了我们解释的支点。“东方学现象是整个西方的隐喻或缩影，实际上应该用来代表整个西方”，这是说西方为了确定自我，他们拿东方作为非我来做对照，“东方代表着非我，相对这非我，西方才得以确定自己之为自己，所以东方乃是西方理解自己的过程中在概念上必有的给定因素”（张隆溪）。从 18 世纪的中国热，伏尔泰认为中国是“天下最合理的帝国”到 19 世纪中国完全失去了魅力，黑格尔认为中国是一个只有空间没有时间的国家,一个停滞的帝国。在西方文化史上中国一直是作为西方确立自我的"他者"而不断变换着。

对赛义德的理论我们还应做两点补充:一是西方人把中国当作"幻想"的对象是以中西双方实际历史的交流为基础的。尤其是大航海以后,西方人第一次走出狭小的地中海,域外的文明,特别是中国的文明对其实际的冲击是很大的,这点拉赫在《欧洲形成中的亚洲》一书中有史学上的严格考证。这说明西方的精神的形成同样有着外部的因素,基督教是由东方传入西方的,中国文明对欧洲的影响绝不仅仅是在作家的书房。弗兰克的《白银资本》、彭慕兰的《大分流》,及王国宾等人的著作都可以为我们理解 17、18 世纪东西方的实际历史提供经济史的证明,这样的历史观可以瓦解今天的"欧洲中心主义"和一些西方人编造的神话。我们不需要用西方"幻想的矫情"来印证我们文化的合理性,但文化交往的历史至少可以说明多元文化存在的合理性。其二,虽然赛义德告诫我们,在东方不需要一个像西方的东方主义那样的"西方主义",但实际上 19 世纪后的中国思想的确存在着一种"西方主义",但它的历史正好和西方的"东方主义"的历史进程倒了个个儿。在"夷夏之分"的观念中,西方是"蛮夷之地";在国门被打开之后,西方一直又作为国人想象中的"乌托邦"存在着。这个问题属于中国思想文化史,这里只是顺便提一下。

汉学(中国学)的魅力不仅在于它的"同"——汉学家们为我们的国学研究提供了许多新的史料,特别是在"四裔"研究方面。它的魅力更在于"异",在于跨文化间的"误读",在这个意义上比较文学和比较文化研究是汉学研究的天然盟友,如孟华所说:"作为一个比较学者,我对汉学有着一份天然的亲近感和学科认同感。甚至可以毫不夸张地说,自从我踏上比较文学学术之路起,汉学研究就始终伴随我左右,成为我学术生活中不可或缺的一部分。"正是在这个意义上,在这里我们收录了张隆溪先生的《非我的神话——西方人眼中的中国》、黄俊杰先生的《二十世纪初期日本汉学家眼中的文化中国与现实中国》、李文昌先生所翻译的《中国儒教对英国政府的影响》、耿昇先生翻译的《中国文化对十八世纪法国哲学家的影响》、吴泽霖的《托尔斯泰对中国古典文化思想的直接接触和借鉴》、王宁先生和钱林森先生的《汉学的重建与世界文明新秩序》、钱林森先生为他主编的《外国作家与中国文化》所写的长序和孟华先生的《比较文学与汉学》等论文。

以上三点都是从域外的角度来看待汉学(中国学)的,即它发生的历史,它本身的学术史及它在本国文化思想史中的作用与价值,但在研究海外汉学(中国学)时还有一个最重要的维度:汉学(中国学)和国学的关系,这种发生在域外的关于中国的学问和我们本土的中国学术有什么关系呢?它对中国本土学术的发展有什么价值和影响呢?

其实,海外汉学(中国学)从其诞生起就同中国学术界有着千丝万缕的关系,特别是西方汉学,在一定意义上讲中国近现代学术的产生是和西方近现代的汉学发展史紧密联系在一起的,也就是说中国近现代学术之建立是中国本土学者与汉学家们互动的结果。利玛窦与徐光启,理雅各与王韬,王韬与儒莲,伯希和与罗振玉,胡适与夏德、钢和泰,高本汉与赵元任……汉学家与中国学人的交往我们还可举出许多例子。正是在这种交往中双方的学术都发生了变化,互为影响,相互推动。戴密微在厦门大学任教,卫礼贤执教于北大讲坛,陈寅恪受聘于牛津、剑桥,在20世纪二三十年代双方的交往比今天还要频繁。正是在这种交往中中国学术逐步地向现代化形态发展。

当年傅斯年在谈到伯希和的学问时说:“本来中国学在中国在西洋原有不同的凭藉,自当有不同的趋势。中国学人,经籍之训练本精,故治纯粹中国之问题易于制胜,而谈及所谓四裔,每以无新材料而隔膜。外国学人,能使用西方的比较材料,故善谈中国之四裔。而纯粹的汉学题目,或不易捉住。今伯先生能沟通此风气,而充分利用中国学人成就,吾人又安可不仿此典型,以扩充吾人之范围乎。”这说明了当时汉学对中国学人的启示。实际上,近现代以来,中国学术对西域的研究日益加强,引起许多学者的兴趣,这显然是受到了西方汉学家的影响。胡适在1916年4月5日的日记中说:“西人之治汉学者,名Sinologists or Sinologues,其用功甚苦,而成效殊微。然其人多不为吾国古代成见陋说所拘束,故其所著书往往有启发吾人思想之处,不可一笔抹煞也。”

这里胡适已认识到汉学的特点,以后胡适在与汉学家钢和泰的交往中改变了原来认为汉学家治学“成效殊微”的看法,而是直接向钢氏求教梵文。而他对瑞典汉学家高本汉的评价更说明西方近代汉学对中国学术的影响。高本汉以治音韵学而著称，胡适说："近年一位瑞典学者珂罗倔伦（即高本汉）费了几年工夫研究《切韵》，把260部的古音弄的（原文如此）清清楚楚。林语堂先生说：'珂先生是《切韵》专家，对中国音韵学的贡献发明，比中外过去的任何音韵学家还重要。'（《语丝》第四卷第二十七期）珂先生成绩何以能这样大呢？他有西洋音韵学原理作工具，又很充分地运用方言的材料，用广东方言作底子，用日本的汉音吴音作参证，所以他几年的成绩便可以推倒顾炎武以来300年的中国学者的纸上功夫。"鉴于西方汉学的这一成就，他号召青年人要掌握新的研究方法，那时再来重新整理国故，便可"一拳打倒顾亭林，两脚踢翻钱竹江"。

当时西方汉学对中国学界的冲击非常大，以至陈垣先生说："现在中外学者谈论汉学，不是说巴黎如何，就是说日本如何，没有提到中国的，我们应当把汉学中心夺回中国，夺回北京。"其实中国近代学术从传统的注经转变为现代社会科学的方法，一个重要因素是受启于海外汉学。陈寅恪任教清华之初，遵循地道的欧洲汉学及东方学方法，讲授欧洲东方学研究之目录学。赵元任和李方桂的语言学研究走出传统的小学，而采取现代语言学的方法，一个重要原因就是受到高本汉语言学研究的影响。这说明汉学和我们自己本土的学术传统有着内在的联系。

上面讲到，20世纪80年代以来海外汉学的学术著作被翻译成中文的已经有200多本，这些汉学（中国学）著作对中国学术界还是产生了重要的影响。中国本土的学者"今天必须面对一个不容忽视的事实：从日本、欧洲到北美，每一天都有关于中国古今各方面的研究成果问世。如果我们继续把这些成果都称之为'汉学'，那么'汉学'与中国本土的'国学'已经连成一体，再也分不开了"（余英时）。实际上，当今中国的学术界出现了"'双峰对峙'的两派'中学'——其一是自家内省的'国学'，其二是别人旁观的'汉学'"（刘东）。对中国本土学者来说"要求每个学者对本专业在世界范围内的进展了如指掌，有点不切实际，但将海外中国学家的贡献纳入视野，对于生活在中国的新一代学者来说，不但可能，而且必需"（陈平原）。就文学研究来讲，从夏志清的《中国古典小说导论》出版以来，韩南、浦安迪等人的小说史研究著作相继翻译出版，说明国内学术界“能够较为准确地判断海外中国学的高低优劣”，而2000年在北大召开的“晚明与晚清国际学术研讨会”上，来自汉学和国学两大领域的中国文学研究者已经开始共聚一堂。在史学界年青一代的学者已经开始自觉运用美国中国学的方法，杨念群的《中层理论》“把美国中国学（部分涉及日本中国学）研究的一些基本概念和命题变迁放在我国史学研究的传统脉络里呈现其特征，并评估其价值；反过来，也把中国史学研究的方法置于美国中国学思潮的背景下反观其得失”（杨念群），他所主编的《空间·记忆·社会转型："新社会史"研究论文精选集》则是这一思想的具体体现。

实际上汉学（中国学）的引入具有双向的意义，它不仅使学术转型中的中国本土学术界有了一个参考系，并为我们从旧的学术“范式”中走出，达到一种新的学术创新提供了一个思路，同时也对汉学（中国学）家们提出了挑战。正像中国的学者必须面对海外汉学（中国学）家的研究一样，他们也应该听听中国同行的意见。我们在《国际汉学》的第七辑曾发表包卫民先生批评内藤湖南“宋代革命论”的论文、王志平先生批评《剑桥中国史》中关于中国语言学史的观点。我们想通过正常的批评，纠正那种仿佛只要洋人讲的就没错的“殖民地思想”，把对汉学（中国学）的引进和批评统一起来，在一种平等的对话中商讨和研究，这才是一种正确的学术态度。对国外汉学（中国学）家的成果也不可盲从，正像对待所有的学术成果都不应盲从一样。实际上在西方不仅那些把中国作为“他者”的思想家、文学家在讲中国时常常满口错话，信口雌黄，就是在大汉学家那里，常识性的错误也不断出现。例如，谢和耐这位法国大汉学家，朱维铮先生认为“他对17世纪中叶中国发生的文化巨变，其实一无所知。他甚至不理解清圣祖即俗称康熙大帝的满洲君主，在晚年决定以朱熹学说作为帝国意识形态表征的历史含义”。周锡瑞先生一字一句地指出美国当代中国学家何伟亚（James L. Hevia）在其成名作《怀柔远人：马戛尔尼使华的中英礼仪冲突》中词表里的错误，周先生说：“或许最令人惊异的是：‘一视同仁’写成‘一视同人’。此类词汇的错误，很难使人相信作者能够训练有素地使我们更加接近清代文献的原意。”像这样的常识性错误在比利时汉学家钟鸣旦的

《杨廷筠:明末天主教儒者》一书中也时有出现,在著名的《剑桥中国史》中也有很低级的错误。这样讲并不是否认这些汉学家在学术上的贡献,而是海外的汉学家必须考虑到他们的著作如何面对中国读者,因为一旦他们的书被翻译成中文,他们的书就会成为中国本土学者阅读和审视的对象。

当我们面对大量涌进的汉学(中国学)著作时,我们应有一种开放的心态,有一种多元的学术态度,不能有那种"画地为牢,反正山中无老虎,猴子称大王",对汉学家研究的成果视而不见的态度。同时,也应考虑到这是在另一种学术传统中的"学问",它有特有的文化和学术背景,不能拿来就用,要做比较文化的批判性研究。随着汉学(中国学)的不断引入,对汉学著作做一种批判性研究和介绍日益成为一个重要的问题,因为在不同学术传统中的概念和方法的转化和使用必须经过严格的学术批判和反思才行。在这个意义上运用比较文化的视角和方法尤为重要。如何立足中国本土的学问,在借鉴汉学的域外成果上,从我们悠久的文化传统中创造出新的理论,这才是我们真正的追求所在。"我想问的是,有没有人想过这样一个道理,如果要研究世界普遍真理,为什么理论家们不好好学习汉语?或者说,为什么一个涵盖了中国、亚洲和西方的顶级世界理论,中国人不可以发明?"(葛兆光)引进域外汉学(中国学)是为了我们自身学术和文化的变革与发展,万不可在介绍西方汉学(中国学)走马灯似的各类新理论、新方法时,我们自己看花了眼,真成了西方的东方主义的一个陪衬,失去了自己的话语和反思的能力。

另一方面,中国本土学者也应参与到海外汉学的研究之中。我们"希望这是一场双向的'学术对话',而不只是单向的'文化输入',就像美国、日本及欧洲等地的中国学家正在积极介入中国的文化建设一样,大陆及台港的学者也完全可能借助平等对话,影响中国学家的学术思路,并修正其具体结论"(陈平原)。中国学者应努力打破"西方中心主义",使世界的汉学(中国学)论坛上有中国的声音,有中文的发言,而不总是西方的语言、西方的声音、西方的标准,"仿佛'中国'是一个缺席者,空出来的那个座位总是有异邦人在李代桃僵地对理论家们进行'中国的叙述',而中国学者却总是心有不甘却满脸无奈地看着这个空缺的座位"(葛兆光)。我相信,经过我们对汉学(中国学)的认真研究和梳理,当我们摸清了他们的思路和方法,了解了他们的话语和特点,学习了其中的经验和长处后,中国再也不是一个缺席者。

相互了解是平等对话的第一步,开放的心态和批判研究的态度则是我们在面对汉学(中国学)家时所应有的基本立场。我认为这场对话才刚刚开始,正是在这场刚刚开始的对话和讨论中,中国的人文社会科学研究将逐步走向自觉和繁荣,也正是在这场对话中汉学家(中国学家)才开始面临真正的学术对手,并改变自己的理论形态。在这场对话中中国文化将真正走向世界,“使全世界共此凉热”(季羡林)。

(原载《海外中国学评论》,2006 年 1 月)

汉学研究三题

对国外汉学的研究是20世纪80年代以来中国学术在其恢复和重建中最重要的努力之一,我们应该如何看待这个学术现象?如何把其放入中国学术流变和发展的历史脉络中进行分析?如何提高我们对这一学科研究的自觉性?这都是需要我们认真考虑的问题。

汉学和近代中国学术的转变

如果把日本宋学作为日本汉学的独立形态,日本传统汉学当形成于14—15世纪,它已有近600年的历史;如果把利玛窦入华作为西方早期汉学,即"传教士汉学"开始的标志,它已有近400年的历史;如果把1814年12月11日法国法兰西学院正式任命雷慕沙为"汉、鞑靼、满语言文学教授"作为"西方专业汉学"诞生的标志,西方专业汉学也已走过了189年的历程。

海外汉学从其诞生起就同中国学术界有着千丝万缕的关系,在一定意义上讲中国近现代学术的产生和近现代西方汉学的发展是紧密联系在一起的,也就是说她是中国近现代以来的学者与汉学家们互动的结果。利玛窦与徐光启,理雅各与王韬,王韬与儒莲,伯希和与罗振玉,胡适与夏德、钢和泰,高本汉与赵元任……汉学家与中国学人的交往我们还可举出许多例子。正是在这种交往中双方的学术都发生了变化,互为影响,相互推动。戴密微在厦门大学任教,卫礼贤执教于北大讲坛,陈寅恪受聘于牛津、剑桥,在20世纪二三十年代双方的交往比今天还要频繁。正是在这种交往中,中国学术逐步地向现代化形态发展。

当年傅斯年在谈到伯希和的学问时说:"本来中国学在中国在西洋原有不

同的凭藉,自当有不同的趋势。中国学人,经籍之训练本精,故治纯粹中国之问题易于制胜,而谈及所谓四裔,每以无新材料而隔膜。外国学人,能使用西方的比较材料,故善谈中国之四裔。而纯粹的汉学题目,或不易捉住。今伯先生能沟通此风气,而充分利用中国学人成就,吾人又安可不仿此典型,以扩充吾人之范围乎。”这说明了当时汉学对中国学人的启示。实际上,近现代以来,中国学术对西域的研究日益加强,引起许多学者的兴趣,这显然是受到了西方汉学家的影响。胡适在 1916 年 4 月 5 日的日记中说:“西人之治汉学者,名 Sinologists or Sinologues,其用功甚苦,而成效殊微。然其人多不为吾国古代成见陋说所拘束,故其所著书往往有启发吾人思想之处,不可一笔抹煞也。”

这里胡适已认识到汉学的特点,以后胡适在与汉学家钢和泰的交往中改变了原来认为汉学家治学“成效殊微”的看法,而是直接向钢氏求教梵文。而他对瑞典汉学家高本汉的评价更说明西方近代汉学对中国学术的影响。高本汉以治音韵学著称,胡适说:“近年一位瑞典学者珂罗倔伦(即高本汉)费了几年工夫研究《切韵》,把 260 部的古音弄的(原文如此)清清楚楚。林语堂先生说:‘珂先生是《切韵》专家,对中国音韵学的贡献发明,比中外过去的任何音韵学家还重要。’(《语丝》第四卷第二十七期)珂先生成绩何以能这样大呢?他有西洋音韵学原理作工具,又很充分地运用方言的材料,用广东方言作底子,用日本的汉音吴音作参证,所以他几年的成绩便可以推倒顾炎武以来 300 年的中国学者的纸上功夫。”鉴于西方汉学的这一成就,他号召青年人要掌握新的研究方法,那时再来重新整理国故,便可“一拳打倒顾亭林,两脚踢翻钱竹江”。

当时海外汉学对中国学界的冲击非常大,以至陈垣先生说:“现在中外学者谈论汉学,不是说巴黎如何,就是说日本如何,没有提到中国的,我们应当把汉学中心夺回中国,夺回北京。”其实中国近代学术从传统的注经转变为现代社会科学的方法,一个重要因素是受启于海外汉学。陈寅恪任教清华之初,遵循地道的欧洲汉学及东方学方法,讲授欧洲东方学研究之目录学。对于这段历史桑兵先生的《国学与汉学:近代中外学界交往录》一书有详细的研究和介绍,这里我不过摘其一二而述之,说明在 20 世纪二三十年代伯希和、高本汉等海外汉学家的中译本著作对当时学界的影响，说明汉学和我们自己的学术传统的内在联系。

汉学对当代中国学术发展的意义

为什么在20世纪80年代中国学术界开始逐步关注海外汉学的发展呢？其实这里有着深刻的文化和学术的背景。从大处说，从那时开始学术界开始了一种深刻的反思，检讨以往的学术，试图跳出长期以来制约学术发展的那种教条主义的体系和方法，寻求一种新的理论和方法。这是80年代西学热的基本背景。海外汉学当时是作为西学的一部分而介绍到中国学术界的。这种狂飙式的介绍和学习还是给学术界带来了许多新的东西，不管今天人们怎么评价80年代的西学热，我对那段历史一直心存敬意。不可否认当时所介绍进来的一些理论和方法还是对中国传统文化的研究产生了影响，例如，雅斯贝尔斯的“轴心期理论”几乎成为今天我们解释中国文化的一个基本视角，以法国历史学家布罗代尔为代表的“法国年鉴派”的理论和方法也已经成为新一代学者构建自己学术体系的基本依据。

但到80年代后期人们已经感到，仅仅介绍西学对中国文化的研究是不够的。特别是90年代初加大了对中国文化的研究，学术界需要有关如何研究中国本土学问的新方法，如李学勤先生讲“国际汉学研究对于中国学术界来说，有着特殊的重要性”，而作为西学一部分的汉学以研究中国历史和文化为其对象，它所提供的一些方法和理论对以中国本土文化为学术研究对象的学者来说更为直接和便利。这就是“海外中国学丛书”当时受欢迎的原因之一。而汉学家们的研究方法和成果对中国学术界的影响，我们只要提一下费正清的中国近代史研究和李约瑟的中国科技史研究就足够了。

国外汉学家的一些研究为什么会在一些方面高于国内同行的研究呢？这是我们国内学者要认真反思的，这里的原因是多方面的，我认为有两点较为重要。

第一，有些研究方向的文献，海外优于国内。例如长期以来敦煌在国内，敦煌学在国外，但这并非因为国内学者不努力，而是因为绝大多数敦煌文献藏于国外,国内学者无法使用。类似的情况还有不少,如明清中国基督教研究,至今最优秀的学者、最有影响的著作大多是汉学家的而不是国内学者的,因为大多数传教士的文献藏于国外。

第二,研究方法汉学家高于国内学者。高本汉用现代语音学的理论研究中国古代音韵,从而使这一研究走出了中国传统语言学研究的老路。李约瑟运用现代科技思想整理中国历史,从而开创了中国科学技术史这一新的学科。费正清用现代社会科学的研究方法研究中国近代社会,从而开创了西方汉学的新路,使美国汉学从此有别于欧洲汉学。目前,国内文科研究中许多人采取社会学、人类学的方法,这同样受启于汉学家。在中国历史文化研究面临范式转换的今天,汉学家对中国学术界在方法论上的影响日益增大。

汉学家的研究水平并非整齐划一,他们中许多人的研究隔靴搔痒,文不对题。他们的许多研究方法和成果也应深入讨论,但这些都不能作为我们轻视海外汉学家的理由,他们的存在已是无可争辩的事实,我们应了解他们、研究他们并与其积极对话,以此促进中国学术的发展。在这个意义上,加强对汉学的研究是推动中国学术发展的一条重要措施。

在更大的意义上看,汉学的存在标志着中国自己的学问,无论是传统的文史哲,还是当代有关中国的社会科学的各个门类已经不再是中国学者自己独有的专利,中国学术已成为一门世界性的学问。汉学的存在日益揭示出了中国文化的世界性意义。近20年来在西方的传统文科中,汉学成为发展最快的学科,全球范围内学习汉语的人数每年以15%的速度发展。随着中国加入WTO,域外汉学还将会有大的发展。在这个意义上,汉学的发展是中国发展的表现,汉学的强大是中国强大的表征,它是中国文化走向世界的标志,正像人们所说的语言与文化的强大是民族昌盛的特征。现在全球有近万名专业汉学家,仅美国就有6000多名职业汉学家,每年毕业的汉学博士有近千名,每年海外出版的汉学著作有几百部,面对这个庞大的群体,我们不能采取鸵鸟政策,无视他们的存在。中国学术走向世界首要一步就是要了解海外汉学,中国文化要显示其世界文化的意义,最重要的就是要做好与汉学的沟通与互动。

把海外汉学作为学术史去研究
——一个新的研究领域

90 年代中国学术界的一道亮丽的风景线是对海外汉学研究的兴起，王元化主编的“海外汉学丛书”已有十几本之多；刘东主编的“海外中国学”洋洋洒洒已有 30 多本；任继愈主编的“国际汉学研究书系”后来居上，注重学科建设；葛兆光主编的《当代汉学家论著译丛》相继问世；西方汉学的鸿篇大作《剑桥中国史》甚至有了多种译本，许多译著受到好评；李学勤主编的《国际汉学著作提要》《国际汉学漫步》备受欢迎；季羡林主编的“东学西渐丛书”侧重研究，引起学界注意。在这些丛书之外，为推动对汉学的研究各类学术性辑刊纷纷出版，刘梦溪主编的《世界汉学》、阎纯德主编的《汉学研究》、任继愈主编的《国际汉学》、李学勤主编的《法国汉学》等已成为推动这一学科发展的重要阵地，尤其是《国际汉学》创办最早、出版稳定，它已开始受到国内外同行的关注。与此同时一些大学也成立了专门的研究机构，如北京外国语大学的海外汉学研究中心、清华大学的汉学研究所、北京语言文化大学的汉学研究所、四川外国语学院的国外中国学研究所都已成为这一学科的有影响的机构。

在学术界已涌现出一些对汉学研究颇有成就的学者，中国社会科学院情报中心已故的孙越生先生是这一学科最早的推动者，他主编的《美国中国学手册》、《世界汉学家手册》、《苏俄中国学手册》、《国外中国学研究》(4 册)等著作，至今仍是学者们的案头必备之书。北大比较文学与比较文化研究所所长严绍璗教授的日本汉学研究成果卓著，他的以《日本中国学》为代表的一系列著作向学界展示了汉学研究的广阔空间。中国社会科学院历史所的耿昇研究员以翻译法国汉学为其主业，近 20 年来他所翻译的法国汉学著作范围之广、难度之大令人惊叹，被学界誉为当代冯承钧。另外李明滨对俄国汉学的研究、侯且岸对美国汉学的研究、张国刚对德国汉学的研究都是近年来的重要成果。

这表明国内学界已不仅仅在各个相关学科中汲取汉学的成果，而且开始把汉学作为一个学术研究的对象来加以把握，正如李学勤先生所言：“我认为研究国际汉学，应当采取学术史研究的理论和方法，最重要的是将汉学的递嬗演变放在社会与思想的历史背景中去考察。”如果沿着这个思路，对汉学的态度就不仅仅是把他们的成果拿来就可以的。因为汉学是发生在域外学术传统中的一种学问,它必然受到其发生与发展的学术环境的影响和制约,你不了解其学术传统就很难真正知道它的问题所在、它的运思特点。以西方汉学为例,传教士时代的汉学、19世纪的汉学和今天的汉学有着极大差别,如果你不了解西方汉学近400年的传统,取其一点加以评论,恐怕会出问题。

进一步讲,西方汉学是西学的一部分,虽然它以中国为其研究的内容,但理论的框架、文献背后的解释方法都是西方的。按赛义德的理论,整个西方的东方学都是在欧洲中心主义的背景下发展起来的,这就需要我们用比较文化的方法来审视国外汉学。同时在研究中我们又要考察汉学家们是如何获得中国的知识的,在不同的时代,他们获得的中国知识又是不同的,摸清这种知识传播的途径,就需要我们进入中外关系史研究领域。因此,一旦我们采取一种学术史的办法来研究汉学,就发现这使自己处在一个各个学科的交叉之中。

对海外汉学进行研究的基本方法和理论目前都还在摸索之中,这是一个亟待开拓的学术研究领域。一旦从学术史的角度对汉学研究取得进展,我们的各个专业学科对汉学的吸收和借鉴就会更加自觉,就会突破那种仅仅停留在知识侧面同汉学家的交流,而从跨文化的角度,在比较文化的侧面上对其审视和吸收,展开交流与对话,推动中国本土学术的发展。

其实,以这种方法治海外汉学也不是今天才有,早在20世纪30年代,当中西交通史这个学科渐渐成熟时,就有一些前辈学者开始了这种研究。例如,陈受颐先生对西方早期汉学的研究、阎宗临先生对法国汉学的研究、方豪对传教士汉学的研究在当时都较有影响,日本学者石田干之助的《欧人之汉学研究》的翻译出版和莫东寅《汉学发达史》的出版是当时的代表性成果。今天,我们不过沿着前辈的做法重新开始,虽然耽误了许多时间,我想只要沿着这个方法慢慢去做,注意学术积累和学术基本建设,在基本文献的整理、翻译和解释理论上同时着力,这个研究领域会出一些好的成果,我们期待着。

[原载《中华读书报》2003年6月6日,
被《新华文摘》收入当年第10期,
并收入2009年《新华文摘精华本》(文化卷),人民出版社]

汉学作为思想方法论

汉学(中国学)作为西方思想学术中的一个重要方面已日益引起中国学术界的重视,无论从知识论上还是从方法论上,域外汉学,特别是西方汉学已经成为今天中国的传统学术重建时一个重要的参考系列。

绝大多数的汉学家无论是以方法著称还是以史料著称,有一点是很明确的:他们都以中国的知识和思想作为自己研究的对象。但有一个人例外,他就是法国当代的汉学家弗朗索瓦·于连(Francois Jullien,1951—)。

当我们称他为汉学家时,会受到法国许多汉学家的反对,但他实际却坐在巴黎七大汉学系主任的位置上,他能熟练地读中文书,他所写的每一本书都在讲中国;当我们称他为法国哲学家时,同样也有不少法国的哲学家反对,认为他是汉学家,但他确实当过国际哲学学会的会长,他对希腊文的熟练程度绝不比任何一个哲学家差。

于连的学问为什么在法国引起这样的争论呢?这根本上是由他的学术取向所决定的。这位毕业于巴黎高师古希腊哲学专业的高才生对哲学有一种独到的理解。他认为哲学就是一种反叛,他说:“每一种哲学除了对自己的前者说‘不’之外,没有其他出路。”在他看来到目前为止的所有西方哲学都是在希腊的传统中发展的,尽管有各种各样的派别和分歧,但都没有同希腊传统彻底地“断裂”,因而也无法有真正建设性的开创。如何真正地摆脱掉希腊传统,重新审视西方的文化传统呢?

只有从外部来重新审视它。他说:“从严格意义上讲,唯一拥有不同于欧洲文明的‘异域’,只有中国。”中国的特点在于它无法按照欧洲的逻辑进行归类,正如帕斯卡尔所说具有“不可归类的理论丰富性”。正是中国的这种

“异”,既使欧洲显得黑暗,又有光明可寻。

因此,于连是为了解决欧洲思想的问题,而找到了中国,他研究中国不是为了做一个汉学家,而是为了做一个欧洲的哲学家。中国不是他的目的地,只是他为冲破欧洲思想的藩篱而反思自己的工具,他的目的地是希腊,是欧洲。

有了这样的学术取向,他的汉学研究就完全是另类的。他不重视关于中国知识的积累,他不做实证性的研究。这和绝大多数汉学家完全不同,甚至背叛了法国汉学的优良传统。在他那里,没有伯希和那种严密的考证,没有戴密微那种文本上的细微探究,难怪当代法国著名汉学家谢和耐在一篇书评中说:“从前,把我们的西方对峙于一个模糊的东方成为时髦,这个东方无所不包,从君士坦丁堡到北海道。把这种对峙局限于中国会不会是个巨大进步呢?任何真正的汉学家,只要他意识到中国地域的广大和它留给我们的异常浩繁的文献,就会感到很难回答中国是什么这个问题。抽象而言,却不能说存在比‘欧洲思想’更多的‘中国思想’。况且……因为这些阐述不顾时间和脱离一切背景,它们同时便失去了任何合理性。”谢和耐在这里几乎否认了于连所主张的全部的理念,对他这种脱离历史和时间的中西思想比较不屑一顾。

但于连仍坚持自己的主张,他认为:“第一,人们只能从外部通过远景合理地使用中国思想概念或欧洲思想概念:从内部看,看到的是认识论的紧张关系和决裂,从外部看,看到的却是构成‘理性’基础的逻辑相符性形式;第二,如果说中国代表一种特殊的、更加根本的特异性情况,这正是因为中国跟我们不属于同一语言群体,不同于印度(印欧语系),也不同属于同一历史或交流的群体(至少直到近一个时期),不同于阿拉伯语或希伯来语。”

汉学在他看来只是方法,而不是对象。这样说时并不意味着他不懂西方汉学的规矩,他很了解。从传教士汉学家到 19 世纪的理雅各、顾赛芬,他对西方汉学的传统也很熟悉。他熟悉中国的典籍文献,直接阅读文本,而不靠二手材料,是他的著作的基本特点。

他就是想以汉学为方法,对西方思想做一次观照,一次思想的冒险。他不赞同只把中国作为历史去研究,而不把它作为思想去对待的治学方法。他认为,如果只停留在历史的侧面上,“也就没有了产生概念的可能性,哲学也就不复存在了。或是说人们不能从中国思想出发去思维而只能去诠释它。但是，这就等于把中国思想打进了博物馆。而且，这也等于自我封闭，拒绝进入其中进而对其真正理解的可能性；因为人们只能在思考中理解思想，甚至只能在为了思维而利用思想时才能理解思想”。

那么，于连给我们展示了什么样的思想呢？首先他是从外部在看中国。他不是从汉学家的立场，而是从一个西方哲学家的立场、从一个希腊哲学的研究者来看中国的思想，从而给我们展示了他眼中的中国思想的特质。

在西方，黑格尔对中国哲学的评价很有影响。在黑格尔看来，在孔子的思想中看不到深刻的哲学研究，更谈不上思辨，仅仅是“善与诚实的道德”而已。在他眼中孔子就是一个俗老头，毫无精彩之处。于连不同意黑格尔这种看法，从表面上看，孔子的言论松散，但言简意赅，而且，在孔子简单的回答之中，我们可以发挥出无限的可能性意义。他说在孔子那些具体的论述中“得以开启整体的意义，可以阐明道理；也就是说，有关的联系使我们通过简单渐进的扩展，从‘有限’、局部的面貌过渡到有关全面的范围，因而不存在像具体（可见）与抽象（可知）之间那种转化，一种代表性的关系也不能因此建立起来”[1]。这是在讲中国思维的特殊性，它不是像希腊哲学那样去追问事物背后的概念，从而将世界二元化，分成抽象和具象。在孔子那里没有这样的路向，不问这样的问题。他只给你具体的答案，让你推想，因而不存在那种西方式的思维关系。孔子的意义不在从特殊事件中抽象出一般概念，像柏拉图那样。如果从于连的迂回策略来看孔子，孔子的思想价值在于“指示”，在于从简单出发的“扩散、包容的方式”。

当然，于连也是从外部、从西方来看中国的，只是结论不同。黑格尔在看中国时，手中已经有了一把西方的尺子，以此为标准来衡量和裁剪中国的思想；而于连看中国时，手中也有一把西方思想的尺子，但没有用它来裁剪中国思想，反而用中国的思想来检验西方思想的尺子。

所以，黑格尔以后西方思想界认为中国没有哲学，没有存在概念，没有上帝概念，没有自由概念，这成为中国思想的问题和缺点（当然，德国的雅斯贝尔

1　于连：《迂回与进入》，生活·读书·新知三联书店，1998 年。

斯是个例外,需要专门研究)。于连却反其道而行之,认为在中国没有存在概念,没有上帝概念,没有自由概念,这不是中国的错,这反倒是中国思想的独特之处。

在《(经由中国)从外部反思欧洲》[1]一书中,他专门论述了中国思想的这“三无”的必然性。他认为,在中国的语言中原来并无“存在”的概念,古典汉语里没有任何语词对应于“存在”这个词。这样中国思想自然就没有孕育出整个以“存在”为基础,并使之成为可能的语义网。而实际上“存在”这个概念是纯西方的概念,只要想一下从贺麟先生开始到王太庆等前辈学者,为翻译 Sein 和 Bing 所费的心思,以及这个概念在中文概念系统中的多义性,我们就会赞同他的这个观点。

上帝这个概念原是中国的,但它从远古时神的概念并没有向人格神的方向发展,在中国这个概念和西方完全不同。他认为:“这个概念逐渐被排除,后来在中国文化里慢慢地被边缘化,变得越来越不实用。这个演变大致在公元前两千年至公元前一千年从商朝到周朝转折期间,周代为使周制合理化采取一种新伦理教育;他们采用新出现的‘天’的概念作为调解世界的原则,取代上帝的个人形象,此后,是‘天’授君权。天的概念占优势的同时,地的概念囊括了古老的地狱诸神,开始成为天的伙伴。由此产生了构成古代中国人世界观的重要对偶词:天与地。”

王国维说殷周之变是中国文化发展中的重要阶段,所谓的“旧文化灭,新文化生”就是指中国文化由此开始从宗教性文化向世俗性文化的转变。于连也认为,“中国此后无须形而上学”,“没有享有特殊和神圣地位的圣职功能,也没有由此而来的为社会所必需的精神导师。总之,没有与上帝有特权关系的权威神甫——包括政治含义的权威神甫”。

自由概念也是如此。自由这个概念是在西方特定环境下产生的。他说:“希腊的政治自由概念本身就是双重的。自由首先是希腊城邦面对波斯帝国和他们的意欲扩充其专制制度的‘大王’的自由。但这也是在城邦内部,民主组织的自由,后者构成一种权利平等公民的‘民众’,它的部族混合挣脱了氏族

1　于连:《(经由中国)从外部反思欧洲》,大象出版社即将出版。

联系，也就挣脱了大家庭的监管。然而，中国没有过独立于外族人的要求……也没有想象过不属于个人专权的政治秩序，此后，公民概念没能扎根。最后，它没有确定自由人法律地位与之对立并由此得以肯定的奴隶条件。”因此，他认为，自由的概念“在中国未享有过这两种地位。不享有形而上学地位，也不享有政治地位”。

所以，对中国的思想不能进行“逻辑推理”，不能将其作为完全的知识对象。他在与杜小真的谈话中说：“说到底，中国思想和西方哲学一个根本‘无关’的地方，就是不那么区分在西方人那里非常明确区分的感觉的和知性的这两个世界。”

近代以来，由于社会文化的深刻变化，如何回应传入中国的西方文化成为一个根本性的问题，它几乎牵动了所有哲学家和思想家的心。但当时的所有选择都是用西方哲学来改造中国思想和哲学。按冯友兰的话：“新的中国哲学，只能是用近代逻辑学的成就，分析中国传统哲学的概念，使那似乎含糊不清的概念明确起来。”[1] 实际上冯友兰是在“用柏拉图和新实在论的哲学”对宋明理学进行诠释，而熊十力和梁漱溟则更倾向于西方的生命哲学，牟宗三用的是康德的哲学，李泽厚用的是马克思的实践本体论。当然，他们很清楚“哲学”是个外来的概念，用它来套中国古代的思想有一定的困难，也清楚地看到中国古代对修养义理之学有着自己的贡献，西方哲学并不能包含。张岱年先生认为，哲学并不是专指西方哲学，它只是一个学科的类称，西方哲学只是其中一个特例而已。冯友兰甚至认为可以撰写一部《中国义理学史》，并以此为标准来写一部西洋义理学史。前贤们虽有此心，但无此力，当时的局势是如何回应西方哲学，用西方哲学的概念来表述中国自己的思想是一个学术的主流，而对中国思想中与西方哲学不同的问题，他们较少注意。[2]

在这个意义上，如何从中国哲学自身的特点出发来表述和研究中国哲学，反映出中国思想的独特性，真正摆脱西方中心主义对我们的影响是一个尚待努力的问题。于连给了我们一个西方学者的观察，他的这些结论都可以讨论，

1　冯友兰：《中国现代哲学史》，广东人民出版社，1999 年，第 207 页。

2　陈来：《现代中国哲学的追寻》，人民出版社，2001 年。

但他那种将中国哲学和思想的独特性与西方区别开来加以研究的路向是有启示意义的。在一定意义上西方的汉学家类似于我们中国的“西学家”,即中国学术界的西方学术研究者,他们都是以对象国的学术文化为自己的研究对象。在西方汉学家的学问中,他们的方法论深受自己国家文化和学术传统的影响。这点不仅在西方汉学初期时的传教士汉学中是这样,在今天的美国中国学中也是如此。从西方的哲学思想中取其方法论,来研究中国的学问,这几乎是所有西方汉学家的基本套路。

反观中国,做西学研究的学者中,有两点是明显不同的。其一,在方法论上有自己独到之处,受到西方学术界重视的人很少,而在研究西学中采用中国式的研究方法解释西学、运用中国的思想资源来解释西方思想的研究者更是少之又少。反倒是做国学研究的学者在解释西方哲学和文化时往往有些独到之处,梁漱溟笔下的柏格森哲学、牟宗三笔下的康德、张君劢笔下的黑格尔都有着研究者独特的视角。其二,真正对中国文化本身有深入研究的西学研究者不多,这点在前辈学者中倒是很普遍,但今天真正打通中西的学者很少见。这两条都和近代以来西方文化成为强势文化有关,它直接影响了学者的学术取向和学术修养。于连的学术路向是:学习中国是为了返回希腊。在中国有学习希腊是为返回先秦的学术路向吗?在这个意义上,于连对我们的西学研究是个启示。

(原载《读书》2006年第3期)

国学与汉学三题

在当前中国学术的发展中,国学的恢复与重建已经成为一个令人关注的重大学术问题,在这个过程中,如何理解域外汉学的发展与成果,并与其展开良性的学术互动成为今天国学发展一个不可回避的问题。如何看待国学与汉学之关系?如何把握汉学之维度?如何在全球化背景下重建中国学术的自身话语体系?这些都是需要我们深入思考的问题。

一、汉学之国学:近代中国学术的基本特征

海外汉学(中国学)从其诞生起就同中国学术界有着千丝万缕的关系,特别是西方汉学,在一定意义上讲中国近现代学术的产生是和西方近现代的汉学发展紧密联系在一起的,也就是说中国近现代学术之建立是中国本土学者与汉学家们互动的结果。利玛窦与徐光启,理雅各与王韬,王韬与儒莲,伯希和与罗振玉,胡适与夏德、钢和泰,高本汉与赵元任……汉学家与中国学人的交往我们还可举出许多例子。正是在这种交往中双方的学术都发生了变化,互为影响,相互推动。戴密微在厦门大学任教,卫礼贤执教于北大讲坛,陈寅恪受聘于牛津、剑桥,在20世纪二三十年代双方的交往比今天还要频繁。正是在这种交往中中国学术逐步地向现代化形态发展。

当年傅斯年在谈到伯希和的学问时说:“本来中国学在中国在西洋原有不同的凭藉,自当有不同的趋势。中国学人,经籍之训练本精,故治纯粹中国之问题易于制胜,而谈及所谓四裔,每以无新材料而隔膜。外国学人,能使用西方的比较材料,故善谈中国之四裔。而纯粹的汉学题目,或不易捉住。今伯先生能沟通此风气,而充分利用中国学人成就,吾人又安可不仿此典型,以扩充

吾人之范围乎。”[1]这说明了当时汉学对中国学人的启示。实际上,近现代以来,中国学术对西域的研究日益加强,引起许多学者的兴趣,这显然是受到了西方汉学家的影响。胡适在1916年4月5日的日记中说:“西人之治汉学者,名 Sinologists or Sinologues,其用功甚苦,而成效殊微。然其人多不为吾国古代成见陋说所拘束,故其所著书往往有启发吾人思想之处,不可一笔抹煞也。”[2]

这里胡适已认识到汉学的特点,以后胡适在与汉学家钢和泰交往中改变了原来认为汉学家治学“成效殊微”的看法,而是直接向钢氏求教梵文。而他对瑞典汉学家高本汉的评价更说明西方近代汉学对中国学术的影响。高本汉以治音韵学而著称,胡适说:“近年一位瑞典学者珂罗倔伦(即高本汉)费了几年工夫研究《切韵》,把260部的古音弄的(原文如此)清清楚楚。林语堂先生说:‘珂先生是《切韵》专家,对中国音韵学的贡献发明,比中外过去的任何音韵学家还重要。’(《语丝》第四卷第二十七期)珂先生成绩何以能这样大呢?他有西洋音韵学原理作工具,又很充分地运用方言的材料,用广东方言作底子,用日本的汉音吴音作参证,所以他几年的成绩便可以推倒顾炎武以来300年的中国学者的纸上功夫。”[3]鉴于西方汉学的这一成就,他号召青年人要掌握新的研究方法,那时再来重新整理国故,便可“一拳打倒顾亭林,两脚踢翻钱竹汀”。

当时西方汉学对中国学界的冲击非常大,以至陈垣先生说:“现在中外学者谈论汉学,不是说巴黎如何,就是说日本如何,没有提到中国的,我们应当把汉学中心夺回中国,夺回北京。”[4]其实中国近代学术从传统的注经转变为现代社会科学的方法,一个重要因素是受启于海外汉学。陈寅恪任教清华之初,遵循地道的欧洲汉学及东方学方法,讲授欧洲东方学研究之目录学。赵元任和李方桂的语言学研究走出传统的小学,而采取现代语言学的方法,一个重要原因就是受到高本汉语言学研究的影响。这说明汉学和我们自己本土的学术

1 《法国汉学家伯希和莅平》,《北京晨报》1933年1月15日,转引自桑兵:《国学与汉学:近代中外学界交往录》,浙江人民出版社,1999年,第140页。

2 胡适:《胡适留学日记》,安徽教育出版社,2006年,第860—861页。

3 胡适:《胡适文存》第三卷,上海亚东图书馆印行,商务印书馆发行,1940年,第203—205页。

4 转引自郑天挺:《五十自述》,《天津文史资料选辑》第28辑,第8页。

传统有着内在的联系。

在这个意义上陈来提出“汉学之国学”是有一定的道理的，如他所说“汉学化的国学是什么意思呢？就是世界化的，就是跟世界学术的研究接轨、合流的一个新的国学研究”。当年以陈寅恪为代表的清华国学院在国学研究上主要是吸收西方汉学和日本汉学的研究方法，将中国的学问在世界学术空间中展开，与国外汉学展开积极的对话，同西方的人文社会科学展开积极对话，这才是今日国学发展之正确的途径。

二、汉学史研究：迫在眉睫

从20世纪80年代以来，对域外汉学的翻译和研究就始终是中国当代学术发展的一个重要方面。国学的研究和汉学的译介在近三十年的学术发展中一直有着良性的互动。初步统计，20世纪80年代以来海外汉学的学术著作被翻译成中文的已经有300多本，这些汉学（中国学）著作对中国学术界还是产生了重要的影响。正如余英时先生所说的，中国本土的学者“今天必须面对一个不容忽视的事实：从日本、欧洲到北美，每一天都有关于中国古今各方面的研究成果问世。如果我们继续把这些成果都称之为‘汉学’，那么‘汉学’与中国本土的‘国学’已经连成一体，再也分不开了”。实际上，当今中国的学术界出现了“‘双峰对峙’的两派‘中学’——其一是自家内省的‘国学’，其二是别人旁观的‘汉学’”。对中国本土学者来说“要求每个学者对本专业在世界范围内的进展了如指掌，有点不切实际，但将海外中国学家的贡献纳入视野，对于生活在中国的新一代学者来说，不但可能，而且必需”。非如此无法把握当代学术研究的进展，例如，就文学研究来讲，从夏志清的《中国古典小说导论》出版以来，中国近代文学史的研究几乎完全变了样，长期被忽视的张爱玲、钱钟书、沈从文的作品成为20世纪80年代研究的热点。

当然，并非所有的汉学翻译著作都是精品，也并非所有的汉学著作都毫无瑕疵，一味地跟着域外汉学研究的学术路子跑也并非长久之计。但要平等地与域外汉学展开对话，正确地把握他们的学术思想，一个基本的条件就是：我

们要了解域外汉学的学术背景和思想背景,汉学虽内容是中国,但它毕竟是域外各国学术体系中的一种学术形态,就西方汉学来说,它是西方东方学的一个分子。

由此,李学勤先生所提出的当下国内的汉学研究主要是汉学史研究的论断就特别具有学术的指导意义。学术史研究是中国学术治学的重要方法,从《宋高僧传》到《宋儒学案》,中国学术界从古至今都将学术传统的继承作为学术展开的重要内容,这就是“接着说”。近年来由于中国学术界加大了对域外汉学史的研究,从而也促使了他们开始注意这个问题,例如《德国汉学:历史、发展、人物及视角》就是德国汉学界近年来首次自觉地对自身学术史的回顾和总结。如果中国当下的国学研究在世界范围内展开,新国学的发展的重要内容就是与海外汉学展开对话,那么关注世界各国的汉学研究,系统梳理各国的汉学历史就成为题中应有之义。

对域外汉学史的梳理和研究应从以下两个方面展开:

第一,从知识论的角度,系统地把握各国汉学的嬗变、学派、师承。在这个过程中将最有代表性的汉学著作翻译成中文。这个工作虽然已经展开,但对于有着近千年历史的东亚汉学来说,对于有着四百年历史的西方汉学来说,我们做的是很不够的。系统地翻译和研究各国汉学的名作,梳理各国汉学的历史将是我国学术界一个长期的艰巨任务。

第二,汉学在学术对象上是中国的历史文化,但它是在各国的学术传统中发展的,从而必然受到本国学术传统和方法的影响。从西方汉学来说,它是西方学术的一部分,是其东方学的重要分支。它和西方哲学与社会思想之间的互动,至今我们仍不能说得很清楚。如果这个问题搞不清楚,对域外汉学只是采取一种知识论的立场,不能揭示其背后的方法论,那么,我们最终也很难把握好域外汉学。

陈寅恪在谈到学术发展时说:“一时代之学术,必有其新材料与新问题。取用此材料,以研求问题,则为此时代学术之新潮流。治学之士,得预于此潮流者,谓之预流。其未得预者,谓之未入流。此古今学术史之通义,非彼闭门造车之徒，所能同喻者也。”[1]今日中国学术之发展，掌握域外汉学研究成果已经成为研究之前提，无论在问题意识上还是在研究材料上，海外汉学界的成果都是令国内学者不可以忽视的。尽管近年来我们在汉学的知识论和思想背景研究这两个方面都有了长足的进步，但与国内国学发展的需要来看，仍是很不够的，仍需要我们卧薪尝胆，扎扎实实地做好这些工作。

三、汉学研究与中国文化的重建

随着中国的快速崛起，中国学术界逐步走出了晚清以降的“西方中心主义”的学术框架，不再像过去那样在“现代与传统”“东方与西方”的二元对峙的框架中思考问题。文化自觉需要我们清理近百年的学术思想和学术体系，这几年关于“反向格义”的争论，在一定的意义上是如何看待晚清以来的“西学东渐”对中国人文社会科学的影响。这里当然涉及对西方汉学或者日本汉学的评价问题。正如我们在上面所指出的，如果近代以来是“汉学之国学”，那么这些在西方学术体系和西方学术观念下所产生的现代学术体系，现代学术话语的合理性在哪里？

实际上西学在中国的影响还远不止晚清，对西学的接受从晚明就开始了。明清之际的来华传教士笔耕之勤是今天的我们无法想象的。根据我近年来的研究，这些来华的传教士和入教文人大约写下了近千部中文著作和手稿，如果加上那些反教儒生所写的著作就是一个更大的数目。明清之际的传教士汉学和今天专业汉学的重大不同是他们生活在中国，用中文写作。从方以智到刘献庭，从王夫之到黄宗羲，明清之际的中国文人很多都受到他们中文著作的影响。如果梳理“西学东渐”的历史则必须从这一时期开始，唯有此，才能揭示出晚明以来中国学术思潮的变迁，合理地说明中国近代学术和思想的产生，为我们重新建立新的中国学术和思想体系奠定一个扎实的学术基础。

这样，我们看到，如果真正走出“西方中心主义”，站在中国立场上书写我们自己的本土知识，阐明中国自己的独有学术思想价值，那么，彻底地梳理晚

1 陈寅恪：《金明馆丛稿二编》，生活·读书·新知三联书店，2009年，第266页。

明以来的传教士汉学发展在中国思想学术中的影响，彻底地梳理清代以来“西学东渐”对我们表达中国本土知识和思想所取得的成就和存在的问题，就成为我们学术建设和思想建设中一个重要任务。这就揭示了汉学研究和中国学术文化重建的复杂关系。

（原载《清华大学学报》2010年第6期）

中西语言接触研究

世界汉语教育史的研究对象与方法

引言

王力先生在《汉语史稿》中说:“汉语史是关于汉语发展的内部规律的科学。”[1]从根本上讲,汉语史首先是和中国史、汉族人的历史密不可分的,因而,汉语史的研究基本上是以中国史为背景、以汉族人的语言认知活动为内容展开的。到目前为止,已出版的汉语史研究著作基本上都是以此为基点。这样做无疑是正确的,但汉语的历史还有另一个重要的方面,即汉语作为外语研究的历史,或者说汉语作为外语学习的历史。这样的历史不仅是在中国发生,也在世界各地发生。对于汉语这样的历史也应给予研究和重视,本文就是对如何研究汉语作为外语教学和学习、研究的历史做一简要的探讨,以求教于各位方家。[2]

一、世界汉语教育史的研究对象

世界汉语教育史就是汉语作为第二语言教育在世界范围内所发生的历史

1 王力:《汉语史稿》(上),中华书局,1980 年,第 1 页。

2 世界汉语教育史研究兴起的标志是董明《古代汉语汉字对外传播史》(中国大百科全书出版社,2002 年)和张西平《西方人早期汉语学习史调查》(中国大百科全书出版社,2003 年)的相继出版。2005 年首届“世界汉语教育史国际研讨会”在澳门召开,会议期间在澳门注册成立了“世界汉语教育史国际研究会”,并在澳门出版了首届会议的论文集《世界汉语教育史研究》,这标志着这个学科的正式确立。2007 年在日本大阪的关西大学召开了“世界汉语教育史国际研究会第二回会议”,主题为“16—19 世纪的西方汉语学习”,并将在澳门注册的“世界汉语教育史国际研究会”转移到日本大阪正式注册,选举产生了新的学会领导,北京外国语大学的张西平教授当选为会长,学会决定 2010 年在罗马召开世界汉语教育史第三届国际研讨会。这些活动的举办和组织的成立标志着这一研究领域的深入和成熟。

过程。这一定义已经大略地确定了世界汉语教育史的研究对象。

把汉语作为目的语进行学习和教育有着悠久的历史，鲁建冀先生最早明确提出这个问题，他说："有史有论，是一个学科存在的必不可少的条件。近二十年来，对外汉语教学的科学研究取得了长足的进步，可以说在'论'的方面，有了一定的基础；在'史'的方面，显得十分不足。到目前为止，还只有一些很零散的记述。因此，我们应该改变这种状况，尽快地开展起来对外汉语教学历史的研究。"[1]毫无疑问，对外汉语教育史是世界汉语教育史的最主要内容，但并不是唯一的内容，我理解世界汉语教育史的研究应该有以下五个方面的内容：

第一，对外汉语教育史。汉语在中国周边国家和地区的传播有着悠久的历史，汉语的对外教育始终是中国历代王朝的国家政策，作为语言教学，这个漫长的历史过程给我们研究对外汉语教学留下了极其丰富的经验。如董明所说："闹清中外古人汉语教学的内容、特点及方式、方法，寻求其中有规律的东西，总结其经验教训，继承其优秀传统，做到'古为今用''洋为中用'，以便探索出一条真正具有中国特色和中国文化底蕴、符合汉语汉字特点的对外汉语教学之路，搞好今天的对外汉语教学，促进学科的发展、建设，使之日臻完善、成熟。"[2]这点出了展开对外汉语教育史研究的重要理论意义，只有做好学科的历史研究，才能真正走出完全盲从于西方的二语习得理论，用其裁剪中文作为外语教育的特点，从而完全忽略了汉语汉字特点的研究路向。历史研究会给予我们新的智慧，汉语作为外语的教育有着比西方更为悠久的历史。我们必须承认对于中国古代的对外汉语教育史的研究才刚刚开始，这是一个亟待开拓的学术研究领域。学术界已经意识到这个问题的重要性，施光亨《历史上的汉语教学：向着第二语言教学走出的第一步》一文对对外汉语教学史做了一个系统论述，给我们展示了对外汉语教育史的丰富内容。

目前急需对从中国古代到当代各个时期的对外汉语教育史展开断代史的

1 中国对外汉语教学学会编：《中国对外汉语教学学会第六次学术讨论会论文选》，华语教学出版社，1999 年。

2 董明：《古代汉语汉字对外传播史》，中国大百科全书出版社，2002 年，第 639 页。

研究，对中国历史上的对外汉语教育史的重要人物和文本展开深入的个案研究，只有将断代史研究和重要的个案研究做好了，我们才能真正写出一部较为完备的对外汉语教育史。近年来学术研究已经开始向这样的方向发展。例如，张宏生所编辑的《戈鲲化集》[1] 就是一个很好的对外汉语教育史的个案的文献整理。在澳门召开的首届世界汉语教育史国际研讨会上鲁健骥的《〈践约传〉——19 世纪中叶中国人编写的汉语简易读物》、鲁宝元的《人在海邦为俊杰，学从中华问渊源——乾隆二十三年琉球王国第四批派遣留学生北京学习生活调查》、刘丽川的《清末的韩、中〈外国教师合同〉比较研究》、张美兰的《掌握汉语的金钥匙——论明清时期国外汉语教材的特点》、施正宇的《汉语教师戈鲲化出使哈佛初探》[2] 等论文从不同的方面展示了对外汉语教育史的研究内容。程裕祯主编的《新中国对外汉语教学发展史》[3] 则对当代中国对外汉语教学史做了系统的梳理，从而开启了对外汉语教育研究史断代史研究的先河。

第二，少数民族汉语教育史。中华文化的历史就是一个汉民族文化同少数民族文化不断融合的历史，在这个过程中不仅汉字的传播直接影响了中国境内少数民族文字的形成和发展[4]，而且无论在历史上还是在今天，都存在着中国境内的少数民族学习汉语、接受汉语教育的历史事实。戴庆厦认为，中国少数民族的双语教育史经历了一个漫长的历史过程，分别经历了从秦汉到明清、从清末到民国和新中国时期的双语教育。[5] 一个典型的例子就是满族入关后的汉语学习，他们留下了一系列的汉语学习的历史文献，这对我们研究汉语教育史都是很珍贵的。从现实来看，目前正在进行的少数民族的汉语教育，给我们提供了现实的材料。虽然这不是对外汉语，但仍是将汉语作为目的语的

1　张宏生：《戈鲲化集》，江苏古籍出版社，2000 年。

2　以上论文参阅李向玉、张西平、赵永新主编：《世界汉语教学史研究》，澳门理工学院出版社，2005 年。

3　程裕祯：《新中国对外汉语教学发展史》，北京大学出版社，2005 年。

4　陆锡兴：《汉字传播史》，语文出版社，2002 年。

5　戴庆厦、董艳：《中国少数民族双语教育的历史前沿》，见中国基础教育网：www.edu.cn/20011205/3012866/shtml。

教育,也同样是一种第二语言教学。[1] 因此,对中国国内少数民族的双语教育的历史、学习汉语的历史的研究同样是世界汉语教育史研究的基本内容。

第三,国外华文教育史。这是指在国外华人后裔的汉语教育的历史。“有水井之处就有华人,有华人之处就有华教。”这说明华文教育历史的久远。华侨的汉语教育一般都是在双语背景下进行的,汉语也是作为目的语来学习的,因此也应作为汉语教育史的研究范围。郑良树的《马来西亚华文教育发展史》[2] 为华文教育史的研究提供了典型的范例。近期出版的黄昆章的《印度尼西亚华文教育发展史》[3] 也给我们提供了一个国别华文教育史的范例。这方面的研究也亟待展开,需要我们从不同国家的华人历史情况出发,研究在不同地区和国家的华文教育的重要人物、著作和教材,研究华文教育在不同语言背景下展开中文教育的方法和特点。

第四,国别汉语教育史。由中国政府主动派出进行的汉语教学的历史并不长,但汉语作为目的语学习却有很长的历史,凡国外自主进行的汉语教育,并不能归为对外汉语教育。对各国汉语教育的历史、人物、教材和研究著作做系统的研究是世界汉语教育史重要的和基本的研究内容。在这方面已经有了初步的研究成果,六角恒广的《日本中国语教育史研究》[4] 和牛岛德次的《日本汉语语法研究史》[5] 就是这种研究的典范,金基石的《韩国汉语教育史论纲》[6] 、白乐桑的《法国汉语教学史浅论》[7] 是最早进行这方面研究的论文。在世界汉语教育史首届国际研讨会上丁超的《罗马尼亚汉语教育的发展》、潘奇南的《二十世纪新越南成立后的汉语教育》、李明的《20 世纪的瑞典汉语教育》、梁志桦的《新西兰的中文教育历史及其教学模式》、董淑慧的《保加利亚

---

1 木哈白提 · 哈斯木指出:“对少数民族来说,汉语虽然不是外国语,但它毕竟是一种非母语的外族语,少数民族使用自己的母语的习惯,同样也会对汉语的学习产生干扰甚至抗拒作用。”参阅《少数民族汉语教学中引进对外汉语教学成果的必要性和可能性》,载《语言教育问题研究论文集》,华语教学出版社,2001 年,第 376 页。

2 郑良树:《马来西亚华文教育发展史》,外语教学与研究出版社,2007 年。

3 黄昆章:《印度尼西亚华文教育发展史》,外语教学与研究出版社,2007 年。

4 六角恒广:《日本中国语教育史研究》,王顺洪译,北京语言学院出版社,1992 年。

5 吕必松主编:“国外汉语研究丛书”,北京语言学院出版社,1993 年。

6 金基石:《韩国汉语教育史论纲》,《东疆学刊》2004 年第 1 期。

7 白乐桑:《法国汉语教学史浅论》,《中国文化研究》1993 年第 2 期。

汉语教学史概论》等论文都是近年来展开国别汉语教育史的最新研究成果。

做好国别汉语教育史研究的基础性工作是文献的收集和整理，历史学的所有研究都是建立在材料和文献的基础上的，这是它和理论研究的重要区别。这方面近来也有可喜的进展。汪维辉教授整理的《朝鲜时代汉语教科书丛刊》[1]开启了国内国别汉语教育史文献整理工作，在国外做的较好的是日本，六角恒广的《中国语教本集成》[2]系统整理了日本各个时期的汉语学习教材，具有极高的学术价值。这些学术进展说明，如果推进国别汉语教育史的研究，首要的问题就是要系统地收集和整理世界各国的汉语学习历史文献，对这些基础性的文献加以整理和翻译是展开研究的第一步。除文献的收集与整理外，对各国重要汉语研究者的著作和各个时期汉语教育的教材做个案的深入研究也是一项重要的工作。

国别汉语教育史研究在理论上有两点较为重要：一是注意在历史研究中展开对比语言学的研究，研究汉语与外国语言接触中的特点，注意吸收对比语言学的成果，[3]这样我们就可以从各国汉语教育的历史著作中总结汉语作为外语学习的基本经验和规律。二是注意各国汉语政策和语言政策历史的研究，发生在国外的汉语教学不仅可以从对比语言的角度展开，也应注意语言外的影响，即国别的语言政策和汉语政策对汉语教学的影响。语言政策是应用语言学的重要内容，但在以往的汉语教学研究中较为忽视，但一旦我们将汉语教育的历史研究扩展到国外，语言政策问题就成为一个事关各国汉语教育成败的重要因素。

第五，国外汉学史。各国的汉学家在他们进入中国各个具体学科研究之前，第一步就要学习汉语，因此，各国的汉学史为世界汉语教育史的研究提供了大量丰富的文献。关注海外汉学史的研究，从中提取有关汉语教学历史的材料是展开世界汉语教育史的重要途径。另一方面，在历史上，不少汉学家本身就是汉语教学的实践者或领导者，他们留下了一些重要的汉语教学著作和

1 汪维辉：《朝鲜时代汉语教科书丛刊》（全四册），中华书局，2005 年。

2 六角恒广：《中国语教本集成》，不二出版社，1998 年。

3 潘文国、谭慧敏：《对比语言学：历史与哲学的思考》，上海教育出版社，2006 年。

文献,例如法国的雷慕莎(Abel Rémusat,1788—1832)的《汉语启蒙》既是他从事汉语教学的教材,又是西方汉学史的重要著作。实际上,如果做海外汉学史研究,忽略了这一部分,那也将是不完整的。[1]

这样,我们看到世界汉语教育史研究对象是包括对外汉语教育史和国内少数民族双语教育史在内的,世界各国汉语学习和展开汉语教育的历史。我们倡导世界汉语教育史的研究目的在于,试图通过对各国汉语教育史的研究,探讨汉语在与世界各种语言接触中各国汉学家和语言学家对汉语的认识和研究,总结汉语作为目的语进行教育的特点、规律和方法,为今天世界范围内的汉语教学研究提供学术和历史的支撑。

二、世界汉语教育史的研究方法

通过以上我们对世界汉语教育史的研究对象的描述,我们可以看到世界汉语教育史实际上是一个跨学科的研究领域,它的研究范围已经大大超越了单纯的应用语言学的范围。研究范围的扩大就必然导致研究方法的多样化,因此,在展开世界汉语教育史的研究时,所采取的方法是多样的,笔者认为在多样的研究方法中以下几点较为重要:

第一,语言习得理论的研究方法。对外汉语教育史的研究只是对外汉语教育研究的一种历史延伸,对外汉语教学作为一种外语教学,其方法的特点和独特性同样适用于对外汉语教育史的研究。对外汉语教育史是世界汉语教育史的重要部分,因而,在展开世界汉语教育史研究时,对外汉语的语言习得理论自然成为它的研究方法。关于语言习得理论的研究方法,刘珣讲得很清楚。他说:"语言学的任务是研究语言,把语言的规律弄清楚,它的任务就完成了。语言教育学科则不能到此为止,它不是为研究语言而研究语言。因此,除了对汉语这一客体的研究外,本学科还需要研究教学活动的主体即学习,研究学习者汉语习得的过程和规律,以及学习者的生理、认知、感情等个体因素——这

1　张西平:《西方人早期汉语学习史调查》,中国大百科全书出版社,2003 年;姚小平:《西方早期汉语研究再认识——17—19 世纪西方汉语研究史简述》,载《21 世纪的中国语言学(一)》,商务印书馆,2004 年;许明龙:《黄嘉略与早期法国汉学》,中华书局,2004 年。

是第二语言习得的研究。”[1]这就是说，在对外汉语教育史的研究中要特别注意总结历史上汉语习得的历史过程和规律、学习者的各种因素对汉语学习的影响。

这里需要注意的是目前在西方出版的第二语言习得的理论研究[2]，基本上建立在西方语言作为第二语言教学的实践基础上，这些西方语言学家大多对汉语没有研究，因此，这样一种第二语言教学研究的理论是有局限性的，这点西方的语言学家也是承认的。[3]

这个事实告诉我们，在我们把第二语言习得的理论应用于汉语教育史研究时，要考虑到它的局限性。在这方面，对外汉语教育界已经认识到这个问题，字本位的提出就是一个证明。正是在这个意义上，研究世界汉语教育史对于建立基于汉语本身的第二语言习得理论具有重要的理论意义。正是几千年中国本土的对外汉语教学的历史给我们提供了丰富的汉语作为第二语言教学的经验和教训，正是在研究世界各国汉语教学的历史中，我们可以总结出真正的汉语作为第二语言教学的普遍性规律，并从这种历史的研究中提升出更普遍的规律和理论，丰富一般的第二语言习得理论和外语教学理论。

这就是说，在世界汉语教育史的研究中，一方面要善于使用当下语言习得的理论和方法来指导我们的历史研究，另一方面，又不要局限于当下的那种以印欧语的语言习得为经验所总结出的一般的原理，而是创造性地从世界的汉语教育史的历史经验中丰富、发展出真正从中国文字语言特点出发的语言习得理论。

第二，中国语言学史的研究方法。任何语言都是在与其他语言的相互接触中变化与发展的。王力先生早年明确作过论述[4]，这已经被中国语言发展的历史所证明。佛教传入中国后，不仅对中国的宗教和思想产生了影响，对中国

---

1 吕必松：《语言教育问题研究论文集》，华语教学出版社，2001 年。

2 Vivian Cook：《第二语言学习与教学》，外语教育与研究出版社，2000 年。

3 英国社会语言学家 R.A.Hudson 在《社会语言学》的中文序中说：“一件令人尴尬的事实是，（书中）一次也没有提到中国，这一方面反映出我本人的无知，但同时也反映了中国没有出现在我所读过的著作和论文之中这一事实。”转引自《中国对外汉语教学学会第六次学术讨论会论文选》，华语教学出版社，1999 年，第 130 页。

4 王力：《汉语史稿》，中华书局，1980 年。

的语言也产生了不可低估的影响。[1] 基督教自明末传入中国以后,对中国社会和思想产生了较大的影响,同时在语言的影响方面也是很大的。近代以来,中国语言在语音、语法、词汇三个方面的变化都和基督教的传入有极大的关系。从语音方面来说,现在我们的汉语拼音系统的基础就是传教士所确立的。罗常培先生早年的论文至今仍有很高的学术价值。[2] 近年来,杨福绵先生对《葡汉辞典》的语音研究[3]、张卫东先生对《语言自迩集》的语音研究[4],都有突破性的进展。语法方面,姚小平先生最早对将《马氏文通》作为中国近代第一部语法书的观点提出批评[5],法国入华传教士马若瑟《中国文法》的语法研究已经开始[6]。词汇方面,最有影响的是意大利汉学家马西尼所写的《现代汉语词汇的形成——十九世纪汉语外来词研究》[7]一书,日本关西大学的内田庆市[8]、沈国威[9]等也有一系列的研究成果。这些都说明,在我们做世界汉语教育史时,其实已经进入了中国语言学史的研究领域。

这样一个事实有两个方面的意义:一方面,无论是佛教的传入还是基督教的传入,这些外来的和尚和传教士最初只是汉语的学习者,他们进行汉语学习的历史材料显然是世界汉语教育史研究的基本内容;另一方面,这些和尚和传

---

1 蒋礼鸿:《敦煌变文字义通释》,上海古籍出版社,1988 年;周一良:《魏晋南北朝史论集》,中华书局,1963 年;梁晓红:《佛教词语的构造与汉语词汇的发展》,北京语言学院出版社,1994 年。

2 国内学者在这方面大都局限在对《西儒耳目资》的研究上,实际上传教士所留下的大量语音文献至今尚未被系统研究。

3 杨福绵:《罗明坚、利玛窦〈葡汉辞典〉所记录的明代官话》,《中国语言学报》第 5 期,商务印书馆,1995 年。

4 张卫东:《从〈语言自迩集·异读字音表〉看百年来北京音的演变》,《广东外语外贸大学学报》2002 年第 4 期。

5 姚小平:《〈汉文经纬〉与〈马氏文通〉——〈马氏文通〉历史功绩重议》,《当代语言学》1999 年第 2 期;姚小平:《现存最早的汉语语法著作——瓦罗著〈华语官话语法〉简介》,《中国语文》2001 年第 5 期。国外已经开始注意这一研究领域,参阅 Sandra Breitenbach, *Leit fäden in der Missionar linguistik*, Frankfurt am Main, 2004。

6 李真:《马若瑟对中国语言学史的贡献》,姚小平主编:《海外汉语探索四百年管窥》,外语教学与研究出版社,2008 年。

7 马西尼:《现代汉语词汇的形成——十九世纪汉语外来词研究》,黄河清译,汉语大词典出版社,1997 年。

8 内田庆市:《近代东西语言文化接触研究》,关西大学出版部,2001 年。

9 沈国威:《近代日中语汇交流史》,笠间书院,1994 年。

教士的汉语学习反过来影响了汉语本身的发展。研究这种语言接触对汉语的影响,就使我们进入中国语言学史的研究范围。对做中国语言学史的人来说,汉语教育史是不可忽略的一个重要方面,特别是传教士汉语的研究,将会对中国语言学史的书写产生重大的影响。同样,对于世界汉语史研究者来说,如果我们仅仅局限于第二语言教学的方法,仅仅将这一领域的研究放在对汉语教育史的研究中,已经不能更好地推进其研究。我们应该从更大的学术视野、从整个中国语言学史的角度来看这个问题,运用中国语言学史的研究方法来进行研究,才能将其学术价值更好地显现出来。

第三,汉学史的研究方法。当中国语言从传统走向现代之时,西方也正经历着一场"普遍语言学运动"[1],从大的历史背景来说,这是和地理大发现紧密相连的;从具体背景来说,西方各国的汉语学习是和当时西方各国汉学的兴起和发展密不可分的,或者说,西方各国的汉语教育本身就是西方汉学史的一个重要组成部分。

欧洲文化界对中国语言的认识最早都是从入华传教士写的有关中国的书籍上看到的。据说中国方块字第一次出现在欧洲书籍中是在西班牙传教士门多萨的《中华大帝国史》中,影响较大的是基歇尔(Kircher)的《中国图说》。他在这本书中首次公布了中国一些象形的古文字,引起了人们广泛的兴趣。特别是他首次将大秦景教碑的碑文编成了拉汉对照词典,使汉字在欧洲第一次可以根据罗马拼音读出、可以根据拉丁文释义来理解,这在当时的欧洲是破天荒的大事。这恐怕也是在欧洲最早出版的欧洲人学习汉语用的第一部拉汉词典。[2]

第一次把中国语言放入世界语言范围内研究的著作是英国人韦伯(John Webb)的《论中华帝国之语言即为原始语言之可能性的历史论文》(*A Historical Enssay Endeavoring a Probability that the Language of the Empire of China is the Primitive Language*)。这本书在西方的影响很大,虽然韦伯本人从未来过中国,

1 David E, Mungello, *Curious Land: Jesuit Accommodation and the Origins of Sinology*, Stuttgart, 1985, p.212.

2 Athanasius Kircher, *China Illustrata*, Kathmandu Nepal, 1979.

但他通过阅读传教士的著作提出了这种惊人的观点。从中国语言学的角度来看这本书的价值不大,但从西欧思想文化史的演变而言此书倒有一定的地位,所以对西方人学习汉语、研究汉语具有重要意义。汉语教学史的研究不能仅仅从语言学的角度出发,还应从比较文化和比较语言学的角度考虑,关于这一点下面在讲方法论时还会提到。

德国早期的汉学家米勒(Andreas Müller)是欧洲本土最早研究汉语的人之一,他在自己著名的 *Clavis Sinica* 一书中称他已找到了学习汉语的钥匙,可以很快地读懂汉语。这个消息曾使莱布尼茨十分动心。[1] 俄国的德国早期汉学家巴耶(T. S. Bayer,1694—1738)也是最早学习和研究汉语的人之一,他既研究了中国文学也研究了中文文法。[2]

1814 年 12 月 11 日,法国法兰西学院开设了汉学讲座,从此"传教士汉学"与"专业汉学"并存的时代开始了。"这个日子不仅对于法国汉学界,而且对于整个欧洲汉学界,都是有决定意义的。"[3] 从此,汉语、汉语语法及《大学》等都成为法兰西学院的正式课程。第一任汉学教授雷慕沙(Abel Rémusat,1788—1832)第一次讲中文文法时借助的是马若瑟的手稿,几年后他出版了自己的第一部汉语教学著作《中华帝国通用的共同语言官话》,奠定了他在汉语教学中的地位,而《汉语启蒙》(*Elémens de la Grammaire Chinoise*)在很长一段时间内也成为法兰西学院的汉语教材。

德国汉学和汉语教学的奠基人是硕特(Wilhelm Schott,1802—1889)。他于 1833 年在柏林开设中国语言文学课程,拉开了德国专业汉学的序幕。他于 1826 年所完成的博士论文是有关中国语言学的《中国语言的特点》(*De Indole Linguae Sinicae*)。[4] 他 1857 年在柏林出版的《可用于讲课、自学的汉语课本》(*Chinesische Sprachlehre, zum Gebrauche bei Vorlesungen und zur Selbseunterweisung*)在很长一段时间内是德国人学习汉语的教材。

---

1 David E, Mungello, *Curious Land: Jesuit Accommodation and the Origins of Sinology*, Stuttgart, 1985, p.212.

2 Knud Lundbaek, *T.S.Bayer(1694-1738): Pioneer Sinologist*, Curzon Press, 1986.

3 戴仁主编:《法国当代中国学》,耿昇译,中国社会科学出版社,1998 年。

4 张国刚:《德国汉学研究》,中华书局,1994 年;简涛:《柏林汉学的历史和现状》,载《国际汉学》第 4 辑,大象出版社,2000 年。

俄国汉学和汉语教学的奠基人是雅金夫·比丘林，他在北京待了14年之久，其间他努力学习汉语，并最早开始编纂辞典。1831年比丘林在恰克图开办了俄罗斯的第一所汉语学校，并亲任教师，1838年他返回彼得堡后，又从事汉语教学和汉学研究30多年。“他的办学为俄国开办汉语学校提供了经验，所编《汉语语法》（1835年）长期被沿用，直到20世纪初仍是喀山大学和彼得堡大学东方系的教材。”[1]

英国的汉学和汉语教学则落后于法国和德国。基督教新教传教士入华以后，英国的汉学和汉语教学有了长足的进步。理雅各（James Legge，1815—1897）的英译中国典籍奠定了他在19世纪西方汉学史上的地位。而翟理思（Herbert Allen Giles，1845—1935）在继承威妥玛汉字罗马拼音法的基础上所创立的威—翟式拼音使他也在汉语研究上确立了自己的地位。

美国传统汉学的兴起是和基督教新教入华传教联系在一起的。按费正清的说法，它是“西方入侵的一部分”[2]。美国大学的第一个汉学系是由卫三畏（Samuel Wells Williams，1812—1884）1876年从中国返回耶鲁大学后所创立的。“在卫三畏的主持下，建立了美国第一个汉语教学研究室和东方学图书馆。翌年，哈佛大学也设置汉语课程，并设立东方图书馆。”[3]

我在这里罗列这些历史的事实是想说明：如果我们做国别的汉语教育史，那实际也就进入了汉学研究的领域，不从这个角度把握，我们很难摸清各国汉语教育史的线索。

第四，对比语言的研究方法。研究汉语在世界各国的教学与研究就必然涉及不同语言之间的比较，就必然涉及不同语言之间的接触。任何一个外国人在从事汉语教学和研究时很自然要受到母语的影响，原有的母语对其学习汉语和研究汉语都有着内在的影响。因此，从语言对比的角度分析不同国家汉语研究者的汉语观是我们展开世界汉语教育史时所必须掌握的方法。对比语言学最早是由美国人类语言学家沃尔夫（Benjamin Lee Whorf）提出来的，在

1 李明滨：《俄国汉学史提纲》，载《汉学研究》第4集，中华书局，2000年。

2 费正清：《新教传教士著作在中国文化史上的地位》，《费正清集》，天津人民出版社，1997年。

3 侯且岸：《当代的美国“显学”》，人民出版社，1995年。

西方语言学上将西方语言和中文进行对比研究最早的是德国的语言学家洪堡特(Wilhelm von Humboldt)。他所提出的汉语与印欧语系之间的比较的观点至今启发着所有从事对外汉语语言比较的学者。近年来中国学者在比较语言领域取得了长足的进步,他们所提出的比较语言学的原则和方法成为我们在研究世界各国的汉语教育历史时所必须遵循的方法。

三、世界汉语教育史研究的学术意义

在汉语国际教育专业开设世界汉语教育史的课程是对外汉学专业一个重要的进步。任何学科都有理论与历史两个方面,学科史是学科理论展开的历史支撑,一个没有学科史的学科是不成熟的学科。我们可以从以下三个方面来认识学习世界汉语教育史的重要意义。

第一,世界汉语教育史的研究将进一步丰富对外汉语理论的研究。第二语言习得理论的提出不过几十年的时间,而世界各国汉语教育和汉语研究的历史已经有二百多年,中国自身的对外汉语教学和双语教学的历史则更长。世界汉语教育史为对外汉语教学理论提供了丰富的历史经验和范例,通过认真研究世界汉语教育史的重要著作和人物,我们可以为汉语教学的理论找到历史的根据,进一步丰富当前的第二语言习得理论。例如,鲁健骥通过对《践约传》这个世界汉语教育史上的历史泛读教材的研究,进一步认识到加强泛读和精读的结合的必要性。所以,他呼吁"应该重视汉语作为外语教学的历史,包括我国的对外汉语教学史的研究,推动对外汉语教学学科的发展"。

第二,世界汉语教育史的研究将直接推进对汉语本体的研究。文化间的交往必然带来语言间的交往,当汉语作为外语在世界各地被学习时,学习者会不自觉地受到母语的影响,从第二语言习得的角度来看,母语的作用会直接影响学习者的汉语学习。但很少有人注意到,学习者的这种习惯力量也同时推动着语言间的融合。

王力先生说:"中国语言学曾经受过两次外来的影响:第一次是印度的影响,第二次是西洋的影响。前者是局部的,只影响到音韵学方面;后者是全面的，影响到语言学的各个方面。”[1]这两次影响都是从汉语作为外语学习开始的。佛教的传入，印度的僧侣们要学习汉语，要通过学习汉语来翻译佛经，结果直接产生了反切。王力先生说，反切的产生是中国语言学史上值得大书特书的一件大事，是汉族人民善于吸收外来文化的表现。西方语言学对中国的影响表现得更为突出，来华的传教士正是为了学习汉语编写了汉语语法书，如卫匡国（Martin Martini，1614—1661），为了读中国的书，写下了《汉语文法》；传教士们为了阅读中国典籍，发明了用罗马字母拼写汉字；传教士们为了以中国人能听懂的语言来布道以及翻译《圣经》等宗教书籍，创造了一系列新的词汇，包括至今我们仍在使用的大量词汇。这说明，当一种语言作为外语来被学习时，它并不是凝固的，它也会随着学习的需求而不断发生变化；反之，学习者虽然将汉语作为第二语言来学习，但学习者并不是完全被动的，学习者也会对自己的目的语产生影响。语言间的融合与变迁就是这样发生的。直到今天，现代汉语形成的历史并未完全说清，而世界汉语教育史的研究则可以直接推动汉语本体的研究，直接推动近代汉语史的研究。一个最明显的例子就是关于明清之际中国官话问题的讨论。长期以来一直认为明清之际的官话是北京话，但最近在传教士的很多汉语学习文献中发现，他们的注音系统是南京话，这些传教士在文献和他们的著作中也明确说明他们学习的官话是南京话。不仅仅是西方传教士的汉语学习材料证明了这一点，日本的汉语学习材料也证明了这一点。如日本江户时期冈岛冠山所编写的《唐话纂要》《唐译便览》《唐话便用》《唐音雅俗语类》《经学字海便览》等书，六角恒广研究了冈岛冠山的片假名发音后，明确地说：“这里所谓的官音是指官话的南京话。”[2]这说明汉语学习的文献直接动摇了长期以来中国语言学史研究的结论。张卫东通过研究韩国《老乞大》和《语言自迩集》这两本汉语学习教材对中国语言学史上语音问题的研究产生很大的启发性。[3]

至于在语法和词汇两个方面就有更多的文献和材料说明只有在搞清世界

---

1 王力：《中国语言学史》，复旦大学出版社，2006 年。

2 六角恒广：《日本中国语教育史研究》，王顺洪译，北京语言学院出版社，1992 年。

3 张卫东：《从〈语言自迩集·异读字音表〉看百年来北京音的演变》，《广东外语外贸大学学报》2002 年第 4 期。

汉语教育史的情况下，才能更清楚地研究好近代中国语言学史，甚至可以说，随着世界汉语教育史研究的深入，原有的前辈学者研究中国语言学史的结论将被改写。

第三，世界汉语教育史的研究将加深海外汉学史和中外文化交流史的研究。以往在海外汉学史的研究中，绝大多数研究者是不把汉学家们的汉语学习历史和文献作为研究内容的，认为这样的著作和文献是很肤浅的，海外汉学史研究的是汉学家们专题性的研究著作。世界汉语教育史研究的展开使我们对以往海外汉学史研究重新反思，汉学家们的汉语学习文献和著作同样是海外汉学史研究的重要内容。例如，张西平对罗明坚（Michel Ruggieri，1543—1607）汉语学习史的研究，给我们提供了天主教最早的汉文写本，揭示了罗明坚汉诗的学术意义和价值，这些都是在罗明坚的正式著作中所不可能发现的。

同样，正是在世界汉语教育史的研究中，我们才能掌握中华文化外传的轨迹，看到中国典籍向外传播和翻译的具体历史过程，这样的研究将会大大推动中外文化交流史的研究。

四、结论

第一，世界汉语教育史是一个全新的研究领域。这一领域的开拓必将极大地拓宽汉语作为第二语言教学的研究范围，使学科有了深厚的历史根基，从而使我们在总结和提升汉语作为第二语言教学的基本原理和规律时，不再盲目地追随西方第二语言教学的理论，而是从汉语作为第二语言教学的悠久历史中总结、提升出真正属于汉语本身的规律。实际上，我们还可以在这一研究中为第二语言教学的理论和方法做出我们的贡献，将我们的历史经验提升为更为一般的理论，使其具有更大的普遍性。尽管这还是一个遥远的目标，但在学术上则是必须要确立的一种文化自觉的理念。先后两届世界汉语教育史大会的召开，是我们向这个目标迈出的第一步，“世界汉语教育史学会”的成立，则表明了中国学者实现这一目标的决心。

第二，世界汉语教育史是一个跨学科的研究领域，涉及多学科，必须有多种方法的结合。我们在运用第二语言习得研究的方法时，一定要注意和中国语言学史的方法相结合。在一定的意义上,中国语言学历史的研究和汉语作为第二语言学习和教育历史的研究是密不可分的。那种将汉语国际教育仅仅局限在课堂教学经验研究的方法,是其学识不足的表现;反之,那种无视甚至轻视汉语作为第二语言学习和教育历史的观点,同样是一种学术上的短视。忽视了世界汉语教育史的研究,将无法揭示出中国近代以来语言变迁的真正原因。

同时,我们在这一研究中将会强烈地感到,中国语言学史的研究已经不再局限在中国本土,中国语言对国外语言发展的影响正是在汉语作为第二语言学习的历史中产生的,这不仅表现在东亚一些国家的语言形成和发展之中,也表现在西方近代以来的语言变迁中。将世界汉语教育史的研究纳入我们的学术视野,将使我们对中国语言的思考、对“汉语国际教育”的研究扩展到一个更为宽阔的学术空间。

(原载《世界汉语教学》2008 年第 1 期)

明清时期的汉语教学概况
——兼论汉语教学史的研究

任何一个成熟的学科都由理论和历史两部分构成，前者确定学科的基本范畴、逻辑体系，后者梳理学科形成的过程、范畴演化的历史。一个没有自己学术史的学科肯定不是一个成熟的学科。目前，汉语教学史和对外汉语教学史是一个亟待开拓的研究方向，它必将极大提升对外汉语教学的学术内涵。本文主要从汉语教学的角度梳理明清时期的汉语教师、汉语教材情况，以使我们对这一时期的汉语教学有一个初步的认识。总的说来，这一时期从事汉语教学的既有中国文人，也有传教士，既有在中国的传教士，也有在欧洲本土的汉学家，因而不能一概称为"对外汉语教学"，而以"汉语教学"概括较为准确。

一、1800 年以前在中国本土的对外汉语教师

葡萄牙人东来后同中国官府打交道时都是通过翻译，语言不通使他们吃了不少苦头，中国官员明确地告诉传教士，你们最好先去做学生，学习我们中国话，以后你再做我们的老师，给我们讲解你的教理。[1] 这样，耶稣会到澳门后把学习中国官话作为头等大事。罗明坚初到澳门时学习中文最大的困难就是缺乏师资。[2] 1583 年他在给耶稣会总会长的信中说："起初为找一位能教我中国官话的老师非常困难，但我为传教非学官话不可，可是老师如只会中国官话，而不会讲葡萄牙话也是枉然，因为我听不懂啊！因此后来我找到一位老师，只能借图画学习中文语言，如画一匹马，告诉我这个动物的中国话叫'马'，

1　裴化行：《天主教十六世纪在华传教志》，商务印书馆，第 12 页。

2　同上，第 183 页。

其他类推……”[1] 这也就是后来人们传说的罗明坚找了一个中国画家当老师[2]，这位中国老师无姓名可查，但可能是明代第一位从事对外汉语教学的老师。

以后利玛窦入华并成为基督教在华传播的掌门人，他讲到自己学习汉语时也谈到了聘请汉语老师之事。他说神父们并不满足于欧洲的知识，正在夜以继日地钻研中国的学术典籍。事实上，他们以高薪聘请了一位有声望的中国学者，住在他们家里当老师，而他们的书库有着丰富的中国书籍的收藏。[3] 这位“有声望的中国学者”是何人不得而知，但说明他们在聘请汉语老师上是很下功夫的。这位中国文人不仅教口语，也教写作，利玛窦每天听先生讲两课，又练习作短文。[4] 这个事实说明了那时对外汉语教学的两个基本特点：

第一，在教与学的关系上，“学”方是主动的，“教”方是被动的，也就是说并不是中国人主动地开展对外汉语教学，而是入华的传教士们主动学习汉语，中国人才被动地开始了这项工作。这种“教”与“学”上的特殊关系是与当时明代的整个政策联系在一起的，对于长期持有“夷夏之分”观念的中国人来说，根本未认识到这项工作的意义。

第二，对外汉语老师的工作具有很大的私人性。因为“教”是被动的，这样从中国一方来说很难做到有组织的教学，因而老师的汉语教学完全是私人性的。传教士们聘用小书童当语言老师就是一个典型的例子。利玛窦在《利玛窦中国札记》中曾记载了他们第二次进北京时，太监们为了让他们学好官话把“在南京买的一个男孩作为礼物留给了神父们。他说他送给他们这个男孩是因为他口齿清楚，可以教庞迪我神父纯粹的南京话”[5]。这说明他们不仅聘请有声望的学者当老师，也买小书童留在身边当口语老师，无论聘谁当老师完全是传教士个人的事情。

入华耶稣会士的汉语口语老师从目前我们所掌握的材料来看，始终未见

1　罗渔译：《利玛窦通信集》，第 427 页。
2　龙思泰：《早期澳门史》，东方出版社，1997 年，第 193 页。
3　何高济等译：《利玛窦中国札记》，中华书局，1983 年，第 171 页。
4　罗光：《利玛窦传》，辅仁大学出版社，1982 年，第 71 页。
5　何高济等译：《利玛窦中国札记》，中华书局，1983 年，第 391 页。

到具体的姓名。但语言的学习从来就不仅仅是技能的学习，语言是文化的载体，尤其是汉语“文字构成的理据、名物典章制度的训释等，都直接或间接地牵涉到文化问题，甚至是为文化服务的”[1]。这样传教士在汉语学习深入到一定程度时，尤其是到汉语写作的阶段时就遇到困难，而这些困难又非一般乡间或低层次文人所能解决，因为他们用中文所表述的并非像一般中国学生所要表述的东西，而是要通过中文写作表述西方的宗教哲学思想，传播西方的科学、技术，这样他们就必然要和上层的士大夫发生联系，向中国的高级士大夫们学习。另外，入华耶稣会由于贯彻了利玛窦的“合儒排佛”的路线，从而在中国扎下了根、站住了脚，乃至利玛窦最后进入北京，成为万历皇帝的门客。利玛窦路线的实质是通过亲近儒家文化来改造儒家文化，从而使基督教在中国扎下根。这样，无论是从传教策略上还是从汉语学习上都必然形成入华耶稣会士与明清知识分子的广泛接触。[2] 在这种接触中自然就产生了一批传教士学习汉语文化的老师。

徐光启不仅是“中国天主教三大柱石”之一、中国近代的科学家，也是明清时期最早教授传教士中国文化的老师。他对中国科学的一大贡献就是与利玛窦合译了《几何原本》，这种合译就是利玛窦口述，徐光启笔译。在对《几何原本》的理解介绍上，利玛窦是徐光启的老师；而在翻译成中文时，在笔译中徐光启是利玛窦的老师。这种润色的过程也就是教授利玛窦中文写作的过程。这一点利玛窦自己也是承认的，他在《几何原本》译序中说，虽他有志翻译此书，但“才既菲薄，且东西文理又自绝殊，字义相求，仍多阙略，了然于口，尚可勉图，肆笔为文便成艰涩矣。嗣是以来，屡逢志士，左提右挈，而每患作辍，三进三止。呜呼！此游艺之学，言象之粗，而龃龉若是，允哉始事之难也。……吴下徐太史先生来，太史既自精心，长于文笔，与旅人辈交游颇久，私计得与对译成书不难。……先生就功，命余口传，自以笔受焉；反复展转，求合本书之意，以中夏之文，重复订政，凡三易稿”[3]。

---

1 邢福义主编：《文化语言学》，湖北教育出版社，2000年，第2页。

2 陈受颐：《明末清初耶稣会士的儒教观及其反应》，见陈受颐：《中欧文化交流史论丛》，台湾商务印书馆，1970年。

3 徐宗泽：《明清间耶稣会士译著提要》，中华书局，1989年，第262页。

利玛窦去世不久，汤若望（Jean Adam Schall Von Bell，1591—1666）和邓玉函（Jean Terrenz，1576—1630）来北京，在 1625—1626 这两年，他们两人在北京主要是学习中国的语言文字和文学，而“徐光启被人称为汤若望的汉文教习”[1]。

明清期间与传教士共同译书，充当传教士中文写作老师的还有：

李之藻，他与利玛窦共译了《圜容较义》《同文算指》，与傅泛际合译了《名理探》。

周子愚、卓尔康与熊三拔（Sabbathin de Ursis，1575—1620）合译了《表度说》。

杨廷筠与艾儒略（Jules Aleni，1582—1649）合译了《职方外纪》。

王徵与金尼阁（Nicolas Trigault，1577—1628）合著《西儒耳目资》，与邓玉函合著《远西奇器图说》。

李应试曾与利玛窦“参互考订”，修改绘制《西仪玄览图》。

张元化曾校订毕方济（Francois Sambiasi，1582—1649）的《睡答》《画答》。

韩霖曾校阅高一志（Alphonse Vagnoni，1566—1640）的《神鬼正纪》《西学齐家》《童幼教育》《修身西学》《空际格致》以及金尼阁的《西儒耳目资》、罗雅谷（Jacques Rho，1593—1638）的《天主经解》等。

陈克宽、林一俊、李九标、李九功曾校阅、修订艾儒略和卢安德（André Rudomina，1594—1632）的《口铎日抄》。

张庚曾校订孟儒望（Jean Monteiao，1603—1648）的《天学略义》、龙华民的《圣若瑟法行实》。

熊士旗、潘师孔、苏负英曾共同校阅艾儒略的《圣梦歌》。

段衮与韩霖、卫斗枢、杨天精校阅高一志的《西学齐家》，并又和韩霖共同校阅了高一志的《童幼教育》《圣母行实》及《神鬼正纪》；同时他独自一人校阅了高一志的《譬学警语》。

刘凝为马若瑟的老师，在语言学上有著述，对马若瑟创作《中国语言志略》

1 魏特著：《汤若望传》，杨丙辰译，商务印书馆，1949 年，第 101 页。

产生了影响。[1]

李天经与汤若望共译《西庠坤与格致》一书，并与徐光启、李之藻一起与邓玉函、龙华民共同翻译、编制《崇祯历书》。

朱宗元为阳玛诺(Emmanuel Diaz Junior,1574—1659)的《轻世全书》润色；重新校订了孟儒望的《天学略义》，使它在宁波出版。顺治十六年又同李祖白、何世员共同校阅贾宜睦(Jéro me de Gravina,1603—1662)的《提正编》。

祝石与卫匡国(Martin Martini,1614—1661)合作，由卫匡国口述，祝石笔译合作而成《逑友篇》。

二、1800 年前赴欧洲的对外汉语教师

耶稣会入华后不仅不断派西方各国传教士来华传教，亦将中国信徒带往欧洲培养，这些人便成为最早到欧洲去的中国人。方豪著有《同治前欧洲留学史略》一文[2]，按方豪的统计，1795 年前往西方留学的中国人有姓名在录的就有 63 人之多。这些人绝大多数都是由传教士带出去，在西方学习神学和西方哲学、语文等，他们并没有到欧洲传授中文、讲授中国文化的使命，但他们中仍有一些人在学习西方宗教文化的同时也兼做了传播中国文化甚至教授欧洲人中文的工作，尽管他们这样做并非自觉，但从对外汉语教学史来看却有着重要的价值，因为他们是最早赴欧洲留学并在留学中向西方人传授中文及中国文化的人，可谓今天我们外派出国师资的前驱。

(1)沈福宗

沈福宗是康熙十九年(1680)随比利时传教士柏应理到达欧洲的。他是最早到达欧洲的中国留学生之一，他到欧洲主要是学习神学和西方文化，于康熙三十三年(1694)返回中国，在欧洲长达 14 年之久，并到过法国、英国，因而在此期间也就有意无意地充当了汉文化使者和汉语教师的角色。他在法国期间曾受到法国国王路易十四的接见，1684 年 9 月法国的 *Mercure Galant* 杂志曾报

---

1 Knud Lundbaek: *Joseph de Prémare(1666-1736), S.J: Chinese Philology and Figurism*, Aarhus University Press, 1991, p.55.

2 方豪：《方豪六十自定稿》，学生书局，1969 年，第 379—420 页。

道了沈福宗同法王的这次会见:“他带来的中国青年,拉丁语说得相当好,名曰 Mikelh Xin。本月十五日他们二人到凡尔赛宫,获蒙皇帝召见,在河上游玩,次日又蒙赐宴。……皇帝在听完他用中文所念祈祷文后,嘱他在餐桌上表演用一尺长的象牙筷子的姿态,他用右手,夹在两指中间。”[1]

同时,沈福宗还借此向法国人介绍了中国文化,他“曾向西人出示孔子像,用中国毛笔写字,通讯中又盛称需时三十年方能熟习八万中国字,可见中国人记忆力之强与想象力之丰富,并称中国学校与救济院极多,不见有乞丐。在平地上埋葬双亲,礼节隆重,且须叩头”[2]。他在自己下榻的耶稣会馆还向来访的人介绍了汉字的书写方式、汉语的发音变化,许明龙先生曾在法国巴黎天文台图书馆查到很可能是沈福宗写的中文手稿——“以汉字书写的二十四节气、六十甲子、十二生肖”[3]。沈福宗在欧洲时还见到了教皇、英王,英王甚至还把他的画像挂在卧室中。其中最有意义的事恐怕是他在牛津大学同当时的东方学家海德(Thomas Hyde)会见。他们一起编辑了牛津大学博德利图书馆(Bodleian library)的中文藏书目录,他还详细地向海德讲解了中文的性质,而海德把沈福宗讲给他的有关中国的知识纳入了他以后出版的几本书中。沈福宗给海德留下了很好的印象,海德用拉丁文记录了一段对沈福宗的描述和评价:“中国南京人沈福宗使我懂得很多中国知识。他由柏应理神父从中国带来,而近年来与耶稣会士在欧洲停留,并编辑巴黎版的中国哲学著作。这个年轻人现年三十岁,性情善良,学习极其勤奋,为人礼貌、热情,有中国文学和哲学方面的良好教养,读过用汉文写的各种各样的书籍,而他在中国时就是早已懂得一些拉丁文的少数人之一。”[4]至今在海德的遗著中还藏有“沈福宗的拉丁文通信及棋谱、升官图、度量衡制以及汉文与拉丁文对照的应酬语”[5]。显然,这里的汉文和拉丁文对照的生活应酬语肯定是沈福宗所作,是为向海德介

1 方豪:《方豪六十自定稿》,学生书局,1969 年,第 388 页。

2 罗渔译:《利玛窦通信集》,第 427 页。

3 许明龙:《欧洲 18 世纪“中国热”》,山西教育出版社,1999 年,第 22 页。

4 潘吉星:《沈福宗在十七世纪欧洲的学术活动》,载《传统文化与现代化》1994 年第 1 期。该文是近年来对沈福宗研究得最全面的论文。

5 方豪:《中国天主教史人物传》第二册,香港公教真理学会,1970 年,第 202 页;韩琦:《中国科学技术的西传及其影响》,河北人民出版社,1999 年,第 48 页。

绍、讲解中文所用的,也可以说是一份最简单的对外汉语教材。

(2)黄嘉略

黄嘉略是在“礼仪之争”中由法国传教士梁弘仁(Artus de lionne,1655—1713)带到法国的,后经法国王家学术总监比尼昂(Bignon Jean Paul,1662—1743)推荐担任了法王的中文翻译和整理王家图书馆中文书籍的工作。黄嘉略在法国完成了《汉语语法》(*Essay de grammaire de la langue chinoise*)。这本书实际上是为法国人学汉语所编写的,如他在给法王的信中所说:“远臣日夜勤劳,以思报答。兹者修成汉语一书,兼附小录,以作西方志士学习中土语言风俗礼统者也……”[1]这里的“小录”实际上是书后的汉语词汇对照表和常用对话。他还编了《汉语字典》,虽然未完稿,但遗稿有千页之多,“这部遗稿由两部分组成:一是以韵书《海篇心境》为底本编写的同音字典,已编出 401 字。二是以《字汇》为母本按部首排列的字典,已编出 5201 字。后者具有相当高的学术水平,词条设置和释义都考虑到欧洲读者的实际需要,除纯语文知识外,还提供了许多有关中国的多方面的常识”[2]。

这两部书应是中国人在欧洲所编写的最早的供外国人学习汉语用的教材,书虽未出版,但通过法国著名汉学家傅尔蒙(Etienne Fourmont,1683—1745)间接的介绍和使用还是发挥了它的作用的。

黄嘉略在法国的另一项工作就是直接推动了法国 18 世纪的汉学研究。这主要表现在他对弗雷列(Nicolas Fréret,1688—1749)和傅尔蒙的影响上。他们两人开始对汉语一窍不通,经过与黄嘉略的接触,受到黄嘉略的影响,从黄嘉略那里学到有关汉语和中国文化的基本知识,以后经过自己的努力都成为法国早期著名的汉学家。显然,黄嘉略作为汉语老师和中国文化的宣传者所起的作用是不可忽视的。

(3)高类思、杨德望

高类思、杨德望是乾隆十六年(1751)被派到法国的。他们在法国耶稣会

1 许明龙:《欧洲 18 世纪“中国热”》,第 31、32 页。关于黄嘉略的介绍,笔者主要采用了许明龙的研究成果,在此致以谢意。

2 罗渔译:《利玛窦通信集》,第 427 页。

学校及味增爵会的学校学习结束以后，被当时法国的国务秘书贝尔坦（M. Brison，1719—1792）和路易十六执政时的财政大臣杜果（1727—1781）所注意，在他们两人的推动下，法国科学院对高类思和杨德望进行了简单的培训，授其物理、化学简单课程，并让他们参观法国的军火、纺织、印染、金属加工等工厂，然后他们向高类思和杨德望提出了一份冗长的调查报告提纲，两人在返回中国以前完成了这份详细的调查报告，而这份调查报告"形成了杜果的名著《论财富的构成及分配》一书的缘起。七年之后，亚当·斯密（Adam Smith）深受此书的启发，写出了《国富论》一书，这些都是近代经济学的经典之作"[1]。

杜果是重农学派的重要成员，高、杨两人在这个过程中并未充当中国语言的老师，却充当了中国文化的介绍者并第一次较为系统地比较了中国和法国在经济、科学、工艺上的区别。正是这种对中国国情的介绍和较为系统的比较调查启示了杜果从而对重农学派的思想产生了影响。[2] 因而从一定意义上讲，高类思和杨德望也起了汉语教师的作用，不过他"教授"的不是语言文字，而是中国经济、科学、工艺。

（4）周戈

周戈，土耳扈特人。1733 年他本想取道俄罗斯返回中国，却被俄国扣留了下来，1737 年 9 月 11 日加入东正教。1738 年他在圣彼得堡时期就教过一个名叫鲍里索夫的人学习满语，但时间不长。"1739 年，由俄国外交委员会安排，他在 7 月 19 日正式开办汉满语学校，学生只有两名。1740 年，他的学校结束。"周戈的功绩在于，他作为一个中国人开办了俄国历史上第一个汉满语学校，为中俄两国的早期文化交流做出了一定的贡献。他的学生之一列昂季耶夫成为 18 世纪与罗索欣齐名的著名汉学家。[3]

三、1800 年以后在中国本土的汉语教师及教材

1807 年马礼逊入华以后，拉开了基督新教传教士学习汉语的序幕。此时

1 戴仁主编：《法国当代中国学》，耿昇译，中国社会科学出版社，1998 年，第 21 页。

2 谈敏：《法国重农学派的中国渊源》，上海人民出版社，1992 年，第 84—90 页。

3 阎国栋：《第一位在俄国教授满汉语的中国人》，载《中华读书报》2001 年 4 月 4 日。

中国社会日益走向封闭,逐步关闭了与外界联系的大门。1759 年英国人洪任辉(James Flint)驾船直入天津,被囚禁澳门 8 年。洪任辉事件发生以后,两广总督李侍尧上奏《防夷五事》。[1] 他在奏疏中把此事件归为中国人教授洋人学汉语,从而使其了解中国的情况,他说:"细察根源,纵由内地奸民教唆引诱,行商通事不加管束稽查所致。查夷人远处海外,本与中国语言不通,向之东广贸贩,惟藉谙晓夷语之行商通事为之交易,近如夷商洪仁辉于内地土音官话,无不通晓,甚至汉文字义,亦能明晰,此夷商中如洪仁辉通晓语文言义者,亦尚有数人,设非汉奸潜滋教诱,何能熟悉?如奸民刘亚扁始则教授夷人读书,图谋财物,继则主谋唆讼,代作控辞,由此类推,将无在不可以勾结教诱,实于地方大有关系。"[2]

这里所说的"奸民刘亚扁"就是晚清第一个因教外国人学汉语而被杀头正法的中国人。乾隆认为刘亚扁"为外夷商谋砌款,情罪确凿,即当明正典刑,不得以杖毙完结"[3]。当时英国洋行大班布朗(Henry Brown)曾向两广总督长麟请求学习中文,说"英吉利国人爱学中国话,若许广东人教我们买卖人会说话,就能够通中国法律了"[4]。长麟对这一要求明确加以拒绝,认为他"不必另雇内地民人教话,致与定例有违"。

在这种环境下很少有人再敢教外国人学汉语,这一时期有名可查的教外国人学汉语的中国人十分有限。杨广明(音译 Abel Yun Kwong)是马礼逊到广东以后所聘的第一个中文老师。他是一个山西籍的天主教徒,曾长期跟耶稣会士学习拉丁文。由于他要求将每月报酬从 10 元提高到 30 元,加之马礼逊认为他的中文不太好就解雇了。[5]

李先生(Lèe Seensang)是马礼逊所聘请的第二个中文教师,曾在葡萄牙的

1 这五件事是:一、禁止夷商在省住冬。 二、夷人至澳,令寓居行商所设商馆,俾便管束稽查。 三、禁借领外夷资本及雇请汉人役使。 四、永除外夷雇人传递信息。 五、夷船进泊处,酌拨营员弹压。

2 转引自郭廷以:《近代中国史》,商务印书馆,1947 年,第 381 页。

3 参阅《十朝圣训·高宗》卷一一九,严法纪,第 10—11 页。

4 林治平:《基督教与中国近代化论集》,台湾商务印书馆,1989 年,第 58 页。

5 吴义雄:《在宗教和世俗之间》,第 36—37 页。 李志刚将此人译为"杨广明",参阅《基督教早期在华传教史》第 66 页。

耶稣会修院中待了12年,回国以后结婚,开始经商。[1]

杨、李二人都是马礼逊以重金所聘,教他澳门土语和当时的官话。由于当时清政府严禁华人教外国人学汉语,"杨、李二人日常深恐清吏之查究,为免受刑之苦,其中一人常怀毒药于身,若遇清吏,即服毒自尽,免受牢狱之苦"[2]。

另外,在伦敦时曾教过马礼逊中文的容三德从英国返回广州后继续给马礼逊教授"四书五经"。此外,他还请了罗谦与高先生做自己的中国文化老师,"马牧师有记高先生为满洲人,以教学为业;罗谦则擅长写作,其汉学基础均受二人之影响"[3]。罗先生是裨治文(Elijah C. Bridgman)的中文教师,他是由马礼逊推荐的。[4]

梁发,中国最早的宣教士。他原先是一个印刷工人,后入基督教并被马礼逊封为宣教士。梁发曾同早期到广州、南洋一带的传教士有广泛的接触,如卫三畏(Samuel W. Williams)、米怜(William Milne)、雅裨理(David Abeel)等人,在此期间他曾帮助多位传教士学习汉语,甚至在以后神学书籍的翻译过程中他都起到了一定的作用。[5]

江沙维(P.Soaquim Afonso Gonalves,1781—1841),天主教传教士,葡萄牙里斯本科学会海外会员。江沙维1813年抵达澳门,在澳门28年。其主要成就是汉语教学和研究,他所编写的《汉字文法》(*Arte China*)是当时一部很有影响的汉语教材,"全书分九章,包括汉语语音、汉字笔画和部首、汉语语法、以问答编排的专题实用课文、中国俗语、中国历代史、作文笔法、公文程式等内容。该书不但内容丰富,包容面广,而且在多章节的编写中,融合了汉语教学的经验,运用了自己独特的方法"[6]。此外他还编著了五本影响很大的辞书,它们是:(1)《葡中字典》(又称《洋汉合字汇》),(2)《中葡字典》(又称《汉洋合字

1 查方豪《同治前欧洲留学史略》一文所列的人名表中,未见到这个广东籍的姓李的人。
2 李志刚:《基督教早期在华传教史》,台湾商务印书馆,1962年,第126页。
3 李志刚:《近代儒生与基督教的冲突及其影响》,载刘小枫主编:《道与言:华夏文化与基督教文化相遇》,生活·读书·新知三联书店,1995年,第244页。
4 李志刚:《基督教早期在华传教史》,台湾商务印书馆,1962年,第204页。
5 麦治恩著:《梁发:中国最早的宣教师》,朱心然译,基督教文艺出版社,1998年。
6 刘羡林:《双语经典与文化交流》,第39页。在撰写江沙维和伯多禄时受刘羡林先生的启发颇多,在此表示感谢。

汇》),(3)《拉丁中国语本》,(4)《拉丁中文袖珍字典》,(5)《拉丁-中文袖珍词汇表》。作为汉语老师,他在澳门还培养了大批双语人才,“其中最出色的,就是1822到1869年连续47年在市政厅担任翻译的João Rodrigues Gon Gaves”。

伯多禄(Pedro Nolasco da Silva,1842—1912),澳门历史上第一任华务局局长,19世纪葡萄牙著名汉学家。他的学术成就主要表现在汉语教学和汉语教材的编写上。

> 1872年,政府第37号公报,任命伯多禄在圣若瑟学院教授汉语,它的课程包括:
>
> (1)澳语的文法和口语;
>
> (2)官话(即北京话 Pekim)的口语;
>
> (3)中文的翻译。

当时澳门汉语人才匮乏,伯多禄一人身兼5个学校的汉语教师,从小学到中学,从基础课程到专业课程,可以说当时他在澳门汉语教学中是独当一面。他先后编出的教材有:(1)*O Circulode Conhecimentos em Portuguez e China*,这是供在香港学习的葡萄牙儿童用的。(2) *Língua Sínica Fallada*:第一册《词汇》(Vocbulário),1901年;第二册《改良课本》(*Li Goes Progressives*),1902年;第三册《圣谕广训》(*Amplifi o do Santo Decreto*),1903年;第四册《常用短语、口语和标准会话》(*Frases Usuais,Diáloqos,e Fórmucas de Conversa o*),1903年。(3)《教话指南》(*Bússol; a ep Doa; ec to Cantonese*),1912年。(4)《国文教科书》(*Literatura Nacional*)。此外,他还翻译了一些欧洲汉学家编写的汉语教材。

伯多禄在汉语教材的编写上积累了丰富的经验,他的一些编写原则至今仍有启发,如他在《教话指南》的“备忘”中提到了汉语教材编写中7个应注意的问题:

(1)它有一个总的培训目标:能说流畅的澳语;可阅读及理解中文商业文件;可以独立写简单的商业信件及家信;可用官话与人交谈;掌握中文文法概要;掌握拼音知识;掌握会话和会谈的方法技巧;学习2533个汉字。

(2)有分级的具体的培训目的、分级的教材和分期的教学进度。

(3)书面语与口语结合,澳语与官话结合,注意培养听、说、读、写等基本功。

(4)识字教学是初学的主要内容,最高阶段以语言的运用为核心环节。

(5)语音、语法、词汇各成系统,各年级有所侧重,但又浑为整体,反复巩固,综合运用。

(6)结合培训的社会要求,有的放矢。中、小学以培训商业人才为目的,政府翻译部门以培养外交、传译人员为方向。

(7)注意循序渐进、培养兴趣、反复练习等教学原则,也注意一般规律和特殊语法现象的分析。重视标准例句和常用公文程式教学。[1]

赵晓云(Tio Siao Hoen)是在厦门从事对外汉语教学的老师。荷兰人博雷尔(H. Borel)1892—1893年间在厦门学习,下面是他回忆在中国学习汉语的情况,给我们留下了赵晓云的珍贵资料。

> 他是一位朴素的学校教师,是我在中国的第一位中文老师……赵晓云是我第一位"先生"的名字——中国每位老师都称先生,意思是指年长而富于智慧的人。他与家人包括兄弟一起住在厦门一条窄巷中一间极其阴暗而简陋不堪的房屋里。我聘请他为我的私塾老师,每日讲授四小时的课,酬金不太高,每月十二块大洋(当时每块大洋1.60荷盾)即每月19.20荷盾。这个数目当然不能算一笔钱财。另外,他还给中国的学校教课,也可从中挣一些钱,但不可能很多。当时(即1892到1893年),中国通用铜钱,每1000枚至1400枚约合一块大洋。天哪,一个人竟然能以此养生。
>
> 他年近六十,总是身穿丝制长袍,脚着毡毛拖鞋,后背拖着一条长长的辫子,鼻梁上架着一副宽大的眼镜。当他要坐下时,总是缓缓地、泰然地挪转身体,仿佛要坐到帝王的宝座上,把袍襟撩开,垂下宽袖,俨然一尊雕像,显得极为安然。不久,随着我听中国话能力的提高,我慢慢地意识到他已成了我的精神之父,而我这个雇佣他的人却是他的孩子。
>
> 这位老师每月从我那里领取可怜的十二块大洋,每天清早如同

1 刘羡林:《双语经典与文化交流》,第41—63页。

我雇来的仆人一般出现在我面前。他用意味深长的几句话向我解释孔子和老子的经典。其间不时伴着很有形象力的手势,这是欧洲那些满腹经纶的教授做不到的。后来我写的有关在印度贤哲与审美方面的所有著作,实际上,都要归功于这位先生。况且,要解释清楚中国古代的经典,并非轻而易举,因为其意不只在字里行间,而且蕴于内容之中。但赵晓云力图把他的一字一句都带入一种妙不可言的气氛。他那虚浮却含有内劲的手势,更加突出了这气氛的微妙之处,使文章的精髓尽收其中。[1]

四、1800 年以后海外的汉语教师及教材

傅尔蒙是跟黄嘉略学的汉语,他虽然是阿拉伯语的教授,但对汉学却很有兴趣,“虽然他在汉语方面确实并不比在阿拉伯语方面更有资格”,但他“在授阿拉伯语课后,讲授汉语、汉语语法和《大学》”。[2]

雷慕沙(Abel Remusat,1788—1832)是法国汉学讲座的第一位教授,汉语教学是他的主要工作之一。为了教授汉语语法,他利用马若瑟的手稿,编写出了《汉语语法基础知识》。

儒莲(Stanislas Julien,1797—1873),雷慕沙的弟子。雷慕沙英年早逝以后,他成为法国汉学的领头人,汉语教学自然是他的主要工作之一。“在法兰西学院的教学中,他放弃了用系统的方法来讲授汉语语法的做法,而是更喜欢诠释文献,以归纳性地从中得出主要的汉语结构准则来。他根据字词位置来看汉语新句法(1869—1870),便是其精益求精和具有敏锐洞察力著作的范例,至今仍有价值。”[3]

安东尼·巴赞(Antoine Bazin,1799—1862),他是法国东方语言学院的首位汉语教授,儒莲的学生。他的汉语教学的代表作是“《官话语法》(1856 年),这本教材对汉语口语进行了深入的分析,我们可以从中发现大量有关汉语口

---

1 包乐史:《中荷交往史》,荷兰路口店出版社,1989 年,第 130—131 页。

2 戴仁主编:《法国当代中国学》,耿昇译,中国社会科学出版社,1998 年,第 25 页。

3 同上,第 28 页。

语的'关系'式和'条件'式单音节词(根据复合词)特征,在口语与书面语言间的关系和白话体的强读音节之重要性等方面提出了十分有见地的看法"[1]。他也是欧洲最早开始汉语白话教学的人。[2] 1900年法国里昂大学设立了第一个汉学教席,这位教师是Maurice Courant。[3]

荷兰莱顿大学从1855年设汉学教学席,教授为霍夫门(J. J. Hoffmam,1805—1878),"曾从华人习语言,为荷兰东印度公司书记"[4]。霍夫门以后,他的弟子薛力赫(Gustav Schlegel)1875年被任命为荷兰的中国语言和文学教授,并着手培养了荷兰最早的中文翻译,他的四册以闽南方言为基础的《荷华文语类参》给我们留下了"十分丰富与详细的语言与文化资料"。

德国19世纪初的汉学家主要是克拉勃罗德(Heinrich Julius von Klaproth,1785—1830)。他1828年写了《满洲文选》(*chresto nathre mandchoue*)"为满洲语之入门书"[5]。之后在教学和语言学研究上有成就的有威廉·硕特(Wilhelm Schott,1802—1889)和G.嘎伯冷兹(又译甲柏连政)(Georg Vonder Gabelentz,1840—1893)。前者翻译了《御书房满汉书广录》,后者的《汉文经纬》则被认为是19世纪对中国语法研究的最好著作。[6] 但是,德国的汉语教学起步较晚,1871年德国统一以后增加与东方贸易,才于1887年10月27日在柏林大学正式成立了东方语言研究所,最早的汉语老师是阿仁特(Carl Arendt,1838—1912),曾供职于中国海关,"有丰富的实际语言经验"[7]。

雅金夫·比丘林(1777—1853),俄罗斯汉学的奠基人,1807年被派到中国以后,在京居住了14年,1821年回国。他不仅是杰出的汉学家,也是俄罗斯汉语教学的奠基人,他所编写的《汉文启蒙》(也称《汉语语法》)长期被当作汉语教材使用。他于"1831年在恰克图创办了第一所汉语学校(1831—1861),

1 戴仁主编:《法国当代中国学》,耿昇译,中国社会科学出版社,1998年,第33页。

2 傅海博:《寻觅中华文化:对欧洲汉学史的看法》,古伟瀛译,台湾《汉学通讯》总42期,1997年。

3 白乐桑:《法国汉语教学史》,《中国文化研究》1993年冬之卷。

4 莫东寅:《汉学发达史》,上海书店,1989年,第109页。

5 石锋编:《汉语研究在海外》,北京语言学院出版社,1955年,第252页。

6 张国刚:《德国的汉学研究》,中华书局,1994年,第23—24页。

7 同上,第33页。

并亲自任教。他当时所制定的学制、教学计划和教材,也为后人所师承。这一切均为俄国的汉语教学从方法论上奠定了基础”[1]。

德米特里·彼得罗维奇·西维洛夫(1798—1871),俄国喀山大学东方系首位汉语教研室主任。他为推动喀山大学的汉语教学编写了一系列教材和著作:(1)《汉语文选》,(2)《华俄常用语辞典》,(3)《法汉满成语辞典》,(4)《拉汉词典》。同时,他“提出汉语也有语法规则”的思想,主张为“汉语(古文)加标点符号”。

英国最早的汉学家是马礼逊,1824 年他回伦敦休假,成立了东方语言学校,马礼逊亲自任教,但东方语言学校 1827 年就解散了,接下来从事汉语教学的是伦敦大学的基德(Samuel Kidd),他和马礼逊一样都是伦敦会的成员,长期在马六甲的英华学院任教,后因病返回英国。经小斯当东(G. T. Staunton)积极筹划,1838 年他在伦敦大学开设了汉语讲座。但五年后,他就病逝了。

剑桥大学的汉学为威妥玛(Sir Thomas Francis Wade,1818—1895)所创,他原为英国驻华外交人员,1888 年开始担任剑桥大学第一任汉学教授,他的《语言自迩集》是较有影响的汉语教材。

牛津大学的汉学讲座是由理雅各(James Legge)创立的,他大部分时间在香港的英华学院,当他 1875 年返回牛津大学开设这个讲座时已经 60 岁了。理雅各学术成就很大,尤其在中国典籍的西译上。

美国本土的汉语教学和汉语研究由入华传教士卫三畏(Samuel Wells Williams,1812—1884)回国后在耶鲁大学创立,时间是 1876 年。《中国总论》(*The China Repository*)是其汉学代表作,汉语教学的著作主要有《简易汉语教程》《汉英拼音字典》等。

以上列举的是西方学者,由于目前我们对欧美汉学史的研究刚刚起步,很可能挂一漏万,待以后逐步补充。

这时期也有中国人在海外进行汉语教学,西方汉学史往往忽略他们,我们通过有限的材料发现了这些中国学者。

1　李明滨:《19 世纪上半叶的俄国汉学史》,《国际汉学》第 6 辑,大象出版社,2001 年,第 414 页。

容三德(Yong Sam-tak),广州人,1805年到伦敦学习英文,在伦敦时结识了威廉·莫斯雷(William Moseley),经他介绍,马礼逊认识了容三德,并开始跟容三德学习汉语。"在教学中文的同时,二人还到伦敦博物馆抄录中译部分《圣经》手稿,并从英国皇家学会借抄拉丁文中文字典手稿"[1]。

朱德郎(Choo Tih Lang),他是由麦都思(Walter H. Medhurst)1836年带回美国的,这时麦都思正在对马礼逊的《圣经》中译本进行修改,"朱德郎作为抄写员协助麦都思"。这种协助很类似当年徐光启和利玛窦的关系,在中文方面,朱德郎充当着老师的角色。

英华学院是新教传教士入华后最重要的汉学学习基地,它的宗旨就是"交互培养中国和欧洲文学,一方面向欧洲人教授中国文字和文学,另一方面向恒河外各个讲中文的国家如中国、安南和中国东部的藩属琉球、朝鲜、日本等教授英语以及欧洲文学和科学"。这样"聘任欧洲籍的老师以中文教授欧洲学术以及聘任本地的中文老师"[2],成为学校的基本方针。

根据吴义雄提供的材料,当时的中文老师有"李先生(Lee,1820—1830)、朱靖(Chu Tsiy,1820—1832)、姚先生(Yaou,1824—1834)、冉先生(Yim,1827)、高先生(K'o,1834—1835)和崔钧(Chuy Gwa,1835)"[3]。

除英华学院以外,在南洋地区还有新加坡学院也"设有中文部(Department of Chinese)。1838年4月,中文部有5名中文教师,教三种中国文言,在册学生59人"。可惜我们不知这些中文教师的姓名。

戈鲲化是第一位到美国教汉语的老师,他的情况直到最近张宏生编著的《戈鲲化集》[4]出版才为人所了解。从对外汉语教学史的角度来看,戈鲲化的价值在于:他是第一个赴美的汉语教师,对于美国汉学和汉语教学的发展做出了贡献,因为当时虽然有卫三畏在耶鲁执教汉学,但由中国人担任汉语教师则

1 吴义雄:《在宗教与世俗之间》,广东教育出版社,2000年,第35页。

2 李志刚:《基督教早期在华传教史》,第204页。

3 吴义雄:《在宗教与世俗之间》,第62页。

4 张宏生编著:《戈鲲化集》,江苏古籍出版社,2000年。参阅崔颂人:《美国汉语教学的先驱——戈鲲化》,《世界汉语教学》1994年第3期;《中国赴美任教第一人——戈鲲化》,《中华读书报》2001年2月21日;周振鹤《戈鲲化的生年月日及其他》,《中华读书报》2001年3月21日;周振鹤《他不是中国到西方任教第一人》,《中华读书报》2001年5月9日。

是从戈鲲化开始的。

另外,他和一般到国外的留学生兼任汉语教师不同,如上面我们曾介绍的几位。戈鲲化是哈佛大学正式聘请的中文教师。很感谢张宏生为我们提供了戈鲲化赴美任教的合同及相关材料,这些文献对我们研究中国外派汉语教师的历史提供了珍贵的文献。

戈鲲化的汉语教学也很有特点。首先他自己努力学习英文,从而为他开展中文教学和在美生活打下了一定的基础。其次,他以自己的诗集作教材,即他撰写的《华质英文》(*Chinese Verse and Prose*)也十分独特,"这可能是有史以来最早的一本中国人用英文写的介绍中国文化尤其是中国诗词的教材。作为中国人编写的第一部诗词教材,它也有较大的意义"[1]。

明清时究竟有多少中国人在海外担任中文教师,这是一个尚未完全确定的问题,需要进一步深入挖掘史料,加以研究。可以肯定,近代以来中西文化交流日益频繁,到海外从事中文教育的绝非仅仅以上几人。[2] 对于这些对外汉语教学的开拓者,我们谨致以深深的敬意。

(原载《世界汉语教学》2002 年第 1 期)

1 张宏生编著:《戈鲲化集》,第 22 页。

2 1879 年 7 月 28 日,杜德维致查尔斯·W. 埃利奥特信中说:"法国政府聘用了一名中国教师到巴黎,为新任命的法国驻华领事官及其他外交官教授初级中文。"(见《戈鲲化集》第 291 页)周振鹤也说:"我却知道起码有两个人到德国教过书……"(载《中华读书报》2001 年 5 月 9 日,周振鹤文《他不是中国到西方任教第一人》)

16—19世纪西方人的中国语言观

一、最初的认识

在“游记汉学”时期,西方对中国的认识大多停留在物质文化和社会生活的层面上,对语言文化与思想文化的认识十分肤浅。这一时期最系统地阐述对中国文化认识的西方著作是门多萨(J. G.de Mendoza)的《中华大帝国史》。他把大航海以后东来的传教士游记加以归纳,并在第三卷专列出一章介绍了中国的语言和文字。他说:“他们没有跟我们一样的字母,只有用图形书写,同时他们要长时间、很困难地学会它,因为几乎每个词都有一个字。他们只用一个字表示天,他们叫做穹(Guant),写作穹;国王他们叫皇帝(Bontay),写作皇,继之如地、海及其他词莫不如此。他们一共有六千多彼此不同的字,但他们写得很快;它是一种书面比口语更容易理解的语言(如希伯来语),因为每个不同的字表示的含义肯定不同,这在口语中不那么容易区别。……人们惊奇地看到,该国人们说着各不相同的语言,可是总的说他们通过文字相互理解,用口语则不成。原因在于,一个图形或字,对于他们说都表示一件事物,尽管读音不同。”[1]

门多萨在这里讲了三点:一、汉字不是拼音文字,而是图形文字;二、汉语书面语与口语不同;三、每个汉字表示一个事物。这些介绍都是最基本的,但较之以前系统了一些。门多萨这本书的另一个贡献就是他第二次将汉字介绍

1　门多萨著:《中华大帝国史》,何高济译,中华书局,1998年,第111—112页。

给了欧洲。[1]

门多萨的书1585年首版于罗马，因此这段关于中国文字的记载很可能摘录于1577年塞维利亚出版的《葡萄牙人到东方各王国及省份远航及有关中华帝国的消息》，在这本书中出现了汉字"穹""皇"。据学者考察，欧洲书籍中最早出现汉字是在1570年，在耶稣会士于科莫布拉出版的书信集中。

耶稣会入华以后，西方对中国文字的认识大大进步了。曾德昭（Alvare de Semedo，1585—1658）的《大中国志》是耶稣会入华以后最早在西方出版的关于中国的书籍。由于曾德昭在中国生活多年，又亲身经历了南京教案，因而对中国语言文字的认识要比门多萨大大前进了一步。这主要表现在以下几个方面：

第一，对汉语文字的介绍。曾德昭说："他们使用的字，看来跟他们民族本身一样古老，因为据他们史书的记载，文字的创造，迄至1640年我写出这本书时，已有3700年之久。我敢大胆地说，这是中国最了不起的事……"[2]他认为中国的文字共有六万个之多，还有大小各类字典供人们查阅多种生字、难字。

尤其可贵的是曾德昭对中国文字的象形特点和造字规律做了初步的探讨。他说："字的创造者，据说是他们最早的一位帝王：伏羲。开始字数极少，很简单，从某种意义上说，像他们要表达的事物。如读作Gè（日）的字，意为太阳，写成一个圆圈，中间有一横道。后来形状变化，把圆圈变成方形，中间仍有一横，仍表示太阳。……他们只用九个笔画构成所有众多的字。但因这些笔画对于如此多的事物仍不可多用，他们把笔画，或想个有意义的字组合在一起，用这个法子创造新的不同的字，赋予另外的含义。"[3]

"依类象形"是原始汉字的基本特征，到许慎的《说文解字》时，汉字学才有了理解性的概括。"中国的文字学、字典学真正成为独立的学科，是从许慎

1　贝尔纳尔迪诺·德·埃斯卡兰特：《远航记》，载澳门《文化杂志》1997年第31期，《16—17世纪伊比利亚文学视野里的中国景观》，第91页。史景迁认为门多萨把"尧"（Yao）写成了"Vitei"，这主要是他使用了来自马尼拉的中国侨民的语言材料，这说明"当时西方人所得到的汉文名称全是混乱不清的"。见《文化类型与文化利用》，北京大学出版社，1997年，第21页。吴孟雪：《明代汉学史》，东方出版社，2000年，第120页。

2　曾德昭著，何高济译：《大中国志》，上海古籍出版社，1998年，第40页。

3　同上书，第40—41页。

开始的。许慎是第一个编纂汉字字典的人，也是第一个从理论上阐明文字重大意义的人。"[1]曾德昭并未提到《说文解字》，但大体介绍了汉字造字的几种方法，如他举的"日"字是"六书"中的"象形"。他说的在"十"下面加一横成"土"，上面再加一横成"王"，再加一点成"玉"[2]，这实际上讲的是"六书"中的"指事"，即"从全体中指出部分，靠一个标志点来会出该处之意"[3]。

曾德昭所说的"表示任何树木的字，要和'木'字结合，有如表示任何金属的字，也要和'金'字结合，如铁、铜、钢等。这类结合是必然的规律"[4]，这指的是"六书"中的"形声"。

此外，曾德昭还介绍了汉字的三种书写形式，即"古文"，指印玺上的形式；"行书"，指通用文献和印刷的形式；"榻白"（Taipie），指仅用于告示等的书写形式。[5]

第二，对汉语词汇和语音的介绍。他说："汉字字体之多超过其他语言，但使用的词汇不多，因此并不丰富，总的说不超过 328 个词，语汇则有 1228 个（它们除了音调和气音不同外，实际相似）。所有的字几乎都以母音结尾，有几个不以母音结尾的，要么以 M、要么以 N 结尾。"[6]这里曾德昭所说的 328 个词、1228 个语汇不知出自何处，但他对汉字发音以母音结尾的判断大体正确。中国古代音韵学受佛教传入后的梵语影响，《切韵》有 193 韵，其中舒声韵母 91 个，入声韵母 49 个，韵母共有 140 个，当代中国语言学家认为："中国最早的语言研究也是区别字音，使用的方法是反切与分韵。当声母归纳以后，研究的视野立刻扩大到整个音系，利用'等'审音，研究声韵的组合与分布，展示出汉语的所有音节，这种研究与表述……其基本精神与西方现代音位学的理论完全一致。总而言之，西方新兴的仅有 100 年历史的音位理论，在公元 1000 年前后的古代中国就已经系统利用。"[7]

---

1 何九盈：《中国古代语言学史》，广东教育出版社，2000 年，第 65 页。
2 曾德昭著，何高济译：《大中国志》，第 41 页。
3 郑慧生著：《中国文字的发展》，河南人民出版社，1996 年，第 239 页。
4 曾德昭著，何高济译，《大中国志》，第 41 页。
5 同上。
6 同上，第 42 页。
7 李葆嘉：《当代中国音韵学》，广东教育出版社，1998 年，第 87 页。

第三，对汉语语法的介绍。曾德昭认为汉语中“动词和名词均无语尾变化……有时动词充当名词，名词充当动词，必要时也充当副词”。中国古代语法研究主要集中于虚词研究[1]，真正的语法体系研究始于马建忠1898年出版的《马氏文通》，曾德昭这里只是极其简要地介绍了中国语法的特征。

另外，他还从比较语言学的角度说明中国词汇的丰富性，如他说在西方表示拿一个东西时，只能用“拿”字，而在中文中“每个有动词含义的词，也表示动作，例如，捏（Nien）用两根手指；抓（Tzo）用所有指头；垂（chui），整个手朝下；托（Toie），整只手连指头都朝上”。显然，在对中国文字语言的介绍上，曾德昭迈出了实质性步伐，他大大超过了他的前人，他应是第一个比较详细地介绍中国语言文字的西方人。[2]

在17世纪出版的介绍中国的书籍中，德国耶稣会士基歇尔（Athanasius Kircher，1602—1680）的《中国图说》（*China Illustrata*）是对中国语言介绍比较集中的一本书，也是对欧洲的早期中国语言观产生重要影响的一部著作。这部书在推动西方早期对中国语言的认识上有两大贡献。

第一，首次在欧洲公布了汉字和拉丁文发音对照表。当时入华传教士为学习中国语言、学习汉字发音开始编制一些用罗马字母拼读汉字的书，从早期的《葡汉辞典》到以后成系统的《西儒耳目资》都是这种努力的表现。但在欧洲，人们没有同中国人语言交流的迫切感，因此对这个问题不像入华传教士那么迫切。第一次在欧洲本土对中文发音作系统研究的就是基歇尔。基歇尔在《中国图说》中公布了波兰入华耶稣会士卜弥格（Michel Borm，1612—1659）对大秦景教碑碑文所作的注音和解释。卜弥格实际上是把这个碑文编成了一个拉汉对照的发音辞典，对每一个字都注了音、标了调。如：

大（Tá）；秦（cyń）；景（kìm）；教（kiaó）

流（Lieû）；行（tlîn）；中（chūm）；国（kuě）

碑（Poeÿ）

1　何九盈：《中国古代语言学史》，第5章。

2　计翔翔：《十七世纪中期汉学著作研究》，上海古籍出版社，2002年，第129—149页。这本书是近年来对西方早期汉学研究最为深入的一本。

卜弥格详细地研究了中国汉字发音的五种音调,第一个调为“∧”,用拖长的均匀的音调发音;第二个音调为“-”,它的发音明亮而均匀;第三个音调为“\”,相当于音符“Mi”,这意味着高音;第四个音调为“ ˊ ”,相当于音符“Fa”,它意味着“高音的下落”;第五个音调为“ˇ”,相当于音符“Sou”,这意味着“急促声”。[1]

另外,卜弥格还用拉丁文逐字解释了碑文中每一个字的字义。

这个发音辞典和字的解释虽是卜弥格所做,但是经基歇尔整理后在《中国图说》上发表的,也正因此这本书在欧洲产生了重大的影响,首次使欧洲人对中文文字的发音和含义有了一个初步的认识。

第二,首次公布了中国的各类文字图形。上面提到无论是1570年在耶稣会士的书信集中所出现的汉字,还是1585年在门多萨《中华大帝国史》中所出现的中文字都是一两个字,而只有在基歇尔的《中国图说》中才公布了大量的中文汉字。他认为中国在古代共有16种文字类型。

基歇尔从哪儿弄到了这些图形文字?当代研究者认为在基歇尔公布的16种文字中有4种可以在《字法门》中发现,其余的则全部取自中国的一本叫《万宝全书》的书。这本书现藏于巴黎国家图书馆,全书共8卷38章,其中第11章专门讨论了中国文字的书写,该书的第17—23章介绍了中国的书法、印章。所以,已故的丹麦学者龙伯格认为“基歇尔的 *Dediqus Aegyptialus* 和 *China Illustrata* 两本书中所公布的中国文字,包括卜弥格给基歇尔的字都来自《万宝全书》”[2]。

尽管基歇尔的书错误很多,但它图文并茂的形式、生动有趣的介绍,却给欧洲展开了一幅远方神奇的图画,使该书成为推动18世纪欧洲“中国热”的重要著作之一,在这本书出版后不久,“中国问题很快成了一种时尚”。[3]

二、普遍语言学运动

大航海以后,世界的整体图像开始形成,“因为整个世界第一次具备了完

1 《中国图说》,英文版,第10页。

2 D. E. Mungello, *Sino-Western Cultural Relations Journal*, p.5,1983.

3 艾田蒲著,钱林森等译:《中国之欧洲》,河南人民出版社,1992年,第30页。

整的交通网络”[1]。面对多样性的文化，西方文化的单一性、唯一性受到了冲击，在语言学上就表现为如何去解释和说明如此众多的语言和文字，尤其是如何解释比欧洲文化和文字还要古老的中国文化和中国语言与文字。正是在这种背景下，在欧洲的语言学研究中出现了一种追求“普遍语言学”的倾向。这个运动沿着两个方向发展。

首先，普遍语言学的产生有其神学背景。在《圣经》的《创世记》第11章中有关于耶和华看到人们修建巴比伦塔（Babel，和高本《圣经》译为“巴贝耳”）而混乱了人们语言的记载，《圣经》中说：“当时全世界只有一种语言和一样的话。当人们由东方迁移的时候，在史纳尔地方找到了一块平原，就在那里住下了，他们彼此说：‘来，我们做砖，用火烧透。’他们遂拿砖当石，拿沥青代灰泥。然后彼此说：‘来，让我们建造一城一塔，塔顶摩天，好给我们作纪念，免得我们在全地面上分散了。’上主遂下事，要看看世人所造的城和塔。上主说：‘看他们都是一个民族，都说一样的语言。他们如今就开始做这件事；以后所想做的，就没有不成功的了。来我们下去，混乱他们语言，使他们彼此语言不通。’于是上主将他们分散到全地面，他们遂停止建造那城，为此人称那地为‘巴比伦’，因为上主在那里混乱了全地的语言，且从那里将他们分散到全地面。”[2]

这样人类原初统一的语言是什么人们始终不知。耶稣会入华以后，陆续向欧洲发回了关于中国的报道。中国悠久的历史使入华耶稣会十分为难，因为中国的历史要早于《圣经》所记载的历史。这样他们处于两难的境地：一方面要遵守《圣经》的历史观，另一方面又要肯定在中国传教的必要性及历史的无可怀疑性。入华耶稣会士中不少人，从卫匡国开始到以后的白晋、傅圣泽都采取了一种“索隐派”（figurism）的立场，即将中国人说成大洪水后诺亚第三个儿子的后代，这样似乎可以把这种矛盾统一起来。[3]

1 史景迁著，廖世奇等译：《文化类同与文化利用》，北京大学出版社，1997年，第19页。

2 此译文引自中国天主教主教团二区香港思高圣经学会1968年译本，第20—22页。

3 Davide E. Mungello, *Curious Land: Jesuit Accommodation and the Origins of Sinology*, pp.103-104, Stuttgart, 1985.

这种历史观在语言观上的表现就是把中国语言说成原初古老的语言，曾德昭在《大中国志》中介绍中国语言时就说："中国使用的语言是很古老的，许多人认为它是巴比伦塔的72种之一。他们的书籍至少证明，这种语言的使用已超过3700年。"[1]基歇尔在《中国图说》中把中国人说成诺亚的后代，中国文字受到了埃及楔形文字的影响。这种观点实际上是认为中文源于埃及古老的文字。

但在欧洲影响最大的既不是基歇尔，也不是曾德昭，而是英国人约翰·韦伯(John Webb)，他写了《论中华帝国之语言即为原始语言之可能性的历史论文》(*A Historical Essay Endeavoring a Probability that the Language of the Empire of China is the Primitive Language*)。韦伯从未到过中国，但他读到了当时欧洲出版的一些有关中国的书籍，如曾德昭的《大中国志》、卫匡国的《中国上古史》、金尼阁的《中国传教史》、基歇尔的《中国图说》等书籍，他从这些书籍中获得了一些关于中国语言的材料和有关中国文化的报道，从而使他的理论观点受到了这些书的影响。

他认为中文所以被认为是人类最初的语言，是因为中国有着最古老的历史。他说，在卫匡国的《中国上古史》中，卫匡国列出了一个中国年表，尽管朝代变更、帝王轮替，方言各不相同，但文字却一直是相同的[2]，而从年代学上考证，中国年表上记载的时间是在大洪水之前，这样他得出结论：

"在大洪水以前，在上帝乱了人类语言之前，自从他们作为一个民族存在，他们的书面语言就一直未变地被保留在他们的古书之中，没有词根的变化，也没有像欧洲语言那样的时态性、数、格等无穷的变化。"[3]这是其一。

第二，因其具有普遍性，中文的适用范围广大。从时间上来说，韦伯认为中文被一个民族从古到今地使用是不可思议的；从空间上来说，中文在如此大的地域中被广泛使用更是神奇的。不论是中国还是它的邻国都在使用汉字，汉字的普遍性是任何欧洲语言所不可比拟的。

1　曾德昭著：《大中国志》，何高济译，上海古籍出版社，1998年，第39页。

2　John Webb, *A Historical Essay Endeavoring a Probability That the Language of the Empire of China is the Primitive Language*, p.177, London, 1669.

3　同上。

第三，中文表达典雅，它保持人类原始语言那种古朴、无邪、庄重的特点，而不像希伯来语中有那么多猥亵的词汇。

第四，中文最有力地证明了神的存在，因为它在基督诞生以前就预言了基督的存在。

第五，中文表达的简洁。这种简洁性有时使它模棱两可，但简洁性却正是原始语言的一大特征。

这种文字一直未变，并且纯正地保留着，只有这样这种文字才能在整个庞大的中华帝国中被理解。由此我们可以得出结论，中华帝国的母语或自然语言（Mother or Natural Language）一直保留着其古老的纯洁性而没有任何变化。[1]

把中文说成人类语言变乱之前的原始语言，韦伯的证据并不足，但当英国人正在和荷兰人争夺海上贸易权时，韦伯告诉英国人，亚当在天堂上的语言肯定不是荷兰语，这一定使英国人非常高兴。[2] 尽管韦伯的结论是站不住脚的，但他根据仅有的文献所概括出来的中文的五大特点还是有其学术价值的。

韦伯说："现在，我们要将一种语言称为第一或最初的（Primier）的语言，那么，简洁性是作为最初语言所应具有的最根本的条件。加之我们上面讲的实用性、典雅性、普遍性、简易性、古老性的特征，那么我们完全可以判断：中华帝国的语言是原始语言。"[3]

今天看来韦伯的有些观点是可笑的，但有些观点至今仍有启发意义。在西方语言学历史上韦伯是最早进行比较语言学研究的人，从他的研究中我们可以体会到当时中国语言文字对欧洲语言和文化的冲击。

其实，持这种观点的也并非韦伯一人，荷兰一位名为菲利普·马松（Phillippe Masson）的牧师曾编写了一部《荷汉字典》。他就认为中国是一个最古老的民族，因而用汉语去读希伯来的《圣经》一定是最适合的。他凭借这部辞典，对《圣经》做了惊人的解释，认为"以色列人在沙漠中所获得的神赐食物

1 同上书，189—190页。

2 艾田蒲著：《中国文化西传欧洲史》，耿昇译，商务印书馆，2000年，第396页。

3 John Webb, *Historical Essay Endeavoring a Probability That the Language of the Empire of China is the Primitive Language*, p.209, London, 1669.

‘吗哪’(manna)与汉语的‘馒头’源出一词”。他还对《创世记》中的一段话“到达思罗(shiloh)之前节杖和立法者都将与犹大同在,众人将拥聚在他身边”进行解释说:“希伯来语的‘思罗’与汉语的‘时乐’也是一个意思,可以用以描述弥赛亚,也可以用它来解释《路加福音》中的‘看哪,吾赐汝福音,亦赐众福音’。”[1]

他的思路和约翰·韦伯完全一致,这说明当时欧洲走出中世纪神学语言论的艰难。

其次,普遍语言学的产生有其学术背景。17世纪追求普遍语言学的第一个人物是Francis Bacon(1561—1626),他试图寻求语言和事物之间的本质联系,探索书写符号和事物之间的联系。普遍性的语言不能仅仅是一种习惯,而应当基于对事物本质的认识。他在《学习的前提》(*Advancement of Learning*)中说:“在中国和中国周围的一些王国中,写作中的书写符号是真正的,也就是说这些符号代表的既不是字母也不是词,而是事物或概念。”[2]

据研究,Bacon是读过有关介绍中国语言的书的,如门多萨的书,这些书对他产生了深刻的印象。1615年,经金尼阁改写的利玛窦的《中国传教史》在欧洲出版,书中介绍中国各地方言不同,发音完全不一样,但书写相同,同时中国文字在日本、朝鲜等国也被采用。这些材料都极大地推动了普遍语言学的发展,他们发现“中文的书写是和作为一种普遍的语言有关系的,因为中文的书写符号能与事物相关,因而使这种语言成为真正的语言”[3]。欧洲人对普遍语言的这种理解是其走出地中海以后,发现世界各地的语言不尽相同,同一事物的语言符号发音迥然不同,从而促使他们去思考语言和事物之间的关系。而中国文字的表意特征更是“极大地影响了17世纪欧洲对于普遍语言学的研究”[4]。

1 阎纯德主编:《汉学研究》第二集,和平出版社,1997年,第4—5页。

2 Francis Bacon, *The Advancement of Learning and New Atlantis.* Arthur Johnston, ed.(Oxford, 1974) book 2, XVI.2, p131.转引自 Davide E. Mungello, *Curious Land: Jesuit Accommodation and The Origins of Sinology*, p.184, Stuttgart, 1985。

3 Davide E. Mungello, *Curious Land: Jesuit Accommodation and The Origins of Sinology*, p.185, Stuttgart, 1985.

4 同上。

德国著名学者莱布尼茨(Gottfried Wilhelmvon Leibniz)是当时欧洲学术界普遍语言学的热情支持者和探索者。莱布尼茨对中文的兴趣和关心是同他对整个中国文化的关心联系在一起的。莱布尼茨当时是欧洲文化精英中对中国最关心的人之一,他不仅著书、编书,还直接与在华的耶稣会士建立了通信联系,从而使他成为当时欧洲最了解中国的学者之一。[1]

他通过基歇尔等人的书对中国的语言和文字有所了解,当时德国的学者米勒(Andreas Müller)说自己编写了一本《中文钥匙》可以找到识别汉字的秘密,这引起了莱布尼茨极大的兴趣,他曾亲自给米勒写信,一口气提了 14 个问题,他在信中说:

> 我试图得知:第一,这部词典是否准确无误,人们是否能够像读我们的 a、b、c 字母或数字一样去读它,或者是否有必要偶尔加一点解释,就像有时加示意图的情况那样。第二,众所周知,由于中国的文字不是表示话语,而是表示"东西""事物"的,因此我想知道,"汉字"是否总是按照事物的性质创造的。第三,是否所有文字都可以回溯到一些确定的元素或基本的字母,是否从组合中还能形成其他的汉字。第四,人们是否把不可见的事物借助于同有形的、可见的事物的比较带到某种确定的形式之中。第五,中国文字是否全部通过人造生成的,且随着时间的演进不断增长,甚至是不断改变的。第六,中国人的语言是否像一些人那样,也是通过人创造的,以至人们可以找到理解这种语言的某种确定的秘诀。第七,米勒先生是否认为中国人自己不知道他们文字的秘诀。第八,米勒先生是否认为这种文字可以顺利地、有用地引入欧洲。第九,创造出这种文字的那些人是否理解了事物的性质,并且从理性精通。第十,表示如动物、野草、岩石这些天然事物的汉字,是否同这些事物的特性有关,以便某个字同其他字能有所区别。第十一,人们是否能够以及在多大程度上从汉

1 参阅秦家懿编译:《德国哲学家论中国》,生活·读书·新知三联出版社,1993 年;孟德卫著:《莱布尼茨和儒学》,张学智译,江苏人民出版社,1998 年;楼宇烈、张西平主编:《中外哲学交流史》,湖南教育出版社,1998 年。

字学习到它的含义。第十二，拥有解释中国文字的词典并借助它工作的人是否可以懂得用汉字写成的关于某些主题内容的全部文字。第十三，拥有这部词典的人是否也能用中文写点什么，并且使有文化的中国人能够读懂和理解。第十四，如果人们想根据这本词典向不同的中国人告诉一些用我们的语言写成，用汉字逐字注音的事情（例如，一桩祈祷的"主祷文"），那么，人们是否可以充分了解所涉及的相同内容。[1]

从这14个问题可以看出莱布尼茨对汉字的关心是同当时的普遍语言学思潮相关的。应该说莱布尼茨在中国语言文字上表现出了极大的敏锐性。他虽然受到了基歇尔等人所提供的材料的影响，但并不为其所左右，他的中国语言观中以下两点值得注意：

第一，莱布尼茨并未从《圣经》的角度去理解中国语言，虽然他对普遍语言学的追求有宗教因素——他在宗教上一直试图使天主教和基督新教和解，而寻求一种世界语言则是这种宗教和解在语言上的表现，但莱布尼茨"拒绝把汉文方块字视为埃及象形文字衍出的一种文字"[2]。他更多的是从理性、从语言学角度来讨论中国语言的，他可能思忖"汉语是否为世界上的一种最佳语言"。

第二，莱布尼茨注意到汉字的一些基本表意特性。汉字和埃及的楔形文字都是象形字，其特点是语言符号"是传统的和真实的图画，有好些的确指示所代表的实物名称"[3]。从传统比较文字说来说，汉字主要为表意文字，以同印欧语言文字中的表音文字相区别。但近几十年来无论是国内还是国外，对这种说法都提出了纠正。有人主张汉字在早期基本上是使用意符和音符的一种文字体系，后期成为意符、音符记号文字，即汉字并不是纯粹的表意文字。[4]有的人认为它是"表词文字或言词文字"，[5]但这些新的看法并不否认汉字的表意特征，而是指出汉字不能仅仅用表意特征来表示。从汉字的形成来看，许

1 安文铸等编译：《莱布尼茨和中国》，福建人民出版社，1993年，第126—127页。

2 艾田蒲著，耿昇译：《中国文化西传欧洲史》，商务印书馆，2000年，第399页。

3 布龙菲尔德著，袁家骅等译：《语言论》，商务印书馆，1997年，第358页。

4 裘锡圭：《汉字的性质》，见《裘锡圭自选集》，大象出版社，1994年。

5 布龙菲尔德著，袁家骅等译：《语言论》，商务印书馆，1997年，第360页。

慎在《说文解字》中所提出的造字原则“六书理论”中的象形、指事、会意都是从词的意义上联系来讲的，正是在这个意义上“汉字是表意文字。同一形符的字在意义上有联系……”[1]

莱布尼茨在读到有限的汉字的情况下已察觉到汉字的表意特征，他说汉字是表示“东西”“事物”的，并问像动物、野草、岩石这些表天然事物的文字是否同事物的特征有关。这些问题都是从“象形文字”角度来看汉字的，以期探究汉字的表意功能。从图像到文字符号是一个很复杂的过程，并非一蹴而就，但汉语中的许多独体字在其初期确是表示事物的，如用⊙表示太阳。莱氏的过人之处在于他有一个正确思考问题的方向。

有些抽象的字怎么表示呢？莱布尼茨不知道许慎在《说文解字》中已解决了这个问题，但他的这个问题却是深刻的。

后来他在一封通信中曾继续思考这一问题，他说：“很明显，它在开始时是对事物的真实写照。但后来为了简化和冲淡这种文字，他们仅仅保留了象形文字中的几种笔画，用这些字组成了一些复合字以指其他事物，其中很大一部分事物是不可能用文字表达出来的。因此而令人难以觉察地出现了现在通用的这些方块字。”[2]

这里实际上已讲到了汉字的一些构字原则，讲到了笔画。在18世纪的欧洲，莱布尼茨所读到的汉字十分有限，他能做出这样的猜测，足以表现出他的语言才能。

莱布尼茨后因读到一些传教士关于中国语言在发音上的多样性的论述和介绍，如李明在《中国现状新志》中认为“汉语与现代世界上流行的任何语言都没有任何相似之处，无论是在讲话的发音、文字的语音还是在思想的表达方面都没有共同之处”[3]。这些论述最终使莱布尼茨停止了对中文的进一步研究，但莱布尼茨在中国语言上的思考是欧洲18世纪中国语言观演进中最重要的一个环节。

1 何九盈：《中国古代语言学史》，广东教育出版社，2000年，第62页。

2 艾田蒲著，耿昇译：《中国文化西传欧洲史》，第399页。

3 同上书，第406页。

三、走近彼岸

随着对中国认识的深入，西方世界在中国语言观上也逐渐摆脱了宗教观念和寻求普遍语言学两个方面的影响。尤其是入华的传教士，无论是早期的天主教传教士，还是1840年以后的新教传教士，他们身处中国境内，更为直接地接触了语言环境，对中国的语言的感受更为真实，并且他们和中国文人进行广泛接触，从而较快地提高了语言水平，使西方传教士对中国语言文字的认识逐步深入，不断提高。与此同时，由于入华传教士中文水平的提高，他们寄回欧洲的材料的质量也在提高，对中国语言的解释也在变化，从而影响了欧洲本土对中国语言感兴趣的学者，使他们的认识水平也随之提高。

1.杜赫德(Jean-Baptiste Du Halde)《中华帝国全志》中的中国语言观

入华耶稣会士从中国向欧洲寄回了一系列的书和信件，从而促成了欧洲18世纪的"中国热"，在这些书中最有影响的是《耶稣会士中国书简集》《中华帝国全志》《中国杂纂》，它们被称为西方汉学的三大名著及"法国古汉学的不朽著作"[1]。

其中杜赫德的《中华帝国全志》影响尤为广大，被译成了多种文字。虽然杜赫德本人从未到过中国，但他把入华耶稣会士从中国所寄来的有关中国的材料进行加工，编辑成一本条理清晰、资料丰富的皇皇大作。[2] 这本书很快被译成了各种欧洲文字。[3]

这里所以把《中华帝国全志》中的中国语言观作为这一时期西方人对中国语言认识的代表性论述，是因为这些论述代表了当时入华耶稣会士对中国语言认识的整体水平，它所讨论的问题所达到的认识程度已远远超过了曾德昭的《大中国志》、利玛窦的《中国传教史》等著作论述中国语言的水平。我们从

1 戴仁主编，耿昇译：《法国当代中国学》，中国社会科学出版社，1998年，第15页。

2 这本书全名应为《中华帝国并华领鞑靼之地理的历史的年代记的政治的论述》(*Description Geographique, Historique, Chronologique, Politique, et Physique de L' Empire de la Chine et de la Tartarie Chinoise*)。

3 我这里所用的是由瓦茨(J. Watts)1736年所译的四卷本的英文本，书名为：*The General History of China. Containing a Geographical, Historical, Chronological, Political and Physical Description of the Empire of China. Chinese-Tartary, Korea and Tibet*，1736，London。

以下几个方面对《中华帝国全志》中的中国语言观做简要介绍。

第一,对汉语特性的认识。杜赫德认为汉语和欧洲语言的最大区别是汉语不是字母组成的文字,而欧洲各种语言都是由一定基本字母所构成的文字。那么汉字的构成特点是什么呢?杜赫德认为所有汉字都是由6种笔画所组成的。

这两个特点杜赫德抓得是比较准的,他甚至突发奇想,认为欧洲文字也可以分为6种或7种笔画。

他认为中文有两种语言形式,"第一种是为普通民众所说,并依据各省的方言来发音的语言,第二种是官方语言(Mandarin language),类似于拉丁语在欧洲所处的领导地位"[1]。这实际指出了方言与官话这两种语言形式,应该注意的是他明确指出这种曼达林语实质是"江南省(kiang nan)人在朝中所讲的话,以后逐步流传于其他省的达官贵人之中……以后被传入帝国的多个省份,这给帝国的统治带来了很大的便利"[2]。

从历史语言学的角度来看,杜赫德所提供的这一信息是很重要的,因为他的书毕竟是在18世纪出版,材料来自中国内地的耶稣会士。这个观点为我们考证明代官话提供了重要依据,当代学者也分别依据当时在华耶稣会士的著作从不同的角度证明明代官话以南京话为基础,从而反证杜赫德这一记载的重要性。[3]

第二,对汉语语音的介绍。用罗马字母拼写汉字是入华耶稣会士一直努力所做之事,杜赫德将传教士信中有关汉语发音的内容做了归纳。他认为汉语的发音和欧洲语言的发音方式是不同的,汉语在发音时是上齿突出、下齿后缩,而一般西方语言发音时是上下齿都向前突出。他说:"如果将所有汉字的发音用欧洲字母来表示的话是以下面5个元音为结尾的,即a、e、i、o、u。这5个元音有时单独加上个'n',即an、en、in、on、un,有时跟上辅音成为ang、eng、

1 Du Halde, *The General History of China* ,p.389,1736, London.

2 同上。

3 鲁国尧:《明代官话及其基础方言问题——读〈利玛窦中国札记〉》,《南京大学学报》1995年第4期;杨福绵:《罗明坚、利玛窦〈葡汉辞典〉所记录的明代官话》,《中国语言学报》1995年第5期。

ing、ong、ung。汉语中前面字母的发音同欧洲语言大体是相同的。”[1]这个概括显然是对利玛窦等人介绍的一个归纳。因为利玛窦等人已明确指出，所有中国的字无一例外都是单音字，并说中国人“运用重音和声调来解决我称之为含意不清或模棱两可的困难问题。一共有五种不同的声调或变音，非常难于掌握，区别很小而不易领会。他们用这些不同的声调和变音来弥补他们缺乏清晰的声音或语调；因而在我们只具有一种明确含义的一个单音节，在他们就至少具有五个不同的意义，并且彼此由于发音时的声调不同而可能相去有如南极和北极”[2]。

但杜赫德的分析更为细致和深入，他逐一地将5个元音或以n结尾的汉字的发音特点加以说明，指出其特点和难点。例如他认为以“e”结尾的汉字有三种不同的发音情况。其一：e呈阳性，如中文“王国”这个词Coué[cood]，中文“日”这个词Gé[Ga]；其二，有时é是开口音，发音特点类似于法语单词中的aprés[aupray]、exprés[expray]；其三，中文元音的e有时发音是弱化的，类似法文中的seë。[3] 由于篇幅所限，我们无法详细说明杜赫德的论述，但仅以e发音为例就说明，入华传教士对中文发音的研究已经相当深入。

第三，对中文语法的认识。从杜赫德概括传教士的材料来看，他们大体是以西方语言的语法特点为框架来解释中文语法特点的。作为一个外国传教士，当面对完全异于其语言传统的语言时也只能如此。

书中以词类为基本线索梳理中文的语法，将中文分为名词、代词、动词、介词、副词、数词等来加以逐一介绍。

杜赫德认为在汉语中名词和动词之间并无严格的界限，二者区别不大。同一个词处于不同的位置，它就发挥不同的功能，或作为“名词”，或作为“动词”。他举例说如“爱”和“想”这两个词，既可作名词用，也可作动词用。当说“我爱你”“我想他”时，“爱”和“想”具有动词的功能；但当说“我的爱”“我的

1 Du Halde, *The General History of China*, p.400, 1736, London.

2 利玛窦、金尼阁著，何高济等译：《利玛窦中国札记》，中华书局，1990年，第28—29页。

3 Du Halde, *The General History of China*, pp.400-401, 1736, London.

想”时,“爱”和“想”又充当名词。[1]

以后马建忠在《马氏文通》中也把中文的词分“实字词”和“虚字词”两类[2],按照吕叔湘先生的看法:“一般欧洲语言的词通常分成八类或九类。汉语里的词没有他们那么容易分类,因为他们的词往往可以从形式上分辨,而汉语的词在形式上无从分辨。但是要讨论文法就非要把词分类不可。”[3]这说明汉语从形式上很难区分,但从文法上则可区分。传教士在18世纪也基本概括出了这两层含义,这是很具有启发性的。

2.洪堡特的中国语言观

威廉·冯·洪堡特男爵(Baron von Wilhelm von Humboldt,1767—1835)是德国近代史上著名的政治家、教育家和语言学家。如果说杜赫德的《中华帝国全志》中的中国语言观代表了入华耶稣会士对中国语言认识的最高水平,那么洪堡特的中国语言观则是欧洲本土学术界在18—19世纪间对中国语言认识的一个典型代表。

由于洪堡特在语言学研究上注重比较语言研究,因而他对非欧洲的多种语言都十分关注,这样汉语也就进入了他的研究视野。雷慕沙是法国的汉学家,当时他是欧洲本土较早对汉语进行研究的人,他根据马若瑟的《汉语札记》编写了《汉语语法基础知识》。[4] 洪堡特读到雷慕沙的书以后,就写信与其讨论,并发表论文《致阿贝尔-雷慕沙的信:论语法形式的通性以及汉语精神的特性》,1826年还写下了《论汉语的语法结构》一文。“洪堡特是以一个语言哲学家而不单是语言学家的宏阔目光注意到汉语的语法特性,认为研究汉语对于探索人类语言的差异、揭示人类精神的作用具有特殊的意义。”[5]对欧洲语言学界来说,洪堡特著作的发表“标志着对汉语的看法上一个重大的思想转折”[6]。洪堡特的汉语观主要表现在以下三点。

---

1 同上书,第406页。

2 马建忠:《马氏文通》,商务印书馆,1998年。

3 吕叔湘:《中国文法要略》,商务印书馆,1982年,第16页。

4 戴仁主编,耿昇译:《法国当代中国学》,中国社会科学出版社,1998年,第27页。

5 姚小平:《洪堡特——人文研究和语言研究》,外语教学研究出版社,1995年,第93页。

6 艾乐桐著,张冠尧译:《欧洲忘记了汉语却发现了汉字》,载《法国汉学》第一辑,第183页,清华大学出版社,1996年。

第一，汉语语法的特性。他认为汉语语法具有不同于印欧语系的语法规则。若从印欧语系的语法观来看，汉语是“缺乏语法标志”的。[1] 他在《论汉语》一文中写道：“汉语不是根据语法范畴来确定词类，其语法不是建立在词的分类这一基础之上，而是用另一种方式表达思想的联系。其他语言（按：指印欧语言）的语法由两个部分组成，即词源（按：指形态）部分和句法部分，然而汉语语法只有句法部分。在其他语言里，为了理解一个句子，首先必须弄清词的语法属性，并据之造句。而在汉语里却不能这样做，我们必须直接利用字典，句子的构造完全取决于词义、词序和语境的定义。”[2]

洪堡特并不否认汉语有其语法规律，从比较语言研究角度来说汉语语法呈现了自身的特点：“汉语利用下列方式表达所有最广意义上的语法形式：词序；词只运用于某个一经确定便永不改变的形式；意义之间的联系。”洪堡特认为汉语表现其句法关系时，主要依靠词序和虚词两种手段。[3]

今天看来，作为一个欧洲学者，他对汉语语法的特殊性的认识是相当清楚的，因为自 1898 年《马氏文通》出版以后，中国大部分语法书籍都是以印欧语法为蓝本的，虽然《马氏文通》创中国文法之先，功不可没，但如何总结出中文自身特点的语法却是一个始终未完全解决的问题。中国当代语言学家在这方面取得了一些成就，吕叔湘的《中国文法要略》被认为是“迄今为止对汉语句法全面进行语义分析的唯一著作”[4]；而王力的《中国现代语法》则被认为“在探索汉语句法特点方面作出了重大贡献……”[5] 如这样看待洪堡特对汉语语法特点的认识是相当深刻的。

第二，汉语的文化特性。在语言与文化的关系上洪堡特反对那种认为文明和文化决定语言的单一观点，也反对那种认为文明和文化处于决定性的地位，而语言处于被动性地位的观点。他认为：“从历史的角度看，绝不能证明文

---

1 洪堡特著，姚小平译：《论人类语言结构的差异及其对人类精神发展的影响》，商务印书馆，1999 年，第 314 页。

2 转引自姚小平：《洪堡特——人文研究和语言研究》，第 94—95 页。

3 洪堡特著，姚小平译：《论人类语言结构的差异及其对人类精神发展的影响》，第 314 页。

4 朱德熙：《汉语语法丛书序》，黎锦熙《新著国语文法》之序第 3 页，商务印书馆，1998 年。

5 何九盈：《中国现代语法史》，广东教育出版社，2000 年，第 133 页。

明和文化对语言有如此强大的控制力。”[1]洪堡特并不否认文明文化对语言的重大影响,同时他强调语言对文明和文化也产生影响。

从精神、文明的发展来说,“在更深刻的意义上说,语言的作用是内在的和构建性的”[2],这样语言与文明就形成了一个互动的过程,而世界上之所以有多种不同的文明,是与有不同的语言紧密相关的。因为“一个民族的精神特性和语言形式形成这两个方面的关系极为密切,不论我们从哪个方面入手,都可以从中推导出另一个方面……语言仿佛是民族精神的外在表现;民族的语言即民族的精神,民族的精神即民族的语言,二者的同一程度超过了人们的任何想象”[3]。

依据这个观点,他认为汉语自身的特点对汉民族的精神形成、文明结构产生了独有的影响。他从印欧语系的特点出发,认为汉语既无明确的语法标记,也无曲折变化的形式,在形式上是以非语音的方式来表达的。洪堡特这些观点似乎是以欧洲语言观为中心得出来的,其实并非完全如此。洪堡特思想的辩证之处在于他承认汉语的这些“异”,并认为这些“异”恰恰对于推动汉文化和中国人的精神产生了特殊的影响。

例如,由于汉语没有明确的语法标记,而是通过词序来表达语法,这看起来似乎是不足,但他认为“汉语使用的这些方式或手段都需要内在的精神努力”[4]。表面上看“似乎应该把汉语视为最远离语言发展的自然要求的语言、最不完善的语言。……事实上,汉语也有很大的优点,它对精神力量也产生强大的影响,尽管这种影响有一定片面性”[5]。他再三强调“恰恰是因为汉语从表面上看不具备任何语法,汉民族的精神才得以发展起一种能明辨言语中的内在形式联系的敏锐意识”[6]。事物都有两面性,相反相成,洪堡特的观点充满了辩证思维的特点。又如,汉语是以非语言的方式来表示形式关系的,但他

1 洪堡特著,姚小平译:《论人类语言结构的差异及其对人类精神发展的影响》,第 33 页。

2 何芳川:《澳门与葡萄牙大商帆——葡萄牙与近代早期太平洋贸易网的形成》,北京大学出版社,1996 年,第 13 页。

3 同上。

4 洪堡特著,姚小平译:《论人类语言结构的差异及其对人类精神发展的影响》,第 314 页。

5 同上书。

6 同上书,第 316 页。

认为这恰恰是汉语的优点。“汉语的独到的优点是现在它具有偏离其他语言的系统,虽然正是这种系统使得汉语失去了许多别的优点。”[1]

洪堡特的这些论点对我后来反思汉语自身的特点十分具有启发性。一百多年来,自西方语言文法引入以后,如何看待中国语言自身的特点,如何将中国语言特点的研究置于中国文化研究的总体之中,始终争论不休。究竟汉语对中国文明的影响在哪里,或者反过来说中国文化的一些根本特征于哪些方面表现在汉语言的形式之中?汉语言的独特语言形式与中华文明的互动是一种什么样的历史过程?这些问题至今仍需思考,我们尚不能给出一个系统的回答。就此而言,洪堡特的观点极具启发意义。[2]

第三,汉语的非语音表达方式。洪堡特对汉语发音也做了初步的研究,并与西方的拼音文字进行了对比性研究。从普遍语言的角度看,拼音文字肯定比象形文字更加符合语言本身的发展,因为文字应只是符号的符号,即“文字应当表示词(语音),而不应越过词直接表示事物或概念。从这一认识出发,他把拼音文字称为完善的文字,把象形文字和表意文字称为不完善的文字”[3]。

洪堡特的高明之处在于他并未仅仅停留在这种比较之上,而是继续思考为什么中国语言没有走上拼音文字之路,而选择了自己独特的道路。他说:“他们本可以像其他所有民族一样,通过区分音节而创制出一种字母文字。他们之所以没有走上发明字母文字的道路,当然有一定的原因。由于汉语口语从来不把声调与声调融合起来;这些声调也就并不怎么需要单独的记号。……人们从象形文字出发,而不是向字母文字发展,于是就构成了一种富有艺术性的、任意地建立起来的字符系统;在这个系统中,具体字符之间也存在着相互联系,只不过这种联系始终是概念的而不是语音的。汉民族的汉语的知性倾向超过了对语音交替的爱好,因此,汉字这种字符在更大程度上成了概念的标志,而不是语音的标志。当然,每一个这样的字符永远只跟一个确定的词相对应,因为概念只有在词里才得到完整的体现。”[4]

---

1 邢福义:《文化语言学》,湖北教育出版社,2000 年。

2 姚小平:《洪堡特——人文研究和语言研究》,第 102 页。

3 张星烺:《中西交通史料汇编》,辅仁大学图书馆,1930 年。

4 洪堡特著,姚小平译:《论人类语言结构的差异及其对人类精神发展的影响》,第 315 页。

洪堡特这里所指出的研究方向对我们今天的中国语音学研究仍很具启发性,因为自明末入华耶稣会士传入罗马拼音系统以来,将汉字发音系统拼音化一直是一个重要的发展趋势,有人甚至主张汉字全部拼音化。但汉字不可能完全拼音化,它仍有其强大的生命力,洪堡特给我们的启示在于:"文字应语言的内在需要而生,一经生成,又与语言结构、思维活动密切关联。由此看来,汉字就是汉语的内在组成部分,其功用不可能为任何外来的文字形式所取代。"[1]

洪堡特对于中国语言的这些论述不仅对研究中国语音学有着重大的意义,同时对中国对外汉语教学界来说也有极大的启示意义,我们是不是应反思一下:长期以来我们所依据的教学理论是否脱离了中国语言文字本身的规律和特点?我们是不是应该从中国语言文字本身的规律和特点出发建立一套具有中国特点的第二语言教学理论?

[原载《汉学研究通讯》(台湾),2003 年 2 月]

1 姚小平:《洪堡特——人文研究和语言研究》,第 103 页。

来华耶稣会士稀见汉语学习文献研究

一、《会客问答》的版本、时代与作者

美国著名学者夏伯嘉在其《利玛窦：紫禁城里的耶稣会士》一书中提到一本书《释客问答》，认为这本书"其用途是作为语言和社会入门教材"[1]。

夏伯嘉所说的这本书藏于法国国家图书馆的古郎书目[2]，书号 Chinois 7024，该文献 1—37 页是原文，后空一页，第 39 页重复出现第一页，但《拜客问答》的文献名实际上出现在第 38 页，后有 Chinois 3046 的书号。[3] 台湾学者李毓中在西班牙发现了《拜客训示》，在这份文献中也含有《拜客问答》的内容。[4]

现梵蒂冈图书馆藏有两份《会客问答》，一份的编号 Borg. cin. 316，文献共有 93 面，每面 2 页，除去空白页，文献标注页码 178 页。每页 5 行，每行 10 字，字体楷书，毛笔书写。梵蒂冈图书馆所藏的另一份文献编号为 Borg. cin. 503 号，这份文献共有 57 面，除第一面和最后一面是一页外，其余均为一面 2 页。每页 4 行，每行 21 个字左右。每个字有罗马注音，每行中文旁有外文翻译。在《拜客问答》旁有拉丁文 Visitationihospituminterrogatio, et responsio；第一行的

1　夏伯嘉著，向红艳、李春园译：《利玛窦：紫禁城里的耶稣会士》，上海古籍出版社，2012 年，第 223 页。关于这本书藏点夏伯嘉先生明确注释为"藏法国国家图书馆"，关于中译本的讨论参阅古伟瀛在台湾大学学报发表的有关论文。阎国栋著：《俄国汉学史：迄于 1917 年》，北京：人民出版社，2006 年，第 644 页。

2　Maurice Courant, *Catalogue des livres Chinois*, *Careens*, *Japonais*, Etc, Vol. 3, Paris, Ernest Leroux, 1902.

3　参阅郑海娟：《明末耶稣会稀见文献〈拜客问答〉初探》，载《北京社会科学》2015 年第 8 期；李庆：《利玛窦〈拜客问答〉及其流变考》，载赵克生主编：《利玛窦与中西文化交流》，中山大学出版社，2015 年，第 193 页。

4　感谢李毓中提供给我他的未发表论文《洋"老爷"的一天——从〈拜客训示〉看明末耶稣会士在中国》。

N°3046

譬如中國有一個人或是秀才舉人監生或是
有職官員來拜在京的官初進門長班手拿一
箇帖子問某老爺或某相公在家裡不在這家
裡管家若說不在家這長班又說往那裡去了
管家或說今早四鼓時候便進朝裡去修理自
鳴鐘後又要拜多客又問幾時回來得答說往

法国国家图书馆藏《拜客问答》书影第 1 页

拜客問答

譬如中國有一個人或是秀才舉人監生或有
職官員來拜在京的官初進門長班手拿一箇
帖子問某老爺或某相公在家裡不在這家裡
管家若說不在家這長班又說往那裡去了管
家或說今早四鼓時候便進朝裡去修理自鳴

法国国家图书馆藏《拜客问答》书影第 38 页

中文“譬如中国有一个人或是秀才举人或是有职官员”旁有外文翻译，翻译的语种是拉丁文和西班牙文的混杂：Verbigratia in chinisdatur unus homo，vel est-Bachiller（colegiales /dotorales del colegio real 西班牙语），otiogrados de licenciados vel esthabens officium mand.n；第二行中文是“来拜在京的客，初进门长班手拿一个帖子问某老爷”，旁有外文翻译：venit visitare stantem in regiahospitae initio ingressusportae famulus manibus accipit unumtiě percotatur talis Dns；第三行中文“或某相公在家里不在，这家里管家若说不在家里”旁的外文翻译是 vel talis Dominus est domi，an non est：qui doi est，famulus si dicit：non est domi，famulus。[1]

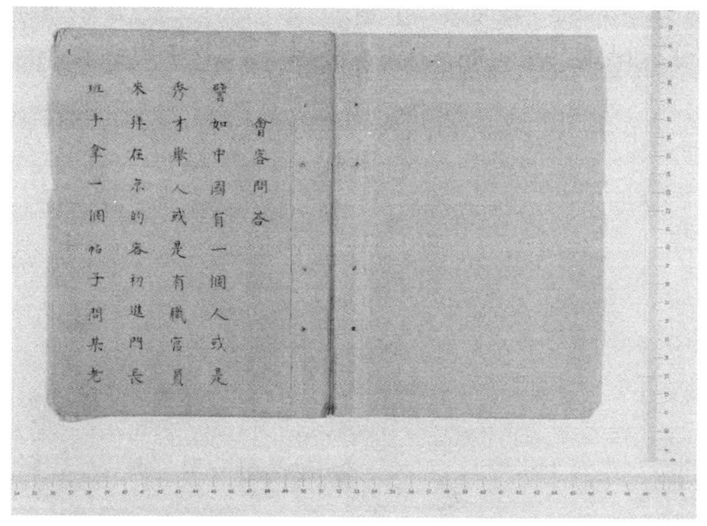

梵蒂冈图书馆藏 Borg. cin. 316.《会客问答》首页

这样看来，Borg. cin. 503 号更具有学习辞典的特点，有外文对译，每个字有罗马注音，每个注音还有声调。从中国语言史角度来说，这是研究晚明时期语音的重要历史文献。

这里第一个需要研究的问题就是文献的版本问题：这三个版本有哪些不

1　感谢李慧帮助我转写了中文旁的外文。

同呢？首先名字不同，一个是《释客问答》或《拜客问答》，[1] 一个是《会客问答》。另一个不同在于，巴黎国家图书馆藏本仅有 38 页，而梵蒂冈图书馆藏本有 93 页，二者内容一样，但抄录的版式有很大的不同。二者之间又有着密切联系：其一，这两个藏本都是早期来华耶稣会士的汉语学习教材，都是通过对话来训练新来的传教士掌握中文口语会话特点和中国文化常识；其二，内容文字叙述大都一致。李毓中近期的研究表明，这份文献也有一份藏于西班牙马德里附近古城阿尔卡拉·德·埃纳雷斯(Alcalà de Henares)历史档案馆，名为《拜客训示》。西班牙所藏这份文献在内容上要比法国所藏和梵蒂冈图书馆所藏更为丰富。[2]

法国巴黎藏本文曰："譬如中国有一个人。或是秀才、举人监生。或有职官员。来拜在京的官。初进门。长班手拿一个帖子。问某老爷或某相公在家里不在。这家里管家若说不在家。这长班又说。往那里去了。管家或说：'今早四鼓时候便进朝里去修理自鸣钟。'"

梵蒂冈图书馆藏本开卷便是："譬如中国有一个人，或是秀才、举人，或是有职官员，来拜在京的客。初进门，长班手拿一个帖子，问某老爷或某相公在家里不在，这家里管家或说不在家。这长班又问：'往那里去了？'管家或说：'今早四更鼓时候便进朝里去修理自鸣钟。'"

其次，文献的写作时间。通过文本中的对话，我们可以初步做一个判定，该文献写作的时间为晚明年间。文献中有这样的对话："长班又问：'往那里去了？'管家或说：'今早四更鼓时便进朝去修自鸣钟。'"

进宫中修理自鸣钟是利玛窦寓居北京时的重要内容。这点在利玛窦的回忆录中有明确记载。"皇帝就要钟了。钟就被遵命搬到他那里去，他非常喜欢它，立刻给这些太监晋级加俸。太监们很高兴把此事报告给神父们，特别是因

1　法文版本名应为《拜客问答》，《释客问答》是古郎编辑之误，因为文献中并无"释客问答"的字样。"古郎如此释读手稿：'释客问答，与客人的对话，文辞不雅，37 页。'误读有两处，一则手稿题目实为'拜客问答'；二则手稿有文字内容共 38 页。"参阅李庆：《利玛窦〈拜客问答〉及其流变考》，载赵克生主编：《利玛窦与中西文化交流》，中山大学出版社，2015 年，第 193 页。

2　参阅李毓中《〈拜客训示〉点校并加注》，载李毓中主编《季风亚洲研究》第一卷第一期，台湾"清华大学"人文社会研究中心出版。在此感谢李毓中所赠寄的这份刊物。

为从那天起,他们之中有两个人被准许到皇帝面前给一个小钟上发条。”[1]利玛窦等人进宫修自鸣钟作为制度确定下来,是因为自鸣钟曾经坏了,拿到神父那里修理:“钟一拿出来,放了三天的期间,好奇的群众都涌到这里来。皇帝知道后,就下令此后不得把钟拿出皇宫。如果钟表需要修理,就召送钟人进宫修理。这当然就传出了皇帝对欧洲人有好感的故事。此外,为了防止太监们不断请求允许神父们进宫,皇上钦准神父们可以获允一年进宫四次而无须要求批准,从那时起他们就可以进入皇宫,不是一年四次,而是可以经常随意进出了,还可以自由地带领此后来京的教友同去参观。访问和谈话助长了太监们的善意和友谊,并且日渐增进。”[2]

这份文献写于明代的另一个重要证据就是在文献第 27 页,有一段介绍服饰的对话:“中士又问西士曰:贵国做官的也带纱帽、穿圆领否?答说,衣冠与贵处亦不同。”明朝立国不久,就下令禁穿元代服装,恢复了唐朝衣冠制度,《大明会典》“冠服”以及《明史》“舆服”,对官员的服饰规定很具体,官吏戴乌纱帽,穿圆领袍。官员平日里在本署衙门办理公务,则穿常服。常服的规制是:头戴乌纱帽,身穿圆领衫,腰间束带。

所以,从这段对话我们可以明确说此文献写作时间是在晚明,具体时间应是在 1601 年至 1644 年期间,1601 年利玛窦进京,由此才有传教士进宫修理自鸣钟的历史记载;1644 年,崇祯上吊自杀,明朝亡。

再次,关于文献的作者。夏伯嘉认为作者是一位耶稣会士(很可能是利玛窦本人),但夏伯嘉未作出具体的论证和分析以证明为何是利玛窦。郑海娟对文献的作者身份作了进一步的研究。她认为作者是利玛窦的理由是:法文版中有“尊称这位西士为‘老先生’,并说‘老先生到了这边(中国)二十年’”。按照时间推断,当时在北京参与修自鸣钟的传教士主要有利玛窦和西班牙传教士庞迪我(Didace de Pantoja,1571—1618),而庞迪我当时来华才十余年,这样只有利玛窦是二十余年。郑海娟这个研究有一定道理,但由于文献本身没有署名,没有具体时间,如果拖到崇祯年间,在京来华的耶稣会士符合二十多年

1　何高济等译:《利玛窦中国札记》,中华书局,1983 年,第 405 页。

2　何高济等译:《利玛窦中国札记》,中华书局,1983 年,第 426—427 页。

这一条件的还有几人。利玛窦和庞迪我的中文都很好,都有在中国流传很广的著作,如利玛窦的《天主实义》、庞迪我的《七克》等。该文献究竟是哪位所作,尚不能确定。因此,学者的推论都有合理性,但都不能作为定论。从传教士的类似文献来看,都是长期积累、不断修订的结果,从而形成其内部的公共产品,而不再属于私人作品。因此,这篇文献很可能是起源于利玛窦、庞迪我等早期进入北京的传教士,后经过不断修订成为较为完整的定本。这样也可以解释为何这个文献会有不同的藏本。李庆的研究更为明确,虽然他不能完全认定此文献的作者,但他引用晚明徐时进在《欧罗巴国记》中的问话,同《拜客问答》对照,说明这份文献有可能是利玛窦所作,并由此推论这篇文献与后来艾儒略的《西方答问》有着一定的联系。尽管这些研究仍不能确定此文献的作者,但说明了这篇文献的重要性。

从文献的字体来看,文献很可能是传教士们口述,中国文人或教徒所书写。至今我们从历史文献中尚未发现过利玛窦和庞迪我的中文字迹。

二、《会客问答》的语言特点

首先,《会客问答》是晚明时期来华的西方传教士的汉语学习教材。在东亚地区,中文很早传入周边国家,日本《古事记》记载,在公元284年,阿直岐自百济东渡日本,日本皇子要跟他学习汉语,他推荐了王仁做老师,王仁带去的就是《论语》和《千字文》,并没有专门的汉语学习教材。

目前所发现的最早的汉语学习文献是1909年在黑水城遗址所发现的西夏文献《番汉合时掌中珠》,考古学家认为该文献大约写于公元1190年。这份文献其实就是一份番汉对照的词汇。元代的《老乞大》应是我国迄今为止发现最早的对话体的汉语教学教材。它的价值在于,《老乞大》标志着汉语学习从词汇对译发展到了对话体。《老乞大》完全采取口语话教学。例如:

> 大哥,你从那里来?
>
> 我从高丽王京来。
>
> 如今那里去?
>
> 我往北京去。

你几时离了王京？

我这月初一日离了王京。

既是这月初一日离了王京，到今半个月，怎么才到的这里？

我有一个火伴落后了来，我沿路上慢慢的行着等候来，因此上来的迟了。

《会客问答》也是以会话问答形式展开汉语学习，完全继承了《老乞大》的传统。例如以下的会话：

问：贵国叫做甚么国？

答说：敝国总叫欧罗巴，这总地方内有三十多国，各有本王统管。

问：既是各国有王，国又多，毕竟常有相战？

答：相战的少，因都结了亲，大概敝处国王太子不娶本国的亲，娶邻近国王的公主。

又答应说道：若论敝处大西洋一总的地方，比贵国自然是大，若论敝处各国相比还是贵国大。

客又问：贵国风俗与我中国都是一样或不是一样？

答说：大同小异。

又问：贵国人穿的衣服与我这边是一样不是一样？

答说：敝国衣服与贵国做法不同，那做衣服的材料也同，亦有绫绸缎子，但多琐服琐缎，如布匹都是一样。

其次，《会客问答》体现了口语话特征。《会客问答》中的会话完全口语化，而非书面语言。中国传统的书面语言是文言文，文言文表达典雅、含蓄。但在实际生活过程中人们讲的是白话，这种白话并非今天的白话，实际上是古白话。[1]《会客问答》基本上属于古白话形式。将口语记录下来，就是白话。口语是第二语言学习的基础阶段，从口语到书面语，汉语教学由浅到深。对话

1 “古白话”是与“文言”相对的一种古代汉语书面形式。江蓝生等学者认为，古白话的起源以东汉末年佛教的传入和汉译佛经的大量涌现为契机。在此基础上对古白话的起源问题作了进一步的思考，认为古白话书面语虽然出现于东汉，但“古白话口语”却早于此而存在。东汉译经的需要与纸张的普遍使用相结合，使古白话书面语于 2 世纪中期应运而生。参阅徐正考等《关于古白话起源问题的再思考》，载《社会科学战线》2011 年第 10 期。

体汉语教材有利于学习者掌握第二语言的特点。

最后，这是一份文化教学内容为主题的汉语学习教材。对话体汉语教材有多种，从简单的生活知识为内容的对话体教材逐步升级到以文化知识为主题的对话教材。

来华传教士的第一份汉语学习文献是《天主教义》，罗明坚和利玛窦最初以佛教徒身份出现时，通过学习佛教文献来学习汉语。而《葡华辞典》中的《宾客问答释义》则只是简单的生活问答。这样我们看到，来华耶稣会士在汉语学习上可分为三个阶段：从利用佛教文献作为汉语学习教材，到自主编辑汉语教材，再从简单会话教材发展到以介绍西方文化为主的对话体文化教材。从这里看出传教士们对中国文化的日益适应在其汉语学习上的变迁。《会客问答》是一份以文化知识为内容的对话体教材。从这里，我们看到来华传教士在汉语学习上的进步。

三、《会客问答》的历史学价值

这部写于晚明时期的会话文献，不仅仅在语言学上有着重要的价值，在历史学上也有着重要的价值。

首先，《会客问答》披露了晚明时期一些重要的历史细节。利玛窦留驻北京后，很快成为京城一景。“神父的寓所一时门庭若市，全城拍手庆贺。……来看望神父的还有许多皇亲国戚，尽管他们不像西方皇族成员那样拥有实权，但外出时前呼后拥，排场很大。此外还有很多总兵和其他显要人物，看来我们可以说，登门的尽是各方显贵。没有地位的人不敢进神父的寓所，虽然寓所的大门常开着，像城内的普通民宅一样。凡有些权势的人，没有不把与神父有来往或神父曾到过他们的府邸视为荣耀之事的。”[1]

《会客问答》的对话中也反映出当时传教士门庭若市的情况。

拜客的相公或又说：你相公如何常出门不在家里，如何酬应这等烦，拜客往来不绝？……

或说：再不敢劳相公来，这几日极忙，莫有空闲，没有一日得在家里，

1　利玛窦著，文铮译：《耶稣会与天主教进入中国史》，商务印书馆，2014 年，第 299—301 页。

还要过几日拜完了客，方闲。

大理寺堂官来拜，一客长班先来问说：某老爷在家不在家里？我某老爷停回就要来拜，还有三四位同来，请老爷莫出门。

大理寺是当时重要的官府，明清时与刑部、都察院并称“三法司”。会话中大理寺的官员一来就是三四位，这足以说明当时利玛窦等人受到京城官员的重视。这些会话也说明，利玛窦在自己的回忆录中所记载的“神父的寓所一时门庭若市，全城拍手庆贺”是符合事实的。

当然，传教士们大多满腹经纶，熟读经书，很是令文人们喜欢，但他们航海九万里来中国干什么，这使很多文人不解。晚明画家、文学家李日华赠诗给利玛窦：“云海荡朝日，乘流信彩霞。西来六万里，东泛一孤槎。浮世常如寄，幽栖即是家。那堪作归梦？春色任天涯。”这里他对利玛窦浪迹天涯，选择出家人的生活有所了解，但看到利玛窦虽过五十岁，却气质非凡，面如桃花，就觉得“窦有异术，人不能害，又善纳气内观，故疾孽不作”。看来，利玛窦气色好，使人感觉到他必会气功之类的养生之术。在南京时，有位专门研究长寿的人来找利玛窦，认为他能活二百年，希望利玛窦给他传授经验，闹得他哭笑不得。越是对这些西洋人摸不透，就越觉其神奇，自然会往炼丹术上想。谈迁在谈到汤若望时充满神秘色彩，说他所藏的西洋书是从左到右看，而且横排。对这样的书籍中国文人感到很奇怪。更重要的是他“有秘册二本，专炼黄白之术。……汤又善缩银，淬银以药，随末碎，临用镕之。故有玻璃瓶，莹然如水。忽现花，丽艳夺目。盖炼花之精隐入之，值药即荣也”[1]。谈迁说得神乎其神，而且有鼻子有眼、有名有姓，说在清兵入北京时，陈夏逃入教堂，想跟汤若望学黄白之术，未成。所以，很多人找传教士学点金术，这并非毫无道理。直到南京教案时，反对者罗列的传教士罪状之一就是“烧炼金银”，不然，他们的钱哪里来的？利玛窦自己也知道这一点，他在给友人的信中，谈到他在中国所以受人重视有五个原因，其中第二个原因就是“有谣言我通点金术，因此许多人要跟我学此术，他们十分重视此术。我告诉他们，我对此术是门外汉，而且我根

1　谈迁：《北游录》，北京：中华书局，1997年，第278页。

本也不信这一套”[1]。

这点，在《会客问答》中有十分清楚的记载。

又问：老先生到了这边几十年，费用亦大，是那里来的？

答：是敝国来的，二三年一次，同会朋友寄来，没有不送。

问：贵友托甚么人寄银子来？

答：小西洋的船年年到广东，银子托一个商人带。我们差人去取。

问：那个商人折本或沉溺怎么处？

答说：就是我们银子与他的银子都没有了，若到广东，毕竟借贷银子送这边来。

问：贵处人有这样高情，比我这边人大不相同。如我这边可托银子的人难得。

又问：一次寄多少？

答：寄勾用的。

问：闻老先生有个做银子秘密的妙法？

答：人见家里费用不知所从来，所以有这个说，学生从不信。有这个法亦恐普天下没有做得来的，就是做得来，学生亦不重他。

从这段对话我们更可以证明《会客问答》是晚明耶稣会士所作。[2]

其次，对非洲的介绍。当中士问到他们是如何来到中国时，管家讲述了他们来到中国的漫长历程，其中较为详细地介绍了非洲国家的情况，十分有价值。中国历史上很早就有对黑人的记载，《新唐书》卷二二一《西域》中就记载有“自拂菻西南度碛二千里，有国曰磨邻，曰老勃萨。其人黑而性悍，地瘴疠，无草木五谷，饲马以槁鱼，人食鹘莽”。宋元时期对非洲的记载也不少，明代郑和下西洋“三十余国，所取无名宝物，不可胜计，而中国耗废亦不赀”[3]。如果对比中国史书中所记载的关于非洲的文字，可以发现，这篇文献多有贡献：

1　利玛窦著，罗渔译：《利玛窦书信集》，光启社、辅仁大学出版社，1986年，第188页。

2　关于来华耶稣会士的生活费用来源，学术界已经研究，主要是通过澳门与日本的贸易所得。参阅戚印平：《日本早期耶稣会史研究》，商务印书馆，2003年；戚印平：《远东耶稣会史研究》，中华书局，2007年。

3　《明史》卷三百四《郑和传》。

第一,《会客问答》在明代中文文献中首次提到西非国家。

中国历史上记载的非洲主要是东非,例如郑和所去的"木骨都束(Makdashau)、麻林(Malindi)、竹步(Jubb)三地均在东非沿岸。木骨都束在今索马利,麻林在今肯尼亚,竹步在今索马利"[1]。从目前史料来看,中国史书上没有记载西非国家的文字。在这篇文献中有以下对话:

又问:自贵国到此经过了几多国?

答说:经过得多,但头一个是黑人国,除了眼白,除了牙齿,其余浑身都是黑的,如墨一般。女人亦是黑的,与男子差不多。他倒看得白色的人为丑,黑色反为美。人人都生的有膻气。难当(男的)不穿衣服的极多,腰间挂一片布。这了(里)前后冬天也是这等,真正因他在赤道下,四季只是大热,并无冬天。

葡萄牙在世界的扩张首先是从非洲开始的,他们占领的非洲第一个地方就是休达。后来葡萄牙和西班牙做了分工,葡萄牙向南发展,沿非洲西海岸向南;西班牙向西发展,跨过大西洋。[2] 利玛窦时代所有来中国的耶稣会士都是从葡萄牙的里斯本出发,然后沿着西非海岸,绕过好望角进入印度洋,经过印度的果阿,穿过马六甲海峡,就到了中国南海。对话中提到赤道,在非洲,赤道通过的国家有圣多美和普林西比、加蓬、刚果、乌干达、肯尼亚、民主刚果、索马里。葡萄牙在西非海岸的第一个殖民地就是安哥拉。这里说经过的第一个国家就是黑人国,是和历史事实相符合的。[3] 这也是中文文献中第一次对西非国

1 张星烺:《中西交通史料汇编》第2册,中华书局,2003年,第667页。

2 "1478年,葡萄牙、西班牙在长期争吵后,经教皇调解,达成第一个划分海外势力范围的协议。加那利群岛归西班牙。……西班牙则不再对加那利群岛以南已发现的和将发现的陆地提出要求。同时将待发现的世界以穿过加那利群岛的纬线(约北纬28度半)为界分成南北两个部分,北部由西班牙去发现,南部葡萄牙去探索。"张箭:《地理大发现研究[15—17世纪]》,商务印书馆,2002年,第89页。

3 1482年,葡萄牙航海家D.卡昂进入刚果王国。1491年初,葡萄牙天主教徒进入刚果王国,刚果国王受洗改信天主教。葡萄牙人到刚果从事象牙、蜂蜡买卖,后又搞奴隶贸易。1571年,葡萄牙航海家B.迪亚士的孙子P.迪亚士在宽扎河口南岸得到一块葡萄牙王批准的世袭领地。1575年,迪亚士带领400名欧洲人远征队到达罗安达岛,1576年建罗安达城,作为葡萄牙在安哥拉殖民统治的中心。葡萄牙殖民者逼诱非洲人签订正式或口头协定,把安哥拉大大小小的王国与酋长作为自己的藩属。这些藩属必须定期向葡萄牙交纳奴隶、象牙或其他贵重物资。为了找到金银矿,葡萄牙殖民者打通到莫桑比克的通道,极力向内地推进。

家的记载。

第二,《会客问答》对西非国家的风俗作了较为详细的介绍。中国史书对东非国家的介绍大都十分简洁,而《会客问答》的介绍则较为详细。

《会客问答》对西非国家物产的介绍:

又问:那黑人国内地方出产甚么物件?

答说:出产金子、乌木、象牙,那地方的猪肉是天下绝美的。他金都不稀罕。……喜布,喜五彩玻璃,商人便带这样东西去换他的金子。[1]

《会客问答》对西非国家文化的介绍:

答说:少年时取草汁画身上成文采,以为好看,或取快刀将自家皮肉割刻,做花文,医好了留有痕迹,为好看。

又问:黑人国有文字么?

答说:没有文字,不晓读书。……那黑人俱是愚蠢得紧,果然不通道理。但有一件大好处,有人教他就肯做好人。服事主人极尽心,竭力又极有忠义。

……

人的性情极爽快,听见鼓乐的声音便禁不得要舞跳,极有气力,一个敌得四五个人。……那国亦有国王,但虽有的亦如没有国王一样。

《会客问答》对西非社会风俗的介绍:

又问:黑人都吃甚么?

答说:吃小米、象肉等,亦喜吃人肉。相斗时这边掳那边人,那边掳这边人。掳了的人不就食他,先养得肥了,才杀他食。今天下极多这一种国人,没有官府断他的事。若是受了人的辱,就拿兵器弓箭和自家亲戚朋友到那边去相战报仇……还有拿骨头插在房中墙里,做杀仇的表记,这等样人一百年前有无数的,如今没有十分多。因为敝国修道人到那边去劝他

1 “1481 年若奥二世(1481—1495)继位后,加大了探索西非的力度。 他派遣以阿桑布雅为首的船队前往黄金海岸,在今加纳海岸修建了圣乔治·达·米纳城堡,意为在金矿上的圣乔治。 后简称为埃尔米纳,米纳意为矿藏。 它是葡萄牙人在西非沿岸继阿奎姆后的第二个殖民据点,并成为在几内亚湾和西非中部进行探险和殖民活动的中心和基地,葡萄牙人在这里找到一个大型金矿。”张箭:《地理大发现研究[15—17 世纪]》,商务印书馆,2002 年,第 90 页。

莫相食、莫相杀也。

不论是明代的文献还是宋元的历史文献，如此详细地介绍西非国家风俗文化的文字极为罕见，中国史书所记载的仅限于东非国家的情况[1]，特别突出的是作为口语，以古白话记载的西非国家文献至今尚未发现其他，这更显出该文献的价值。

第三，《会客问答》丰富了晚明对西方社会文化的介绍内容。

晚明时期由来华耶稣会士刊刻的介绍西方文化的书籍主要有艾儒略(Jules Aleni，1582—1649)的《西学凡》，这本书主要介绍了西方当时大学内的六科：文科、理科、医科、法科、教科、道科。《西方答问》是艾儒略另一本从总体上介绍西方文化的书，上卷介绍了国土、路程、海航、海险、海贼、海奇、登岸、土产、制造国王、西学、管职、服饰、风俗、五伦、法度、谒魂、交易、饮食、医乐、人情、济院、宫室、城池、兵备、婚配、续弦、守贞、葬礼、丧服、送葬、祭祖，下卷介绍了地图、历法、交食、列宿、年月、岁首、年号、西士、堪舆、术数、风鉴、择日。由利类思(Louis Buglio，1606—1682)、安文思(Gabriel de Magalhaens，1609—1677)和南怀仁(Ferdinand Verbiest，1623—1688)三人给康熙帝所写的《西方要记》则已经到了清初，不在本文讨论之列。

《会客问答》中对西方文化介绍的内容大体有国土、路程、海航、海险、海奇、国家、西学、法度、道学、医学、风俗、服饰、兵备、婚姻、续弦、守贞、陆路行程、历法、交食、风水、狮子等。

对照《西方答问》和《会客问答》、二者在内容上大体接近，只是在介绍西方科技、天文方面《会客问答》不如《西方答问》详尽，但其特点也十分明显。

首先，《会客问答》介绍了《西方答问》中没有的内容。例如：

又问：贵处那边做官的与我们这一般样否？

答：亦有，只是敝国官的俸禄比这边更厚，一个宰相一年有六万两，也有十万两的。

又问：贵处的官亦贪不贪？

1 参阅中华书局《中外交通史籍丛刊》中的《诸蕃志校释》《西洋番国志》《郑和航海图》《两种海道针经》《南海寄归内法传校注》《岛夷志略校释》《西域行程记》等。

答:亦有个把,少不得有一二个。

……

又问:贵国有娼妓否?

答曰:少,私地做不好事或亦有之,若是城里必不容他。

……

又问:女人缠脚不缠脚?

答说:敝处妇女不以脚小为美。

又问:既不以脚大小(为美),也有甚么装束?

答说:敝国女人也与贵国相同处也,蓄长发也,带首饰金银珠宝,其衣服都长到地。

这些介绍都是《西方答问》中没有的,这样的内容还有不少,限于篇幅无法一一介绍。

其次,《会客问答》从细节上丰富了《西方答问》。例如,《西方答问》在“法度”译介中介绍了当时的西方法律,说“定罪必依国法,不敢参以私意。若不依法者,罪反归于有司矣”[1]。这里的介绍仍是十分原则的,在《会客问答》中则详细作了介绍。

被问到西方的法律时,西士说:

敝国有一件好处,那人不真犯罪,官府毫厘不难为得他,若他不服法,官府要不得他分文,就是官府要钱,那人不肯把他,官府也没奈他何。若越是贫人、寡妇,官府越怕难为他。

又问:为甚么缘故?

答说:寡妇、贫人受了官府的累,写一张状词,待朝廷出来时节跪路上,手拿了一张纸,没有人敢阻挡他。朝廷一出来,那个人拿状词放起在头上,别人就晓得那个人有所告于王。……

四、《会客问答》的来源与影响

从目前掌握的文献来看,《葡华辞典》散页中的《宾主问答释义》可能是我

1 黄兴涛、王国荣:《明清之际西学文本:50 种重要文献汇编》第二册,中华书局,2013 年,第 744 页。

们所掌握的最早一份来华传教士的对话体汉语教材。这份《宾主问答释义》作为《葡华辞典》的散页,与其放在一起。全文没有一个汉字,全部采取罗马注音形式表现汉字。这说明当时刚进入中国的罗明坚和利玛窦的汉语能力还较差。如果将其拉丁注音的汉字转写出来就可以看出《宾主问答释义》的对话内容。上面我们在研究中也对比了《会客问答》与《西方答问》之间的连接和区别。

首先从语言上来看,《会客答问》的语体是口语语体,而《西方答问》是书面语体。前者是作为来华传教士学习汉语的口语教材,在 Borg. cin.503 号文献中体现得更为清楚,每个字有注音,每句话有西文对译,这些都是汉语学习教材的基本特点。《西方答问》不是写给传教士看的,主要是写给中国士大夫看的,完全的书面语叙述。

其次,从介绍的内容上看,二者互有特点:在介绍西方文化特点方面《西方答问》更为详细一些,但在介绍其他文化方面《会客答问》则更为丰富,例如对非洲文化的介绍,在《西方答问》中完全没有。尽管二者都介绍了西方文化,但阅读对象和使用范围是完全不同的。

总之,这是一篇晚明时期极有学术价值的原始文献,无论是从语言学上、历史学上还是从当时对西方文化的介绍上来说都是十分珍贵的。它作为传教士汉语学习的口语教材,全文读起来朗朗上口,给我们提供了一份难得的晚明西方人汉语学习的口语文化教材范本。

(原载《贵州社会科学》2017 年 4 月第 4 期)

中西文化交流史文献研究

西文之中国文献学初议

一

做中国学问,文献学是其基础。“文献学”一词源于1920年梁启超在《清代学术概论》中所说的“全祖望亦私淑宗羲,言文献学者宗焉”,又在《近代三百年学术史》中说:“明清之交各大师,大率都重视史学——或广义的史学,即文献学。”当代文献学大家张舜徽先生在谈到中国文献学时,总结历史,阐明近义,对中国文献学做了很好的表述,他说:“我国古代,无所谓文献学,而有从事于研究、整理历史文献的学者,在过去称之为校雠学家。所以,校雠学无异成为文献学的别名。凡是有关整理、编纂、注释古典文献的工作,都由校雠学担负了起来。假若没有历代校雠学家们的辛勤劳动,尽管文献资料堆积成山,学者们也是无法去阅读、去探索的。我们今天,自然要很好地继承过去校雠学家们的方法和经验,对那些保存下来了的和已经发现了的图书、资料(包括甲骨、金石、竹简、帛书),进行整理、编纂、注释工作,使杂乱的资料条理化、系统化,古奥的文字通俗化、明朗化,并且进一步去粗取精,去伪存真,条别源流,甄论得失,替研究工作者们提供方便、节省时间,在研究、整理历史文献方面做出有益的贡献,这是文献学的基本要求和任务。”[1]

张舜徽先生所讲的中国文献学的范围是中文文献。但至晚明以后,中国的历史已经纳入到全球史之中,晚清之后,更是被拖入以西方世界为主导的世界历史之中。这样,来华的传教士、做生意的西方各国商人、驻华的外交官和汉学家留下了大批关于研究中国的历史文献,翻译了大批关于中国古代的历

1　张舜徽:《中国文献学》,上海世纪出版集团,2009年,第3页。

史典籍。由此，中国文化开始以西方语言的形态进入西方文化之中，关于中国近代历史的记载也再不仅仅是中文文献组成。我们将其称为"中学西书"。很自然，这批"中学西书"是西方中国研究中的一个重要组成部分，是治西方汉学之基础。但对中国学术来说，这些"中学西书"也构成了研究中国近代历史的重要文献。

根据张舜徽的理解，我们可以说，在西方汉学的历史中也同样存在一个西方汉学文献学的研究领域，西方汉学文献学作为一个西方汉学研究的基础研究领域是完全存在的。进一步扩展来讲就是" 西方语言的中国文献学"，简称之" 中学西书"。金国平建议建立"西方语言中国史料学"，他认为："只要充分地利用在华传教士留下的这批宝贵历史遗产，比勘汉语史乘，从新的视角对已知史料进行新的诠释，披沙觅金，某些较具有争议的重大历史事件真相的发潜彰幽不无可能。"[1]

从全球史研究的新进展来看，如果打破欧洲中心主义的世界史写作，就必须将地域史的研究纳入全球化史研究的总体框架之中，这个进程不是东方被动地适应西方，而是一个互动的过程。迄今为止的世界史写作大都建立在单一地域史的写作基础上，对于文化与文明之间的互动关注不够。如果从全球化史的角度构建中国历史，中西之间的互动就成为关键，由此，传教史和贸易史就成为必须研究之材料。从东西互动的角度来构建中国史，就必须将"西学东渐"和"中学西传" 作为一个整体来把握，中国近代历史就不仅仅是一个西化的历史，同时也是一个西方不断吸收东方，从而促进西方变化的历史，由此西方汉学史的研究就不再仅仅属于西方东方学，它同时也是中国近代历史的一部分。中国近代的历史也不再仅仅局限于中文文献，这些"中学西书" 就同样成为记载中国近代历史不可或缺的基本文献。如果确立这样的史观，西方语言的中国文献整理就成为基础性的工作，在这个意义上，"西方语言中国史料学" 或者"中学西书"的梳理与整理就成为学术界的基础性工作。"西方语言的中国文献学" 或者"中学西书" 包括：凡是由西方文字出版的关于中国的

1　金国平：《构建"西方语言中国史料学"之初议》，载金国平、吴志良：《过十字门》，澳门成人教育学会出版，2004 年。

书籍，藏于西方档案馆尚未出版的关于中国的档案、手稿、资料。

二

中国文献学作为一门学问包括目录、版本、校勘。同样西方语言中国文献学大体也包括这几个方面，不过呈现出不同的特点。

清代著名学者王鸣盛说："凡读书，最切要者，目录之学。目录明，方可读书。不明，终是乱读。""目录之学，学中第一紧要事，必从此问途，方能得其门而入。"[1]

治西方语言中国文献学亦是如此。西方关于中国的历史记载已经有几百年历史，关于中国的研究著作、中国游记同样浩如烟海，如果不从目录入手完全不知从何读书。考狄（Henri Cordier，1849—1925）书目、袁同礼书目是目前最基础的书目，各类专业书目也有多种，只有对这些书目都烂熟于心，方可摸到西方汉学发展之脉络。

版本学是文献学基础之一，它主要研究各种中文版本的源流，比较刻本之优劣，鉴别各种版本之真伪。

西方的中国研究同样存在版本学的问题。16至18世纪，关于中国的知识剽窃盛行，海员的记载、传教士的著作在欧洲相互转抄、翻译出版，一部重要的著作很快就有各种语言的翻译。从16到19世纪，随着欧洲各国实力的变迁，记载中国知识的语言也在不断变化。因为，在19世纪前中国典籍的翻译以传教士为主，传教士的这些中国典籍的译本在欧洲呈现出非常复杂的情况。17世纪时传教士的一些译本是拉丁文本的，例如柏应理和一些耶稣会士联合翻译的《中国哲学家孔子》，这里包括了《论语》《大学》《中庸》，这本书的影响很大，很快就有了各种欧洲语言的译本，有些是节译，有些是改译，如果我们没有西方汉学文献学的知识，就搞不清这些译本之间的关系。

18世纪时欧洲的流行语言是法语，会法语是上流社会的标志。恰好此时来华的传教士由意大利籍为主已经转变为以法国耶稣会士为主。这些法国来华的传教士学问基础好，对中国典籍翻译极为勤奋。法国传教士的汉学著作

1　王鸣盛：《十七史商榷》卷二二，卷一。

中包含了大量的对中国古代文化典籍的介绍和翻译，例如来华耶稣会士李明返回法国后所写的《中国近事报道（1687—1692）》[*Nouveaux mémoires sur L'état present de la China*（*1687-1692*）]，1696 年在巴黎出版，他在书中介绍了中国古代重要的典籍"五经"，同时介绍了孔子的生平。该书所介绍的孔子生平在当时欧洲出版的来华耶稣会士的汉学著作中最为详细，因此出版后在四年内竟然重版五次，并开始有多种译本。如果我们对法文本和其他文本之间的关系不了解，就很难做好翻译研究。

19 世纪后英语逐步取得霸主地位，英文版的中国典籍著作逐渐增加，版本之间的关系也更为复杂。美国诗人庞德在翻译《论语》时既看早年由英国汉学家柯大伟（David Collie）翻译的第一本英文版"四书"，也参考理雅各的译本，如果只是从理雅各的译本来研究庞德的翻译肯定不全面。

因此，认真比较西方出版的关于中国的书籍的各种版本以及各种版本之间的关系，是做好西方汉学之必需，也是做好西方语言中国文献学之基础。

张舜徽认为："校勘学是研究总结校勘工作的一般性方法和规律的专门学问。""在雕版印刷术没有发明以前，书籍都是手写。在抄写过程中，有时不小心在字体上加了一笔或者减少了一笔，便成为另一个字，直接改换了文句原意，影响到内容的真实，甚至牵涉到古代制度的认识、说明和处理，以致引起许多混乱。"[1]这是指由稿本转写和抄写而导致的问题需要校勘。"至于古书在长期写、刻的过程中，有时无意识地掉一个字，或者添一个字；由于一个字的不同，便直接影响到内容的真相，带来许多不必要的争论和纠纷。对于做研究工作的人来说，关系尤大。"[2]这就提出中国文献学中校勘的重要性。

这对于西方语言的中国文献学来说是同样存在的，只是在形态上有所不同。目前西方国家的档案馆中收藏着大量关于中国的手写档案，例如《耶稣会在亚洲》（*Jesuí itas na Asia*）档案文献原藏于葡萄牙的阿儒达图书馆（Biblioteca da Ajuda），它是从 1549 年沙勿略到达日本后西方传教士在远东传教活动的真实原始记录。全部档案共 61 卷，均为手抄本，计 3 万页。文献是以拉丁文、葡

1 张舜徽：《中国文献学》，第 71—72 页。

2 张舜徽：《中国文献学》，第 75 页。

萄牙文、西班牙文、意大利文及法文写成。这批文献最早是由葡萄牙耶稣会神父若瑟·门丹哈(José Montanda)和若奥·阿尔瓦雷斯(João Alvares)修士等于1742—1748年对保存在澳门的日本教省档案室的各个教区资料整理而成。在这些教区中包括中国的副省北京、广州、南京以及交趾支那、老挝、柬埔寨等地。这批档案是研究中国清代天主教史和明清中西文化交流史及清代社会史的最重要的一手文献,它包括向耶稣会总会的年度报告表,教区内的通信,发生在康熙年间的"礼仪之争"的伦理学和神学的争论,宗座代牧与罗马传信部争论的报道,耶稣会殉难者列传,日本、中国澳门和中国教区的主教和各省会长记载,航行于澳门和日本之间的黑船所载运货的货物表;澳门及各省会修会的财产清单,传教士之间的通信等,为我们提供了清中前期的许多重要情况,都是中文文献所不记载的。

类似这样的档案文献在西方还很多,对于欧美所收藏的关于中国的外文文献,至今无论是欧美学术界还是中国学术界均无一个基本的书目介绍。这批文献的基本特点是以手稿为主,基本内容是原始的传教报告、贸易报告、外交档案等。

但如果使用这批文献就有一个对文献的校勘问题。对于西文文献的校勘来说,它有着悠久的传统。1934年,胡适在为陈垣先生的《元典章校补释例》一书所写的序中对中西校勘学做了比较,他说:"西洋印书术起于十五世纪,比中国晚了六七百年,所以西洋古书的古写本保存的多,有古本可供校勘,是一长。欧洲名著往往译成各国文字,古译本也可供校勘,是二长。欧洲很早就有大学和图书馆,古本的保存比较容易,校书的人借用古本也比较容易,所以校勘之学比较普及,只算是治学的人一种不可少的工具,而不成为一二杰出的人的专门事业,这是三长。在中国则刻印书流行以后,写本多被抛弃了;四方邻国偶有古本的流传,而无古书的古译本;大学与公家藏书又都不发达,私家学者收藏有限,故工具不够用,所以一千年来,够得上科学的校勘学者,不过两三人而已。"[1]

对于西方语言的中国文献来说,在校勘上更有中西之共同特点,也是一个

1 胡适:《胡适文集》(5),北京大学出版社,1998年,第112页。

专门之学问。我们要学习西方校勘学的经验[1]，但这批文献又有其自身的特点，需要我们特别注意。

一是这批文献数量之大令人惊讶，超出一般学者之想象。英国东印度公司关于中国的手稿文献、荷兰东印度公司关于中国的手稿文献、梵蒂冈传信部关于中国的手稿文献等等，这些文献加起来可以绕地球几圈。至今我国学术界对这批手稿文献没有一个基本的把握。

二是这批关于中国的西文手稿辨读困难。由于这些手稿文献大都是16至19世纪的欧洲各类语言的手稿，辨读十分困难。即便在西方，能辨读这些手稿也需要专门的训练。外语能力、历史知识、西方校勘学的训练都需要具备。目前，能辨认这些手稿的中国学者不多，因此转写就是第一难事。笔者在国外看到这些手稿时，转写只能求教于国外学者。

三是这些文献内容的核对困难。尽管是西方语言的文献，但其内容是关于中国的。如上文所说的《耶稣会在亚洲》文献，其中相当多的文献内容是对中国各地传教的记载。这样即便是一般的西方汉学家，如果不是专业的研究者，即便转写成现代西方语言，这些内容对他们来说也是陌生的，核对其中的内容更是要有专业的知识，尤其是涉及中国古代的地名、人名，正确理解极为困难。因为记载这些文献的西方人当时并未有统一的拼读中国文字的法则，加之许多人又生活在中国各地，方言、口音夹杂其中，使人完全不知所云。即便后来威托码汉语拼音系统出现后，也减轻不了多少核对的困难。

四是翻译更为复杂和困难。来华传教士的报告、外交官的报告、东印度公司的报告大都是内部文件，其内容涉及中西之间四百多年的历史，历史跨度大，内容繁杂，不了解历史背景，很难把握。他们对中国文化经典的翻译，也有着自己的文化立场。缺少了跨文化的视角，随之产生的“误译”和“误读”实为正常。

三

在笔者看来，西方语言之中国文献的研究整理比中国文献学和西方自身

1 苏杰编译：《西方校勘学论著选》，上海人民出版社，2009年。

文献研究整理还要困难。

中国文献学的目的是“辨章学术，考镜源流”，对学术之发展有一个宏观的了解和把握；西方语言之中国文献学亦是如此。尤其从事中国古代文化经典在西方的翻译和传播研究，一定要从文献学入手，从目录学入手，这样才能保证我们在翻译研究上对版本之间的复杂关系有一个清楚的了解，为研究打下坚实的基础。

另一方面，国家目前对汉籍外译投入了大量的费用，国内学术界也有相当一批学者在从事这项事业。但我们在开始这项工作时应该摸清西方汉学界已经做了哪些工作，哪些译本是受到欢迎的，哪些译本问题较大，哪些译本是节译，哪些译本是全译。只有清楚了这些以后，我们才能确定新的翻译政策。显然，由于目前我们在西方汉学的文献学上做得不够理想，对西方汉学界近四百年来对中国古代文化经典的翻译情况若明若暗，造成国内现在确立的一些翻译计划是重复的，这在学术上是一种浪费。即便国内学术界进行重译，也需要在前人的基础上展开。

因此，建立西方语言的中国文献学，或简而称之“中学西书文献学”是展开西方汉学研究之基础，是做好中国典籍外译和流播研究之基础；同时，也是在全球范围内展开中国历史文化研究，将中国史放入全球史中加以研究的基础性工作。这里从文献学上对做好西方语言的中国文献研究的方法提出一个初步的设想，以期引起学界之重视，开启西方语言之中国文献之研究和整理，将其纳入中国学术发展的基础性工作。只有将这批西方语言的中国文献彻底掌握，我们才能真正写出全球史背景下的中国近代历史文化之研究，才能揭示出中国文化在西方的影响，才能在全球史的背景下说明中国文化之意义。

（原载《文献》双月刊 2014 年 3 月第 2 期）

梵蒂冈图书馆藏白晋读《易经》文献初探

罗马梵蒂冈图书馆是世界上稿本最多的图书馆,也是藏明清间天主教文献最多的图书馆之一,近百年来已有不少前辈和同代学者到此探宝并对这批文献做了一些研究。[1]

我曾于1998年夏首次到梵蒂冈图书馆做了初步的访问[2],因为正在编辑《利玛窦全集》,所以当时主要研究了梵蒂冈档案馆和耶稣会档案馆所藏的几本《天主教要》的藏本情况[3]。

今年我再次访问了梵蒂冈图书馆,并有了较为充足的时间对其馆藏的明清天主教文献进行更为详细的调查。

我在梵蒂冈图书馆工作时使用的是两种目录,一种是以伯希和(Paul Pelliot)的《梵蒂冈图书馆所藏汉文写本和印本书籍简明目录》(*Inventaire sommaire des manuscrits et imprem és chinois de La Bibliothéque Vaticane*)为基础,由当代日本学者高田时雄(Takata Tokio)重新整理,并于1995年出版的目录;一种是梵蒂冈的华裔图书馆员余冬所编的《梵蒂冈图书馆藏早期传教士中文文献目录(十六至十八世纪)》[*Catalogo Delle Opere Cinesi Missionarie Della Biblioteca Apostolica Vaticana*(*XVI-XVIII SEC*)]目录,该书1996年由梵蒂冈图书馆出版。

两种目录各有特点,高田时雄所整理的伯希和目录内容广泛,凡藏于梵蒂

1　任重民:《罗马访书记》,见《冷庐文薮》,上海古籍出版社,1992年,第799—809页;方豪:《六十自定稿》;阎宗临编:《阎宗临史学文集》,山西古籍出版社,1998年;荣新江:《梵蒂冈所藏汉籍目录两种简介》,见《中西初识》,大象出版社,1993年,第139—144页;李孝聪:《欧洲收藏部分中文古地图叙录》,国际文化出版公司,1996年。

2　张西平:《罗马访书记》,《北京图书馆馆刊》1999年第1期。

3　张西平:《天主教要考》,《世界宗教研究》1999年第4期。

冈的中文文献都有著录，同时也有与中国有关的欧洲语言的书籍的著录，还有满、藏、蒙、越南等各类文字的文献。由于梵蒂冈有关中国的文献以柏应理(Philippe Couplet, 1624—1692)1685年从中国返回罗马时所带的中文文献为基础开始收藏的，以后它通过不同的途径不断收入了一些中文或有关中国的书，故伯希和的目录是完全根据这些图书收入梵蒂冈的不同时间而分类编目的，共分为8个部分。余冬目录实际上是一个专题性目录，这点在标题上就可以看出，她仅以16—18世纪早期传教士的中文图书为目标，因而在目录的分类上是以传教士的人名的字目为序而排列的，对于无作者的文献，她在书中专列在后。

两本目录都有好的索引系统，高田时雄所整理的伯希和目录后的索引是按著作的拼音排序，采取拼音和中文并列的办法，这样使用者可从索引很容易回检出每一本书在目录中的位置。余冬的目录除了这种按书名的索引以外，还有一个按人名检索的索引，使用起来十分方便。

我在梵蒂冈图书馆工作期间基本上把余冬目录所提供的16—18世纪早期传教士的中文著作翻阅了一遍，由于这批文献数量很大，非一篇论文所能介绍完，故我这里仅就梵蒂冈图书馆所藏的白晋(Joachim Bouvet, 1656—1730)有关《易经》的稿本收藏做一个初步的探讨。

一、国内外学术界有关白晋研究《易经》的基本情况

国内学术界最早披露梵蒂冈图书馆所藏白晋研究《易经》材料的是阎宗临先生。他在1941年的桂林《扫荡报》副刊《文史地》上连续发表了《康熙使臣艾若瑟事迹补志》等一系列重要文章[1]，其中在1941年5月21日《扫荡报》副刊《文史地》第十七期首次发表了关于康熙令白晋研究《易经》的文献。阎先生公布的这批文献以后为方豪所采用，在他的《中西交通史》下册第四篇第十三章第三节“清圣祖命西教士研究易经之经过”中做了详细的转述，从而产生

1 这批论文现以“清初中西交通若干史实”为题发表在《阎宗临史学文集》中，山西古籍出版社，1998年，第138—207页。

了较为广泛的影响。[1]

1980 年马绪祥将白晋的《康熙皇帝》译为中文首次在大陆出版,这本书为我们研究康熙和白晋的关系提供了一手的文献。[2] 以后在介绍莱布尼茨的有关著作中,也提供了有关白晋和莱布尼茨的关系、二人在研读《易经》上的交流。这些著作有安文铸等编《莱布尼茨和中国》(福建人民出版社,1993 年),清华大学思想文化研究所编《世界名人论中国文化》(湖北人民出版社,1991 年),夏瑞春编、陈爱政等译《德国思想家论中国》(江苏人民出版社,1989 年),秦家懿编译《德国哲学家论中国》(三联出版社,1993 年),朱伯崑主编《国际易学研究》(华夏出版社,1996 年),李文潮、H. 波塞尔编《莱布尼茨与中国》(科学出版社,2002 年),孟德卫《莱布尼茨和儒学》(江苏人民出版社,1998 年),毕诺《中国对法国哲学思想形成的影响》(商务印书馆,2000 年)。

方豪在《中国天主教史人物传》中为白晋单列一传;赵云田、许明龙和韩琦等学者在他们的相关论文中也都对白晋做了简要的介绍或论及了白晋的读《易经》活动。[3]

与国外学者相比,国内学者仍停留在对白晋读《易》的外围材料介绍上,而德国学者柯兰尼(Claudia von Collani)的《白晋生平和他的著作》(*P. Joachim Bouvet S. J. Sei Lieben und Sein Werk*)则是目前国际范围内对白晋研究最为深入的一部著作。书中对白晋的《易经》研究从义理和象数两个方面做了分析,柯兰尼所依据的基本文献是藏在巴黎国家图书馆的有关白晋读《易经》的法文手稿,约 200 页,以及白晋的部分通信[4],同时她还使用了罗马耶稣会档案馆所藏的白晋研读《易经》的法文手稿。我在阅读柯兰尼的德文著作时,发现她并未注意到梵蒂冈档案馆所藏的这批白晋读《易经》的中文文献。

1　方豪:《中西交通史》下册,岳麓书社,1987 年,第 1053—1056 页;计翔翔:《博综史料　兼通东西——〈阎宗临史学文集〉读后》一文对阎先生的贡献及方豪先生对这批文献的使用做了深入的研究,载黄时鉴主编:《东西交流论谭》第 2 期,上海文艺出版社,2001 年,第 347—368 页。

2　冯作民译:《清康乾两帝与天主教传教史》,光启社,1986 年;赵晨译:《康熙皇帝》,黑龙江人民出版社,1981 年;春林、广建编:《康熙帝传》,珠海出版社,1996 年。

3　王思治、李鸿彬:《清代人物传稿》(上编)第八卷,中华书局,1995 年;许明龙主编:《中西文化交流先驱》,东方出版社,1993 年。

4　见柯兰尼书第 231—233 页。

笔者孤陋寡闻，所见文献有限，在我有限的阅读范围内至今尚未见到有人对梵蒂冈图书馆这批白晋读《易经》的中文文献做直接深入的介绍和研究，难怪方豪在写《白晋、傅圣泽传》时曾感慨地说：“梵蒂冈图书馆另藏有西土研究易经抄要十四种，多与白晋有关，拟摄影印行，以广流传。”[1]

二、梵蒂冈图书馆所藏白晋读《易经》文献的情况

1.余冬目录的著录情况

余冬目录是按人物编排的目录，因此对白晋读《易经》的文献著录十分明确，她的目录中涉及白晋读《易经》的文献有：

①25—1　天学本义（敬天鉴）[2]

②26—2　易引（易考）二卷

③27—3　择集经书天学之纲（天学本义）

④28—4　总论布列类洛书等方图法

⑤29—5　天象不均齐考古经籍（据古经传考天象不均齐）

⑥30—6　太极略说

⑦31—7　释先天未变始终之数由天尊地卑图而生

⑧32—8　易学外篇原稿十三节

⑨33—9　易学外篇八节

⑩34—10　易学总说

⑪35—11　易经总说汇（算法统宗，开方求廉原图）

⑫36—12　易稿

⑬37—13　易论

⑭38—14　易论自序

⑮39—15　周易原义内篇

⑯40—16　周易原旨探目录 理数内外三篇

这样，余冬目录中注明白晋读《易经》的文献共有16篇。

1　方豪：《中国天主教史人物传》（中），第286页。

2　这里的“25—1”是余冬目录的编号，下同。

2.高田时雄所整理的伯希和目录的著录情况

伯希和目录是按梵蒂冈图书馆内收藏有关中文图书的藏点来编的，因此他分类的八个部分中，重复收藏的情况很突出。但高田时雄做了一个很好的人名索引放在目录后，从而可以按人名检索。

伯希和目录中涉及白晋读《易经》的文献有：

①Borgia Cinese 317—4　易考[1]

②Borgia Cinese 317—5　太极略说

③Borgia Cinese 317—6　易引原稿

④Borgia Cinese 317—9　大易原义内篇

⑤Borgia Cinese 317—15　天学本义

这样伯希和目录中注明白晋读《易经》文献的有5种，其中未注明作者的有关《易经》的文献有：

①Borgia Cinese 317—1　周易原旨探目录（伯希和估计可能为马若瑟所作）

②Borgia Cinese 317—2　易论

③Borgia Cinese 317—3　易经总说稿

④Borgia Cinese 317—7　易稿

⑤Borgia Cinese 317—8　易学总说（易学外编，天尊地卑图）

⑥Borgia Cinese 317—10　易学外篇

⑦Borgia Cinese 317—11　释先天未变始终之数由天尊地卑图而生

⑧Borgia Cinese 317—12　总论布列类洛书等方图法

⑨Borgia Cinese 317—13　据古经传考天象不均齐

⑩Borgia Cinese 317—14　天象不齐考古经籍解

⑪Borgia Cinese 317—16　易论

3.余冬目录和伯希和目录对白晋读《易经》文献著录的异同

余冬目录中明确注明白晋读《易经》的文献共16篇，伯希和目录中明确注明的白晋读《易经》文献共5篇，未注明作者的传教士读《易经》文献11篇，而

1　这些编号是伯希和目录的编号。

这 11 篇余冬在她的目录中都已注明了与伯希和目录的互见情况，所注的互见目录号正好与上面伯希和所著录的未有明确作者的 11 种目录号相同，如果把伯希和目录中明确注录的和尚未明确作者的两种读《易经》文献加起来正好也是 16 篇，这说明余冬目录编目在后，她在高田时雄整理的基础上又前进了一步，她将原伯希和未注明的 11 种读《易经》文献明确归为白晋所做。

这 11 种文献中有些在标题上略有差异，现列表如下：

编号	余冬目录编号	文献标题	伯希和目录编号	文献标题
1	38—14	易论自序	Borgia Cinese　317—2	易论
2	35—11	易经总说汇	Borgia Cinese　317—3	易经总说稿
3	39—15	周易原义内篇	Borgia Cinese　317—9	大易原义内篇
4	33—9	易学外篇八节	Borgia Cinese　317—10	易学外篇

4.余冬目录和伯希和目录均未注明作者的传教士读易文献

梵蒂冈图书馆中有些中文文献未注明作者，余冬目录将这类文献专列“无名氏”一栏，伯希和目录则在每个这样的条目中注明“无作者”。我初步统计涉及《易经》的未注明文献有以下几种：

编号	余冬目录号	余冬目录文献名	伯希和目录号	伯希和目录文献名
1	409	麟之趾	Borgia Cinese 318—4(d)	麟之趾[注1]
2	409	算法统宗难题	Borgia Cinese 318—4(a)(c)	Problèmes d' arithmétique Problèmes mathématique
3	409	字汇序	Borgia Cinese 318—4(b)	
4	409	古之先师，中国与之大秦同	Borgia Cinese 318—4(b)	Sur la concordance entre les traditions chinoises etles traditions occidentales; la coaverture porte 《Le cahier sur henoch Fouhi. Sujet des disputes》
5	410	论中国经书与大秦经同	Borgia Cinese 439(c)	

编号	余冬目录号	余冬目录文献名	伯希和目录号	伯希和目录文献名
6	423	Notes Critiqu es pour entrer dans L'inteiligence de I'Y 易 King 经 Ms.DEI1731, 1731年写本	Borgia Cinese 361—1(b)	Notes Critiques Pour entrer dans L'intelligence de I'Y King 124 pages. A Lafin,《ce 12 octobre 1731》[注2]
7	427	周易理数	Borgia Cinese 361—4(Ⅰ)	周易理数[注3]
8		361—1(Ⅲ)	Borgia Cinese 361—4(Ⅱ)	天尊地卑之图[注4]
9			Borgia Cinese 361—4(Ⅲ)	五角五边　象数总图
10	428	周易义例	Borgia Cinese361—2	周易义例[注5]
11			Borgia Cinese 361—5	易学外篇九节[注6]
12			Borgia Cinese 361—6	易学外篇原稿[注7]
13	430	易经诸家解说	Borgia Cinese 361—3	易经诸家解说[注8]
14			Borgia Cinese 361—3,4	易解(上下)[注9]
15	443	先天后天奇偶诸数方图诸象根原之真图	Borgia Cinese 518—14	Figares manuscrites se rapportant aux mêmes recherches

注1:据我的查阅伯希和目录 Borgia Cinese 318—4 号标题“算法统宗难题”内共有5份文献:(1)十一卷方程第八章;(2)叙曰:古今论文字者必原始包羲氏之画卦矣;(3)古之先师,中国与大秦同;(4)易象数学以前既已明矣;(5)麟之趾。余冬目录将此文献定名为“字

汇序”,伯希和目录将文献2.3合为“318—4(b)”序号之中。余冬目录在445号又重新著录此4种文献,顺序、文献名,同伯希和的著录关系。

注2:此文献为《易经》的西文翻译,无译者,应为西方汉学早期重要文献。

注3:伯希和目录的Borgia Cinese 361—(2—6)没有详注,统一说明为耶稣会士的《易经》研究中文文献。

注4:余冬目录和伯希和目录都未详注,但伯希和目录有一句简要的概括,见上条。

注5:同注3。

注6:余冬目录未注出。

注7:余冬目录未注出。

注8:同注3。

注9:余冬目录未注出。

这样余冬目录和伯希和目录中尚未注明作者的有《易经》的文献有15份。根据我的阅读,梵蒂冈图书馆这批中文文献实际上只是编了一个简编号,每个编号中含多份文献。尤其是白晋读《易经》这部分文献多为抄本和散页,因而疏漏部分仍有,需进一步深入研究。

我们做一个简单归纳:根据余冬目录和伯希和目录,

(1)已经明确归白晋所做的读《易经》文献有16份;

(2)尚未明确归白晋所做的读《易经》文献有15份。[1]

三、白晋读《易经》的文献

阎宗临先生曾在梵蒂冈图书馆抄录了部分有关白晋和傅圣泽读《易经》的文献[2],这次我在梵蒂冈图书馆工作时又发现了一些有关白晋和傅圣泽读《易经》的文献,现抄录如下:

1.在《易考》中的文献(余东目录:26—2;伯希和目录: Borgia Cinese 317—4)

《易考》共有7份文献,其中第7份文献是白晋和康熙有关读《易经》的材料。

1 这些研究《易经》的文献很可能是白晋、傅圣泽、马若瑟所作,但现在我尚不能分清每件文献的归属。

2 阎守诚:《阎宗临史学文集》,山西古籍出版社,1998年,第155—158页。

二十四日。进新改了的释先天未变之原义一节，又释河洛合一，天尊地卑图为先天未变易数象图之原一本，并《历法问答》《定岁实法》一本，交李三湖呈奏。

奉旨：朕俱细细看过了，明日伺候。钦此。

二十五日呈览。

上谕：尔等所译之书甚好，朕览的书合于一处，朕所改已上，所谓地形者之处，可另抄过送上。

七月初四日。呈御笔改过的《易经》，并新得第四节，释天尊地卑图为地形立方诸方象，类于洛书方图之原及大衍图一张，进讲未完。

上谕，将四节合定一处，明日伺候。钦此。

初六日。呈前书并新作的释天尊地卑图，得先天未变始终之全数法图二张，进讲。

上谕：王道化，白晋作的数甚是明白，难为他，将新作的释天尊地卑图，得先天未变始终之全数法并图留下，《易经》明日伺候。钦此。

初七日。进大衍图。

上谕：将大衍图留下，朕览，尔等另画一张，安于书内。钦此。

十二日，进讲类洛书偶数方图之法一节，图一张，呈览。上谕：将偶数方图之法与前日奇数之法合定一处，尔等用心收着。钦此。本日御前太监叶文忠奉旨取去原有御笔写类书方图奇数格一张，并偶数方图一张。传旨，照此样多画几张。钦此。本日画得奇数方图格二张，交太监李三湖呈上，留下。

王道化谨奏：初九日，恭接得上发下大学士李光地奏折一件，并原图一幅，说册一节，即与白晋看。据白晋捧读之下，称深服大学士李光地精通易理，通晓历法。我皇上贯彻古今，凡理数之学，尤加详密。今大学士如此博，真圣君贤相也。白晋西士末儒，毫无所知，荷蒙圣恩柔远，得以日近天颜，又蒙圣贤相鉴，照辙衷真，欣跃难言，唯有叩首而已。因大学士奏折无有问之处，故无庸回答。所以大学士奏折一件，原图一件，前解一节一并缴上。白晋释《易经》一节，图一张,呈览。据白晋称,今所进之此一节,与回复大学士者,大概多有相同。此节乃随所释《易经》应用之次序,与大学士者乃应其所问也。谨此。

上问,十月十一日复二卦之际其阳往来复如何?臣谨对,窃唯易道精微,至复卦更为微妙。臣虽知己愚,然蒙皇上下询,亦何敢隐嘿不言,以隐鄙陋。兹敬略陈一二,仰览。

圣训开臣愚蒙,夫道之悬象着明,莫显于日月,日月随天,自然运行,其道与天同圆,始终合一,生而必道,周而复始,健恒不息,二明之道,其理之自然如此,无俟言矣。若其在人,先天元善,明德元吉之时,与天运日月同道无异,本卦易简,恒而不变,人生而静,天之性也。其斯时与迨后其人不幸,有自用之私,越份僭上,变生乎心。感物而动,性之欲也。好恶无节于内,知诱于外,不能反躬,天理灭矣!阴道之开,自姤卦始,渐堕落以至于剥。恶极阳尽,终于坤之纯阴无德,入与地而晦,灭天理而穷人欲,自绝于天,万不能自悔而复。然幸蒙上天好生仁爱,不忍绝其人也,开后天之道。故特降一仁义兼主大圣,纯亦不已,德配天地,动静无愆,继天立极至尊而好谦,下下自卑,由是天道之阳,复生于下,如雷在地中,震动人心,感化醒悟,悔其生愆,复见天地之心,通于元善,恒享不息。臣愚见如此,恐未必有合与圣明之旨。

2.伯希和目录"Borgia Cinese 439.C(a)"中的康熙朱批

朱批:圣体根于心,而仁功必显。圣母牖其哀,而爱德必生。大哉!仁也。圣哉!爱也。

谁不愿做好人行事,并以报仁爱而免后灾,特苦此中无勉强之成规,从旁鲜良朋之劝勉。遂致始于自宽,而终于自弃。言念及此,为之恻然,遂举本堂现行之仁爱会,不忍使其有名无实。乃早夜焦劳,取会规而定之。勉之哉!勉之哉!

朱批:人而不仁不可以奉圣体,人而不爱不可以事圣母。大哉!仁也。至哉!爱也。(以上二条朱批均用红字,正楷体书写。西平

注)

3.白晋《易引原稿》首节(余冬目录:26—2;伯希和目录: Borgia Cinese.317—6)

易引　此节集中华与西土古传,相考印证

《易引》首节:此节总论先天后天三易之纲

中华幸自上古遗存易卦之本图本文,西土虽不如中华有易之图文,然自古所存古图古典古语,实包易图文,蕴藏天地始终之精微。其所传者皆出于西土,至古有名之二邦乃大秦如德亚国、厄日多国,为西欧逻巴诸学之原。且正值中华遭秦焚书坑儒,尽失易内意精传之时。西土幸有大秦,获天地始中之真理。自今二千年前,东西南北四方之中,大秦唯一有道之国,明知诚事天地真主。其相近之国为厄日多国,其(原文:之)贤士名多禄茂,好学重儒,欲集万国经书共成大院?(时已集书二十万种,其意必欲集至五十万),知如德亚国有造物主圣经为千古不刊之典,特遣使臣往请,并求译士数人。司教者如命送七十二名士,通外国之文字者,赍经而往。

贤王宾礼之,命译(远?)西额济国之文字,以通天下。(多禄茂王前有亚历山为超越名王,先统额济国等西土之邦,广辟国界,于普地三洲,遍通西土,后既没。天子分其地土,多禄茂王得厄日多国)远西诸国沉迷日久,若非上主神旨,如是慈悲于降诞之先,几三百年前,预俾西土,得此天经,则后来奉天教,沾圣化之恩甚难。

文献通考载大秦后汉时始通焉,其人长大平正,有类中国,故谓之大秦,或曰:"本中国人也。"(普地自古分为三洲,大秦直居三洲之中,故谓之中国也宜。)不信鬼神,祀天而已,彼国日月星辰无异于中国。前儒既以大秦不信鬼神,祀天为同于中国。故至于唐,大秦贤士,接踵而至,传天教盛行于世。当日受朝廷异宠降恩,亦如今圣朝。然至今西安府尚存景教碑。

西土自得大秦天经后,明知万有之众,归于纯神。纯神兼神形,乃天、地、人三类,同有一原而出。宇宙万事不外于先后,终乃天、地、人三宗。明知万世万民,同集一家,为同胞兄弟;上古一心一理,一道一学,成天民之一统;明知天下先古之景与后天大不相同,先乃圣也!古风醇美,天地神人万物之性情,中正平和,完全无忒而吉。后神人变易,天道失常,异端逢起,上下有灵无灵之类,无不失其中正平和之吉而凶。其后复变化,乃如先天之元者,故万邦真贤无企望降一能成大德超绝之圣人,以治天下之乱,除凶而复元吉。

按中华古传,易乃心学无所不包。其原旨之总纲,实不外于宇宙万有之三宗,乃神,乃形,乃兼神形,上、中、下三者,即外邦自古所传天地始终之理。逆言万事万有之变易,天道先平后变,终复归于止,永久不易。亦如中华先天后天三易,天皇、地皇、人皇,连山归藏周易是也。下列古传即印证。

易传云:易之为书也,广大悉备,有天道焉,有人道焉,有地道焉。又云:六爻之动,三极之道也。《周礼》大卜三易云:一曰连山,二曰归藏,三曰周易。郑元云:山者,象山之出云,连连不绝;归藏者,万物莫不归藏于其中;周易者,言易道普,无所不备。又云:易简一也,变易二也,不易三也。

易纬乾凿度云:易一名而含三义。

月令广义云:先天,中天,后天。

易传云:六爻之动,三极之道也。(传云:易有太极,既有易简、变易、不易之三易,则各有其太极,共三个太极而已。注云:天地人三才,各一太极,若归之于一,不易之周易,则非。周易岂有三太极乎?若归之于三易,即所谓天地人三才,则自然各有其太极也。)

图书编三才图,乃天、地、人三才各一太极也。(知一周易无三太极,则上三太极图,非系于一周易也。上者,天明纯阳,乃德明连山易之太极也,下者地暗,纯阴,乃德昏归藏易之太极也,中者明暗阴阳乃幽明不易之太极也。)

周易图说过,王弘撰曰,邵子尝云:先天学心法也,万化万事,生乎心也。图虽无文,天地万物之理,尽在其中,或问何也?曰:朱子云，一日有一日之远，一月有一月之远，一岁有一岁之远，大而天地之始终，小而人物之生死，远而古今之世变，皆不外乎此。

（原载《文献》2003年7月第3期）

《耶稣会在亚洲》档案文献与清史研究

《耶稣会在亚洲》(Jesuítas na Ásia)档案文献原藏于葡萄牙的阿儒达图书馆(Biblioteca da Ajuda)。它是从1549年沙勿略到达日本后西方传教士在远东传教活动的真实原始记录。全部档案共61卷,均为手抄本,计3万页。文献是以拉丁文、葡萄牙文、西班牙文和意大利文及法文写成。

这批文献最早是由葡萄牙耶稣会神甫若瑟·门丹哈(José Montanda)和若奥·阿尔瓦雷斯(João ÁLvares)修士等于1742—1748年对保存在澳门的日本教省档案室的各个教区文献整理而成的。在这些教区中包括中国的副省北京、广州、南京以及交趾支那、老挝、柬埔寨等地。他们将这些原始文献加以分类、整理和编目,最后抄录,形成这批档案。

这批文献是研究中国清代天主教史和明清中西文化交流史及清代社会史的最重要的一手文献,它包括向耶稣会总会的年报告表,教区内的通信,发生在康熙年间的"礼仪之争"的伦理学和神学的争论,宗座代牧与罗马传信部争论的报道,耶稣会殉难者列传,日本、中国澳门和中国教区的主教和各省会长记载,航行于澳门和日本之间的黑船所载运货的货物表,澳门及各省会修会的财产清单,传教士之间的通信等。这些文献为我们提供了清中前期的许多重要的情况,许多文献都是中文文献所不记载的。

本人在承担国家清史纂修工程中的《清代入华传教士文献收集与整理》项目[1]时,将对《耶稣会在亚洲》档案文献的目录整理作为整个项目的一个重要

1 本项目的目录整理翻译有金国平、张晓非、张西平,在翻译目录的过程中得到了何高济先生、雷立伯先生、文铮、蒋薇等学术同仁的帮助。在本文发表之际,对于课题组的全体成员、对于曾帮助过我们的各位同仁表示感谢。

方面。我们从这3万页文献中挑选出最有代表性的《耶稣会年报告表》（当然，也包括其他的内容）整理成目录列出，并将其翻译成中文以供清史纂修所用。通过对《耶稣会在亚洲》档案文献目录的整理和翻译，深深感到这批文献对研究清代历史、对研究中西文化交流史和中国基督教史有着重要的学术意义，特将其主要内容从学术上加以整理，以求教于各位方家。

一、清中前期天主教在华发展的基本情况

如果从意大利籍耶稣会传教士罗明坚（Michel Ruggieri，1543—1607）于1582年12月27日进住肇庆算起，到清1644年入关到北京时，天主教在中国已经传播了62年。由于汤若望很快地得到入主中原的清王朝信任，天主教在清初得到较快的发展。到1664年时，耶稣会住院前后有38所，耶稣会士前后来华人数达82人，全国的教堂已经有156座，全国天主教徒达245000人之多。[1]

清初杨光先通过历狱案将传教士排出钦天监后，天主教在华发展一度受挫，后经南怀仁（Ferdinand Verbiest，1623—1688）的努力，康熙皇帝对天主教传教士逐步怀有好感，这样南怀仁、利类思、安文思三人联名上奏，要求为汤若望平反，他们在奏疏中说：

> 利类思、安文思、南怀仁，呈请礼部代奏。呈为：诡随狐假，罔上陷良。神人共愤，恳歼党恶。以表忠魂事。棍恶杨光先在故明时，以无籍建言，希图幸进。曾经廷杖。虽妇人小子，皆知其为棍徒也。痛思等同乡远臣汤若望，来自西洋，住京四十八载。在故明时，即奉旨修历，恭逢我朝廷鼎新，荷蒙皇恩。钦敕修历二十余载，允合天行，颁行无异。遭棍杨光先依恃权奸，指为新法舛错。将先帝数十年成法，妄谮更张。频年以来，古法件件参差。幸诸王贝勒大臣考正新法，无有不合。蒙恩命怀仁仍推新历，此已毋庸置辨。惟是天主一教，即经云："皇矣上帝，临下有赫，为万物之宗主"……在中国故明万历间，其著书立言，大要以敬天爱人为宗旨，总不外克己尽性、忠孝廉节诸大

1　参阅孙尚扬、钟鸣旦：《一八四〇年前的中国基督教》，学苑出版社，2004年，第328页。

端。往往为名公卿所敬慕。世祖章皇帝数幸堂宇,赐银修造,御制碑文,门额“通微佳境”。赐若望号“通微教师”。若系邪教,先帝圣明,岂不严禁?乃为光先所诬,火其书而毁其居,捏造《辟邪论》,蛊惑人心。思等亦著有《不得已辩》可质。且其并将佟国器、许之渐、许缵曾等,诬以为教革职。此思等抱不平之鸣者一也。

又光先诬若望谋叛。思等远籍西洋,跋涉三年,程途九万余里。在中国者不过二十余人,俱生于西而卒于东,有何羽翼,足以谋国。今遭横口蔑诬,将无辜远人栗安当等二十余人,押送广东,不容进退。且若望等无抄没之罪。今房屋令人居住,坟地被人侵占。况若望乃先帝数十年勋劳荩臣,罗织拟死,使忠魂含恨。此思等负不平之鸣者二也。

思等与若望俱天涯孤踪,狐死兔悲,情难容已。今权奸败露之日,正奇冤暴白之时,冒恳天恩。俯鉴覆盆,恩赐昭雪,以表忠魂,生死衔恩,上呈。[1]

康熙八年九月五日康熙颁旨:“恶人杨光先捏词天主教系邪教,已经议复禁止。今看得供奉天主教并无恶乱之处,相应将天主教仍令伊等照旧供奉。”这样在华的传教士扭转了杨光先“历狱案”以来的被动局面,远在广州的传教士也允许回到原来的教堂传教。1683 年法国耶稣会传教士入华并被康熙召见,传教士在宫中的力量日渐强大,在日后与俄罗斯的边界谈判中徐日升(Thomas Pereira,1645—1708)和张诚(Jean Francois Gerbillon,1654—1707)积极斡旋,使中俄双方签下了《尼布楚条约》,传教士的这些表现终于使康熙在1692 年(康熙三十一年)下达了著名的容教令:

查得西洋人,仰慕圣化,由万里航海而来。现今治理历法,用兵之际,力造军器、火炮,差往俄罗斯,诚心效力,克成其事,劳绩甚多。各省居住西洋人,并无为恶乱行之处,又并非左道惑众,异端生事。喇嘛、僧等寺庙,尚容人烧香行走。西洋人并无违法之事,反行禁止,似属不宜。相应将各处天主堂俱照旧存留,凡进香供奉之人,仍许照常行走,不必禁止。

1 见黄伯禄编:《正教奉褒》,上海慈母堂,光绪三十年,第 57—58 页。

俟命下之日,通行直隶各省可也。[1]

但此时在入华传教士内部争论已久的礼仪问题最终爆发出来,从而严重影响了天主教在华的发展。1693 年 3 月 26 日(康熙三十二年)巴黎外方传教会的阎当主教在他所管辖的福建代牧区发布著名的禁止中国教徒实行中国礼仪的禁令,从此天下大乱,争论愈演愈烈,一发而不可收。这样关于中国教徒的宗教礼仪这个纯粹宗教的问题演变成了清王朝和梵蒂冈之间的国家问题,并促使梵蒂冈在 1701 年(康熙四十年)和 1719 年(康熙五十八年)先后派铎罗(Carlo Tommaso Maillard de Tournon)和嘉乐(Carlo Ambrogio Mezzabarba)两位特使来华,其间罗马教廷发布了一系列的禁教令。[2] 铎罗使华以失败而告终,嘉乐来华后"康熙接见嘉乐宗主教前后共十三次,礼遇很隆,对于敬孔敬祖的问题,当面不愿多言,也不许嘉乐奏请遵行禁约。嘉乐宗主教因有了铎罗的经历,遇事很谨慎。看到事情不能转圜时,乃奏请回罗马"[3]。1721 年(康熙六十年),康熙在看到嘉乐所带来的"禁约"[4]后说:

览此条约,只可说得西洋等小人如何言得中国之大理。况西洋等人无一通汉书者,说言议论,令人可笑者多。今见来臣条约,竟与和尚道士异端小教相同。彼此乱言者,莫过如此。以后不必西洋人在中国行教,禁止可也,免得多事。钦此。[5]

"礼仪之争"是清代基督教史上的一个转折点,也是清代与西方国家关系中的一件大事。它既表现出了一种纯粹文化意义上的碰撞与争论,也使"清代开始了近代意义上的对外交往"[6]。

1722 年康熙驾崩后雍正继位,由于传教士穆敬远在康熙晚年卷入几位皇子之间争夺皇位的政治旋涡,雍正对传教士心怀不满。在雍正禁教期间相继发生了福安教案和苏努亲王受害等事件,天主教陷入低谷之中。

1 见黄伯禄编:《正教奉褒》,上海慈母堂,光绪三十年,第 116—117 页。

2 参阅《中国礼仪之争:西文文献一百篇》,上海古籍出版社,2001 年。

3 罗光:《教廷与中国使节史》,光启社,1961 年,第 164 页。

4 《自登基之日》,载《中国礼仪之争:西文文献一百篇》,上海古籍出版社,2001 年。

5 北平故宫博物院编:《康熙与罗马使节关系文书影印本》,1932 年,第 41—42 页。

6 李天纲:《中国礼仪之争》,上海古籍出版社,1998 年,第 280 页。

雍正十三年(1735)八月,世宗驾崩,由高宗践祚,乾隆对传教士的态度较之雍正有所改观,他对西学的态度也较雍正更为积极,这使得传教士在华活动的环境有所改变。不少传教士在宫中受到很高的礼遇,如郎士宁(Joseph Castiglione,1688—1766)、王致诚(Jean Denis AttiRet,1702—1768)、马国贤(Matteo Ripa,1682—1745)、戴进贤(Ignace Kogler,1680—1746)等人。但乾隆禁止天主教在华发展的政策并没有改变,这样先后发生了 1736 年(乾隆元年)、1737 年(乾隆二年)和 1746 年(乾隆十一年)三次较大的教案。

嘉庆、道光两朝继续执行禁教政策,天主教在中国只能采取地下发展的形式。

由于本文献截止到 1748 年(乾隆十三年),故 1748 年后清朝的天主教发展情况在这里暂不做研究。天主教在清中前期的发展呈现出由高到低的状态是有多方面的原因的。

首先,它和康熙、雍正、乾隆三个皇帝个人对待天主教的不同态度有关,“因人容教”和“因人禁教”是清前期基督教政策的重要特点。[1] 康熙在文化态度上较为宽容,对西学有强烈的兴趣,甚至对天主教也有一定程度上的理解,这样,他必制定出宽容的宗教政策,允许天主教在中国自由传播。而雍正本身对西学并不感兴趣,又加之传教士卷入宫内政治斗争,成为他的直接政治对手,他实行严禁天主教的政策是很自然的。乾隆上台后纠正雍正严厉的政治政策,他本人和传教士也无直接的冲突,这样苏努一家的平反是自然的。而他本人对西洋技术又有较浓的兴趣,由此“收其人必尽其用,安其俗不存其教”就成为乾隆对待西学的基本态度。我们应该看到,“他们的思想认识、决策措施,不是凭空产生的,而是孕育于中国悠久的历史文化之中,取决于中国的社会性质、政治体制、经济基础,受制于风云变幻的国内外形势,也与他们的心态、性格、才能密切相关”[2]。

其次,“礼仪之争”是天主教在清代发展的关键事件,以此事件为转折点天主教在中国发展呈现出了两种形态,这也是最终导致康熙禁教的根本原因,而

1 参阅于本源:《清王朝的宗教政策》,中国社会科学出版社,1999 年。

2 吴伯娅:《康雍乾三帝与西学东渐》,宗教文化出版社,2002 年,第 489 页。

这个重大事件的“主要责任恐怕应该由罗马教廷承担”[1]。

二、《耶稣会在亚洲》文献中所记载的传教士关于明清鼎革的历史事实

明清之际是“天崩地解”的时代，李自成的农民起义军一度夺取政权，推翻了明王朝，而后清军入关，南明王朝与清抗衡，社会处在极度动荡之中。关于这段历史中国史书有记载，学者也有较深入的研究。[2] 但由于当时传教士在中国的特殊地位，他们的记载应格外引起我们的注意。

当时的在华耶稣会传教士实际上服务于不同的政治势力：在北京，汤若望和龙华民在清入关后掌握着钦天监；在张献忠的大西政权中，传教士利类思（Louis Baglio，1606—1682）和安文思（Gabriel de Magalhaens，1609—1677）作为“天学国师”为其效力，张献忠某一侧房的娘家二十余人受洗；在南明小王朝，则先后有瞿安德（Andre-Xavier Koffler，1613—1651）、卜弥格（Michel Borm，1612—1659）、毕方济（Francois Sambiasi，1582—1649）等在活动，宫中皇后等人受洗入教。[3] 这些传教士虽然服务于不同的政治势力，但他们作为同一修会的传教士则分别从不同的地区将其所见所闻写成报告寄回教内机构，从而给我们留下了有关明清之际中国社会变迁的真实材料。

例如，文献中有关于清和南明王朝的战争及南明王朝内部的有关记载：

（1306）[4] 南方官员在“漳州（福建）”拥举一位名叫“隆武”的人为王。第八章。

（1307）广州的官员决定推举一位名叫“永历”的人为新王。第九章。

（1308）“李（定国）”的军队开赴广州。第十章。

（1309）李定国揭竿对抗鞑靼人，并归顺永历王。第十一章。

1　孙尚杨、钟鸣旦：《一八四〇年前的中国基督教》，学苑出版社，2004 年，第 422 页。

2　樊树志：《晚明史（1573—1644）》，复旦大学出版社，2003 年。

3　黄一农：《南明永历朝廷与天主教》，见饶宗颐主编：《华学》（第六辑），紫禁城出版社，2003 年。

4　这是原文献的编号，以下同。

(1310)李定国向永历王遣使，随后他本人前去归顺；其密谋。第十二章。

(1311)一支军队从广州整装出发前往漳州；李两战两败。第十三章。

(1313)曾德昭神甫和瞿安德神甫前往肇庆拜访国王；及随后发生之事。第十四章。

(1315)一支人数达三万的由步兵和骑兵组成的鞑靼部队抵达广州，首次攻城；及随后发生之事。第十五章。

(1316)鞑靼人进攻了福建人聚居区外三座堡垒；占领了它们，部署了一个有50门炮的阵地，并借此破城而入；攻城及抢劫事。第十六章。

(1377)简要介绍中国皇后嫔妃受教化的情况和太子的领洗过程，以及S. Fede在中国的其他一些进展，由耶稣会卜弥格神父汇报。

这些材料对于编写清史的“通记”的第一卷“满族的兴起、清朝建立”、第二卷“清朝入关、平定南中国”有重要的参考价值。

三、《耶稣会在亚洲》文献中关于“礼仪之争”的记载

上面我们在介绍清初天主教发展的基本情况时对“礼仪之争”做了简单的介绍，近年来国内学术界对西方文献中有关“礼仪之争”的介绍和研究的著作有《中国礼仪之争：西文文献一百篇》和李天纲的《中国礼仪之争：历史·文献和意义》。这两部著作大大推进了我们对“礼仪之争”历史的认识和研究，但我们应注意，《中国礼仪之争：西文文献一百篇》是“从已经出版的罗马教廷传信部和其他有关的原始文献中选录、编辑、翻译而成的”[1]。这一百封信中只有六封是中国当地教会所写的文献，其余则全部为教宗的教令和传信部与圣职部的指令，也就是说这本书主要反映的是罗马教廷在礼仪之争中的态度，对

1 苏尔、诺尔编，沈保义、顾为民、朱静译：《中国礼仪之争：西文文献一百篇》，上海古籍出版社，2001年，中文版序。

当时礼仪之争中中国教会内部的情况和当时中国社会的反应并无多少报道和反映。[1] 而李天纲的《中国礼仪之争:历史·文献和意义》一书主要学术贡献在于对"礼仪之争"中中文文献的发掘和研究,正如李天纲所说:"我们在礼仪之争中,常见到的是外部的观念,常看到的是外国人对中国文化的评论。……我们需要以中国的文字、中国的语言、中国人的思维方式来对待中国礼仪之争。现在正好有了一批中文资料,可以供我们从这样的角度来看此问题。"[2] 无疑,这是一个重要的方向,我们应继续在中文文献上下功夫。

但从"礼仪之争"的实际文献来看,西文文献仍是主要的,虽然几十年来我们陆续翻译了一些西文文献[3],但可以说最主要的基本文献仍未翻译,这直接影响了我们对清代这一重大历史事件的研究[4]。关于"礼仪之争"的西方文献有两类:一类是在中国的传教士所写的文献,反映了"礼仪之争"爆发后中国方面的情况,特别是关于铎罗和嘉乐来华后与康熙接触的有关文献。这一类文献对清史研究有着直接的意义。另一类文献是"礼仪之争"发生后,在西方所产生的影响,这部分文献对清史研究关系不是太大,它主要是西方近代思想文化史的一部分,或者说是西方早期汉学史的一部分。我们在这里所选的条目全部是第一类的内容,是当时在华的传教士所写的各类报告和文章,从这些目录中我们便可看出它所提供的丰富的内容。

(1536)祭孔,孔庙。

(1538)论曾祖父们(祖先们)的隆重敬拜(宗教崇拜)。

(2818)简述广州传教士被逐往澳门一事,其缘由及后果。1732年12月8日。

1 从清中前期的中国天主教史来看只有1693年阎当的布告较为重要。 参阅《中国礼仪之争:西文文献一百篇》第15—19页。

2 李天纲:《中国礼仪之争:历史·文献和意义》,上海古籍出版社,1998年,第155页。

3 李明著、郭强译:《中国近事报道》,大象出版社,2004年,此书是最近国内出版的有关礼仪之争在西方影响的最重要著作。

4 只要对比一下罗光主教在几十年前所写的《教廷与中国使节使》一书和新近国内学者所写的有关礼仪之争的著作就可以看出其中的问题。可以这样说:除李天纲的著作外,在礼仪之争问题上的研究著作鲜有进展,其根本问题在于完全不掌握西方的基本文献,即便使用西方的文献也停留在二手文献的转述上。

(5236)沙勿略神甫对闵明我神甫著作《中华帝国历史、政治、伦理和宗教札记》之评论。1676年。

(5409)论中国教会所允许的种种礼仪。辩护。所发生的事物的辨别，向神圣的、普遍的宗教裁判所向在罗马的耶稣会士们提出的问题的回答，说明种种合法的理由，获得圣座权威的肯定。1656年。

(5523)中国人的礼仪、信仰和理论；耶稣会神甫与来自教廷的外国修会的教士辩论之论据。1680年。

(5582)关于 Lý Klem 回答的记录，内容为驳斥反对孔子及丧葬文化的中文著作。该著作尚未完成，正如开头所述：许多内容尚待补充。

(5715)记耶稣会视察员南怀仁神甫任北京学院院长事。洪度亮神甫关于“烧纸”以及其他在西安府所见之葬礼习俗。1683年11月23日。

(6351)第八章。分析及揭露刘应神甫的诡辩。

(6399)祭礼(要求)的着装。

(6403)困难二，中国人是否向祖先祈求。

(6404)困难三，传教会的神父是否允许信徒们参加寺庙的祭礼。

(6405)困难四，中国人在庙堂以外对祖先进行的膜拜和敬献是否算祭祀。

(6410)困难七，能否允许基督教徒参加祖先祠堂的祭祀。

(6411)困难八，对孔子的敬献是不是祭祀。

(6623a)中国耶稣会诸神甫致教皇函。北京，1700年12月2日。

(6624)某些礼仪方面的声明；或说，关于华人的种种习俗的声明；由康熙皇帝于1700年11月30日所提出来的(声明)。

(6636)1701年，致敬阎当先生，Conon 的主教和福建的宗座代牧的一些观察；针对耶稣会神父们向皇帝所提出的问题以及皇帝的回答。

(6637)第一部分。关于向皇帝所提出的申请书；以及皇帝的回答。

(6726)礼仪法案的文献,或华人诸典礼的宝典;1)福建宗座代牧和 Canon 主教,颜当神父的任命;2)罗马教廷传信部和普遍的宗教裁判所从这个规定所提出来的问题的摘录;3)前面说的传信部对于这些问题所给予的回答;4)至圣克莱盟六世教宗——他因上主的安排任教宗——向前说的传信部所发出的敕令,发布于 1704 年 11 月 20 日,通过它,这些回答被肯定和批准。罗马宗座印行,1693 年 3 月 26 日。

(6757)由至敬铎罗宗主教、宗座视察员向华人至高的皇帝所提交的小册子,康熙第 45 年 5 月 12 日,就是 1706 年 6 月 22 日。这个小册子被皇帝和朝廷中的人称为"控诉"。

(6789)皇帝于 1706 年 9 月 29 日发布的另一条命令。

(6790)皇帝于 1706 年 10 月 1 日发布的另一条命令。

(6816)在铎罗宗主教的命令公布前接收了皇帝颁发的委任诏书。

(6890)铎罗宗主教致北京众神甫的恐怖的信函。1701 年 1 月 18 日。

(6953)第三节。皇帝第一次接见铎罗宗主教,拒绝其在北京派驻教皇派遣的教廷大使,北京主教抵达宫廷,铎罗宗主教召见阎当主教。

(6956)第六节。铎罗宗主教获得皇帝和太子接见的荣誉,接受了一道转交给教皇的圣旨,给皇帝传达了阎当主教和格特教士抵达北京的消息。太子威胁毕天祥神甫,称他本人或者总主教将指控葡萄牙人。

(6958)第八节。皇帝召见阎当主教,考察其文字及中国知识,认定其无知并固执己见。

(6960)第九节。皇帝发出两道极其严厉的圣旨,斥责阎当主教和铎罗宗主教,后者对皇帝进行强烈反驳,招致更严厉斥责。

(6962)第十一节。皇帝向宗主教宣布不准许驻大使,命白晋神甫返回宫廷……毕天祥神甫被捕回京。

(6963)第十二节。根据皇帝旨意,毕天祥神甫被押送至苏州,阎当主教及格特、米扎法斯教士被驱逐。所有的传教士都被传唤接受审查,目的是驱逐在中国礼仪事件中阎当主教的追随者。宗主教对抗另一道政令,使得传教会面临灭顶之灾。

(6964)第十三节。耶稣会省长神甫命令遵循宗主教的政令,并同其四位下属在审查中遵循之;皇帝被冒犯,驱逐全部这五人,并宣布不遵守礼仪的基督徒为叛逆;其他耶稣会士向教皇求助,并留在其教堂中;皇帝颁发了一道恐怖之极的旨意并驱逐其他传教士。

(7048)在宗主教命令公布之前接受皇帝委任状(领票——译者注)的教士名单。

(7056)1708年10月等待皇帝派出命令之神甫名单。

从这些文献目录我们可以看到,这些文献对于纂写"通记"中的第三卷"康熙之治和雍正改革"、第四卷"乾隆统一全中国";对于纂修清史的"典志"中第二十卷"澳门、香港志",第三十三、三十四卷"宗教志",第九卷"思想文化志";对于纂修清史的"传记"中第四十九卷"顺治朝人物"(约100人),第五十卷"康熙朝人物"(约100人),第五十一卷"康熙朝人物"(约100人),第六十九卷"遗民一(明清之际)"、"遗民二(清、民国之际)"及"外籍人士"(约250人)等都是十分有价值的。

四、《耶稣会在亚洲》文献中关于清代天主教史的记载

清代天主教史的研究近年来有了长足的进步,特别是台湾学者黄一农先生所写的一系列论文达到了很高的水平,澳门金国平和吴志良的研究也成绩斐然,中国大陆学术界的研究也取得很大的进展。但是我们应看到,制约清代天主教史研究的关键问题仍是基本文献整理不足。从中文文献的整理来看,近年来出版了一些重要的原始文献,从而有力地推动了研究的进展。然而,我

们清醒地认识到,现在所出版的中文文献只是很小的一部分[1],大量的清代天主教的中文文献仍藏在欧洲各大图书馆,进一步收集和整理这些中文文献应是清史文献整理中的重要工作。从西方文献来看,主要有北京外国语大学海外汉学研究中心组织翻译了一些传教士的西方语言著作,但对档案文献的翻译和整理中国学者从来未做过。正是在这个意义上,这个目录为清代天主教史的研究者提供了第一手的教会内部文献,从而加深对清代天主教史的研究。

例如,清初的在华传教士南怀仁等人的通信就显得十分珍贵。

(1752)南怀仁致省长神甫函。北京,1683 年 5 月 5 日。

(1821)南怀仁致方济各神甫函。北京,1687 年 6 月 27 日。

(1822)南怀仁致高级神甫函。北京,1687 年 1 月 28 日。

(1823)南怀仁致高级神甫函。北京,1687 年 4 月 26 日。

(1824)南怀仁致高级神甫函。北京,1687 年 9 月 24 日。

(1826)徐日升致视察员神甫函。北京,1688 年 2 月 24 日。

(1828)徐日升致狄若瑟神甫函。北京,1688 年 12 月 1 日。

(1829)徐日升致视察员神甫函。北京,1688 年 12 月 12 日。

(1831)徐日升致视察员神甫函。北京,1688 年 2 月 8 日。

(1834)徐日升致高级神甫函。北京,1688 年 2 月 11 日。

(1835)徐日升致视察员神甫函。北京,1688 年 2 月 27 日。

(1851)……致徐日升院长神甫及安多神甫函。广州,1688 年 5 月 21 日。

(2021)洪若翰神甫致在华主教助理神甫阁下函。1688 年 6 月 10 日。

(2069)主教神甫致北京院长徐日升神甫函,以备中国及日本视察员神甫查询通报。1688 年 11 月 20 日。

(2209)徐日升神甫同年致视察员方济各神甫若干信函。1690

---

1 钟鸣旦等编:《徐家汇藏书楼明清天主教文献》(1—5 卷),方济出版社,1996 年;钟鸣旦:《耶稣会罗马档案馆明清天主教文献》(1—13 卷),利氏学社,2002 年。 参阅张西平:《明末清初天主教入华中文文献研究的回顾与展望》,载《炎黄文化研究》2003 年第 10 期。

年1月10日。

(2219)徐日升神甫致视察员方济各神甫的另一封信函。1690年6月3日。

(2242)徐日升神甫致同一位视察员金弥格神甫的另一封信函。1690年10月29日。

又如,目录中提供了在华传教士的各种报告、著作目录,各个住院的通信和报告等,使我们对清初的天主教内部运作有了较为清楚的了解。

(2778)自沙勿略起所有入华神父的名单。

(2779)关于道明会。

(2780)关于圣方济各会。

(2781)关于圣奥古斯定会。

(2821)亚洲尽头。信仰传入:耶稣会的神甫们传播上帝之法则于斯。第六卷第一部分。致尊敬的吾王若望四世陛下。著者:耶稣会士何大华神甫,于中国,1644年。

(2027)洪若翰神甫致在华主教助理神甫阁下函。1688年6月10日。

(2082)柏应理函。马德里,1689年6月22日。

(4490)中国传教会为神甫所制书籍目录。

(4522)利类思神甫在宁波所建传教会。

(4515)毕方济神甫于常熟所建另一家住院。

(5018)1658年中国省北部诸住院年报。

(5150)中国大迫害之简短记录。

(5627a)某些书的目录,这些书是由那些在华夏帝国宣讲基督的耶稣会神父写的,他们用汉字和汉语印刷这些书,其中仅仅列出那些与基督宗教规律有关系的书籍,而省略其他学科和艺术的书,因为全部著作的目录以及作者们的种种话会在别处出现。

(6425)第二节。如何管理宫廷里的基督徒社团。

(6426)第三节。宫廷基督徒社团诸修会组织。

(6782)记述从1706年至今在中国传教会所发生之事。1707年。

(6970)宗主教两次突破警卫或看守所:请求中国人帮助来对抗葡萄牙人;宣称革除总督、加约上尉及总兵之教籍;被看押得更加严密;主教宣布对此宗主教进行审查,后者则宣称革除主教教籍。耶稣会林安廉服从了大主教,拒绝了宗主教给他的信函。

以上文献对于纂修清史的"典志"的第九卷"天文历法志",第二十卷"澳门、香港志",第三十三、三十四卷"宗教志",第四十卷"学术志",第四十四卷"科学技术志",第五十卷"康熙朝人物"(约 100 人),第五十一卷"康熙朝人物"(约 100 人),第五十二卷"雍正、乾隆朝人物"(约 100 人),第六十九卷"遗民一(明清之际)""遗民二(清、民国之际)"及"外籍人士"(约 250 人)等都有着重要的价值。

五、《耶稣会在亚洲》文献中关于清代社会史的记载

这批文献对清史纂修的另一价值是它提供给了我们有关清代社会史的许多宝贵材料,因为传教士生活在中国社会的各个不同阶层,他们中既有长期生活在宫廷中的,也有长年生活在社会底层的。这样一来,他们的这些信件和报告就给我们展现了一幅清代社会生活的画卷,其中许多材料和描写是在中国史料中很难看到的。例如,前不久我在为不久将出版的清代传教士鲁日满(Francols de Rougemont,1624—1676)账本研究的一本著作[1]写的序言中曾引用过这本书作者的一段话,他说鲁日满的"账本也是反映中国商品价格史及各种服务价格的一种材料。从这点上说,它的内容又属于汉学的领域,更确切地说,属于所谓的'康熙萧条期'中国经济学的领域。这份迄今为止未被发现的来自常熟的西文材料,由此可以充分补充当时中文材料的缺陷"。

作者还根据账本对鲁日满日常生活的消费做了具体的价格计算,通过他的计算我们可以对 17 世纪 70 年代的江南经济生活有一个十分具体的了解。下表就是作者对鲁日满日常生活的 47 种物品的价格计算。

1 高华士著、赵殿红译:《耶稣会传教士鲁日满在常熟》,此书将在大象出版社出版。

物品	价格		账本页码	地点
桑皮纸	0.035 两/张	87.5 文/张	页 133	
墨	0.05 两/两	125 文/两	页 173	
蜡	0.185 两/斤	462.5 文/斤	页 142	
大米	0.0900 两/斗	225 文/斗	页 140	
面粉	0.0056 两/斤	14 文/斤	页 192 等	杭州
盐	0.0120 两/斤	30 文/斤	页 226 等	
糖	0.0370—0.0620 两/斤	92.5—155 文/斤	页 214 等	
羊肉	0.0220 两/斤	55 文/斤	页 190	杭州
牛肉	0.0170 两/斤	42.5 文/斤	页 192	杭州
猪肉	0.0260 两/斤	65 文/斤	页 192 等	杭州
未知名称的肉	0.0268 两/斤	67 文/斤	页 188 等	杭州
油	0.0270 两/斤	67.5 文/斤	页 185 等	杭州
香油	0.0254 两/斤	63.5 文/斤	页 190	杭州
山香圆片	0.0766 两/斤	191.5 文/斤	页 156	杭州
茶叶	0.0480 两/斤	120 文/斤	页 190	杭州
山药	0.0533 两/斤	133.25 文/斤	页 221	
瓜仁	0.004 两/两	10 文/两	页 190	杭州
鸡	0.048 两/只	120 文/只	页 184	杭州
野鸡	0.090 两/只	225 文/只	页 220 等	
夏帽	0.0300 两/顶	75 文/顶	页 186	
冬帽(成人)	0.2500 两/顶	625 文/顶	页 153、223	
冬帽(儿童)	0.175 两/顶	437.5 文/顶	页 223	
冬衣(成人)	1.200 两/件	3000 文/件	页 41	
冬衣(儿童)	1.000 两/件	2500 文/件	页 152	
眉公布制成衣	0.600 两/件	1500 文/件	页 156	
丝带	0.200 两/条	500 文/条	页 141 等	
冬袜(成人)	0.200 两/双	500 文/双	页 126	
冬袜(儿童)	0.170 两/双	425 文/双	页 136	
紫花布	0.085 两/匹	212.5 文/匹	页 202	

物品	价格		账本页码	地点
锦布	0.130 两/匹	325 文/匹	页 227	
本色棉布成衣	0.110 两/件	275 文/件	页 46	
棉桃	0.060 两/斤	150 文/斤	页 140	
煤(或炭)	0.003 两/斤	7.5 文/斤	页 189	杭州
铅笔(或毛笔)	0.006 两/支	15 文/支	页 229、164	
石青	0.250 两/两	625 文/两	页 134	
(铜制)灯笼	0.0048 两/只	12 文/只	页 177	杭州
铜门栓	0.04 两/条	100 文/条	页 178	杭州
铜十字架	0.13 两/个	325 文/个	页 173	
茶壶	0.02 两/只	50 文/只	页 44	
夜壶	0.016 两/只	40 文/只	页 178	
容器	0.035 两/只	87.5 文/只	页 52	
钟表架子	0.03 两/只	75 文/只	页 52	
骨制念珠	0.03 两/串	75 文/串	页 225	
眼镜	0.3 两/副	750 文/副	页 45	
望远镜	1 两/只	2500 文/只	页 228	
盒子(盛放毛皮)	0.55 两/只	1375 文/只	页 148	
桌子	0.8 两/张	2000 文/张	页 226	

这里我们只是举了鲁日满的例子,其实在这个文献目录中这样的文献是有不少的,例如:

(1962)出于明确需要及明显用途而在南京进行的一次房地产置换,1688 年,由副省长神甫殷铎泽批准,南京学院院长毕嘉神甫经手。1690 年 10 月 30 日。

(2764)教友伊那西奥·库埃略留给澳门学院的省教区记录,以管理房地产,以及该学院于 1646 年 8 月 12 日将土地出售予迪奥哥·瓦兹·帕瓦罗的记录。

(2765)教友伊那西奥·库埃略赠与澳门学院以购买房地产的两

千帕道(古葡属印度货币)银两的花费,以及该学院出售予迪奥哥·瓦兹·帕瓦罗土地所得银两的花费。1646年。

(2771)澳门学院来自日本省教区的传教士;该省从1616年8月31日至1639年8月31日供养这些传教士;澳门学院每年的人数及上述省教区对此的花费,如本书所述,香烛钱不记在内。

(2792)澳门学院不动产清单。

(2810)中国教会收入及不动产清单。

(2823)第一阶段之中文词汇解释。

(4961)北京宫廷住院。

(5127)第九章。国王政令下达南京及南部其他省份,关于宫中诸神甫的生死及如何执行政令。

(5257)1673、1674年北京年报,致日本及中国视察员神甫。第23条。1674年年报北京宫廷住院摘录。

(5328)耶稣会华夏("支那")副省于1662年的年度收入。

(5497)中国皇帝圣旨。

(6242)呈交康熙皇帝用于北京学院新教堂之铭文事宜。

(6257)杭州府学院的详细收入,从1725年9月1日到1726年8月底。

这些文献将为清史纂修中"典志"的第二十五卷"农业志",第二十六卷"手工业志",第二十七卷"商业志",第二十八卷"对外贸易志",第三十卷"财政志",第三十一卷"漕运、盐政、钱法志(附金融)"等提供第一手的原始材料。

六、《耶稣会在亚洲》文献中关于清代中外关系史的记载

历史发展到17世纪时,由地理大发现而开始的世界融为一体的进程在加快,葡萄牙、西班牙、荷兰、英国等西方国家在晚明时已经将其力量扩张到东方。从内陆起家的清朝贵族掌握国家政权时,他们对于外部世界的认识在一定程度上还不如晚明王朝。在全国政权基本稳定后他们基本沿袭了明朝的对外政策,对于朝贡国"清仿明制,完全继承明朝朝贡制度,通过颁赏,建立宗藩

关系,但对其国内事务不加干涉,关注的只是礼仪和名分”[1]。对于已经来到大门口的西方国家,虽然清王朝也时有将其作为朝贡国的记载,但并不敕封,而只是侧重“互市”,把贸易关系放在首位。

由于不少耶稣会士生活在宫廷,对清王朝的外交活动有近距离的观察,特别是在与西方国家的交往中,康熙时代还让传教士们直接参与其外交活动,最明显的是在与俄罗斯的边界谈判中,徐日升和张诚发挥了重要的作用。因此,在入华耶稣会的通信和报告中不少文献直接反映了清代的外交活动,给我们提供了研究清代外交关系的重要文献,例如:

(1549)玛讷萨尔达聂大使广州来函。1668年11月7日。

(1550)玛讷萨尔达聂大使另一函。1668年5月19日。

(1551)玛讷萨尔达聂大使另一函。1668年7月1日。

(1700)葡萄牙国王特使玛讷萨尔达聂前往京廷及觐见中国及鞑靼皇帝行程简记:自广州登岸日始。

(2817)1725年葡萄牙国王若望五世派遣一名使者觐见中国皇帝,大使名为亚历山大·米特罗·德·门得斯·索萨,于1726年6月10日乘坐一艘载有54门大炮的葡船抵达澳门,下列神甫同行。

(5166)1667年。荷兰使节于该年即康熙六年呈交中国皇帝康熙的备忘录。

(5167)国王的回答。

(5168)描写荷兰人进贡诸事之礼仪备忘录。

(5168a)皇帝赐荷兰人物品清单。

(5169)荷兰人请求国王赐予的物品,为礼部法庭呈交国王一份备忘录,向陛下表述这些请求。

(5170)荷兰人向中国皇帝进献的厚礼,以及如何得到批示。中文译成葡文。若望·曼苏卡提交给中国皇帝的备忘录。

(5171)荷兰国王自巴黎向中国皇帝赠送的物品清单。

---

1 万明:《中国融入世界的步履:明与清前期海外政策比较研究》,社会科学文献出版社,2000年,第319页。

(5184)为皇帝及其他官员进献礼品清单。

(5185)进献皇帝之礼品。

(5186)进献皇后之礼品。

(5495)吾王致中国皇帝信函之副本。

(5496)皇帝就此函所做批示。

以上文献将为清史纂修中“典志”的第二十二、二十三卷“邦交志”;“传记”的第六十九卷“遗民一(明清之际)”“遗民二(清、民国之际)”及“外籍人士”(约250人)等提供外文的材料和文献。

(原载澳门《文化杂志》2007年12月季刊)

关于卜弥格与南明王朝关系的文献考辨

卜弥格(Michel Borm,1612—1659)是波兰来华传教士。他出身望族,父亲是波兰国王的御医。卜弥格对今天的中国人来说已经是一个十分陌生的名字,但在历史上却是对中国和西方都有着重要贡献的来华传教士。对中国来说,他直接参与了南明永历王朝的政事,并作为永历王朝的特使出访罗马教廷。这是中国和西方历史上,或者说是中国和罗马教廷关系史上第一次正式的外交活动。对西方来说,他第一次将中国的中医介绍到了西方,在17—18世纪的中国文化西传欧洲的文化交流中,他有着重要的贡献。

卜弥格1643年离开里斯本乘船前往东方,1644年他来到澳门,在这里学习了汉语。1647年被派到海南岛传教。[1] 永历二年(1648年),南明永历王朝的重臣庞天寿率团访问澳门,在永历朝的耶稣会士瞿纱微(André-Xavier Koffler,1613—1651)也在当年十一月返回澳门,很快来华耶稣会的副会长曾德昭(Alvare de Semedo,1585—1658)在瞿纱微的陪同下来到了肇庆。不久,曾德昭就决定将在海南传教的卜弥格派往中国南部的永历王朝。

虽然学术界对于卜弥格和南明王朝的关系研究有许多重要的论文,也取得了很大的进展[2],但卜弥格所撰写的《中国王室皈依略记》一书中国学术界

1 关于卜弥格去海南岛的时间,历史学家们认识并不完全一致,参阅费赖之:《在华耶稣会士列传及书目》上册,中华书局,1995年,第275页;爱德华·卡伊丹斯基著,张振辉译:《中国的使臣:卜弥格》,大象出版社,2001年,第76页。

2 关于卜弥格与南明王朝的关系,中外学者多有论述,伯希和(Paul Pelliot,1878—1945)在他的《卜弥格传补正》一文中指出,在上个世纪西方已经出版了《波兰耶稣会士卜弥格及中国明朝之亡(1646—1662)对于极东传教会史之贡献》《卜弥格奉使传》。(参阅冯承钧译:《西域南海史地考证译丛》第三卷,商务印书馆,1999年,第178—179页)中国学者高劳、张星烺、顾保鹄、罗光、方豪、黄一农等人都有专文论述。

始终没有读到原文[1]，在罗马耶稣会档案馆的中文文档也并未穷尽。因此，这里根据爱德华·卡伊丹斯基(Ambasador Państwa Srodka)先生从波兰文所翻译的有关卜弥格的原文[2]和笔者在罗马耶稣会档案馆发现的新史料对卜弥格和南明王朝的关系做进一步研究，以求教于各位方家。

一、罗马耶稣会档案馆中发现的新文献

笔者最近在罗马耶稣会档案馆发现了几份从未公布过的有关卜弥格与南明王朝的新文献，现将这几份新发现的文献与以往公布的文献做一对照研究。

首先，公布笔者所发现的文献中以往从未公布的文献。

文献一　永历皇帝朱由榔祈祷书[3]

永历皇帝臣由榔于十月初二日诚心祈祷

天主慈悲挽回赣永之虏寇，化为良民，怜万性生灵。

万民有罪，责臣一人，臣若有罪毋贻万方敬沥徵(西平按：征)。

忱仰祈

文献二　王太后做弥撒书[4]

谕瞿先生：因赣永虏势紧急，于本月初三日做弥撒诉主挽回天意，宁圣慈肃皇太后王氏谨发诚心恳求，罪人圣烈纳圣母保主转祈慈母大开洪恩赦宥当今皇帝朱由榔一切愆过，求我主之力将赣永之虏祈祸为祥，宁谴责母子之罪，愿免生灵涂炭之苦。

文献三　庞天寿书[5]

大明钦命总督粤闽恢剿、联络水陆军务

提督、提调汉土官兵、兼理财催饷、便宜行事、仍总督勇卫营、兼掌御马监印、司礼监掌印太监庞亚基楼利当昔于耶稣会士龙尼阁老，

1　关于此书我们下面还要做专门的介绍。

2　波兰汉学家爱德华·卡伊丹斯基整理了卜弥格的主要文献，编辑了《卜弥格文集》，中国社会科学院外文所的张振辉先生将其翻译成中文，该书即将出版。 在此，我对爱德华·卡伊丹斯基先生和张振辉先生表示感谢，他们所提供的文献对我的这篇论文帮助很大。

3　Jap. Sina. 77.

4　同上。

5　同上。

领教圣洗，顶载圣恩，敬致薄牌，奉献圣总师意纳爵座前。

永历四年十月初八日　耶稣会士瞿纱微　卜弥格以奉泰西罗马京

吾主耶稣降生一千六百五十年。

其次，笔者发现这份文献包含以往已经公布的几份文献。

(一)王太后致耶稣会总会长书[1]

大明宁慈肃皇太后烈纳敕谕耶稣会大尊（西平按：顾神父所公布的文献中是"导"）总师神父：予处宫中远闻大主之教，倾心既久；幸遇尊会之士瞿纱微，遂领圣洗，使皇太后玛利亚、中宫皇后亚纳及皇太子当定，并入圣教，领圣水，阅三年矣。今祈尊师神父，并尊会之友，在天主前，祈保我国中兴，天下太平，俾我大明第拾捌帝、太祖拾贰世孙主臣等，悉知敬真主耶稣；更求尊会相通之功劳之分，再多送老师来我国中行教。待太平之后，即着（西平按：顾神父所公布的文献中是"著"）钦差官来到圣祖总师意纳爵座前，致仪行礼。今有尊会卜弥格，尽知我国事情，即使回国代传其意，谅能备悉，可谕予怀。钦哉！特敕。永历四年十月十一日[2]

这份文献和顾神父带回的那份文献的不同之处在于：此函书不是抄于黄绢之上，黄绢四边没有龙文，它只是一个抄本。另一个重要区别在于，文献前有拉丁文的翻译，中文附在后面，这和顾神父所看到的单独为一函书，文献后有"宁圣慈肃皇太后"印的正式文书显然有很大的区别。第三点区别在于，这份文献逐字都有罗马注音。文献中的中文字迹虽然潦草，但可以看出是中国文人所写。

(二)庞天寿上罗马教宗书[3]

大明钦命总督粤闽恢剿、联络水陆军务、提调汉土官兵、兼理财催饷、便宜行事、仍总督勇卫营、兼掌御马监印、司礼监掌印太监庞亚

1　同上。

2　参阅黄一农：《两头蛇》，台湾清华大学出版社，2001年，第360页。

3　Jap.Sina.77.

基楼(西平按:此处没有空格)切利斯当,膝伏因诺曾爵(西平按:此处没有空格)代天主耶稣在世总师、公教真主圣父(西平按:此处没有空格)座前:切念亚基楼,职列禁近,谬司兵戎,寡味失学,罪过多端;昔在北都,幸遇耶稣会士,开导愚懵,劝勉入教,恭领圣水,始知圣教之学,蕴妙洪深,夙夜潜修,信心崇奉,二十余年,罔敢少怠;获蒙天主庇佑,报答无繇,每思躬诣圣座,瞻礼圣容,讵意邦家多故,王事靡鹽,弗克遂所愿怀,深用悚仄。但罪人一念之诚,为国难未靖,特烦耶稣会士卜弥格归航泰西,来代告教皇圣父,在于圣伯多禄、圣保禄座前,兼于普天下圣教公会,仰求天主慈炤我大明、保佑国家,立跻升平;俾我圣天子乃大明第拾捌代帝、太祖第拾贰世孙主臣,钦崇天主耶稣,则我中华全福也。当今宁圣慈肃太后,圣名烈纳;昭圣皇太后,圣名玛利亚;中宫皇后,圣名亚纳;皇太子,圣名当定,虔心奉圣教,并有谕言致圣座前,不以宣之矣。及愚罪人,恳祈圣父,念我去世之时,赐罪罚全赦;多令耶稣会士来我中国,教化一切世人悔悟,敬奉圣教,不致虚度尘劫。仰徼大造,实无穷矣。肃此,少布愚悃,伏维慈鉴,不宣。永历四年,岁次庚寅,阳月弦日书。慎余。[1]

此文献与顾神父所带回的文献不同之处在于,顾神父看到的是正式文本,文献外“有绢套,套外书有‘代天主耶稣在世总师公教真主圣父座前’等十七字,另一面则绘龙,套裹书‘代天主耶稣在世总师公教真主圣父座前因诺曾爵’二十一字,另一面绘龙,信札用红纸,首有一‘肃’字,上钤‘总督勇卫之印’”[2]。这里是一抄本,文献前有“总督勇卫之印”,文献中的每一个字均有罗马字母注音。

(三)庞天寿上耶稣会长书[3]

大明钦命总督粤闽恢剿、联络水陆军务、提调汉土官兵、兼理财催饷、便宜行事、仍总督勇卫营、兼掌御马监印、司礼监掌印太监庞亚

1 参阅黄一农:《两头蛇》,台湾清华大学出版社,2001 年,第 362 页。

2 同上。

3 Jap.Sina.77.

基楼（西平按：此处没有空格）切利斯当，书奉耶稣会大尊总师神父台前：切念亚基楼，职列禁近，谬司兵戎，寡昧失学，罪过多端；昔在北都，幸遇耶稣会士开导愚懵，恭领圣水，始知圣教之妙，尊会之恩，累思报答，未获涓埃；每愿躬诣尊师，奈国家多故，未克遂所愿怀，殊慊慊耳。今奉皇太后懿旨，敢烦尊会士卜，圣名弥格，归航泰西，告教皇圣父及大尊师，彼知我怀，能详愚悃，慈求大尊神父并于尊会之友，在圣祖意纳爵座前，祈祷天主耶稣慈炤中夏，矜怜主臣，悉知钦崇圣诲，享太平际而已。复恳神父大尊念我寡力德浅，赐尊会圣人通劳之共分，则惠顶戴不极。再多使老师臻我中邦，广普铎世人悟悔；仰徼大造，实无穷矣。敬制薄牌，愿大尊安于圣祖总师意纳爵座前，少表将贡，聊致祝私。永历肆年，岁次庚寅，阳月弦日书。慎余。[1]

同样，这份文献和顾神父带回的文献复印件不同，它只是一个抄本，文献起头处有“总督勇卫之印”，文章开头处没有“肃”字。整篇文献中的每一个字均有罗马字母注音。

最后，笔者所发现的这份文献中没有包括以往已经公布的几份文献：

（一）庞天寿致威尼斯共和国诸公拜帖[2]

泰西物搦齐亚・光地公朝、皇、会帖子。大明钦命总督粤闽恢剿、联络水陆军务、提调汉土官兵、兼理财催饷、便宜行事、仍总督勇卫营、兼掌御马监印、司礼监掌印太监庞亚基楼-切利斯当，敬于物搦齐亚・光地皇、诸侯及公朝、总会，于老师卜弥格尔—耶稣会奉拜。[3]

（二）王皇后谕耶稣会士瞿纱微书[4]

皇太后谕瞿先生：予在世所作罪业，深如丘山，又虑虏寇交虹之际，人心涣散之时，危在燃眉之急，恐落于凶恶之手，以污秽了身体，惟望先生替予每日在天主、圣母圣像前祈求，遣天神护持予身，全其

1　参阅黄一农：《两头蛇》，台湾清华大学出版社，2001 年，第 366 页。

2　Jap.Sina.77.

3　参阅黄一农：《两头蛇》，台湾清华大学出版社，2001 年，第 367 页。

4　Jap.Sina.77.

名节,只愿善终,不枉进会,一尝生死,感诵胜德不朽也。[1]

与以前公布的文献内容相比,我们可以看到,笔者所发现的这份拉汉两种文字的文献虽然不是正式的文本,但也应是卜弥格返回罗马时所带的文本,文本中汉字的罗马注音充分说明这是卜弥格带回罗马给不懂中文的人来看的。两份文献中相同的几份文献,虽然在个别字上略有差别,但总体上是相同的,这不仅在文献的真实性上可以互证,也可以从中看出卜弥格返回欧洲是做了精心准备的。内容相同而形式不同的这两份文献说明,我们对卜弥格带回罗马的文献仍未收集完整,同时这也使我们可以在相互比较中对当时卜弥格返回罗马一事有更为全面的认识。上面所公布的三份新文献将进一步加深我们对卜弥格返回罗马梵蒂冈教廷前后南明王朝的真实处境的了解。

二、卜弥格和南明王朝的几个问题

1.关于永历皇帝的信仰问题。永历帝朱由榔,“神宗孙,桂端王常瀛四子。生母马氏,天启三年冬十月丙子诞于京邸。七年秋,随封衡州。崇祯九年,封永明王。十四年,娶妃王氏”[2]。1646年在广西巡抚瞿式耜的提议下,朱由榔“十月十四日称监国于肇庆。十一月十八日遂称尊号,改为永历,以肇庆府署为行宫”[3]。按照沙不烈的看法,“隆武遇害以后,永历留安德[4]于朝中。天寿使人译教义纲要为汉文,朝夕劝帝信教,由是帝与后妃皆跪基督像前祈祷矣”。“又有一次因从官数人之叛,几濒于危。天寿在颠沛流离之中常劝其主从信基督之教,而于信仰中求慰藉。”[5]最近黄一农在《两头蛇》中所公布的瞿纱微的《中华帝国局势之总结》一文也可以看出永历皇帝对基督教的认识与看法。瞿纱微在文中说:“在永历帝的同意之下,庞天寿积极对太后、太后之母以及皇后等人传教,并获得他们的虔心认同。”“次日(永历二年三月初十日),永历帝抵

1 参阅黄一农:《两头蛇》,台湾清华大学出版社,2001年,第368页。

2 钱海岳:《南明史》第二册,中华书局,2006年,第119页。

3 道光十三年《肇庆府志》卷二十二《记事》。

4 瞿纱微和瞿安德是一个人,在中国史书中他有两个中文名,参阅费赖之著、冯承钧译:《在华耶稣会士列传及书目》上卷,中华书局,1995年,第270页。

5 沙不烈:《卜弥格传》,载冯承钧译:《西域南海史地考证译丛》第三卷,商务印书馆,1999年,第64页。

达我们所在地(南宁)。王太后命他在天主像前跪拜……”“两宫太后和皇后都坚持皇子应受洗,但我回答如果没有获得皇帝的同意,我不会径直施行。我还答应要替他找些师傅,教导他圣教诸事,且不允许他将来娶嫔妃或做其他不合律法之事。皇帝完全知道此一情形,但他怀有恶意的朝臣两度介入此事,导致他与太后和皇后之间意见不合。在我们从山区下到平地的途中,皇子生重病且濒临死亡。我得到上谕,要我在弥撒中替其向天主祈福,并问我对此事的看法。我答称天主为皇帝未做适当回应而不快,如要此子存活,最好让他受洗成为天主之子。皇帝于是要求我立刻替皇子领洗,我就在他面前完成洗礼。……受洗之后,皇太子的病情旋即好转。他的教名是当定(Constantine),中文字的意思是‘(他)将决定’,皇帝和朝廷对此名非常喜欢。”[1]

从这些材料中我们可以看到天主教在永历朝宫内发展的一些细节,从记载中可以得知永历望过弥撒,也像天主做过祈祷,为了皇子的健康他也认可皇子的受洗。但永历皇帝对待天主教的态度始终是模棱两可的,他对基督教始终是实用性的理解。永历所以未入教是因为他“多妻妾”,但“永历虽未入教,然不反对其亲属领洗,故许皇子与后妃等领洗”[2]。到目前为止,我们所知道的永历皇帝对待基督教的态度都是描述性的记载,这次笔者在耶稣会档案馆所发现的这份永历皇帝做祈祷的文献是第一份直接证明他对待基督教态度的文献,从这份文献我们可以进一步看出永历皇帝在信仰上的摇摆性,说明尽管他仍是从实用的角度、从自己的社稷江山的角度来对天主祈求的,但这份文献证明他有时确确实实将基督教作为化解自己苦恼的一种方式。这也是我们所看到的中国历史上唯一的一份一位皇帝所做的基督教的祈祷书,在史学方面的价值是很大的。

2.关于派卜弥格返回欧洲的问题。伯希和认为派耶稣会士返回欧洲一事完全是在永历朝中的耶稣会士发动的,“而非出于永历左右的中国人”。因为,从现在留下的史料来看,“永历本人毫无参加之迹,就是他信奉基督教的要臣

1 转引自黄一农:《两头蛇》,台湾清华大学出版社,2001 年,第 334—336 页。

2 沙不烈:《卜弥格传》,载冯承钧译:《西域南海史地考证译丛》第三卷,商务印书馆,1999 年,第 59 页。

瞿式耜,也未参加,仅由太后纳烈同太监庞天寿出名致信”[1]。但波兰汉学家爱德华·卡伊丹斯基认为,永历皇帝参与了此事。他说:“永历朝廷原打算让庞天寿宰相亲自去欧洲,但因为他是明朝在和清朝的斗争中的主要支柱,不能离开朝廷。后来,他曾提议派瞿安德出使欧洲信基督教的国家,瞿安德是奥地利人,他还可以到维也纳去觐见奥国的皇帝。但不知什么原因他不愿意去。最后永历就把这个使命交给了卜弥格。”[2]

事实上,在永历朝中只有卜弥格和瞿纱微两人是欧洲人,向欧洲派出使臣,让其中一个神父到欧洲去,这样的大事,如果永历皇帝不知,而只是庞天寿和王太后两人参与,这样的可能性不大。因此,爱德华·卡伊丹斯基的意见值得重视,但我们仍需要寻找永历皇帝参与此事的证据。

在决定卜弥格返回欧洲作为永历朝的使臣这件事上,笔者认为瞿纱微起着决定性的作用。理由有两条:其一,卜弥格是1649年中到达肇庆,开始进入永历朝。[3] 而瞿纱微1645年在广西传教时就和南明重臣焦琏有交往,“1646年永历即位时,他或者由此处赴肇庆,逗留若干时”[4]。这说明瞿纱微显然比卜弥格更为熟悉永历朝的情况,在永历朝也比卜弥格有更大的发言权。因此,卜弥格返回欧洲之事的主要确定者应是瞿纱微。其二,笔者在耶稣会所发现的这份文献也证明这一点。“永历四年十月初八日　耶稣会士瞿纱微 卜弥格以奉泰西罗马京　吾主耶稣降生一千六百五十年”(见上引文)。从这份文献我们可以看到从1649年10月到1650年卜弥格赴澳门前,当时是决定瞿纱微和卜弥格两人同时返回欧洲作为永历朝的特使的,而不是仅仅派卜弥格一个人返回欧洲。从这个文献可以看出,由派瞿纱微和卜弥格两人返回欧洲,改为派卜弥格一人返回欧洲,这里起决定作用的是瞿纱微、庞天寿。甚至笔者认为

1　冯承钧译:《西域南海史地考证译丛》第三卷,商务印书馆,1999年,第199页。

2　爱德华·卡伊丹斯基著,张振辉译:《中国的使臣:卜弥格》大象出版社,2001年,第103—104页。

3　伯希和认为时间是1649年中,曾德昭完成给永历朝的弥撒后返回澳门,将卜弥格留在了肇庆。参阅伯希和:《卜弥格传补正》,载冯承钧译:《西域南海史地考证译丛》第三卷,商务印书馆,1999年,第198页;费赖之著,冯承钧译:《在华耶稣会士列传及书目》上卷,中华书局,1995年,第150页。

4　伯希和:《卜弥格传补正》,载冯承钧译:《西域南海史地考证译丛》第三卷,商务印书馆,1999年,第191页。

永历皇帝也可能参与此事，因当时永历朝危机四伏，就在卜弥格赴澳门后数月，永历帝就派瞿纱微到澳门求援，“澳门参事会及澳门总督遣兵一队炮二门赴援”[1]。

从这份文献我们也可以看出传教士在永历朝的地位。无论将卜弥格派回欧洲，还是将瞿纱微派到澳门周旋求援，说明他们都已是永历朝的重要人物，如何使用他们或者说传教士们自己如何在永历朝发挥更大的作用已经成为一个要反复思考的问题。

3.关于“赣永虏势紧急”的理解。王太后在永历二年三月曾给耶稣会士瞿纱微一份手谕，手谕中说“予在世所作罪业，深如丘山，又虑虏寇交讧之际，人心涣散之时，危在燃眉之急，恐落于凶恶之手，以污秽了身体，惟望先生替予每日在天主、圣母圣像前祈求，遣天神护持予身……”黄一农先生在考察这份手谕时，最初认为这份手谕“非王太后所书，而是出自马太后”。后黄一农根据瞿纱微的拉丁文文献，修改了这个结论，认为王太后所写的“虏寇交讧”指的是大顺军郝永忠在永历二年纵兵在桂林抢劫后造成永历帝被迫出走一事。

笔者在罗马耶稣会档案馆发现了一份和王太后在永历二年给瞿纱微的手谕类似的文献：“谕瞿先生：因赣永虏势紧急，于本月初三日做弥撒诉主挽回天意，宁圣慈肃皇太后王氏谨发诚心恳求，罪人圣烈纳圣母保主转祈慈母大开洪恩赦宥当今皇帝朱由榔一切愆过，求我主之力将赣永之虏祈祸为祥，宁谴责母子之罪，愿免生灵涂炭之苦。”

那么，这道手谕写于何时？因何事所写？需要我们根据中文历史史料加以辨析。永历三年（1649）正月，南昌被清兵所破，不久何腾蛟在湘潭被俘，整个湖南迅速被清军所占。十二月孔有德的大军攻下永州，永历政权的粤西门户受到威胁，同月，尚可喜和耿继茂率领的清军越过了庾岭，于永历四年（1650）正月初三拿下南雄，打开了广州的门户。正是从这个时刻起，永历王朝经历了一场大的灾难。在失去江西、湖南两地，清军逼近广州之时，永历闻讯仓皇西逃，二月初到达梧州。永历政权结束了它的肇庆时期。十一月初四，清军攻下广州，次日孔有德部拿下桂林，永历朝在两广的势力土崩瓦解。驻在梧

1　费赖之著，冯承钧译：《在华耶稣会士列传及书目》上卷，中华书局，1995年，第273页。

州的永历在接到两广省会失陷的消息,顿时惊惶万状,在少数大臣的陪同下开始逃向浔州。浔州守将、庆国公陈邦傅看到永历朝大厦将倾,竟密谋劫持永历皇帝,将其献给清军。幸朱由榔得到密报,冒着倾盆大雨连夜出逃,陈邦傅没有抓到永历帝,就把抓到的宣国公焦琏杀害,献给了孔有德。朱由榔逃到南宁时已经无兵无将,所辖地盘已经全部丢失。直到被大西军的孙可望接到云南境内,永历帝才暂时喘了口气。

从这段历史我们看到,江西南雄的丢失和湖南永州的失陷是永历朝再次离开肇庆,向西南逃窜的开端。"赣永虏势"讲的就是这一时期永历朝的情况。这一时期瞿纱微直到永历五年十一月二十三日(1652 年 1 月 4 日)被清兵追杀以前都在随永历帝西逃。对照这份文献和前面王太后给瞿纱微的手谕,可以看到"赣永虏势"在前,"虏寇交虹之际"在后。

卜弥格是 1650 年 11 月 25 日来到澳门,准备出发的。1651 年 1 月 1 日他从澳门登船返回欧洲。王太后、庞天寿给罗马教廷和耶稣会会长的信,所题时间分别是 1650 年 11 月 14 日和 1650 年 11 月 1 日。而 1650 年 12 月尚可喜、耿继茂部攻下广州,孔有德部攻下桂林,朱由榔在 12 月逃向南宁。卜弥格虽然没有经历"赣永虏势"的全过程,但他经历了永历朝重大事变的开端,并在澳门听到了广州失陷的消息。这样我们可以看到永历朝派卜弥格返回欧洲这件事就是在今天看来"固不失为幻想"[1]。

4.关于卜弥格所写的《中国王室皈依略记》。卜弥格本人所写的有关南明永历王朝皇室皈依天主教的唯一著作是 1654 年在巴黎出版的法文版(Briefve Relation De La Notable Conversion des Personnes Royales ,& de I'èstat de la Religion chrestienne en la China.Faicte par le tres R. P. Michel Borm…& recitée par luymesme dans I'Eglise de Smyrne, le 29. Septembre de I'an 1652, Paris, S. Cramoisy, 1654.),沙不烈说这本书"全书虽然仅七十二页,内容实甚广大。所包括者一切历史地理调查,而叙事上溯至耶稣会士开始传教之时。首述方济各·沙勿略之谋入中国及其死于上川,迁葬卧亚。继言利玛窦神甫之至。此外并言中国基督

1 伯希和《卜弥格传补正》,载冯承钧译:《西域南海史地考证译丛》第三卷,商务印书馆,1999 年,第 199 页。

教流传之古,与耶稣会传教事业之发展。末言满人之入关,永历之即位,瞿安德神甫之莅华,庞天寿之勉力,诸后之入教,皇子当定之得疾与领洗,澳门之庆祝,是皆吾前人此所采录者也”[1]。伯希和在谈到这本书时说:“其绪言内容有一篇题寄王后的题词,一篇致读者词。本文大致是卜弥格于 1652 年 9 月 29 日在 Smyrne 教堂中用意大利语所宣布的演讲的译文,译文显然有所修改。”[2] 关于这本书在西方的出版情况,伯希和有详细的考证。[3]

这本文集中所刊登的卜弥格所写的《中国波兰省耶稣会士的卜弥格神父 1653 年在罗马发表的一个关于基督教在那个国家的状况的报告》是上面所讲的法文版的第一个波兰文译本,这个译文被收集在米哈乌 · 尤涅维奇(Michal Juniewicz)在 1767 年所出版的《各种各样的信件……来自亚洲、非洲和美洲》的集子中。爱德华 · 卡伊丹斯基认为这是一个节译本,并非逐字逐句的翻译。[4]

从历史的角度来看,这份从波兰文翻译出来的《中国波兰省耶稣会士的卜弥格神父 1653 年在罗马发表的一个关于基督教在那个国家的状况的报告》(以下简称《报告》)有一些错误。例如,文中说,利玛窦进到宫中修复钟表,万历皇帝躲在屏风后看他。为了以后保证钟表的修理,皇帝将他们留在了宫中。显然,这和事实不符。实际上,为了让神父们更便捷地修复钟表,“皇上钦准神

1　沙不烈:《卜弥格传》,载冯承钧译:《西域南海史地考证译丛》第三卷,商务印书馆,1999 年,第 152 页。

2　伯希和:《卜弥格传补正》,载冯承钧译:《西域南海史地考证译丛》第三卷,商务印书馆,1999 年,第 221 页。

3　同上书,第 217—220 页;方豪认为卜弥格的这篇文献最初是以波兰文发表,1652 年在罗马刊行意大利文版,1653 年在法国有两部法文版,同年在德国有德文版及一部拉丁文版。 此说有误,伯希和有关这本书的版本已经讲得很清楚。 伯希和认为沙不烈所提到的拉丁文本只是从德文版翻译而来的一个抄写本,而不是拉丁文刻本的钞本。 这个看法值得讨论。 在 John Lust 所编辑的《1850 年前西方关于中国的书》(*Western Books on China Published up to 1850*) 的 799 号是卜弥格所写的《中国王室皈依略记》拉丁文版书目,但实际上,这篇拉丁文却收在 Lust 书目的 260 号一书中,书名为: *Relations de Divers Voyages curieux qui n'ont point este'publie'es'* …这个拉丁文的刻本题目是: *Brifve Relation de la Chine et de la Notable Conversion des Perfonnes Royales cet Eftat*。 这个刻本的时间是:le 29.Septembre de L' anné e 1652。这说明 1652 年的拉丁文刻本是存在的,伯希和认为拉丁文刻本不存在,而只有抄本的说法有误。

4　爱德华 · 卡伊丹斯基著、张振辉译《卜弥格文集》抽样本 39 页,再次感谢张振辉先生提供了他的译稿;在 Michal Juniewicz 所编辑的 Listy rozne 第四册第 70—81 页中,伯希和与沙不烈两人认为,波兰文的出版时间为 1756 年。 参阅《西域南海史地考证译丛》第三卷,第 153、223 页。

父们可以获允许一年进宫四次而无须要求批准,从那时起,他们就可以进入皇宫,不是一年四次,而是可以经常随意进出了”[1]。万历皇帝躲在屏风后看利玛窦,这完全是转述者杜撰出来的。

关于明清鼎革的记述也多有错误。《报告》中说,李自成攻下北京是他收买了守城的七万守兵,这显然和历史不符。[2]《报告》在谈到吴三桂时说:“作为中国军队统帅的吴三桂在边塞上屯有无数兵马,本是为了防止鞑靼的入侵,可是他对李自成所获得的声望产生了妒忌,企图推翻李自成以不义手段得来的宝座。为达此目的,他和东鞑靼国王崇德[3]结成了联盟,勾结崇德率领大军通过长城(绵延三千英里)进入关内。崇德到关内后死去,吴三桂这时没有别的办法,只得尊崇德才六岁的儿子顺治称帝。”[4]这样的记载显然和历史不符。从这个记述中,我们看到《报告》虽然已经几次转载,但仍可以看出原作者卜弥格坚守明朝为正统统治的政治立场。

卜弥格的这种政治立场在《报告》中还表现在对永历王朝的一些记载上。《报告》中说:“但是有一个名叫永历的万历的后代,他手下有一员大将,是虔诚的基督徒,名叫李定国,打败了鞑靼军,因此他至今仍保持了自己的统治地位。南方的汉人在永历取得辉煌的胜利之后,也尊他为帝。永历原是由皇帝任命的贵州总督,现在他将他的宫廷从贵州迁到了肇庆,离广州不远。”这里存在明显的错误:李定国是原张献忠大西军的部下,他从来没有信仰过基督教。李定国的确在永历朝抗清的战争中取得过一些大的胜利,1652年先后取得桂林大捷和衡阳大捷,使南明军队收复了广西、湖南。但早在李定国桂林大捷之前,永历皇帝在“赣永虏势”之后已经被大西军的孙可望接到了隆安,这是云南的一个偏远小城,而不是在肇庆。《报告》中对这段历史的记述有一系列的错误,在对南明王朝的历史、时间、人物的记载方面都有错误。南明朝中信仰基督教的将军是瞿式耜、焦琏、金声等人,但即便这几位有过基督教信仰的南明

1　何高济等译:《利玛窦中国札记》,中华书局,1990年,第426—427页。

2　参阅南炳文、汤纲:《明史》下卷,上海人民出版社,2001年,第1163—1164页;樊树志:《晚明史》下卷,复旦大学出版社,2003年,第1126—1130页。

3　即清太宗皇太极(1592－1643),年号崇德。

4　爱德华·卡伊丹斯基著,张振辉译:《卜弥格文集》抽样本,第88页。

重臣，他们的基督教信仰也并非如前辈学者所讲的那样，这点黄一农先生已经做了深入的研究。[1]

《报告》中对瞿安德在永历朝中宗教活动的记载、对王太后等人皈依天主教和皇太子受洗的描写，在历史事实上大体是符合的。我们可以将瞿安德的《中华帝国局势之总结》和《报告》做一对比研究[2]，《报告》提供了一些细节。

这样，我们可以看到《报告》是一份经过转述的文献，它和卜弥格本人所写的《中国王室皈依略记》已经有了较大的差别，在历史事实上多有差误。同时，也可以看到，在文献的转述中，解释者站在自己的文化立场对文本过度解释后所产生的"意义变异"。如果我们将《报告》和瞿安德的《中华帝国局势之总结》作比较研究，就可以看出文化之间的知识传递和知识传递后所产生的接受与影响之间的真实情况。一方面，在不同文化的交流中，异文化的知识还是在传播，尽管传播过去的知识随着传播环节的增加而在不断地衰减，但不能说文化之间的交流只是"误读"，而没有任何真实知识的获得。其实，知识的传递和文化的误读几乎是同时发生的，这两者之间有着多重复杂的关系。对文化之间在知识的传播、接受和影响中"知识"和"想象"之间的复杂关系仅仅用"意识形态"和"乌托邦"这样两个概念来解释两种文化间交流的复杂情况，这是很困难的。

另一方面，文化间的交流总是存在着理解和解释，这种解释和理解总会对真实的知识的文化"度向"发生变化，真实的知识虽然在文化间传播，但它会随着传播环节的增加而不断地"衰减"。所以，仅仅靠实证的历史学并不能完全说明文化交流史的历史过程。笔者不同意后现代史学那种因历史的解释性而完全否认了历史的真实性的观点，但笔者也不完全同意 19 世纪实证史学的立场。我们应用新的解释方法说明历史的复杂性和多样性。从卜弥格的《中国王室皈依略记》到瞿安德的《中华帝国局势之总结》，再到卜弥格法文版的《中国王室皈依略记》转变为波兰文版的《中国波兰省耶稣会士的卜弥格神父 1653 年在罗马发表的一个关于基督教在那个国家的状况的报告》，我们可以

1　参阅黄一农：《两头蛇》，第九章。

2　同上书，第 333—337 页。

看出历史的多样性和文化间交流知识的变异与解释的复杂性。到目前为止，西方学术界提供给我们的各种解释理论都不足以解释这种文化间交流的复杂情况，由此，那些只是在重复西方的文化理论，或者将这样的理论照搬到中国，解释中国和西方文化交流史中的复杂情况的方法和著作都有着明显的不足，虽然有些著作洋洋洒洒，读起来让人爱不释手，其实在理论上、历史上都有明显的不足，文化间关系的解释理论的原创是中国学术界亟待解决的问题。

（原载《史学史研究》，2009年第2期）

罗明坚《圣教天主实录》拉丁文版初探*

《圣教天主实录》是罗明坚的第一本中文著作[1]，它不仅是来华耶稣会士的第一本中文著作，也是明清之际整个来华传教士在中国大陆的第一本中文著作[2]。关于罗明坚的这本书有不同的说法。一种说法认为这本书从拉丁文到中文实际是利玛窦翻译的，并非罗明坚所译。[3] 另一种说法认为《圣教天主实录》这本书是罗明坚在一名福建秀才的帮助下由拉丁文翻译而成的。[4] 这

---

* 本文为2014年度国家社科基金重大项目“梵蒂冈藏明清之际天主教文献整理与研究”（项目编号：14ZDB116）阶段性成果。

1 关于罗明坚的这本著作在罗马耶稣会档案馆有不同的版本，一种是《新编天竺国天主实录》（Jap-Sin I，189），另一种是《天主实录》（Jap-Sin I，190）。两种版本在装帧、署名和内容上都有些差别。参阅罗明坚著：《圣教天主实录》，载徐光启等撰：《天主教东传文献续编》第2册，学生书局，1966年，第755—838页；钟鸣旦、杜鼎克编：《耶稣会罗马档案馆〈明清天主教文献〉》第1册《天主圣教实录》，利氏学社，2002年，第1—85页；黄兴涛、王国荣编：《明清之际西学文本50种重要文献汇编》第1册《天主实录》，中华书局，2013年，第1—24页；宋黎明著：《神父的新装——利玛窦在中国［1582—1610］》，南京大学出版社，2011年，第32—33页；夏伯嘉著：《利玛窦：紫禁城里的耶稣会士》，上海古籍出版社，2012年，第99—102页。

2 参阅裴化行著，萧浚华译：《天主教十六世纪在华传教志》第五章“从西僧之名称说到天主实录”，商务印书馆，1936年，第259—274页。

3 “1581年，罗明坚写了一本拉丁文的传教著作，他将它叫做《问答集》。他的几个翻译将这本书译成了中文。虽然范礼安在1582年指示罗明坚出版这本书，但它还是仅仅以手稿的形式流传。1584年的夏天和秋天，一位从福建来的、曾接受过利玛窦在信仰上指导的秀才，在利玛窦的帮助下，将该书从头至尾翻译完，并在文字上做了润饰。这是利玛窦第一次为了寻找恰当的中文词汇来表达天主教思想而绞尽脑汁的经历。”邓恩著，余三乐、石蓉译：《从利玛窦到汤若望：晚明的耶稣会传教士》，上海古籍出版社，2003年，第15页。

4 “在天主的名义下，罗明坚在肇庆出版了第一个中文天主教宣传品《祖传天主十诫》。同样在天主的名义下，罗明坚也在肇庆出版了第一本中文天主教著作《天主实录》，他为《天主实录》准备了四年时间。早在1581年他在澳门用拉丁文写作了一个教理问答，后在肇庆一个福建秀才的帮助下完成了翻译工作，取名《天主实录》，在王泮的鼓励与首肯下，1584年年底问世。”宋黎明著：《神父的新装——利玛窦在中国［1582—1610］》，南京大学出版社，2011年，第31—32页。

样，我们可以看到在《圣教天主实录》中文版出版以前，罗明坚有一份拉丁文的《圣教天主实录》的手稿，这点意大利汉学家德礼贤在《利玛窦资料集》中有明确的记载，他说："1588 年罗明坚返回意大利后，随身携带了拉丁文版《天主实录》，因遭到范礼安反对而不能出版。手稿现藏罗马国家图书馆，编号为 Ges. 1276。"[1]罗明坚的《圣教天主实录》中文版和藏在意大利国家图书馆的一份拉丁文文献的关系如何？国内外学术界至今尚无人认真研究，本文试图对罗明坚的这份拉丁文文献做一初步的探索。

一、拉丁文文献《仁义礼知信》

罗明坚在 1583 年 2 月 7 日的信中说："目前我已经转写了基本要理书籍，其中有《天主真教实录》（*Doctrina*）、《圣贤花絮》（*Flos Sanctorum*）、《告解指南》或《信条》（*Confessionario*）与《要理问答》（*Catechismo*）等。"[2]一年后在他给总会长的信中再次提到这个问题，罗明坚说："现在我已经校正了我的《新编天主实录》，是用中文撰写的，用了四年工夫，曾呈献给中国官吏批阅，他们曾予我褒奖，要我赶快印刷，越快越好；视察员与其他神父都审查了一番，认为没有问题，也要我快去印刷，只因要改正一些句子，迟到今年方能出版，如托天主之福今年能出版的话，将它翻译为拉丁文，明年再寄给神父。"[3]

从罗明坚本人的两封信来看，他应是有两份拉丁文的中国传教著作，但目前我们只能找到一份，这就是他 1584 年所说的《天主圣教实录》一书的拉丁文翻译。[4] 从西方汉学的角度，这无疑是罗明坚重要的代表性著作，至今关于这

1　德礼贤编：《利玛窦资料集》第 1 卷，第 197 页。

2　《罗明坚致总会长阿桂委瓦神父信：1583 年 2 月 7 日》，利玛窦著，罗渔译：《利玛窦书信集》下册，光启社、辅仁大学出版社，1986 年，第 446 页。

3　《罗明坚致总会长阿桂委瓦神父信：1584 年 1 月 20 日》，利玛窦著，罗渔译：《利玛窦书信集》下册，光启社、辅仁大学出版社，1986 年，第 456—457 页。

4　罗明坚在 1583 年 2 月 7 日的信中明确说："去年我曾寄去了一本中文书，并附有拉丁文翻译……"（《利玛窦书信集》，第 446 页）他告诉耶稣会总会长，由于"时间仓促，拉丁文译文也很不通顺"（《天主教十六世纪在华传教志》，第 191 页）。 根据这个时间推测应是 1582 年。裴化行认为罗明坚 1582 年寄回罗马的拉丁文译稿应是《三字经》的译本。（Pan A Rule，*Kung-tzu or Confucius? The Jesuit ineterpretation of confucianisn*，Allen and Unwin Ltd，1986，p.6）

份拉丁文的著作，学术界鲜有讨论。[1]

以下是藏于罗马中央国立图书馆的罗明坚的手稿第二页和第三页的复制文献。

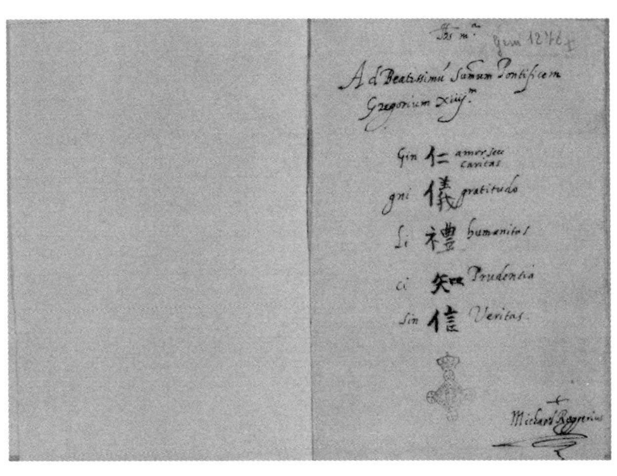

二、《仁义礼知信》的作者[2]

这份文献的作者是谁？笔者认为这份文献的作者是罗明坚，证据有两条：一是在文献的右下方有罗明坚的亲笔签字“Michel Ruggieri”，这说明这份文献是罗明坚所写。其二，在文献的正上方是罗明坚所写的“Jesus Mary To his beatitude the supreme pontiff Gregory XIV（耶稣·玛利亚，致崇高的教宗格里高利十四世宗座）”，这个献词和罗明坚返回欧洲的历史事实相符合。

按照范礼安的要求，他希望罗明坚返回欧洲，向教廷汇报在中国的传教情况，希望罗马教廷派遣访华使团。[3] 他返回欧洲后在马德里受到西班牙国王菲利普二世的接见，然后于1598年到达罗马，受到了梵蒂冈教廷的热情接待，“包括教宗西克斯五世和好几个重要的红衣主教，所有人都表达了让中国皈依

1　宋黎明提到过罗明坚的这本拉丁文著作，参阅宋黎明著：《神父的新装——利玛窦在中国［1582—1610］》，第53页注释2；菲立普·米尼尼（Filipp Mignini）策划：《利玛窦：明末中西科学技术文化交融的使者》，在该书的第181页，看到了罗明坚的拉丁文手稿，展览中的说明文字为：“罗明坚《天主实录》，16世纪手稿，20厘米×14.2厘米，罗马中央国立图书馆。”

2　该文献藏于意大利国家图书馆BNVER手抄本FG（3405）1276。

3　关于罗明坚返回欧洲的原因以及在这件事上范礼安和利玛窦所起的作用是一件很值得研究的事，参阅宋黎明著：《神父的新装——利玛窦在中国［1582—1610］》，“访华使团：阳谋与阴谋”，第49—53页；夏伯嘉著：《利玛窦：紫禁城里的耶稣会士》“罗明坚”，第104—124页。

的兴趣”[1]。1590 年 12 月 5 日格里高利(Gregorio)十四世上任后,罗明坚才终于得到教皇的召见,召见时他献上一份《中国地图集》和拉丁文译本《天主实录》,但这个教皇 1591 年 10 月 16 日去世,同年 10 月 29 日教皇伊诺佥佐(Innocenzo)九世上任,12 月 30 日去世。教皇的频繁更换,加上欧洲局势的动荡不安,使教皇访华使团最后不了了之。[2] 这份文献正上方的题词从一个侧面证实了罗明坚被教皇召见的历史事实,与他返回欧洲的历史活动完全一致,这充分说明这份文献的确是罗明坚所作。

三、《仁义礼知信》的基本内容

根据笔者与麦克雷教授等课题组成员一起对文献的整理[3],这份文献的基本内容如下:

1.文献第 1 页下方有用拉丁文小字写出的文献题目:

De Sinarum Regno (中华帝国)

Vera ac brevis divinarum rerum exposition(中国天主教教义释义)

文献左下方的几行拉丁文就是:“Jesus Mary To his beatitude the supreme pontiff Gregory XIV.(耶稣·玛利亚,致崇高的教宗格里高利十四世宗座。)”

2.文献第 2 页的中间写的是“仁、义、礼、智、信”,这是儒家思想的精髓。

罗明坚这份文献的前两页布局很有意思。书的正题目用拉丁文写在第 1 页的右下角,字迹细小,更像是对文献的一个注释,而不是正题。反之,第 2 页他赫然用中文,竖排,列出“仁、义、礼、智、信”五个汉字,似乎这才是文献的正题。

3.文献的第 1-4a 页介绍中华帝国的概况。例如他说:“中华帝国是东方最富裕、丰饶的国家。该国分为 15 个行省,受一王统御。所有行省的也是全国的首都是个皇城,被人们称为‘北京’,该名称取自其所在的省份。实际上,

1 [美]夏伯嘉著:《利玛窦:紫禁城里的耶稣会士》,上海古籍出版社,2012 年,第 118 页。

2 宋黎明著:《神父的新装——利玛窦在中国[1582—1610]》,第 53 页,注释 2。

3 目前笔者与麦克雷教授等人正在全面整理罗明坚的著作,感谢麦克雷教授提供给我拉丁文手稿的转写稿。

北京的意思是‘北部朝廷’,事实上还有一个城市的名字是南京,意为‘南部朝廷’,是过去皇上居住的地方。北朝以其特别的方式管理七个行省。南朝管理八个行省,但最终重大之事的决定权仍要转交北朝。”[1]

4.文献第4b-5a,罗明坚介绍了日本的情况。他写道:“中国人把日本岛叫做‘日本’,意为‘一天的开始’,是因为它坐落在东方。在日本,所有的城市和乡镇都没有像中国那样确切的名字,因为中国人在把自己的事物记录下来这方面更为勤勉用心。中国那些地方所用的名字就是例证。的确,日本人花更多的时间在武器军备上,而非文学和书籍。事实上,日本这个民族起源于中国,他们皮肤的颜色几近相同,思维非常敏锐,非常注重礼节,高尚是首要的学习任务,却也经常钻研军事方面的事务,因为这里的国家之间经常发生战事,

1 此段文字原文是拉丁文,我们在整理这份文献时采取拉丁文手写稿—拉丁文转写稿—英文翻译—中文翻译的整理办法,以便于读者看到文献的真实面貌。其英文翻译如下:Pacquin means in fact “Northern court” and indeed there is another city by the name of Nanquin, that is the “Southern court”, where in the past the kings used to have their residence.To the city of Pacquin seven provinces are subjected in a special way.To the city of Nanking eight, although all the affairs of great importance at the end are transmitted to Pacquin.In fact the location of the court has been transferred to the Northern part, although here they continually wage war with the neighboring people, the Tartars.Thus they built an impressive wall, by which they can more easily slow down the impetus of the Tartars and their frequent incursions.这份文献的英文是由麦克雷翻译的。

发起战争的原因通常是被统治者想要成为统治者。”1

5.文献的第 5a 页介绍了朝鲜。他写道:“很多人认为这个海岬属于陆地的一部分,正如地图上清晰展示的那样。当地人称这里为‘高丽’,日本人称这里为‘高句丽’,而葡萄牙人则叫作‘高丽亚’。这里的居民源自鞑靼人,但服从于自己的国王。但是他们认为中国的皇帝才是真正的君主,曾有段时间,他们向中国派使节。这里的人们凶猛而野蛮,很多时间投身于制造武器。葡萄牙人跟他们没有商业往来,住在东部的人们跟日本有商业关系。他们每年都要给日本王子进贡。由于我们不能进入他们的地区,因此我们只能寄送这张地图了。”2

第 5b 页罗明坚介绍了吕宋岛的情况。他写道:“中国人把这个岛称为‘吕宋’,西班牙人用复数称呼这里为‘吕宋之岛’3 或‘菲律宾群岛’。其他岛屿都在海上不远处。早些年间,西班牙人通过一场战争占领了这里最大的岛屿。西班牙总督居住在岛上,还有一个主教及圣道明会、圣方济各会以及耶稣会的神父们。这里绝大部分的居民都接受了基督信仰,每年都有一艘新的船只从西班牙来,他们从中国运送货物到一个叫 Capurium 的港口。至于相邻的其他岛屿则没什么好说的了。他们以部落形式群居,有着相同的仪式,并且都一样

---

1 In Japan, that in Chinese they call Gepon, that means “beginning of the day”, because is situated towards East, about cities and towns there is not a very clear account like in China, because in China they are more diligent in putting on writing their things.For example the names of the Chinese places are used. Indeed the Japanese are more devoted to arms that to literature and books.In fact the nation of the Japanese once upon a time had origin from China, the color of the skin is almost the same, the mind is very acute, the politeness cultivated to the highest, the nobility is first of all learned but also constantly engaged in the military things, because of the continuous wars, that are frequently waged between them due to the varieties of kingdoms and the desire of the dominated to dominate.

2 This promontory that by some is considered part of the continent, as it is clear by this map, by the locals is called Caolii, by the Japanese Caroli and by the Portuguese Coria.The inhabitants of this place take origin from the Tartars but obey their own king.Yet they acknowledge the king of China as an emperor and for some time they have been sending legates.The population is fierce and barbarian, greatly dedicated to arms.With them the Portuguese do not have business; those who live in the Eastern side have relation and business with the Japanese.And every year they give a tribute to the Prince of Japan.And since we do not have any access to their place, we do not have much to send except this map.

3 感谢金国平先生在这个翻译上的帮助。

朝拜偶像。”[1]

第6-7页是《天主圣教实录》的简介。罗明坚将其标题定为“关于圣事的一篇真实而简短的阐述”。他认为,“真的不会有人因为教义艰涩而灰心丧气。事实上,教义并不艰涩,却带有高度的愉悦性。事实上,无论谁想要全心投入到教义中,并不需要持续的斋戒和不眠,也不需要劳累身体或是放掉自己的物品或其他相似的东西,这些通常会减弱人们树立的决心。怀着一颗赤诚的心来朝拜至高的上主并遵守他公义的戒律就足够了。那些勉力奉行的人,便会从天主那里获得更为丰厚的赏报”[2]。罗明坚采取了对话体来讲述天主教的道理。

第8-10b:第一章“只有一个天主”

第11-14a:第二章“关于神圣的美德”

第14b-18b:第三章“对天主的认识的常见错误”

第18b-20a:第四章“天主是造物主及其创造工程”

第20b-22a:第五章“天使叛逆及原祖父母”

第22b-27b:第六章“灵魂不死”

第28a-32a:第七章“天主是立法者以及神圣法律的颁布”

第32a-35b:第八章“神父继续讲述第三条戒律的颁布及天主如何取了人性”

1 This island by the Chinese is called Luxum, by the Spanish is called with the plural name “of the Lucani” or “of the Philippines”.Many other islands are in the sea not far from it.The Spanish conquered with a war, in previous years, the biggest island.In it have their residence the governor of Spain with a bishop and the fathers of the societies of St Dominic, St Francis and the Jesuits.The greatest part of the inhabitants accepted faith in Christ, every year a new ship travel from Spain and bring goods to this island from the kingdom of China to the port called Capurium.About the neighboring islands there is no need to talk. They are inhabited by tribals who all have the same rituals and the same superstition towards idols.

2 Whoever in fact wants to apply his soul to this doctrine does not need continuous fasting, continuous sleeplessness, physical tiredness, loosing of his own goods or other similar things, that usually discourage men from the resolution taken.It is sufficient to worship the great God with a sincere heart and observe his very just precepts; and those who strive after these things, will receive greater gifts and rewards from God. Whoever therefore undertakes this way of living, driven out and destroyed the darkness of mistakes, will live in very clear light, understands the principles and causes of life and death, and understands divine things before ignored.

第 35b-38b：第九章“信德道理”

第 38b-43b：第十章“天主十诫”

第 44a-46b：第十一章“基督的劝谕”

第 46b-50b：第十二章“基督建立的圣事”

第 50b-52a：第十三章“天主是赏报者”

第 52b：结束；第 52b：赞美天主，赞美童贞圣母。

四、《仁义礼知信》的学术价值

这份文献在中国天主教史和西方汉学史上都具有极高的价值。

首先，可以纠正以往西方学术界研究之失误，误将这份文献说成是利玛窦和福建秀才翻译的，现在可以还原历史真相，该文献是罗明坚所作。

其次，这份文献加深了我们对《圣教天主实录》的理解，这篇文献是明清天主教史上的开篇之作，它对于我们了解利玛窦的《天主实义》等都有重要的意义。

再次，从西方汉学史角度来看，这也是一份十分珍贵的历史文献，这是西方历史上最早对中国和东亚地区作简单介绍的历史文献之一。关于这篇拉丁文文献和中文版内容之间的关系，笔者将另撰文作专题研究，这里不再展开。

最后，我们从中国古代文化海外传播的角度来分析罗明坚这篇拉丁文文献的学术价值。笔者认为这是西方汉学发展史上一份极为重要的历史文献，长期以来学术界一直没有发现它，更谈不上认真地展开研究。根据以上我们对这份文献基本内容的介绍，笔者认为从以下三点可以说明它的学术价值。

首先，这是来华耶稣会士最早以欧洲文字对中国国家现状的简单介绍。

来华耶稣会士中最早用欧洲语言报道中国的是曾德昭（Alvare de Semedo，1585—1658）和安文思（Gabriel de Magalhaens,1609—1677)。[1] 罗明坚的这篇文献虽然没有发表,但从历史上来说是第一篇关于中华帝国的欧洲文字的简要介绍。他的介绍整体上是比较简单的,但在个别地方也非常具体,如中国地理位置。文中指出:“中华帝国南起北纬 17 度,北至北纬 51 或 52 度。北朝首都位于北纬 48 度,再往北是一片宽广的土地,直至长城。长期以来人们都声称,从中国的长城到鞑靼人的边界有一片美丽的土地,那里有很多蜿蜒的河流,虽然这仿佛并不像真的,但是也有很多可靠且亲眼见过的人证实这个说法。”这个维度的描述与当代的准确维度相差不多。关于中国的行政编制,他介绍说:“中华帝国是东方最富裕、丰饶的国家。该国分为 15 个行省,受一王统御。所有行省的也是全国的首都是个皇城,被人们称为‘北京’,该名称取自其所在的省份。”“全中华帝国一共有 155 个府,1154 个县,211 个卫和 213 个所。被称为‘县’和‘所’的两种城镇大部分都分布在北方。”“事实上,皇宫的地址已转移到北方,尽管这里经常跟相邻的鞑靼人发生战事。因此他们建造了一道宏伟的墙,有了这道墙,他们可以更容易地减缓鞑靼人的进攻速度并抵御他们频繁的入侵。”[2]

由于这是一份递交给教宗的文献,它的政治和文化价值是不言而喻的。而且从时间上来说,这毕竟是来华耶稣会士最早的一份欧洲语言的中华帝国的简要报道,其历史地位是毋庸置疑的,这份文献也引起了当时学者的重视。[3]

---

1 安文思著，何高济、李申译：《中国新史》，大象出版社，2006 年；曾德昭著，何高济译：《大中国志》，商务印书馆，2012 年；关于曾德昭和安文思著作最早在欧洲的出版，参阅孟德卫著，陈怡译：《奇异的国度：耶稣会适应政策及汉学的起源》，大象出版社，2010 年；计翔翔著：《十七世纪中期汉学著作研究》，上海古籍出版社，2002 年。

2 Michel Ruggieri, *De Sinarum Regno*（中华帝国）。

3 意大利学者达仁利（Francesco D' Arelli）认为，罗明坚这份文献被部分地发表了，他认为：“A. Possevino 是一位多产的作家。他在 1593 年出版了 *Bibliotheca Selecta*，该书第九卷第九章《中华王国》叙述中国历史，大量引用会友罗明坚的《教理问答手册》（即《天主圣教实录》，笔者注）。此外，他还出版了《教理问答手册》中的《目录》。众所周知，这个《目录》来自罗马·伊曼努尔二世国家图书馆 BNVER 手抄本 FG（3405）1276 中第 7 页 b 面至第 8 页 a 面，由罗明坚所写，名为《关于圣事的一篇真实而简短的阐述》，A. Possevino 仔细地指出《教理问答手册》的著者，而好像故意含糊其辞地讲一本叫做《中国之书》的作者，其书中一大段由他在 *Bibliotheca Selecta* 首次出版。”达仁利《利玛窦与〈四书〉拉丁语译本以新方法进行历史编纂学的研究》（F. D' Arelli, “Matteo Ricci S. I. e la traduzione latina dei Quattuor Libri（Sishu）dalla tradizione storiografica alle nuove ricerche”, in D' Arelli（ed.）, *Le Marche e l' Oriente. Una tradizione ininterotta da Matteo Ricci a Giuseppe Tucci*, Atti del Convegno Internazionale, Macerata 23-26 ottobre 1996（Roma Istituto per l' Africa e l' Oriente, 1998）, pp.163-175.

其次,这是来华耶稣会士最早对中国历史文化的简略介绍。

他在《天主圣教实录》中讲到了孔子,他说:“第一,每个理性健全的人都应承认天主为一切的创造主,他是唯一的真天主,并应以至高的热爱来朝拜他;第二,这仿佛是人性的一个戒律,己所不欲,勿施于人;相反,己所欲施于人。如果你遵守这两个戒律并勤勉奉行其中的所有要义,那么可以说你正在遵行这自然戒律。”他以哲人的口吻说:“我承认,第二条戒律在我们儒家书籍里也有传述,但是第一条我想孔子并没有提出过。”他对儒家采取的是一种求同的文化态度。在文章的开篇,他就指出:“有一件事是可以确定也是被证实过的,就是在五种‘永恒’美德(中国人当中也具有这五种美德)里,感激之德远超其他美德,我们经常以外在行动来表达这种美德。而这些美德都是相互起作用的。民众对君王的信任以及子女对父母的赡养被认为是最重要的。暂时抛开民众对君王的信任之德,子女从父母那里继承肉体,身体的各个部位完美整合,即便未曾有人教导,每个人天性也知道,为了这些,我们必须表示感谢。”[1]这正是他把“仁、义、礼、智、信”作为整个文件的题目放在首页的原因。这是“适应政策”在罗明坚文件中的体现。

有意思的是罗明坚在中文版《天主圣教实录》中并未把“仁、义、礼、智、信”作为中国文化标志性的词汇写入书中,更未放在首页,也未提到孔子,尽管他也讲到“使人存一推己及人之心,如不欲人以无礼加诸我,则亦不敢以此加之于人之类”[2]。两个文本相比,这份拉丁文文献对儒家文化给予更为肯定、平和的评价,同时看出罗明坚在同一文本面对不同文化时所采取的不同文化策略。

最后一点,这是来华耶稣会士最早对汉字文化圈的简略介绍。

罗明坚在《中华帝国》中首先简介了中国的情况,接着就写下了“有关日本岛”“有关朝鲜”“有关吕宋岛”三小节,基本内容上文已经有简单摘录。为何罗明坚在这里要介绍这三个国家呢?从天主教东来的历史看,都涉及这三

1　Michel Ruggieri, *Vera ac brevis divinarum rerum exposition*(天主圣教实录)。

2　罗明坚著:《天主圣教实录》,见钟鸣旦、杜鼎克编:《耶稣会罗马档案馆明清天主教文献》第1册,利氏学社,2002年,第52页。

个国家，特别是日本和菲律宾。沙勿略（S. Franciscas Xaverius，1506—1552）来到东方的第一站就是日本，并对日本文化和中国文化的关系有了初步的认识。[1] 而西班牙开辟了吕宋岛的贸易后，亦与中国发生联系。葡萄牙与西班牙从两个方向汇集到中国南海，但由于国家利益的冲突，在传教区域的划分与权力问题上一直存在分歧，即便在西班牙吞并葡萄牙期间，葡萄牙也一直对西班牙存有疑虑。[2] 在菲律宾的西班牙籍耶稣会士桑切斯（Alonso Sanchez）1582年曾漂流到福建沿岸，后被明朝俘获入狱，经罗明坚解救出来后释放到澳门。[3] 因此，作为给教宗的正式礼物，罗明坚将东亚三国和菲律宾都作了简单介绍，这与他在中国的经历和当时的西葡纷争有一定的关系。此时，无论西班牙传教士还是葡萄牙传教士都未去过朝鲜本土。这里对朝鲜的介绍恐怕在欧洲是第一次，颇为新鲜，因为在曾德昭和安文思的著作中都未对朝鲜作过介绍。朝鲜天主教的传入是清初时期，因此，罗明坚这个介绍估计是西方文字中最早出现的关于朝鲜的介绍。[4]

（原载《宗教学研究》2015 年第 4 期）

1 沙勿略在致欧洲的信函中说："日本有一板东大学（按：板东今名关东），规模宏大，僧侣颇多，研究教义和各宗教学说，但所有教义与宗教教派无不传自中国……一切经籍亦均用汉文。……日本密迩中国，宗教学派都自中国输入。"方豪著：《中国天主教史人物传》第 1 册，中华书局，1988 年，第 60 页。

2 1581 年 4 月西班牙国王菲利浦二世被宣布为葡萄牙国王。1640 年 12 月 1 日，布拉甘萨家族的约翰公爵和他的支持者占领了里斯本皇宫，15 日布拉甘萨约翰公爵加冕为葡萄牙国王，即若昂四世，从而恢复了葡萄牙的独立，并建立了一个新王朝，即布拉甘萨王朝。1668 年西葡两国签署和平条约，西班牙承认布拉甘萨王朝的合法性，葡萄牙完全独立，领土和边界保持不变。

3 参阅裴化行：《明代闭关政策与西班牙天主教传教士》，《中外关系史译丛》第 4 辑，上海译文出版社，1988 年，第 264 页。

4 李元淳著，王玉洁等译：《朝鲜西学史研究》，中国社会科学出版社，2001 年。

附　录

张西平简介

张西平曾任北京外国语大学教授、博导，中国文化走出去协同创新中心主任、首席专家，北京外国语大学比较文明与人文交流高等研究院院长、国际中国文化研究院（中国海外汉学研究中心）荣誉院长，《国际汉学》主编，国际儒学联合会会长，世界汉语教育史国际研究会会长，国际中国文化研究会会长，中国宗教学会和中国比较文学学会理事，国务院有突出贡献的专家，享受政府特殊津贴。长期以现代西方文化、1500—1800年的中西文化交流史、西方汉学史和中国基督教史为主要研究领域，目前正在从事中西文化交流史、西方早期汉学研究与中国文化海外传播研究。承担国家社科基金重大项目《梵蒂冈图书馆藏明清天主教文献整理研究》、教育部重大攻关项目《20世纪中国古代文化在域外的传播与影响》，共出版11部专著并在核心学术期刊上发表了一百余篇论文。

学术任职

1995年　《国际汉学》副主编

1996年　中国社会科学院基督宗教研究中心副主任

2003年　中国社会科学院文学所、外国文学研究所比较文学研究中心学术顾问

2004年　世界汉语教育史学会创会会长（澳门）

2005 年　中国中外关系史学会副会长

2007 年　《国际汉学》主编

2007 年　国际汉学书系主编(大象出版社)

2012 年　北京外国语大学“北京对外文化交流与世界文化研究基地”学术委员会委员

2013 年　中国中外关系史学会学术委员

2013 年　国家图书馆“文津讲坛”特聘教授

2014 年　国际儒学联合会会长

2015 年　故宫博物院中外文化交流研究所研究员

2017 年　北京语言大学比较文学研究所研究员

2017 年　海外汉学研究会会长

2017 年　国际中国文化研究丛书主编(北京大学出版社)

学术项目

1999 年　西方人早期汉语学习调查,国家汉办项目

2000 年　欧洲早期汉学史,教育部人文社科项目

2001 年　西方人汉语学习专题研究,国家汉办项目

2002 年　世界主要国家语言推广经验调查,国家汉办项目

2003 年　西方汉学概论,北京市精品教材项目

2004 年　清代来华传教士文献收集与整理,国家清史项目

2004 年　欧洲来华传教士中文文献序跋集整理,教育部古籍整理委员会项目

2007 年　20 世纪中国古代文化在域外的传播与影响,教育部人文社科重大攻关项目

2008 年　梵蒂冈藏明清中西文化交流史文献整理,国家清史项目

2012 年　西方北京形象历史文化渊源研究,北京对外文化交流与世界文化研究基地项目

2014 年　白晋易经研究,国家社科基金项目

2014 年　梵蒂冈图书馆藏明清天主教文献研究，国家社科基金重大攻关项目

著作

专著

1998 年　《历史哲学的重建——卢卡奇与当代西方社会思潮》，生活·读书·新知三联书店

1999 年　《卢卡奇》，湖南教育出版社

2001 年　《中国与欧洲早期宗教与哲学交流史》，东方出版社

2005 年　《传教士汉学研究》，大象出版社

2009 年　《欧洲早期汉学史——中西文化交流与西方汉学的兴起》，中华书局

《中国传统文化的当代价值》（中文版）[*Value of Traditional Culture for the Present Era*（英文版），*Valor Actual de la Cultura Tradicional China*（西班牙文版），*La valeur contemporaine de la culture traditionnelle chinoise*（法文版）]，外文出版社

《跟随利玛窦来中国》，五洲出版社

2010 年　《丝绸之路：中国与欧洲哲学宗教交流史》，新疆人民出版社

《东西流水终相逢》，生活·读书·新知三联书店

2012 年　《中西文化的初识：北京与罗马》，华东师大出版社

《张西平选集》，外语教学与研究出版社

2013 年　《问学于中西之间》，外语教学与研究出版社

2016 年　《儒学西传欧洲研究导论：16—18 世纪中学西传的轨迹与影响》，北京大学出版社

2017 年　《交错的文化史——早期传教士汉学研究史稿》，学苑出版社

编著

1998 年　《中外哲学交流史》（与楼宇烈合编），湖南教育出版社

1999 年 《本色之探——20 世纪中国基督教文化学术论集》(与卓新平合编),中国广播电视出版社

2003 年 《西方人早期汉语学习调查》,主编,大百科出版社

2005 年 《他乡有夫子:汉学研究导论》,主编,外语教学与研究出版社

2006 年 《欧美汉学的历史与现状》,主编,大象出版社

2008 年 《世界主要国家语言推广政策概览》(与柳若梅合编),外语教学与研究出版社

《马礼逊文集》(13 卷)(与吴志良、彭仁贤合编),大象出版社

2009 年 《世界汉语教育史》,主编,商务印书馆

2010 年 《莱布尼茨思想中的中国元素》,主编,大象出版社

2011 年 《架起东西方交流的桥梁——纪念马礼逊来华 200 周年学术研讨会论文集》(与吴志良、彭仁贤合编),外语教学与研究出版社

《西方汉学十六讲》,主编,外语教学与研究出版社

2012 年 《东亚与欧洲文化的早期相遇》(与罗莹合编),华东师大出版社

2013 年 《展现中华文化的世界意义》,外语教学与研究出版社

《德国汉学的回顾与前瞻——德国汉学史研究论集》(与朗宓榭合编),外语教学与研究出版社

《明清之际中外文化交流史研究新进展》(与耿昇、吴斌合编),外语教学与研究出版社

《中国文化在东欧:传播与接受研究》(与郝清新合编),外语教学与研究出版社

《16—19 世纪西方人的汉语研究》(与内田庆市、柳若梅合编),外语教学与研究出版社

2015 年 《20 世纪中国古代文化经典在域外的传播与影响研究》,经济科学出版社

2016 年 《文明互鉴:利玛窦与中西文化交流》(与鄂振辉合编),人民出版社

译著

1989 年　《历史与阶级意识》,重庆出版社

1993 年　《社会存在的本体论》(与白锡堃等合译),重庆出版社

2010 年　《中国图说》(与杨慧玲等合译),大象出版社

论文

《认识论的两个前提和两个依赖》,《社会科学》1981 年第 2 期

《什么是马克思主义哲学的科学定义》,《学术月刊》1982 年第 6 期

《关于空间本质问题的思考》,《哲学动态》1983 年第 4 期

《情感体验是主体对客体的又一层关系》,《哲学动态》1984 年第 8 期

《恩格斯关于哲学对象的论述及其意义》,《哲学研究》1985 年第 5 期

《亚里士多德〈形而上学〉一书中认识论思想述评》,《天津师范大学学报》1985 年第 6 期

《历史概念的二重奏——卢卡奇〈历史和阶级意识〉研究》,《哲学研究》1988 年第 12 期

《卢卡奇〈社会存在的本体论〉简述》,《现代哲学》1990 年第 1 期

《卢卡奇的〈历史和阶级意识〉与黑格尔哲学》,《学术月刊》1990 年第 1 期

《近年来国内对海外中国学翻译、研究述评》,《北京图书馆馆刊》1992 年第 1 期

《儒学在欧洲的早期传播初探》,《明清之际中国和西方国家的文化交流——中国中外关系史学会第六次学术讨论会论文集》,大象出版社,1997 年

《莱顿汉学研究院图书馆略记》,《北京图书馆馆刊》1997 年第 1 期

《"海外汉学研究现状及其对策研讨会"综述》,《中国史研究动态》1997 年第 4 期

《技术与人生》,《学人》(第 12 辑),江苏文艺出版社,1997 年

《一代学术巨擘——记德国著名汉学家鲍吾刚》,《汉学研究》(第二集),中国和平出版社,1997 年

《工业文明中人的困境》,《中国社会科学》1998 年第 1 期

《论民初中国基督教改革运动的思想史价值》,《世界宗教研究》1998 年第 2 期

《交融与会通》,《学人》(第 13 辑),江苏文艺出版社,1998 年

《“取精用宏,含英咀华”》,《国际汉学》第 2 辑

《易经在西方早期的传播》,《中国文化研究》1998 年冬之卷

《论明清间天学的“合儒”与“补儒”》,《传统文化与现代化》1998 年第 5 期

《明清间来华耶稣会士对基督教经院哲学的介绍》,《基督教文化学刊》,东方出版社,1999 年

《青年卢卡奇与黑格尔哲学》,《德国哲学论丛 · 1998》,中国人民大学出版社,1999 年

《儒学在欧洲的早期传播初探》,《中西初识》,大象出版社,1999 年

《罗马访书录》,《北京图书馆馆刊》1999 年第 2 期

《利玛窦对中国宗教和哲学的介绍》,《国际汉学》第 3 辑

《和而不同》,《读书》1999 年第 6 期

《〈穷理学〉——南怀仁最重要的著作》,《国际汉学》第 4 辑

《〈天主教要〉考》,《世界宗教研究》1999 年第 4 期

《关于明末清初中国天主教史研究的几点意见》,《基督宗教研究》,宗教文化出版社,1999 年

《中国基督教史论文索引(1949—1997)》,《基督宗教研究》,宗教文化出版社,1999 年

《神奇的土地:基歇尔笔下的中国》,《汉学研究》(第 5 集),中华书局,2000 年

《明清间“西学渐进”简述》,《语言与文化论集》,外语教学与研究出版社,2000 年

《伏尔泰与中国文化》,《语言与文化论集》,外语教学与研究出版社,2000 年

《应重视对西方早期汉学的研究》,《中华读书报》2000 年 11 月 8 日

《明清间的“西学东渐”》,《语言与文化论集》,外语教学与研究出版社,2000年

《神奇的东方——基歇尔〈中国图说〉评价》,《语言与文化论集》,外语教学与研究出版社,2000年

《明清间入华传教士对基督教论理学的介绍》,《宗教比较与对话》第3期,宗教文化出版社,2001年

《明清间入华传教士对经院哲学的上帝论介绍》,《宗教比较与对话》第3期,宗教文化出版社,2001年

《海外汉学的价值》,《中国图书商报》(书评版)2001年2月8日

《最后的文艺复兴人物基歇尔笔下的中国》,《中华读书报》2001年4月4日

《罗明坚——西方汉学的奠基人》,《历史研究》2001年第3期

《明清间入华传教士对亚里士多德哲学的介绍》,《江海学刊》2001年第6期

《西方人早期汉语学习史简述——兼论对外汉语教学史的研究》,《第七届国际汉语教学讨论会论文选》,北京大学出版社,2002年

《明清时期的汉语教学概况》,《世界汉语教学》2002年第1期

《应重视对西方汉学的研究》,《国际汉学》2002年第4辑

《梵蒂冈图书馆藏白晋读〈易经〉文献初探》,《文献》2003年第3期

《16—19世纪西方人的中国语言观》,《汉学研究通讯》总第85期

《汉学研究三题》,《中华读书报》2003年6月1日

《利玛窦的中文著作》,《文史知识》2003年夏季号

《认识西方文化的艰难步伐》,《中华读书报》2003年8月6日

《〈老乞大〉对汉语史研究的启示》,《中国的韩国语和双语教育及教材》(韩国),2003年

《明清间入华传教士对理学的解释》,《基督教与中国文化丛刊》,湖北教育出版社,2004年

《明清间西方灵魂论在中国的传播》,《文化杂志》(澳门)中文版第50期

《中西初识,惊鸿一瞥》,《中华读书报》2004 年 7 月 21 日

《传教士汉学的重要著作》,《读书》2004 年第 11 期

《利玛窦的〈天主教教义〉初探》,《中国文化研究》2005 年夏之卷

《拓宽对外汉语教学学术视野》,《国际汉语教学动态与研究》2005 年第 2 期

《海外汉学:外语类院系比较文学研究的一个新领域》,《中国比较文学》2005 年第 2 期

《易经研究:康熙和法国传教士白晋的文化对话》,《文化杂志》(澳门)中文版第 54 期

《汉学研究导论》,《国际汉学》2005 年第 1 辑

《关于清代入华传教士文献收集与整理的设想》,《国际汉学》2005 年第 1 辑

《比较文学与海外汉学研究》,《中华读书报》2005 年 4 月 7 日

《清代江南天主教史的一幅真实画卷》,《清史译丛》,中国人民大学出版社,2005 年

《明清中国天主教文献史研究》,《人文丛刊》,学苑出版社,2005 年

《简论世界汉语教育史的研究对象与方法》,《世界汉语教育史研究》,澳门理工学院出版社,2005 年

《入华传教士汉语学习史研究》,《世界汉语教育史研究》,澳门理工学院出版社,2005 年

《汉学:中国不能再是一个缺席者》,《中国图书商报》2005 年 7 月 22 日

《海外汉学热:从入华传教士开始》,《中国图书商报》2005 年 7 月 22 日

《〈中国近事〉中文版序》,大象出版社,2005 年

《他乡夫子们的飨宴》,《中华读书报》2005 年 8 月 2 日

《为了照亮我们这个时代的历史》,《光明日报》2005 年 9 月 1 日

《海外汉学学术讨论会纪要》,《世界汉语教学》2005 年第 3 期

《意大利汉学家马西尼访谈录》,《国际汉学》2005 年第 2 辑

《跨文化视阈中的德国汉学》,《德国汉学》,大象出版社,2005 年

《汉学(中国学)研究导论》,《海外中国学评论》,上海古籍出版社,2006 年

《研究国外语言推广政策,做好汉语的对外传播》,《语言文字应用》2006 年第 1 期

《儒家思想在西方早期的翻译和传播》,《跨文化对话》(第 18 辑),江苏人民出版社,2006 年

《汉学作为方法论》,《中国社会科学文摘》2006 年第 3 期

《中西文化的一次对话:清初传教士与〈易经〉研究》,《历史研究》2006 年第 3 期

《清初一位重要的来华耶稣会士》,《中国文化研究》2006 年秋之卷

《汉学作为思想和方法论》,《读书》2006 年第 3 期

《从世界的角度看中国》,《光明日报》2006 年 3 月 30 日

《〈耶稣会士中国书简集〉:欧洲"中国形象"的塑造者》,《中国图书商报》2006 年 3 月 31 日

《西方游记汉学简述》,《欧美汉学研究的历史与现状》,大象出版社,2006 年

《传教士汉学评议》,《世界汉学》2006 年第 5 期

《莱布尼茨与礼仪之争》,《中西文化研究》2006 年第 1 期

《明末清初中国天主教史研究的新进展》,《中西文化交流的历史见证》序言,广东人民出版社,2006 年

《从西方汉学反思中国学术——从于连的〈(经由中国)从外部反思欧洲〉谈起》,《跨文化对话》,江苏人民出版社,2006 年

《声尘寂寞系恒常》,《人民日报》2007 年 4 月 15 日

《中学西渐:孔子学院要名副其实》,《中国图书商报》2007 年 5 月 11 日

《树立文化自觉,推进海外汉学(中国学)的研究》,《学术研究》2007 年第 5 期

《西来孔子:明清之际的文人与传教士》,《人文丛刊》(第 2 辑),学苑出版社,2007 年

《〈从汉学到中国学〉——日本中国学研究启示》,《中华读书报》2007 年 6

月 20 日

《简论孔子学院的软实力功能》,《世界汉语教学》2007 年第 3 期

《西学与清初思想的变迁》,《现代哲学》2007 年第 4 期

《对赛义德〈东方学〉的思考》,《跨文化对话》(第 22 辑),江苏人民出版社,2007 年

Conversations between China and the West: The missionaries in early Qing Dynasty and their researches on the Book of Changes,《中国历史学前沿》,高等教育出版社,2007 年

《来华耶稣会士与欧洲早期汉学的兴起——简论卜弥格与基歇尔〈中国图说〉的关系》,《文化与宗教的碰撞:纪念圣方济各·沙勿略诞辰 500 周年国际学术研讨会论文集》,澳门理工学院出版社,2007 年

《把东方介绍给西方——〈马可·波罗游记〉的学术和文化价值》,《文景》2007 年第 10 期

《外语教育呼吁人文精神》,《中华读书报》2007 年 10 月 30 日

《〈耶稣会在亚洲〉:档案文献与清史研究》,《文化杂志》(澳门)中文版第 65 期

《西方汉学研究导论》,《汉学研究》(第十集),学苑出版社,2007 年

《明清间入华传教士对灵魂论的介绍》,《当代儒学与西方文化会通与转化》,中国文哲研究所(台湾),2007 年

《世界汉语教育史的研究对象与研究方法》,《世界汉语教学》2008 年第 1 期

《汉语国际推广中的两个重要问题》,《长江学术》2008 年第 1 期

《基督教在中国文化境域中的困境》,《学术研究》2008 年第 1 期

《后殖民主义的局限性》,《文景》2008 年第 1 期

《简论莱布尼茨〈中国近事〉的文化意义》,《世界哲学》2008 年第 1 期

《西班牙传教士万济国的〈华语官话词典〉初探》,《国际日本文化研究》2008 年第 2 期

《明清间亚里士多德哲学在中国的传播》,《西学东渐研究》,中山大学出

版社,2008 年

《外语教育本质上是人文主义的教育》,《英语教育与人文通识教育》,外语教学与研究出版社,2008 年

《蒙古帝国时代西方对中国的认识》,《寻根》2008 年第 3 期

《来华传教士马若瑟对中国文学的翻译与创作》,《人文丛刊》(第 3 辑),学苑出版社,2008 年

《希腊罗马时代欧洲人对中国的认识》,《寻根》2008 年第 3 期

《中学西渐,全球共暖》,《中国文化报》2008 年 6 月 10 日

《在东方相遇:东亚与欧洲》,《文景》2008 年第 7 期

《莱布尼茨时代的德国汉学》,《文景》2008 年第 9 期

《17 世纪德国汉学研究:以基歇尔——米勒、门采尔、巴耶尔为中心》,《中国文化研究》2008 年第 4 期

《中国现代学术转型的德国背景》,《读书》2009 年第 2 期

《国际汉语教育:一个亟待解决的重大问题》,《国际汉语教育》2009 年第 1 期

《在世界范围内考察中国文化的价值》,《中国图书评论》2009 年 4 月 10 日

《清代来华传教士马若瑟研究》,《清史研究》2009 年第 2 期

《北外新使命:将中国介绍给世界——关于在教学中落实北外新的战略方向的几点想法》,《回顾与展望——纪念改革开放三十周年北外教学改革研究论文集》,外语教学与研究出版社,2009 年

《卜弥格与南明王朝文献考辨》,《中西文化研究》(总第 15 期)

《关于卜弥格与南明王朝关系的文献考辨》,《史学史研究》2009 年第 2 期

《世界汉外词典史上的一桩学案——简论马礼逊英汉词典的蓝本之谜》,《自西徂东——基督教来华二百年论集》,基督教文艺出版社,2009 年

《欧洲早期汉学研究的奠基之作——写在〈神奇的土地〉出版之际》,《中国图书评论》2009 年 10 月 1 日

《海外汉学(中国学)研究方法论——由〈德国汉学:历史、发展、人物与视

角〉所想到》,《中国社会科学报》2009 年 10 月 13 日

《走向世界的汉语所面临的若干战略问题思考》,《汉语教学学刊》(第 5 辑),北京大学出版社,2009 年

《清初的易经研究》(法文),《中国 · 欧洲 · 美洲》,拉瓦尔大学出版社,2009 年

《来华传教士的第一部章回小说:〈儒交信〉》,《寻根》,2009 年第 6 期

《三十年来的中国海外汉学研究略谈》,《国际汉学》2009 年第 2 辑

《来华耶稣会士的第一篇汉文天主教作品》,《或问》(日本)2009 年第 17 号

《来华耶稣会士罗明坚的汉语学习》,《或问》(日本)2009 年第 17 号

《国外对明末清初天主教中文文献的收集和整理》,《中国典籍与文化论丛》(第十二辑),凤凰出版社,2010 年

《在世界范围内展开中国文化研究之我见》,《国际汉学》2010 年第 1 辑

《明清之际西学汉文著作的中国出版史回顾》,《历史上的中国出版与东亚文化交流》,上海百家出版社,2010 年

《澳门学的重要内容:西文历史文献的整理》,《澳门学引论》,中国社会科学文献出版社,2010 年

《百年利玛窦研究》,《世界宗教研究》2010 年第 3 期

《亚洲,我们的家园》,《中华读书报》2010 年 6 月 16 日

《中外文学关系研究中应该注意的两个问题》,《跨文化对话》,生活 · 读书 · 新知三联书店,2010 年

《中国文化早期在欧洲的传播——论波兰汉学家卜弥格的学术贡献》,《珠海、澳门与近代中西文化交流》,中国社会科学文献出版社,2010 年

《急需建立中国图书在国外翻译出版数据库》,《中国图书商报》,2010 年 7 月 6 日

《中国文化的世界性意义》,《中国图书商报》2010 年 7 月 6 日

《原典实证的方法是展开域外汉学(中国学)研究的基本路径——〈耶稣会在亚洲〉档案文献研究为中心》,《严绍璗学术研究》,北京大学出版社,

2010年

《菲律宾早期的中文刻本再研究——以〈新编格物穷理便览〉为中心》，《南洋问题研究》2010年第3期

《"泰西儒士"利玛窦》，《中华读书报》2010年10月20日

《中国近代文学中的基督教小说探源——清代来华传教士马若瑟的〈儒交信〉研究》，《现代中国》，北大出版社，2010年

《国学与汉学三题》，《清华大学学报（哲学社会科学版）》2010年第6期

《基歇尔的〈中国图说〉与汉语的西传》，《寻根》2010年第6期

《卜弥格与中国文化在欧洲的传播》，《澳门在天主教东进中的地位与作用》，澳门理工学院出版社，2010年

《近代以来汉籍西学在东亚的传播研究》，《中国文化研究》2011年第1期

《中国基督教研究：从历史开始》，《架起东西方交流的桥梁》，外语教学与研究出版社，2011年

《比较文学视野下的海外汉学研究》，《中国比较文学》2011年第1期

《简析〈名理探〉与〈穷理学〉中的逻辑学术语——兼及词源学与词类研究》（与侯乐合作），《唐都学刊》2011年第2期

《澳门学研究的新进展——读〈澳门编年史〉》，《澳门研究》2011年第60期

《〈马可·波罗游记〉与中国文化的西传》，《对外传播》2011年第4期

《开拓欧洲早期汉学研究的新领域》，《汉学研究》（第13辑），学苑出版社，2011年

《儒家思想在欧洲早期传播的经典之作》，《读书》2011年第6期

《论方豪先生在菲律宾中文出版史研究上的贡献》，《天主教研究论辑》，宗教文化出版社，2011年

《俄罗斯汉学鸟瞰》，《中国图书评论》2011年8月10日

《海外汉学研究中心与中文学院》，《坚实的步履》，商务印书馆，2011年

《辨章学术　考镜源流——漫谈中国的"美国学"与美国的"中国学"》（上），《从这里走向世界》，外语教学与研究出版社，2011年

《材料、方法与视角——漫谈中国的“美国学”与美国的“中国学”》(下),《从这里走向世界》,外语教学与研究出版社,2011 年

《卫三畏——美国汉学第一人》,《从这里走向世界》,外语教学与研究出版社,2011 年

《简论中国国家外语能力的拓展》(连载一),《国际汉语教育》2011 年第 3 期

《简论中国国家外语能力的拓展》(连载二),《国际汉语教育》2011 年第 4 期

《海外汉学研究有很多基础性工作要做》,《中华读书报》2011 年 11 月 2 日

《走出去:彰显中华魅力的文化抉择》,《中国教育报》2011 年 11 月 15 日

《卜弥格与基歇尔》,《基督宗教与近代中国》,社会科学文献出版社,2011 年

《对所谓“汉学主义”的思考》,《励耘学刊》(文学卷)2011 年第 2 期

《中西文化交流史研究三论:文献、视野、方法》,《国际汉学》2012 年第 1 辑

《东方的希望——泰戈尔访华与新时代预言》,《中华读书报》2012 年 3 月 7 日

《明清之际〈圣经〉中译溯源》,《澳门理工学报》2012 年第 2 期

《索隐派与〈儒家实义〉的“以耶合儒”路线》,《北京行政学院学报》2012 年第 5 期

《在历史的深处触摸中西初识的岁月——读〈青石存史〉》,《新视野》2012 年第 5 期

《从梵二会议看中国天主教的本地化传统》,《世界宗教研究》2012 年第 6 期

《卜弥格与中医的西传》,《北京行政学院学报》2012 年第 4 期

《利玛窦研究的新进展》,《利玛窦——凤凰阁》,大象出版社,2012 年

《连续性:重塑中国当代话语的前提》,《人民论坛 · 学术前沿》2012 年第 12 期

《在世界范围内梳理中国文化外传的历程》,《国际汉学》2012 年第 2 辑

《西方汉学的奠基人罗明坚》,《国际汉学》2012 年第 2 辑

《比丘林——俄罗斯汉学的一座高峰》,《中华读书报》2012 年 12 月 5 日

《代序:开拓中国文化研究的新领域》,《展现中华文化的世界意义》,外语教学与研究出版社,2013 年

《中西文化交流的使者,波兰汉学的奠基人:卜弥格》,《卜弥格文集:中西文化交流与中医西传》,华东师大出版社,2013 年

《三十年来的中国海外汉学(中国学)研究略谈》,《展现中华文化的世界意义》,外语教学与研究出版社,2013 年

《当代中国文化的两座高峰——悼念季羡林、任继愈先生》,《展现中华文化的世界意义》,外语教学与研究出版社,2013 年

《外语教育呼吁人文精神》,《展现中华文化的世界意义》,外语教学与研究出版社,2013 年

《对北外新使命的一点理解》,《展现中华文化的世界意义》,外语教学与研究出版社,2013 年

《利玛窦与中西文化交流》,《贵州文史丛刊》2013 年第 1 期

《汉语国际传播要有新视野》,《光明日报》2013 年 4 月 1 日

《魏理的中国古代诗人传记研究——以〈李白的生平与诗歌〉为中心》,《中外文化与文论》,四川大学出版社,2013 年

《基歇尔:汉字西传第一人》,《北京日报》2013 年 6 月 17 日

《简论罗明坚和利玛窦对近代汉语术语的贡献》,《贵州社会科学》2013 年第 7 期

《加强汉语国际传播理论的研究——〈汉语国际传播研究理论与方法〉评介》,《国际汉语教育》2013 年第 1 期

《在世界范围内书写中国学术与文化》,《16—19 世纪西方人的汉语研究》,商务印书馆,2013 年

《树立文化自觉,推进国际汉学研究》,《中国文化在东欧:传播与接受研究》,外语教学与研究出版社,2013 年

《从德国汉学看中国学术界的海外汉学研究——"德国汉学史国际研讨会"大会总结》,《德国汉学的回顾与前瞻——德国汉学史研究论集》,外语教学与研究出版社,2013年

《掌握思想文化领域国际斗争主动权》,《光明日报》2013年10月23日

《在跨文化的历史中展开中国基督教研究》,《跨文化对话》,生活·读书·新知三联书店,2013年

《西方近代以来汉语研究的成就》,《近代西方汉语研究论集》,商务印书馆,2013年

《域外中国学研究方法论检讨》,《中国学》,上海人民出版社,2013年

《东亚文明的历史与理想》,《中华读书报》2013年12月4日

《构建具有中国文化传统的学术话语体系——访北京外国语大学中国海外汉学研究中心主任张西平》,《中国社会科学报》2014年1月3日

《在比较中增强文化自信》,《光明日报》2014年1月29日

《这个文化观有违历史真相》,《北京日报》2014年2月24日

《欧洲传教士绘制的第一份中国地图》,《史学史研究》2014年第1期

《龙华民与"礼仪之争"》,《澳门理工学报》2014年第3期

《西文之中国文献学初议》,《文献》2014年第2期

《〈中国哲学家孔子〉——儒学西传的奠基之作》,《光明日报》2014年3月18日

《中华传统文化特色与传承》,《人民政协报》2014年4月14日

《中国文化海外传播中的汉学与国学对话》,《对外传播》2014年第4期

《在世界书写中国文化——北京外国语大学海外汉学研究中心主任张西平教授访谈》,《人民政协报》2014年5月12日

《中国古代典籍在西方传播研究初探》,《汉学研究》2014年春夏卷

《许渊冲——中国古代文化翻译的探索者》,《中华读书报》2014年6月25日

《澳门与中西文化交流》,《人民政协报》2014年7月21日

《在世界范围内展开中国文化研究——张西平教授访谈录》,《社会科学

论坛》2014 年第 8 期

《〈中国丛报〉与中国古代文化文献的翻译》,《国际汉学研究通讯》2014 年第 9 期

《从学习西方到中国文化的自觉和复兴》,《红旗文稿》2014 年第 22 期

《启蒙思想与中国文化——16—18 世纪中国文化经典对欧洲的影响再研究》,《现代哲学》2014 年第 6 期

《中国文化在欧洲早期的传播与接收》,《中国社会科学报》2015 年 3 月 18 日

《寻踪中国文化外播的历史轨迹》,《国际汉学》2015 年第 1 辑

《拉丁语与中国小议》,《徐汇文脉》,上海锦绣文章出版社,2015 年

《关于"汉学主义"之辨》,《上海师范大学学报(哲学社会科学版)》2015 年第 44 卷第 2 期

《中国古代典籍外译研究的跨文化视角》,《新疆师范大学学报(哲学社会科学版)》,2015 年第 36 卷第 2 期

《儒学在欧洲的研究与传播》,《儒学教育传播与应用 30 年》,吉林人民出版社,2015 年

《论明清之际"西学汉籍"的文化意义》,《中华读书报》2015 年 5 月 6 日

《中国古代文化典籍域外传播研究的门径》,《中国高校社会科学》2015 年第 3 期

《在中国文化中找到希望——卫礼贤对中西思想史的影响》,《光明日报》2015 年 5 月 25 日

《关注国际中国文化研究的"历史性"与"变异性"》,《国际汉学》2015 年第 2 辑

《加强与海外汉学家对话》,《中国社会科学报》2015 年 7 月 6 日

《儒家著作早期西传研究》,《孔学堂》2015 年第 3 期

《一个平等对话的时代开始了:学者建议在跨文化视野下研究海外中国学》,《中国社会科学报》2015 年 7 月 28 日

Progreso de la investigación en China sobre los estudios chinos realizados en ul-

tramar(《中国海外汉学研究的进展》),《孔学堂》2015 年第 3 期

《德不孤,必有邻》,《光明日报》2015 年 8 月 21 日

《南怀仁的〈穷理学〉与西方逻辑学的引进:〈名理探〉与〈穷理学〉逻辑概念研究》,《文化杂志》(澳门)中文版第 95 期

《十七世纪汉字在欧洲的传播》,《文化杂志》(澳门)中文版第 96 期

《西方发达国家语言传播经验之总结》,《历届语言学前沿论坛精选文集》,北京语言大学出版社,2015 年

《19 世纪俄罗斯汉学特点研究》,《汉学研究》2015 年秋冬卷

《关于西方汉学家中国典籍翻译的几点认识》,《对外传播》2015 年第 11 期

《〈天下〉杂志与中国典籍在西方的传播》,《东方学刊·2015》,河南大学出版社,2015 年

《马礼逊第一本〈大学〉英译翻译初探》,《国际儒学研究通讯》,生活·读书·新知三联书店,2015 年

《19 世纪中西关系逆转与黑格尔的中国观研究》,《学术研究》2015 年第 12 期

《中国古代文化经典域外传播研究的一个尝试》,《国际汉学》2015 年第 4 辑

《罗明坚〈圣教天主实录〉拉丁文版初探》,《宗教学研究》2015 年第 4 期

《从语言接触理论探讨汉语国际传播》,《中国社会科学报》2016 年 11 月 18 日

《海外汉学,继往开来》,《语言文化研究辑刊》2016 年第 1 期

《儒家思想早期在欧洲的传播》,《中国文化研究》2016 年秋之卷

《汉学以独特的方式连接着中国与世界:不同文明相遇、相融的一条纽带》,《北京日报》2016 年 8 月 15 日

《中国学者开辟中国经典外译新领域:〈天下〉》,《汉学研究》2016 年春夏卷

《民国期间中国学者在哈佛燕京学社发展中的贡献》,《汉学研究》2016 年

春夏卷

《欧洲传教士汉学何时成为专业汉学》,《文汇报·文汇学人》2016 年 4 月 24 日

《开拓海外汉学(中国学)研究新领域,不断提高中国学术的国际话语权》,《纽带》,中信出版社,2016 年

《在平等交流中推动中国文化走出去》,《人民日报》2016 年 2 月 16 日

《明清之际中国天主教中文历史文献述略》,《宗教与历史》,上海大学出版社,2016 年

《〈葡华辞典〉中的散页文献研究》,《北京行政学院学报》2016 年第 1 期

《如何开展海外中国学研究》,《寻根》2016 年第 1 期

《罗明坚的汉学贡献》,《国际儒学研究》第二十三辑

《儒家思想西传欧洲的奠基性著作——〈中国哲学家孔子〉》,《中国哲学史》2016 年第 4 期

跋

我是河南人，生于河南，长于河南。20 世纪 70 年代初从知青点当兵，离开了家乡，从此一别四十多年，一直在外地工作。河南对于我来说不仅仅有着一种乡情、亲情的眷恋，还有着深深的事业情结，这就是我和大象出版社二十多年的合作而结下的学术情谊。

我与大象出版社的学术情谊要从《国际汉学》的出版说起。1995 年任继愈先生带着我和几位同事在国家图书馆创办了这份学术辑刊，第一辑在德国汉学家弥维礼先生的支持下，在商务印书馆出版，但很快断了“粮草”，出版费用无法解决。任先生认为《国际汉学》应有一个稳定的出版机构。为此，他亲自写信给大象出版社的周常林社长，向他介绍了《国际汉学》的主旨和学术意义。1996 年的深冬，京城飘起了雪花，我和大象出版社社长周常林、总编李亚娜、副主编崔琰一起走进了任先生南沙沟家中的客厅，这是一次非常难忘的会谈。任先生高度称赞了大象出版社的学术眼光，他说：“现在商业化思潮弥漫中国出版界，大象出版社能将海外汉学研究的学术出版作为全社的长期战略发展方向，非常了不起。”大象出版社和任先生有着长期合作的关系，当时由任先生所主编的《中国科学技术典籍通汇》刚刚获得了国家图书奖提名奖。周社长当时说：“由任先生主编的《国际汉学》能在大象社出版，标志着大象社要长期支持海外汉学研究的出版，要在海外汉学研究出版方面使大象出版社成为全国出版社中的旗帜。”他还设想将来在大象出版社可以设国际汉学学术奖，全球的汉学研究学会也可以落脚在大象出版社。任先生认为，这是一个有远见的想法。他说，随着中国的强大，中国文化也要走向世界，要做好这一点，研究好海外汉学是很重要的。就这样在任先生的家中确定《国际汉学》将长期在大象出版社出版，同时大象出版社还将出版由北京外国语大学海外汉学研究中心主办、由任先生任主编的《国际汉学研究书系》。室外是寒风凛冽，室内是一派春意，在任先生带领下，《国际汉学》度过了严冬，迎来发展的春天。

从此以后，《国际汉学》在大象社稳定出版，虽然社里的领导历经周常林、李亚娜、耿相新、王刘纯，但大象社对《国际汉学》和《国际汉学研究书系》的支持一如既往。二十余年来，大象社已经成为国内出版海外汉学书籍最多、影响最大的出版社之一，特别是在西方早期汉学的出版上，独占鳌头，无人可比，在学术界有着良好的声誉。我自己也在大象社的帮助下，在海外汉学研究上渐入佳境，学术研究日益成熟。

在我七十岁时，我的自选集自然选择在大象社出版，这算是我献给它的一束学术之花，以感谢它多年来对我的支持。

大象出版社在郑州。郑州是我的故乡：少年时在这里成长；青年时常常在信阳的公路上拦车，从知青点返回家乡；中年在这里陪伴父母，送二老驾鹤西去。如今我已到随心所欲而不逾矩的年龄，身在京城，遥望故乡，思乡之情日益加深，在这里以两首小词表达我对家乡的怀念、对友人的感谢、对人生的感怀：

忆江南

——回想在家乡的日子

忆往年，最忆是郑州。
梧桐树影青春乱，
二老鬓白长相守。
落叶已是秋。

虞美人

——仿蒋捷词自嘲人生

少年听雨青纱帐，
天地两茫茫。

壮年听雨异国中，
故国回望煮酒唱英雄。
而今听雨书斋下，
心卧青云中。
悲欢离合总有情，
一叶扁舟任西风。

西平写于北京游心书屋

2017年11月15日